마이크로서비스

마이크로서비스

유연하고 확장 가능한
소프트웨어 아키텍처

에버하르트 볼프 지음 | 김영기 옮김

i!i
에이콘

지은이 소개

에버하르트 볼프^{Eberhard Wolff}

아키텍처와 컨설턴트로서 15년 이상의 경험을 쌓았으며, 때때로 비즈니스와 기술이 교차하는 분야에서 활동했다. 독일 innoQ의 회원으로, 다양한 국제 컨퍼런스에서 강연했으며, 마이크로서비스 및 지속적인 전달^{Continuous Delivery}에 관한 100건 이상의 기사와 책을 저술했다. 클라우드, 지속적인 전달, 데브옵스^{DevOps}, 마이크로서비스, NoSQL 등을 포함하는 현대적인 소프트웨어 아키텍처에 기술적인 초점을 맞추고 있다.

옮긴이 소개

김영기(resious@gmail.com)

삼성전자 네트워크 사업부에서 소프트웨어 엔지니어링^{SE} 업무를 담당하며, 정적 분석 및 구조 분석 등 소프트웨어 품질 개선 작업을 수행해왔다. 현재 소프트웨어 개발 인프라와 구조 분석을 맡고 있으며, 사업부 소프트웨어 교육 강사 및 애자일 코치로도 활동했다. 개발자 역량 강화와 개발 조직 구성에 많은 관심을 갖고 있으며 시스템 관리, 데이터베이스, 테스트, 애자일 등 다수의 소프트웨어 관련 인증을 보유하고 있다.

옮긴이의 말

모든 소프트웨어 관련 분야가 빠르게 변하고 있습니다. 개발 언어부터 프로세스, 개발 조직, 문화 등 모두가 원하든 원하지 않든 빠르게 변하고 있습니다. 소프트웨어 아키텍처도 모놀리틱 아키텍처^{Monolithic Architecture}에서 서비스 지향 아키텍처^{SOA, Service-Oriented Architecture}를 거쳐 마이크로서비스 기반 아키텍처^{Mircoservice-based Architecture}로 점차 이동하고 있습니다.

이 책은 마이크로서비스의 개념과 구현뿐 아니라 마이크로서비스와 관련된 애자일 프로세스나 특정 기술, 그리고 아마존 클라우드나 스프링 부트, 넷플릭스 스택 등에 대해서도 고루 언급하고 있습니다. 이 책은 마이크로서비스를 위한 좋은 지침서로서 마이크로서비스의 내용을 파악해가는 긴 항해에 있어 '나침반' 역할을 할 것이라 생각합니다. 이 책을 통해 마이크로서비스에 대한 많은 궁금증이 해소되기를 바랍니다.

이 책이 나오기까지 도움을 주신 많은 분들께 감사의 마음을 전합니다. 에이콘출판사 분들과 더불어, 함께 일하는 회사 동료들 모두 제가 항상 자리를 지킬 수 있도록 힘이 돼주셨습니다. 마지막으로, 이 책을 번역하는 동안 소홀한 점이 많았음에도 항상 옆에서 응원해준 아내 수정과 딸 도연에게 미안함과 더불어 감사의 마음을 전합니다.

다시 한 번 모두에게 감사드립니다.

차례

1장

서문

마이크로서비스^{Microservice}는 새로운 용어지만, 마이크로서비스의 개념은 오랜 시간 동안 있어 왔다. 워너 보겔스^{Werner Vogels}(아마존의 최고 기술 경영자)는 2006년 JAOO 컨퍼런스에서 아마존 클라우드와 아마존의 파트너 모델에 대해 강연했다. 그는 이 강연에서 오늘날 NoSQL의 기반이 되는 CAP 이론^{CAP theorem1}에 대해 이야기했다. 또한 자체 데이터베이스를 갖고 서비스를 개발하고 운영하는 작은 팀들에 대해서도 이야기했다. 오늘날 이러한 구조^{structure}는 데브옵스^{DevOps}로 불리며, 이와 같은 아키텍처^{architecture}는 마이크로서비스로 알려져 있다.

그 이후 나는 기존 애플리케이션에 현대적인 기술을 통합 가능하게 해주는 고객을 위한 전략의 개발을 요청받았다. 레거시 코드에 새로운 기술을 직접 통합하려는 몇 번의 시도 후에, 결국 이전 애플리케이션과 함께 현대적인 기술 스택을 갖지만 이전과 완전히 다른 새로운 애플리케이션을 만들었다. 이전 애플리케이션과 새로운 애플리케이션은 오직 HTML 링크와 공유 데이터베이스를 통해 결합됐다. 공유 데이터베이스를 제외하면, 본질적으로 이러한 방법은 마이크로서비스 접근 방법이다. 이러한 일은 2008년에 일어났다.

나는 2009년 전체 인프라를 개별적인 팀에 의해 개발되는 REST 서비스로 나눈 또 다른 고객과 작업했다. 이것 또한 오늘날에는 마이크로서비스로 불릴 수 있다. 웹 기반 비즈니스 모델을 갖는 많은 다른 회사들은 이 시기에 이미 유사한 아키텍처를 구현했다. 최근 나

---

1 분산 시스템에서 일관성(Consistency), 가용성(Availability), 파티션 허용(Partitions Tolerance) 이 세 개 속성을 모두 가지는 것은 불가능하다는 이론이다. – 옮긴이

는 지속적인 전달^{Continuous Delivery}이 소프트웨어 아키텍처^{software architecture}에 어떻게 영향을 주는지도 알게 됐다. 지속적인 전달은 마이크로서비스가 다양한 이점을 제공하는 또 다른 분야다.

이 책을 쓰는 이유는 다음과 같다. 많은 사람들이 오랫동안 마이크로서비스 접근 방법을 추구해왔으며, 그들 중 일부는 매우 경험이 많은 아키텍트들이다. 아키텍처에 대한 다른 접근 방법과 마찬가지로, 마이크로서비스는 모든 문제를 해결하지 못한다. 그러나 이 개념은 기존 방법에 대한 흥미로운 대안을 의미한다.

1.1 마이크로서비스의 개요

마이크로서비스: 예비적 정의

이 책의 초점은 마이크로서비스(소프트웨어 모듈화에 대한 접근 방법)에 맞춰져 있다. 모듈화^{Modularization}는 그 자체로 새로운 사항은 아니다. 대규모 시스템은 상당히 오랜 시간 동안 구현을 촉진하고 소프트웨어 개발을 이해하며 더욱 발전시키기 위해 작은 모듈들로 분할돼 왔다.

마이크로서비스가 구별되는 프로세스들로 실행되는 모듈을 이용하는 것은 새로운 관점이다. 이러한 접근 방법은 유닉스^{UNIX} 철학에 기반하고 있으며, 다음과 같은 세 가지 측면으로 줄일 수 있다.

- 하나의 프로그램^{program}은 하나의 작업만 수행해야 한다. 그러나 해당 작업을 정말 잘 수행해야 한다.
- 프로그램은 함께 동작할 수 있어야 한다.
- 범용 인터페이스^{universal interface}가 사용돼야 한다. 유닉스에서 이것은 텍스트 스트림^{text streams}으로 제공된다.

마이크로서비스란 용어는 확실하게 정의돼 있지 않다. 따라서 4장에서는 더욱 상세한 정의를 제공한다. 그러나 다음 기준들은 우선적인 근사치로서 기능할 수 있다.

- 마이크로서비스들은 모듈화 개념이다. 마이크로서비스들의 목적은 대규모 소프트

웨어 시스템을 작은 부분들로 나누는 것이다. 따라서 이들은 조직과 소프트웨어 시스템의 개발에 영향을 미친다.

- 마이크로서비스는 서로에게 독립적으로 배포할 수 있다. 한 마이크로서비스에 대한 변경은 다른 마이크로서비스의 변경과는 독립적으로 생산 환경에 적용할 수 있다.
- 마이크로서비스는 서로 다른 기술로 구현될 수 있다. 각각의 마이크로서비스에 대해 프로그래밍 언어나 플랫폼에 관련된 제약은 없다.
- 마이크로서비스는 자체적인 데이터 저장소(개별 데이터베이스 또는 공유된 데이터베이스 내에서 완전하게 분리된 스키마)를 갖는다.
- 마이크로서비스는 검색엔진이나 특정 데이터베이스 같은 해당 서비스를 지원하는 서비스를 가질 수 있다. 물론, 모든 마이크로서비스에 대한 공통적인 플랫폼(예를 들어, 가상 머신)도 있다.
- 마이크로서비스는 독립적인 프로세스나 서비스를 지원하기 위한 가상 머신이다.
- 마이크로서비스는 네트워크를 통해 통신해야 한다. 이를 위해, 마이크로서비스는 REST나 메시징messaging 같은 느슨한 결합loose coupling을 지원하는 프로토콜을 사용한다.

배포 모놀리스

마이크로서비스는 배포 모놀리스Deployment Monoliths[2]의 반대다. 배포 모놀리스는 한 번에 배포 가능한 소프트웨어 시스템이다. 이것은 개발 단계와 테스트 단계, 그리고 출시 같은 지속적인 전달Continuous Delivery 파이프라인의 모든 단계를 (소프트웨어 시스템) 전체적으로 통과해야 한다. 배포 모놀리스의 크기 때문에, 이러한 과정들은 작은 크기의 시스템보다 더 오래 걸린다. 이것은 유연성을 감소시키고 처리 비용을 증가시킨다. 내부적으로, 배포 모놀리스는 모듈 구조를 가질 수 있다(그러나 모든 모듈을 동시에 생산 환경으로 배포해야 한다).

---

2 모놀리스(Monolith)는 SF 영화 《2001 스페이스 오디세이》에 나오는 돌기둥 모양의 신비한 물체를 말한다. 원래 이 단어는 '하나의, 또는 고립된 바위'라는 의미의 그리스어, 라틴어에서 유래했으며, 돌기둥, 기념비 따위를 가리키는 일반명사다. 이 책에서는 전체적인 배포 단위를 의미한다. – 옮긴이

1.2 왜 마이크로서비스인가

마이크로서비스는 소프트웨어의 변경을 더욱 쉽게 만드는 여러 모듈로 소프트웨어를 분할할 수 있다.

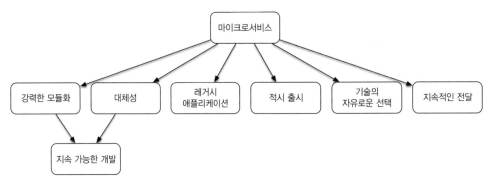

그림 1. 마이크로서비스의 장점들

강력한 모듈화

마이크로서비스는 강력한 모듈화 개념을 제공한다. 루비 GEM, 자바 JAR, .NET 어셈블리 또는 Node.js NPM 등과 같이 서로 다른 소프트웨어 컴포넌트로 시스템을 구축하는 경우, 원하지 않는 의존성이 쉽게 생길 수 있다. 누군가는 더 이상 사용을 지원하지 않는 클래스나 함수를 참조한다. 얼마 후에 너무 많은 의존성이 누적되면, 시스템은 계속해서 서비스를 하거나 배포할 수 없다.

반대로, 마이크로서비스는 메시지나 REST 같은 메커니즘을 이용해 구현되는 명시적인 인터페이스를 통해 통신한다. 이것은 마이크로서비스의 사용에 대한 기술적인 장애물을 더 높게 만든다. 따라서 원치 않는 의존성이 발생할 가능성이 더 적다. 원칙적으로, 배포 모놀리스에서 높은 수준의 모듈화를 성취 가능해야 한다. 그러나 우리는 배포 모놀리스 구조가 시간이 지남에 따라 계속해서 악화된다는 사실을 실질적인 경험을 통해 알고 있다.

쉬운 교체 가능성

마이크로서비스는 쉽게 교체할 수 있다. 다른 컴포넌트들은 명시적인 인터페이스를 통해 마이크로서비스를 이용한다. 서비스가 동일한 인터페이스를 제공한다면, 마이크로서비스로 교체할 수 있다. 동일한 인터페이스를 제공하는 한, 새로운 마이크로서비스는 다른 코드 베이스를 이용하거나 심지어 다른 기술을 사용할 수도 있다. 이것은 레거시 시스템에서 불가능하거나 이루기 어려운 사항이다.

작은 규모의 마이크로서비스들은 교체가 더욱 용이하다. 때때로 소프트웨어 시스템을 개발하는 동안, 향후의 코드 교체에 대해서는 필요성이 간과된다. 새롭게 구축된 시스템이 미래에 어떻게 대체될 것인가에 대해 고려하기 원하는 사람이 과연 있을까? 추가적으로, 마이크로서비스의 쉬운 교체 가능성replaceability은 잘못된 결정에 대한 비용을 감소시킨다. 기술이나 접근 방법에 대한 결정이 마이크로서비스로 제한된다면, 필요한 경우 이러한 마이크로서비스는 완전히 다시 작성될 수 있다.

지속 가능한 개발

강력한 모듈화와 쉬운 교체 가능성은 지속 가능한 소프트웨어 개발sustainable software development을 가능하게 한다. 새로운 프로젝트에서의 작업은 대부분 단순하지만, 프로젝트의 생산성은 장기적으로 감소한다.

이러한 이유 중 하나는 아키텍처 침식architecture erosion이다. 마이크로서비스는 강력한 모듈화를 적용해 이러한 침식에 대응한다. 오래된 기술들의 결합과 이전 시스템의 모듈 제거에 관련된 어려움들은 추가적인 문제를 만든다. 특정 기술에 연결되지 않은 마이크로서비스는 이러한 문제들을 극복하기 위해 하나씩 교체할 수 있다.

레거시 애플리케이션의 추가 개발

마이크로서비스 아키텍처로 시작하는 것은 쉬우며, 이전 시스템으로 작업하는 경우에 즉각적인 이점을 제공한다. 이전 시스템에 새로운 기능을 추가하고 (이전 시스템의) 코드 베이스를 이해하는 것이 어려운 반면, 마이크로서비스를 통해서는 시스템을 개선할 수 있다. 특정 요청에 대해 다른 방법들은 레거시 시스템에 맡기는 반면, 마이크로서비스는 대응 가능하다. 마이크로서비스는 레거시 시스템에 의해 처리되기 전에 요청을 수정할 수 있다. 이러한 방법을 통해 레거시 시스템을 전체적으로 교체하지 않아도 된다. 추가적으로, 마이크로서비스는 레거시 시스템의 기술 스택과 묶이지 않지만, 최신 방법을 이용해 개발할 수 있다.

적시 출시

마이크로서비스는 시장 출시까지의 기간Time-to-Market을 줄여준다. 앞에서 언급한 것처럼, 마이크로서비스는 하나씩 차례로 생산 환경에 적용할 수 있다. 팀이 하나 이상의 마이크로서비스를 담당하는 대규모 시스템에서 작업하고 (개발하는) 기능들이 이러한 마이크로서비스들에 대한 변경을 필요로 하는 경우, 각 팀은 시간을 소모하는 다른 팀들과의 조정 과정 없이도 기능을 개발해 생산에 적용할 수 있다. 이것은 많은 팀들이 동시에 다수의 기능에 대해 작업하고, 배포 모놀리스에서 가능한 시간보다 더 적은 시간 동안 더 많은 기능을 생산 환경에 적용 가능하게 해준다. 마이크로서비스는 큰 팀을 자신들의 마이크로서비스로 다루는 작은 팀들로 나눔으로써 애자일 프로세스를 대규모 팀으로 확장하는 데도 도움을 준다.

독립적인 확장

각 마이크로서비스는 다른 서비스에 독립적으로 확장할 수 있다. 이것은 몇 가지 기능만 집중적으로 사용하는 경우, 전체 시스템을 확장해야 할 필요성을 없애준다. 때때로, 시스템의 확장은 상당히 단순해질 수 있다.

기술의 자유로운 선택

마이크로서비스를 개발할 때 기술의 사용에 대해서는 아무런 제약이 없다. 이것은 다른 서비스에 영향을 주지 않고, 단일 마이크로서비스 내에서 새로운 기술을 테스트하는 능력을 제공한다. 이러한 새로운 기술의 도입은 테스트가 제한된 환경에서 낮은 비용으로 유지되므로, 새로운 기술과 이미 사용 중인 기술의 새로운 버전을 도입하는 것과 관련된 위험을 감소시킨다. 추가적으로, 특정 기능을 위해 특정 기술(예를 들어, 특정 데이터베이스)을 사용할 수 있다. 마이크로서비스는 쉽게 교체하거나 제거할 수 있으므로 관련된 위험이 크지 않다. 새로운 기술은 하나, 또는 작은 수의 마이크로서비스에 국한된다. 이것은 잠재적인 위험을 감소시키고 서로 다른 마이크로서비스에 대해 독립적인 기술 결정을 가능하게 만든다. 중요한 점은 이것이 새롭고 상당히 혁신적인 기술들을 시도하고 평가하는 결정을 쉽게 만든다는 사실이다. 혁신적인 기술의 시도와 평가는 개발자의 생산성을 증가시키고, 기술 플랫폼이 구식이 되는 것을 방지한다. 추가적으로, 현대적인 기술의 사용은 충분한 자격을 갖춘 개발자의 마음을 끌 것이다.

지속적인 전달

마이크로서비스는 지속적인 전달^{Continuous Delivery}에 유리하다. 마이크로서비스는 작고 서로에게 독립적으로 배포할 수 있다. 마이크로서비스의 크기로 인해, 지속적인 전달 파이프라인의 구현은 간단하다. 한 마이크로서비스의 배포는 대규모 모놀리스의 배포보다 관련된 위험이 더 적다. 그리고 마이크로서비스의 안전한 배포를 보장하는 것은 쉽다. 예를 들어, 동시에 서로 다른 다양한 버전에 대한 배포를 수행하고 이에 대한 안전한 배포를 보장할 수 있다. 많은 마이크로서비스 사용자에게 지속적인 전달은 마이크로서비스를 도입하는 주된 이유다.

이러한 모든 사항은 마이크로서비스의 도입에 대한 강력한 논쟁거리다. 이러한 이유 중 가장 중요한 점은 컨텍스트에 따라 달라질 수 있다는 것이다. 때때로, 애자일 프로세스의 확장과 지속적인 전달은 비즈니스 관점에서 중요하다. 5장에서는 마이크로서비스의 장점을 자세히 설명하고, 우선순위에 대해 다룬다.

도전 사항

그러나 그림자가 없다면 빛도 없다. 6장에서는 마이크로서비스의 도입에 따른 문제점과 이러한 문제들을 처리하는 방법을 다룬다. 간단히 말해 주된 문제들은 다음과 같다.

숨겨진 관계

시스템의 아키텍처는 서비스 사이의 관계로 구성된다. 그러나 어떤 마이크로서비스가 다른 마이크로서비스를 호출하는지는 분명하지 않다. 이것은 아키텍처 작업을 도전적으로 만든다.

리팩토링의 어려움

강력한 모듈화는 몇 가지 단점을 초래한다. 마이크로서비스 간에 기능을 이동시키는 리팩토링은 수행하기가 어렵다. 그리고 마이크로서비스가 도입되고 나면, 시스템에 대한 마이크로서비스 기반의 모듈화를 변경하기가 어렵다. 그러나 이러한 문제는 훌륭한 접근 방법을 통해 어느 정도 해결할 수 있다.

도메인 아키텍처의 중요성

다른 도메인에 대한 마이크로서비스로의 모듈화는 팀을 분할하는 방법처럼 중요하다. 이 수준의 문제는 조직에도 영향을 미친다. 견고한 도메인 아키텍처만이 마이크로서비스의 독립적인 개발을 보장할 수 있다. 한 번 설정되면 모듈화에 대한 변경이 어려운 것처럼, 실수는 나중에 해결하기 어려울 수 있다.

마이크로서비스 실행의 복잡함

마이크로서비스로 구성된 시스템은 배포, 통제, 실행해야 하는 많은 컴포넌트를 갖는다. 이것은 운영과 시스템에 의해 사용되는 많은 수의 런타임 인프라스트럭처를 더 복잡하게 만든다. 마이크로서비스는 플랫폼의 운영이 고된 작업이 되지 않도록 운영을 자동화할 필요가 있다.

분산 시스템의 복잡성

개발자는 증가된 복잡도를 처리해야 한다. 마이크로서비스 기반 시스템은 분산 시스템 distributed system이다. 마이크로서비스 간의 호출은 네트워크 문제로 인해 실패할 수 있다. 네트워크를 통한 호출은 프로세스 내의 호출보다 느리고 더 작은 대역폭을 갖는다.

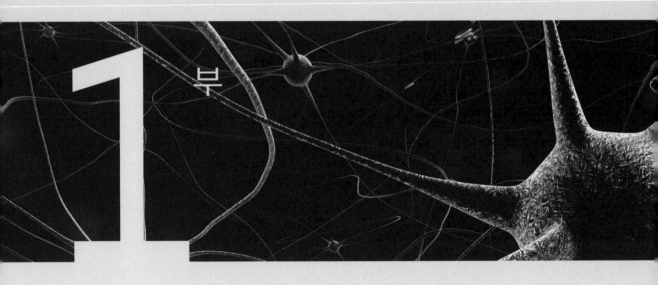

1부

동기부여와
기본 사항

1부에서는 마이크로서비스의 개념을 살펴보고, 마이크로서비스가 흥미로운 이유와 주된 쓰임새 등을 이야기한다. 다양한 시나리오에서 실질적인 예제들은 마이크로서비스의 효과를 보여준다. 2장에서는 이 책의 구조를 설명한다. 마이크로서비스의 중요성을 설명하기 위해 2장은 마이크로서비스를 사용할 수 있는 상세한 시나리오를 포함하고 있다.

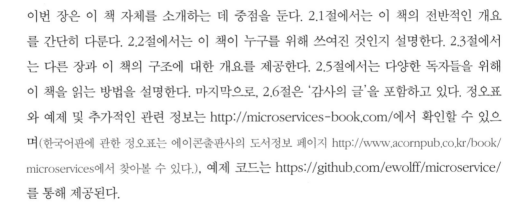

2장

소개

이번 장은 이 책 자체를 소개하는 데 중점을 둔다. 2.1절에서는 이 책의 전반적인 개요를 간단히 다룬다. 2.2절에서는 이 책이 누구를 위해 쓰여진 것인지 설명한다. 2.3절에서는 다른 장과 이 책의 구조에 대한 개요를 제공한다. 2.5절에서는 다양한 독자들을 위해 이 책을 읽는 방법을 설명한다. 마지막으로, 2.6절은 '감사의 글'을 포함하고 있다. 정오표와 예제 및 추가적인 관련 정보는 http://microservices-book.com/에서 확인할 수 있으며(한국어판에 관한 정오표는 에이콘출판사의 도서정보 페이지 http://www.acornpub.co.kr/book/microservices에서 찾아볼 수 있다.), 예제 코드는 https://github.com/ewolff/microservice/를 통해 제공된다.

2.1 이 책의 개요

이 책은 마이크로서비스에 대해 자세하게 소개한다. 이 책의 주된 주제는 아키텍처와 조직이다. 그러나 기술적인 구현 전략도 소홀히 하지 않는다. 마이크로서비스 기반 시스템^{Microservice-based system}의 완전한 예제는 구체적인 기술 구현을 보여준다. 나노서비스^{Nanoservice}에 대한 기술들은 모듈화가 마이크로서비스에서 멈추지 않는다는 사실을 알려준다. 이 책은 처음 마이크로서비스를 사용하는 독자들에게 필요한 모든 정보를 제공한다.

2.2 이 책의 대상 독자

이 책은 아키텍처적인 접근 방법으로 마이크로서비스를 도입하기 원하는 관리자, 아키텍트, 개발자를 위한 책이다.

관리자

마이크로서비스는 비즈니스가 마이크로서비스 아키텍처를 지원하기 위해 구성돼 있을 때 가장 잘 작동한다. 이 책의 도입부에서 관리자들은 마이크로서비스의 배경이 되는 기본적인 아이디어를 살펴볼 수 있다. 이후 관리자들은 마이크로서비스를 사용하는 조직적인 영향에 초점을 맞출 수 있다.

개발자

개발자에게는 기술적인 측면에 대한 포괄적인 소개가 제공되며, 마이크로서비스를 사용하는 데 필요한 기술을 습득할 수 있다. 다수의 추가적인 기술과 더불어 마이크로서비스의 기술적인 구현에 대한 상세한 예제(예를 들어, 나노서비스)는 기본적인 개념을 이해하는 데 도움이 될 것이다.

아키텍트

아키텍트는 아키텍처 측면에서 마이크로서비스를 이해할 수 있으며, 동시에 관련된 기술적 문제와 조직적 문제에 대해 더 깊이 이해할 수 있다. 이 책은 실험과 추가적인 정보의 소스를 제공해 마이크로서비스를 적용할 수 있는 분야를 강조한다. 그리고 이러한 것들은 새로운 지식을 테스트하고 관련된 주제를 더욱 깊이 탐구하는 데 실질적인 도움이 될 수 있다.

2.3 이 책에서 다루는 내용

1부

1부에서는 마이크로서비스의 사용 동기와 마이크로서비스 아키텍처의 기반을 설명한다. 1장(서문)에서는 마이크로서비스의 장단점을 비롯해 기본적인 특성을 설명한다. 3장에서는 마이크로서비스의 사용에 대한 두 가지 시나리오인 전자상거래 애플리케이션$^{E\text{-Commerce}}$ ^{application}과 신호 처리 시스템$^{system\ for\ signal\ processing}$을 설명한다. 이 장에서는 마이크로서비스에 대한 기초적인 통찰력을 일부 제공하고, 애플리케이션을 위한 컨텍스트를 언급한다.

2부

마이크로서비스를 상세히 설명할 뿐 아니라, 마이크로서비스의 장단점에 대해서도 다룬다.

- 4장은 세 가지 측면에서 '마이크로서비스'란 용어의 정의를 살펴본다. 마이크로서비스의 크기, 콘웨이의 법칙$^{Conway's\ Law}$(조직이 특정 소프트웨어 아키텍처를 만들 수 있다고 이야기한다.), 그리고 마지막으로 도메인 주도 설계$^{Domain\text{-}Driven\ Design}$와 제한 맥락$^{Bounded\ Context}$에 기반한 기술적인 측면에서 마이크로서비스를 살펴본다.
- 5장에서는 마이크로서비스를 사용하는 이유를 상세하게 설명한다. 마이크로서비스는 기술적인 장점뿐 아니라 조직적인 장점도 가지며, 마이크로서비스로 전환하는 합리적인 이유들이 비즈니스 측면에도 있다는 점을 함께 다룬다.
- 6장에서는 마이크로서비스에서 제기되는 고유한 도전 사항들이 논의된다. 이러한 도전 사항들로는 아키텍처, 인프라스트럭처, 운영에 관련된 문제뿐 아니라 기술적인 문제들도 있다.
- 7장에서는 마이크로서비스와 서비스 지향 아키텍처$^{SOA,\ Service\text{-}Oriented\ Architecture}$ 간의 차이점에 대해 정의한다. 언뜻 두 개념은 밀접한 관계가 있는 것처럼 보이지만, 자세히 살펴보면 다양한 차이점들이 있음을 알 수 있다.

3부

마이크로서비스에 대한 애플리케이션을 다루며, 2부에서 설명된 장점들을 얻는 방법과 더불어 관련 문제를 해결하는 방법을 살펴본다.

- 8장에서는 마이크로서비스 기반 시스템Microservice-based systems의 아키텍처를 설명한다. 도메인 아키텍처와 더불어 기술적인 문제들이 논의된다.

- 9장에서는 마이크로서비스 간의 통합과 통신에 대한 또 다른 접근 방법을 제시한다. 그 내용에는 REST나 메시징을 통한 통신뿐 아니라 UI 통합과 데이터 복제도 포함된다.

- 10장에서는 CQRS, 이벤트 소싱Event Sourcing, 헥사고날 아키텍처hexagonal architecture 등과 같이 마이크로서비스에 적용 가능한 아키텍처들을 살펴본다. 마지막으로, 일반적인 문제를 처리하는 데 적합한 기술들을 설명한다.

- 11장은 주로 테스트에 초점을 맞춘다. 테스트는 서로 다른 마이크로서비스들의 독립적인 배포가 가능하도록 가급적 독립적이어야 한다. 그러나 테스트는 개별 마이크로서비스뿐 아니라 전체 시스템에 대해서도 수행할 필요가 있다.

- 12장에서는 운영과 지속적인 전달을 설명한다. 마이크로서비스는 엄청난 수의 배포 가능한 산출물을 생성하고, 이에 따라 인프라스트럭처에 대한 요구를 증가시킨다. 이것은 마이크로서비스를 도입하는 경우에 해결해야 할 과제일 수 있다.

- 13장에서는 마이크로서비스가 어떻게 조직에 영향을 주는지 설명한다. 결국, 마이크로서비스는 조직에 영향을 주고 개선하는 아키텍처다.

4부

마지막 4부에서는 마이크로서비스를 기술적으로 구현하는 방법을 코드 수준에서 상세히 살펴본다.

- 14장은 자바, 스프링 부트Spring Boot, 도커Docker, 스프링 클라우드Spring Cloud에 기반한 마이크로서비스 아키텍처의 완전한 예제를 포함하고 있다. 쉽게 실행할 수 있는 애플리케이션을 제공하고, 마이크로서비스의 배경 개념을 실질적인 관점에서 설명하

며, 마이크로서비스 시스템의 구현과 실험을 위한 출발점을 제공한다.

- 15장에서는 마이크로서비스보다 더 작은 나노서비스^{Nanoservice}에 대해 설명한다. 나노서비스는 특정 기술과 많은 타협을 필요로 한다. 이 장에서는 다양한 기술을 소개하고 더불어 각 기술의 장단점을 살펴본다.
- 16장에서는 마이크로서비스의 적용 방법을 다룬다.

2.4 에세이

이 책은 마이크로서비스 전문가에 의해 작성된 에세이를 포함하고 있다. 전문가에게 마이크로서비스에 대한 그들의 주요 발견 사항을 대략 2페이지로 요약해 작성해줄 것을 요청했다. 이러한 에세이들은 각 장의 내용을 보완하며, 경우에 따라서는 다른 주제에 중점을 둔다. 그리고 때로는 이 책의 내용을 반박하기도 한다. 일반적으로 소프트웨어 아키텍처와 관련해서 한 가지 정답만 존재하는 것은 아니며, 다양한 의견과 가능성의 집합이 있다는 사실을 보여준다. 이러한 에세이는 다른 관점을 바탕으로 의견을 끊임없이 발전시킬 수 있는 훌륭한 기회를 제공한다.

2.5 이 책을 읽는 방법

이 책은 여러 유형의 독자에게 적합한 콘텐츠를 제공한다. 물론 서로 다른 유형의 직업을 가진 사람들은 각각 의미 있는 장들을 읽을 수 있으며, 또 읽어야만 한다. 각 장에서 중점을 두는 주제들이 어떤 독자에게 가장 적합한 내용인지 표 1에 정리돼 있다.

표 1. 이 책을 읽는 방법

장	개발자	아키텍트	관리자
3장. 마이크로서비스 시나리오	×	×	×
4장. 마이크로서비스란 무엇인가	×	×	×
5장. 마이크로서비스를 사용하는 이유	×	×	×
6장. 마이크로서비스에 대한 도전 사항들	×	×	×
7장. 마이크로서비스와 SOA		×	×
8장. 마이크로서비스 기반 시스템 아키텍처		×	
9장. 마이크로서비스의 통합과 통신	×	×	
10장. 개별 마이크로서비스의 구조	×	×	
11장. 마이크로서비스와 마이크로서비스 기반 시스템의 테스트	×	×	
12장. 운영과 마이크로서비스의 지속적인 전달	×	×	
13장. 마이크로서비스 기반 아키텍처의 조직적인 효과			×
14장. 마이크로서비스 기반 아키텍처 예제	×		
15장. 나누서비스 기술	×	×	
16장. 마이크로서비스를 어떻게 시작하는가	×	×	×

마이크로서비스의 개요만을 알기 원하는 독자는 각 장 마지막 절의 요약 부분에 집중하는 것이 좋다. 실질적인 지식을 얻기 원하는 사람은 구체적인 기술과 코드를 다루는 14장과 15장에서 시작해야 한다.

'시도 및 실험' 절의 실험을 위한 지시 사항은 실질적인 연습을 통해 더 깊이 이해하도록 돕는다. 독자들이 특정 장에 관심이 있는 경우에는 해당 장의 주제를 더 많이 이해하기 위해 관련된 연습을 완료하는 것이 좋다.

2.6 감사의 글

나와 마이크로서비스에 대해 논의하고, 질문하거나 함께 작업한 모든 사람들(모두 나열하기에는 너무 많다.)에게 감사하고 싶다. 토론을 비롯한 이들과의 상호작용은 매우 유익하고 재미있었다!

요헨 바인더Jochen Binder, 마티아스 블렌Matthias Bohlen, 메르텐 드리마이어Merten Driemeyer, 마틴

아이겐브로드^{Martin Eigenbrodt}, 올리버 피셔^{Oliver B. Fischer}, 라스 젠쉬^{Lars Gentsch}, 올리버 디어커 ^{Oliver Gierke}, 보리스 글로거^{Boris Gloger}, 알렉산더 허징필드^{Alexander Heusingfeld}, 크리스티나 코필트 ^{Christine Koppelt}, 안드레아스 크루거^{Andreas Krüger}, 타모 반 레슨^{Tammo van Lessen}, 샤샤 묄러링^{Sascha Möllering}, 안드레 노이바우어^{André Neubauer}, 틸 슐트 커느^{Till Schulte-Coerne}, 스테판 틸코브^{Stefan Tilkov}, 카이 튤터^{Kai Tödter}, 올리버 울프^{Oliver Wolf}, 스테판 브너^{Stefan Zörner}에게 특별히 감사하고 싶다.

매트 덕하우스^{Matt Duckhouse}는 원어민 입장에서 원고를 개선해줌으로써 이 책의 전반적인 가 독성을 향상시켰다.

나를 고용한 innoQ는 이 책의 저술 과정 동안 중요한 역할을 해왔으며, innoQ 동료들의 토론과 제안 대부분은 이 책에 반영됐다.

마지막으로, 나의 친구와 가족에게 감사의 마음을 전하고 싶다. 특히, 이 책을 쓰는 동안 여 러모로 소홀해진 나를 이해해준 아내에게 고마운 마음을 전한다. 더불어, 이 책의 영어 번 역에 대해서도 그녀에게 감사하고 싶다.

또한 이 책에 언급된 기술에 대해 작업하고 마이크로서비스의 개발에 대한 기초를 마련해 준 모든 사람들에게도 감사한다. 그리고 에세이를 통해 마이크로서비스에 대한 지식과 경 험을 공유해준 전문가들에게도 특별한 감사를 전한다.

린펍^{Leanpub}은 내게 번역본 작업을 위한 기술적인 인프라를 제공했다. 작업하는 동안 매 우 즐거웠으며, 린펍 없이는 번역본이 출간되지 못했을 것이라 생각한다. 마지막으로, dpunkt.verlag와 독일어 버전을 작업하는 동안 전문적인 지원을 해준 르네 숀펠트^{René Schönfeldt}에게 감사한다.

3장

마이크로서비스 시나리오

이번 장에서는 마이크로서비스의 사용이 유용한 여러 시나리오를 설명한다. 3.1절에서는 레거시 웹 애플리케이션^{legacy web application}의 모듈화에 대해 초점을 맞춘다. 이것은 마이크로서비스에 대한 가장 일반적인 유스케이스다. 이와 매우 다른 시나리오는 3.2절에서 논의된다. 3.2절에서는 마이크로서비스에 기반한 분산 시스템으로 신호 처리 시스템^{signaling system}을 개발하는 것에 대해 이야기한다. 3.3절에서는 몇 가지 결론을 도출하고, 제시되는 시나리오에서 마이크로서비스의 유용성을 독자들이 스스로 판단하도록 한다.

3.1 레거시 전자상거래 애플리케이션의 현대화

시나리오

빅머니 전자상거래 주식회사^{Big Money Online Commerce Inc.}는 회사의 주된 수익원으로 전자상거래 상점을 운영한다. 전자상거래 상점은 모든 전자상거래 애플리케이션의 중심 기능인 주문 처리를 비롯해 사용자 등록과 관리, 제품 검색, 주문에 대한 개요 같은 다양한 기능을 제공하는 웹 애플리케이션이다. 이 애플리케이션은 배포 모놀리스며, 전체적으로만 배포할 수 있다. 기능이 변경될 때마다 전체 애플리케이션이 다시 배포돼야 하며, 전자상거래 상점은 회계나 물류 같은 다른 시스템과도 함께 작동된다.

마이크로서비스를 사용하는 이유

배포 모놀리스는 잘 구조화된 애플리케이션으로 시작했다. 그러나 몇 년에 걸쳐 개별적인 모듈 사이에 점점 더 많은 종속성이 스며들었다. 이것은 애플리케이션의 유지 보수와 업데이트를 더욱 어렵게 만들었다. 그리고 원래의 아키텍처는 더 이상 현재의 비즈니스 요구 사항에 적합하지 않게 됐다. 예를 들어, 빅머니 전자상거래 주식회사가 해당 지역의 경쟁자보다 앞설 수 있도록 제품 검색 기능이 엄청나게 수정돼 왔다. 또한 회사의 비용을 줄이기 위해 고객에게 다양한 셀프 서비스 옵션이 제공됐다. 그러나 이러한 두 가지 모듈은 복잡한 내부 구조를 가진 매우 커다란 모듈이 됐고, 원래 의도하지 않았던 다른 모듈에 대한 엄청난 의존성을 갖게 됐다.

느린 지속적인 전달 파이프라인

빅머니 전자상거래 주식회사는 지속적인 전달Continuous Delivery을 사용하기로 결정했으며, 지속적인 전달 파이프라인을 구축했다. 전체 배포 모놀리스는 한꺼번에 테스트되고 생산 환경에 적용돼야 하기 때문에 이 파이프라인은 복잡하고 느리다. 일부 테스트는 몇 시간 동안 수행된다. 따라서 더욱 빠른 파이프라인이 바람직해 보인다.

병렬 작업의 복잡함

서로 다른 새로운 기능에 대해 작업하는 팀들도 있지만 병렬 작업은 복잡하다. 실제로, 소프트웨어 구조software structure가 병렬 작업을 지원하지 않는다. 개별 모듈은 충분히 분리되지 않았고, 너무 많은 상호 의존성을 갖는다. 모든 것이 함께 배포되기 위해서는 배포 모놀리스 전체가 테스트돼야 한다. 배포와 테스트 단계는 병목 지점bottle neck이다. 배포 파이프라인에서 한 팀에 문제가 있는 경우, 다른 모든 팀은 그 문제가 수정되고 변경 사항이 성공적으로 배포될 때까지 기다려야 한다. 또한 지속적인 전달 파이프라인에 대한 접근이 조정돼야 한다. 한 번에 한 팀만 테스트와 배포를 수행할 수 있으며, 생산 환경으로 자신의 변경 사항을 적용하려는 팀들의 순서를 결정하기 위해 팀들 간의 조정이 필요하다.

테스트 동안의 병목현상

추가적으로 배포 테스트^{deployment test}도 조정해야 한다. 배포 모놀리스가 통합 테스트를 수행 중일 때 오직 한 팀에 의해 만들어진 변경 사항만 테스트에 포함될 수 있다. 한 번에 여러 개의 변경 사항을 테스트하기 위한 시도가 있었지만, 이것은 에러의 원인을 식별하기도 매우 어렵고 에러 분석이 오래 걸리며 복잡하다는 것을 의미했다.

한 번의 통합 테스트는 대략 1시간을 필요로 한다. 에러가 수정되고 다음 테스트를 하려면 다시 환경을 설정해야 하므로 하루에 대략 여섯 번의 통합 테스트가 가능하다. 열 개 팀이 있는 경우, 한 팀은 평균적으로 2일마다 생산 환경에 하나의 변경 사항을 적용할 수 있다. 그러나 때때로 팀들은 통합 시간을 증가시키는 에러 분석을 해야 한다. 이와 같은 이유로, 일부 팀들은 통합 브랜치에서 자신들의 작업을 분리하기 위해 기능 브랜치^{feature branch}를 사용한다. 그들은 버전 관리 시스템의 분리된 브랜치에서 자신들의 변경 작업을 수행한다. 나중에 이러한 변경 사항을 메인 브랜치로 통합하는 것은 종종 문제의 원인이 된다. 병합으로 인한 변경 사항을 잘못 제거하거나 갑작스러운 소프트웨어 오류가 포함되는 것은 분리된 개발 프로세스가 원인이 된다. 그리고 이러한 문제는 통합 이후에 나타난다. 이러한 유형의 에러는 오직 통합 이후의 길고 긴 과정들에서만 제거할 수 있다.

결론적으로, 모든 팀은 테스트 때문에 (작업 속도가) 느려지게 된다. 비록 각 팀은 자신의 모듈을 개발하고 있지만, 모두 같은 코드 베이스^{code base}에서 작업하기 때문에 서로가 서로를 방해하고 있다. 공유된 지속적인 전달 파이프라인의 결과에 대한 조정이 필요하므로, 팀은 서로에게 독립적으로 작업할 수도 없고 병렬로 작업할 수도 없다.

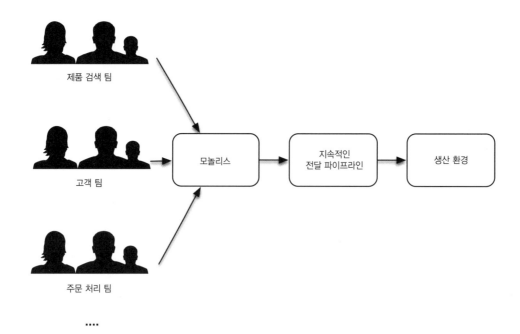

그림 2. 배포 모놀리스로 인해 팀들 간의 작업 속도가 느려진다.

접근 방법

많은 문제를 경험했기 때문에 빅머니 전자상거래 주식회사는 배포 모놀리스를 작은 마이크로서비스로 나누기로 결정했다. 각각의 마이크로서비스는 제품 검색 같은 한 가지 기능을 구현한다. 그리고 개별 팀에 의해 개발된다. 각 팀은 요구 사항 관련 작업의 시작부터 생산 환경에서의 애플리케이션 실행까지 개별 마이크로서비스에 대해 완전한 책임을 갖는다. 마이크로서비스는 REST를 통해 모놀리스나 다른 마이크로서비스들과 통신한다. 클라이언트 GUI는 유스케이스^{use case}에 기반해 개별 마이크로서비스들로 나눠진다. 각각의 마이크로서비스는 유스케이스에 대한 HTML 페이지를 제공한다. 마이크로서비스에 대한 HTML 페이지 사이의 링크는 허용된다. 그러나 다른 마이크로서비스나 배포 모놀리스의 데이터베이스 테이블에 접근하는 것은 허용되지 않는다. 서비스의 통합은 REST나 HTML 페이지 사이의 링크를 통해 배타적으로 수행된다.

마이크로서비스는 다른 마이크로서비스에 독립적으로 배포할 수 있다. 이것은 마이크로서비스가 변경 사항에 대해 다른 마이크로서비스나 다른 팀과의 조정을 거치지 않아도 배포할 수 있게 허용한다. 마이크로서비스의 독립적인 배포는 조정 노력을 감소시키는 반면, 여러 기능에 대한 병렬 작업을 용이하게 만든다.

배포 모놀리스는 마이크로서비스의 추가로 인해 훨씬 더 조금 변경될 수 있다. 대부분의 기능은 더 이상 모놀리스의 변경이 필요 없다. 따라서 배포 모놀리스는 덜 자주 변경되고 배포된다. 원래 어느 시점에는 배포 모놀리스를 완전히 교체하는 것으로 계획됐다. 그러나 대부분의 변경이 마이크로서비스 내에서 발생하므로 배포 모놀리스는 더 적은 빈도로 배포된다. 따라서 배포 모놀리스는 더 이상 (팀들의) 작업을 방해하지 않는다. 결국, 배포 모놀리스의 전적인 교체는 필요하지 않으며 경제적인 관점에서도 합리적으로 보이지 않는다.

도전 사항

마이크로서비스의 구현은 시작 시에 추가적인 복잡성을 만든다. 모든 마이크로서비스는 자체적인 인프라스트럭처를 필요로 하며, 동시에 모놀리스도 지원해야 한다.

마이크로서비스는 많은 서버들이 필요하다. 따라서 매우 다른 문제들이 발생한다. 모니터링과 로그 파일의 처리는 데이터가 서로 다른 서버들에서 나온다는 사실을 다뤄야 한다. 그 결과, 정보는 중앙으로 통합돼야 한다. 실질적으로, 많은 수의 서버(생산 환경뿐 아니라 다양한 테스트 단계와 팀 환경에서도)가 다뤄져야 한다. 이것은 적절한 인프라스트럭처의 자동화를 통해서만 가능하다. 모놀리스와 마이크로서비스에 대한 다양한 종류의 인프라스트럭처 지원이 필요하며, 실질적으로 이것은 전체적으로 더 많은 서버들로 이어진다.

너무 긴 전체 이전 기간

모놀리스를 떠나 완전하게 (마이크로서비스로) 이전하는 것은 매우 오랜 시간을 소모하는 과정이므로, 서로 다른 두 가지 소프트웨어 타입으로 인해 추가된 복잡성은 오랜 시간 동안 지속된다. 모놀리스가 완전히 대체되지 않는다면, 추가적인 인프라스트럭처 비용도 남아있게 된다.

테스트에 대한 문제점

테스트는 추가적인 도전 사항이다. 이전에 전체 배포 모놀리스는 배포 파이프라인에서 테스트됐다. 배포 모놀리스의 모든 기능이 테스트돼야 하므로 테스트는 복잡하고 많은 시간을 소요했다. 모든 마이크로서비스에 대한 모든 변경 사항들이 이러한 테스트를 거친다면, 각 변경 사항이 생산 환경에 도달하기까지는 오랜 시간이 걸릴 것이다. 추가적으로, 각 변경 사항은 독립적으로 테스트돼야 하므로 변경 사항들은 조정이 필요하다. 따라서 에러는 원인이 되는 변경 사항에 쉽게 다시 연결된다. 이 시나리오에서 마이크로서비스 기반 아키텍처는 배포 모놀리스보다 주된 장점을 갖고 있는 것처럼 보이지 않는다. 원칙적으로 마이크로서비스는 서로에게 독립적으로 배포할 수 있지만, 여전히 배포에 앞선 테스트 단계에서 조정이 필요하며 각 변경 사항은 개별적으로 테스트를 통과해야 한다.

이전 현황

그림 3은 현재의 상태를 나타낸다. 제품 검색은 독립적인 마이크로서비스로 작동하며, 배포 모놀리스에 대해 완전히 독립적이다. 다른 팀과의 조정은 거의 필요하지 않다. 오직 배포의 마지막 단계에서만 배포 모놀리스가 되며, 마이크로서비스와 함께 테스트돼야 한다. 모놀리스나 마이크로서비스에 대한 각각의 변화는 이 단계를 통해 실행돼야 한다. 이것은 병목현상의 원인이 된다. '고객' 팀은 '주문 처리' 팀과 배포 모놀리스에 대해 함께 작업한다. 마이크로서비스임에도 불구하고, 이러한 팀들은 여전히 자신들의 작업을 (다른 팀과) 긴밀하게 조정해야 한다. 이러한 이유로, '주문 처리' 팀은 주문 과정의 일부를 구성하는 자체적인 마이크로서비스를 구현했다. 시스템은 이러한 부분에서 변경 사항을 (새로운 코드 베이스일 뿐 아니라, 다른 팀과의 조정이 더 이상 필요하지 않기 때문에) 배포 모놀리스보다 더 빠르게 도입할 수 있다.

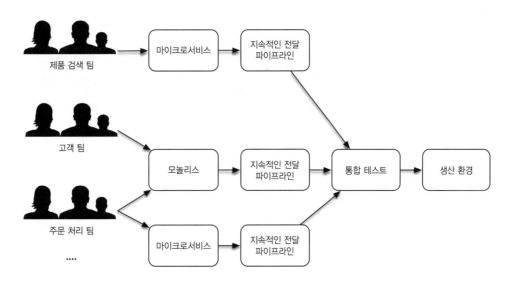

그림 3. 마이크로서비스를 통한 독립적인 작업

팀 생성

기능에 대해 독립적인 작업을 하기 위해 제품 검색, 고객 또는 주문 처리 등의 기능에 따라 팀을 생성하는 것이 중요하다. 그러나 팀이 UI, 중간 계층, 데이터베이스 같은 기술적인 계층에 따라 생성된다면, 일반적으로 기능은 UI, 중간 계층, 데이터베이스에 대한 변경을 포함하기 때문에 각각의 기능에 대해 모든 팀이 포함돼야 한다. 따라서 팀 사이의 조정 노력을 최소화하기 위해 가장 좋은 방법은 팀을 제품 검색 같은 기능에 따라 생성하는 것이다. 마이크로서비스는 팀들이 서로 기술적인 독립성을 갖도록 지원한다. 결과적으로, 팀들은 기본적인 기술과 기술적인 설계에 대해 조정이 덜 필요해진다.

또한 테스트도 모듈화돼야 한다. 이상적으로, 각 테스트는 하나의 마이크로서비스를 다뤄야 한다. 이렇게 되면 각 마이크로서비스에 변경이 생기는 경우 테스트를 수행할 수 있다. 그리고 통합 테스트[integration test]가 아닌 단위 테스트[unit test]로 테스트를 구현할 수도 있다. 이것은 모든 마이크로서비스와 모놀리스가 함께 테스트돼야 하는 테스트 단계를 점진적으로 단축시킨다. 그리고 최종 테스트 단계에 대한 조정 문제를 감소시킨다.

마이크로서비스 기반 아키텍처로의 이전은 많은 성능 문제를 발생시키고, 이러한 일부 문제는 네트워크의 실패에서 기인했다. 그러나 이러한 문제들은 시간이 지나면서 해결됐다.

장점

새로운 아키텍처 덕분에 변경은 훨씬 더 빠르게 배포될 수 있다. 팀은 변경을 30분 내에 생산 환경에 적용할 수 있다. 다른 한편으로, 배포 모놀리스는 테스트가 완전히 자동화되지 않았다는 사실 때문에 주간 단위로만 배포된다.

마이크로서비스의 배포는 더 빠를 뿐 아니라 훨씬 덜 위험하다. 더 적은 조정이 필요하기 때문이다. 개발자는 그들이 30분 전에 작업한 것에 대해 여전히 잘 알고 있으므로 에러를 더 쉽게 발견하고 수정할 수 있다.

요약하자면, 목표는 달성됐다. 개발자는 전자상거래 상점에 더 많은 변경을 도입할 수 있다. 이것은 팀이 그들의 작업에 대해 조정할 필요가 더 적고, 마이크로서비스의 배포가 다른 서비스에 독립적으로 발생할 수 있으므로 가능하다.

팀들은 다른 기술을 사용하는 옵션을 거의 사용하지 않았다. 이전에 사용된 기술 스택이 충분하다는 점이 입증됐고, 팀들은 다른 기술의 사용에 따라 발생하는 추가적인 복잡성을 피하고 싶었다. 그러나 제품 검색에 긴 시간이 필요한 검색엔진이 도입됐다. 제품 검색을 담당하는 팀은 검색엔진에 자체적인 변경 사항을 구현 가능했다. 이전에는 관련된 위험이 너무 크다고 여겨졌으므로 새로운 기술의 도입이 금지됐다. 또한 생산 환경에서는 더욱 최신 버전에 대한 버그 수정이 필요하므로 일부 팀은 기술 스택 라이브러리의 새로운 버전을 갖는다. 이로 인해, 다른 팀과의 어떠한 조정도 필요하지 않다.

결론

마이크로서비스의 구현을 통해 모놀리스를 교체하는 것은 마이크로서비스를 도입하는 매우 일반적인 시나리오다. 모놀리스의 개발을 지속하면서 새로운 기능을 추가하는 것은 많은 노력이 필요하다. 모놀리스의 복잡성과 이와 관련해 발생하는 문제는 시간이 지나면서 점진적으로 증가한다. 때때로 새로 만든 시스템으로의 완전한 교체는 매우 어렵고 위험하다.

새로운 기능의 신속하고 독립적인 개발

빅머니 전자상거래 주식회사와 같은 회사들의 경우, 새로운 기능을 신속히 개발하고 더불어 여러 기능을 동시에 작업하는 능력이 비즈니스의 성공에 있어 매우 중요하다. 오직 뛰어난 상태의 기능을 제공해야 새로운 고객을 얻을 수 있으며, 기존 고객들이 다른 회사로 넘어가지 않도록 유지할 수 있다. 많은 유스케이스에서 보듯이 더 빠르게 많은 기능을 개발할 수 있다는 특징은 마이크로서비스를 더욱 매력적으로 만든다.

조직에 미치는 영향

제시된 예제는 마이크로서비스가 조직에 미치는 영향을 설명한다. 팀은 자신의 마이크로서비스에 대해 작업한다. 마이크로서비스는 다른 서비스에 독립적으로 개발되고 배포될 수 있으므로 다른 팀의 작업과 더 이상 연결되지 않는다. 이러한 방식을 유도하기 위해, 마이크로서비스는 한 시점에 하나 이상의 팀에 의해 변경돼서는 안 된다. 마이크로서비스 아키텍처는 서로 다른 마이크로서비스에 관련된 팀 조직을 필요로 한다. 각 팀은 하나, 또는 여러 개의 마이크로서비스에 대해 독립적인 기능 조각을 구현하는 책임을 갖는다. 마이크로서비스 기반 아키텍처의 경우, 조직과 아키텍처 사이의 관계는 더욱 중요하다. 각 팀은 요구공학에서부터 운영 모니터링까지 '자신의' 마이크로서비스와 관련된 모든 이슈를 처리한다. 물론 운영을 위해 각 팀은 로깅과 모니터링에 대한 공통 인프라스트럭처 서비스를 사용할 수 있다.

그리고 마지막으로 생산 환경으로 간단하고 빠르게 배포하는 것이 목적이라면, 단지 아키텍처에 마이크로서비스를 포함하는 것만으로는 충분하지 않다. 잠재적인 장애에 대해 지속적인 전달 파이프라인이 전반적으로 검토되고 제거돼야 한다. 이것은 제시된 예에서 테스트를 통해 설명된다. 필수적으로, 모든 마이크로서비스를 함께 테스트하는 것이 최소한으로 줄어야 한다. 각 변경 사항은 다른 마이크로서비스와 함께 통합 테스트를 실행해야 하지만, 반드시 이러한 테스트는 통합 테스트 내의 병목현상을 방지하기 위해 빠르게 수행돼야 한다.

아마존은 오랜 시간 동안 이렇게 해왔다

여기에 제시된 예제 시나리오는 아마존이 상당히 오랜 시간 동안 해온 것과 매우 유사하다 (그리고 여기에서 논의하는 이유이기도 하다). 아마존은 새로운 기능을 자신들의 웹사이트에서 빠르고 쉽게 구현하기를 원했다. 2006년 아마존은 클라우드 플랫폼을 제시하고, 소프트웨어를 개발하는 방법을 토론했다. 필수적인 기능은 다음과 같다.

- 애플리케이션은 서로 다른 서비스로 분할된다.
- 각 서비스는 웹사이트의 일부를 제공한다. 예를 들어 검색을 위한 서비스가 있고, 추천을 위한 또 다른 서비스가 있다. 결국 개별 서비스는 UI에서 함께 제공된다.
- 항상 하나의 팀이 하나의 서비스에 대한 책임을 갖는다. 팀은 서비스의 운영뿐 아니라 새로운 서비스의 개발도 담당한다. 이 아이디어는 다음과 같다. '당신이 만들고, 운영하라!You build it – you run it!'
- 클라우드 플랫폼, 예를 들어 가상 머신들은 모든 서비스에 대한 공통 기반으로 작동한다. 이외에 다른 표준은 없다. 이에 대한 결과로, 각 팀은 기술의 선택이 매우 자유롭다.

이러한 유형의 아키텍처를 도입함으로써 아마존은 2006년 마이크로서비스의 기본적인 특성을 다시 구현했다. 또한 아마존은 운영 전문가와 개발자로 구성된 팀을 갖는 데브옵스DevOps를 도입했다. 이러한 접근 방법은 클라우드 환경에서 서버들의 수동적인 구축으로는 실현할 수 없는 자동화된 방법으로 대규모 개발을 하는 것을 의미한다(따라서 아마존은 최소한 지속적인 전달의 한 가지 측면은 구현했다).

결론적으로, 일부 회사들(특히 인터넷 기반 비즈니스 모델을 갖는 회사들)은 이미 수년 동안 마이크로서비스를 사용해왔다. 이러한 접근 방법은 이미 현실에서 실질적인 장점이 증명됐다. 게다가 마이크로서비스는 지속적인 전달이나 클라우드 및 데브옵스 같은 다양한 현대적인 소프트웨어의 사례와도 잘 맞는다.

3.2 신규 신호 처리 시스템 개발

시나리오

실종된 비행기와 선박을 찾는 것은 복잡한 작업이며, 빠른 조치가 이뤄져야만 생명을 구할 수 있다. 따라서 여러 시스템이 필요하다. 일부 시스템은 무선 전파나 레이더 등의 신호를 제공한다. 이러한 신호들은 기록되고 처리돼야 한다. 예를 들어, 레이더 기반의 이미지를 검토하기 위해 무선 신호들이 계속해서 사용될 수 있다. 마지막으로, 사람이 정보를 좀 더 분석해야 한다. 다양한 구조 팀rescue team에 원래 데이터와 더불어 데이터에 대한 분석도 함께 제공돼야 한다. 정확하게 시그널 주식회사Signal Inc.는 이러한 유스케이스에 대한 시스템을 구축한다. 시스템은 개별적으로 조립되고 구성된다. 그리고 개별 클라이언트의 특정 요구 사항에 맞춰진다.

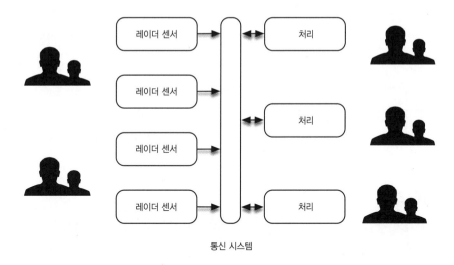

통신 시스템

그림 4. 신호 처리 시스템의 개요

마이크로서비스를 사용하는 이유

시스템은 서로 다른 컴퓨터에서 수행되는 다양한 컴포넌트들로 구성돼 있다. 센서들은 모니터링돼야 하는 영역 전반에 걸쳐 분산돼 있고, 그들의 자체적인 서버들과 함께 제공된다. 그러나 이러한 컴퓨터들은 더욱 상세한 데이터의 처리나 데이터에 대한 저장을 지원하지 않는다. 이들의 하드웨어는 데이터의 처리나 저장 같은 기능을 위해 충분히 강력하지 않다. 또한 데이터 프라이버시에 대한 고려 사항은 이러한 접근 방법을 매우 바람직하지 않게 만든다.

분산 시스템

이러한 이유로 시스템은 분산 시스템distributed system이 돼야 한다. 기능의 다양한 부분들이 네트워크상에 분산되는 것이다. 개별적인 컴포넌트와 컴포넌트 사이의 통신은 실패할 수 있으므로 잠재적으로는 시스템을 신뢰할 수 없다.

배포 모놀리스 안에서 시스템의 많은 부분을 구현할 수 있지만, 면밀한 고려 사항에 따라 시스템의 다양한 부분들은 매우 다른 요구 사항들을 만족시켜야 한다. 데이터의 처리는 상당한 수준의 CPU 성능과 데이터 처리를 위한 다양한 알고리즘을 허용하는 접근 방법을 필요로 한다. 이를 위해 데이터나 이벤트 스트림에서 나오는 이벤트들을 읽고 처리하는 솔루션이 있다. 데이터 저장소는 매우 다른 관점을 필요로 한다. 기본적으로, 데이터는 다양한 데이터 분석에 적합한 데이터 구조 내에서 유지돼야 한다. 현대적인 NoSQL 데이터베이스는 이에 매우 적합하다. 최근의 데이터는 오래된 데이터보다 더 중요하다. 또한 최근 데이터는 오래된 데이터들이 삭제되는 동안, 어느 시점에도 빠르게 접근할 수 있어야 한다. 전문가의 최종 분석을 위해, 데이터는 데이터베이스로부터 읽혀지고 처리돼야 한다.

팀별 기술 스택

논의된 각각의 작업은 서로 다른 문제를 나타낸다. 따라서 각 작업에 잘 적용되는 기술 스택뿐 아니라 개별 작업을 위한 기술 전문가로 구성된 전담 팀도 필요하다. 추가적으로, 시그널 주식회사에서 제공하는 시장에 적용할 기능에 대해 결정하고, 시스템의 새로운 요구 사항을 정의하는 사람들도 필요하다. 신호 처리를 위한 시스템과 센서는 시장에서 서로에게 독립적인 위치를 가질 수 있는 개별적인 제품들이다.

다른 시스템의 통합

마이크로서비스를 사용하는 추가적인 이유는 다른 시스템과 쉽게 통합할 수 있는 기회를 얻기 위해서다. 센서와 컴퓨팅 장치들은 서로 다른 회사에 의해 제공된다. 클라이언트 프로젝트에서 이러한 솔루션들을 통합할 수 있는 능력은 흔한 요구 사항 중 하나다. 다양하게 분산된 컴포넌트들의 통합은 마이크로서비스 기반 아키텍처의 핵심적인 기능이므로, 마이크로서비스는 다른 시스템과 쉽게 통합할 수 있다.

이러한 이유로, 시그널 주식회사의 아키텍트들은 (시스템을) 분산 시스템으로 구현하기로 결정했다. 각 팀은 각 도메인에서 여러 개의 작은 마이크로서비스들을 구현해야 한다. 이러한 접근 방법에서 마이크로서비스는 쉽게 교환 가능하고 다른 시스템과 간단히 통합된다는 것을 반드시 보장해야 한다.

서로 간의 통신을 위해 오직 모든 서비스에 의해 사용되는 통신 인프라스트럭처만 미리 결정돼야 한다. 통신 기술은 많은 프로그래밍 언어와 플랫폼을 지원한다. 따라서 구체적으로 어떤 기술을 사용해야 하는지에 대한 제약은 없다. 그러나 완벽한 통신이 가능하도록 마이크로서비스 사이의 인터페이스가 명확하게 정의돼야 한다.

도전 사항

서로 다른 마이크로서비스 간의 통신 실패는 중요한 문제를 의미한다. 네트워크 실패가 발생하는 경우에도 시스템은 사용할 수 있어야 한다. 이것은 (네트워크상에) 실패가 발생하는 경우를 처리할 수 있는 기술의 사용을 요구한다. 그러나 기술만으로는 이러한 문제를 해결할 수 없다. 이것은 시스템이 실패하는 경우 무슨 일이 발생하는지에 대한 사용자 요구 사항의 일부로 결정돼야 한다. 예를 들어 (시스템 실패를 분석하는 데) 이전의 데이터로 충분하다면 (이전 데이터를 저장하는) 캐시cache는 도움이 된다. 또한 다른 시스템의 호출을 필요로 하지 않는 더욱 간단한 알고리즘을 사용할 수 있다.

높은 기술적인 복잡도

전체 시스템의 기술적인 복잡도는 매우 높다. 그리고 다양한 컴포넌트에 대한 요구를 만족시키기 위해 다양한 기술이 사용된다. 개별 시스템에 대해 작업하는 팀들은 거의 독립적으로 기술적인 결정을 내릴 수 있다. 이것은 팀이 항상 최적의 솔루션을 구현 가능하게 한다.

불행하게도, 이것은 개발자가 더 이상 팀 사이에서 쉽게 변경할 수 없다는 의미기도 하다. 예를 들어 데이터 저장 팀에 작업량이 많을 경우, 다른 팀의 개발자는 데이터 저장 팀이 사용하는 프로그래밍 언어에 대해 대부분 능숙하지 않고 데이터베이스 사용 같은 특정 기술에 대해 모르므로 거의 도움을 줄 수 없다.

너무 많은 기술로 구성된 시스템의 실행은 문제가 될 수 있다. 이러한 이유로 이 분야에는 한 가지 표준이 있다. 모든 마이크로서비스는 반드시 거의 동일한 방법으로 실행할 수 있어야 한다는 것이다. 이들은 가상 머신이다. 따라서 설치가 매우 간단하다. 또한 데이터 포맷과 기술을 결정하는 모니터링 방법이 표준화돼 있다. 이것은 애플리케이션을 중앙에서 모니터링할 수 있도록 한다. 전형적인 운영 모니터링 외에 애플리케이션의 특정 값에 대한 모니터링과 최종적인 로그 파일에 대한 분석도 있다.

장점

이러한 맥락에서 마이크로서비스에 의해 제공되는 주된 장점은 시스템의 분산 특성에 대한 적절한 지원이다. 센서들이 서로 다른 위치에 있으므로 중앙 집중식의 시스템은 적합하지 않다. 분산 아키텍처는 시스템을 네트워크 내에 분산된 더 작은 마이크로서비스로 분할하기 때문에 이러한 사실에 적합하다. 이것은 마이크로서비스의 교환 가능성exchangeability을 향상시키며, 더욱이 마이크로서비스 접근 방법은 해당 시스템의 특징을 만드는 기술적인 다양성을 지원한다.

이 시나리오에서 적시 출시time-to-market는 전자상거래 시나리오만큼 중요하지 않다. 또한 시스템이 다양한 클라이언트에 설치돼야 하므로 구현이 어렵고 쉽게 재설치할 수 없다. 그러나 지속적인 전달Continuous Delivery 분야의 일부 아이디어가 사용된다. 거의 동일한 설치와 중앙 집중적인 모니터링이 이러한 예다.

의견

마이크로서비스는 이 시나리오에 적합한 아키텍처 패턴이다. 시스템은 전형적인 문제들(예를 들어 기술 복잡도와 플랫폼 운영 등)이 마이크로서비스 분야에서 확립된 방법에 따라 구현되는 동안 해결된다는 사실에서 장점을 찾을 수 있다.

여전히 이 시나리오는 '마이크로서비스'라는 용어와 직접적으로 관련되지 않는다. 이것은 다음과 같은 결론을 이끈다.

- 마이크로서비스는 얼핏 보이는 것보다 더 많은 애플리케이션을 가지고 있다. 마이크로서비스는 웹 기반 비즈니스 모델 외에도 많은 문제들(이러한 문제들이 웹 관련 회사들에서 발견되는 문제들과 매우 다르다고 해도)을 해결할 수 있다.
- 실제로, 이러한 방법은 마이크로서비스라 부르지 않는다. 부분적인 구현에 그치지만, 다양한 분야의 많은 프로젝트에서는 오래전부터 마이크로서비스 기반 접근 방법을 사용해오고 있다.
- 마이크로서비스의 도움으로, 이러한 프로젝트들은 마이크로서비스 분야에서 현재 만들어지고 있는 기술을 사용할 수 있다. 또한 해당 분야에서 만들어진 경험의 혜택(예를 들어 아키텍처 관련 경험)을 누릴 수 있다.

3.3 결론

이번 장에서는 완전히 구별되는 두 비즈니스 분야에 대해 서로 다른 두 가지 시나리오를 제시했다. 웹 시스템은 빠른 적시 출시에 중점을 두며, 신호 처리 시스템은 본질적으로 분산 시스템이다.

비록 서로 다른 이유를 가지고 있지만, 두 시스템에 대한 아키텍처 원칙은 매우 유사하다. 마이크로서비스에 따른 팀의 생성은 많은 공통적인 접근 방법 외에 다양한 조직적인 주제와 인프라스트럭처 자동화에 관한 요구도 가지고 있다. 그러나 다른 부분에서는 차이가 있다. 신호 처리 시스템은 시스템(서브시스템)이 많고 다양한 기술을 사용하므로 서로 다른 기술을 사용하기 위한 옵션이 필수적이다. 이러한 특징은 웹 시스템에서 중요하지 않다. 웹 시스템에서 중요한 요소는 독립적인 개발, 빠르고 쉬운 개발, 그리고 더 나은 적시 출시다.

필수 포인트

- 마이크로서비스는 상당히 많은 장점들을 제공한다.
- 웹 기반 애플리케이션의 경우, 지속적인 전달과 시장 출시까지의 짧은 시간이 마이크로서비스를 사용하는 중요한 동기가 될 수 있다.
- 그러나 마이크로서비스는 분산 시스템 같은 매우 다른 유스케이스에도 아주 적합하다.

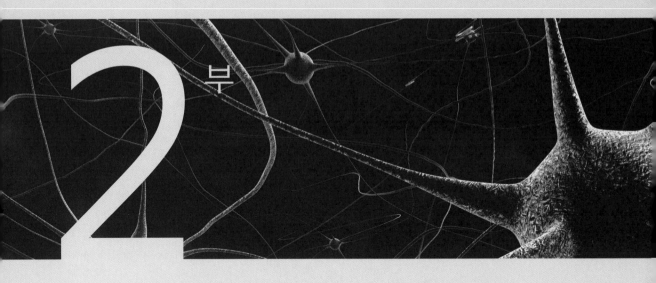

2 부

마이크로서비스: 정의, 이유, 그리고 제안 사항

2부에서는 마이크로서비스가 제공하는 다양한 가능성을 보여주기 위해 마이크로서비스 기반 아키텍처의 다양한 측면을 설명한다. 독자들이 마이크로서비스를 이용해 어떤 혜택을 얻을 수 있는지 평가할 수 있도록 (마이크로서비스 기반 아키텍처의) 장점과 단점을 소개하고, 어떤 점에 특별히 주의해야 하는지 살펴보며, 마이크로서비스 기반 아키텍처를 구현하는 동안 신경 써야 하는 사항에 대해 설명한다.

4장에서는 '마이크로서비스^{Microservice}'란 용어에 대해 자세히 설명한다. 마이크로서비스의 접근 방식에 대해 깊이 이해할 수 있도록 이 용어를 필수적이고 다양한 관점에서 분석한다. 중요한 측면들은 마이크로서비스의 크기, 조직적인 영향으로서 콘웨이의 법칙, 그리고 도메인 주도 설계다. 제한 맥락^{Bounded Context}은 도메인 측면에서 나온다. 또한 4장에서는 마이크로서비스가 UI를 포함해야 되는지 묻는 질문도 다룬다. 5장에서는 기술적인 측면, 조직적인 측면, 비즈니스 측면 순으로 마이크로서비스의 장점에 초점을 맞춘다. 6장에서는 기술, 아키텍처, 인프라스트럭처 및 운영 분야에 관련된 문제들을 다룬다. 7장은 서비스 지향 아키텍처^{SOA}와 마이크로서비스를 구분한다. 이러한 구분을 통해 마이크로서비스 접근 방법을 더욱 명확히 이해하는 데 도움이 되는 새로운 측면을 볼 수 있다. 게다가 마이크로서비스는 SOA와 자주 비교되고 있다.

이어지는 이 책의 3부에서는 실제로 마이크로서비스가 어떻게 구현되는지 소개할 것이다.

4장

마이크로서비스란 무엇인가

1.1절에서 '마이크로서비스^{Microservice}'란 용어에 대해 초기 정의를 제공했다. 그러나 마이크로서비스를 정의하는 다양한 방법이 있으며, 마이크로서비스의 다양한 정의는 서로 다른 측면을 기반으로 한다. 또한 이들은 각각 마이크로서비스를 사용하는 것이 유리한 이유를 나타낸다.

이번 장의 마지막 부분에서 독자들은 (개별 프로젝트 시나리오에 기반하는) '마이크로서비스'란 용어에 대해 자신만의 정의를 갖게 될 것이다

이번 장에서는 '마이크로서비스'란 용어를 여러 가지 측면에서 논의한다.

- 4.1절에서는 마이크로서비스의 크기에 중점을 둔다.
- 4.2절에서는 마이크로서비스, 아키텍처, 그리고 조직의 관계를 콘웨이의 법칙^{Law of Conway}을 사용해 설명한다.
- 마지막으로, 4.3절에서는 도메인 주도 설계^{DDD, Domain-Driven Design}와 제한 맥락^{Bounded Context}에 기반한 마이크로서비스 관련 도메인 아키텍처를 설명한다.
- 4.4절에서는 마이크로서비스에 UI를 포함해야 하는 이유를 설명한다.

4.1 마이크로서비스의 크기

'마이크로서비스'란 명칭을 통해 서비스의 크기가 중요할 뿐 아니라 그 크기가 작아야 한다는 사실을 명백히 알 수 있다.

마이크로서비스의 크기를 정의하는 한 가지 방법은 코드 라인 수[LoC, Lines of Code1]를 세는 것이다. 그러나 이러한 방법은 많은 문제점을 갖는다.

- 코드의 라인 수는 사용하는 프로그래밍 언어에 따라 달라진다. 일부 언어는 동일한 기능을 표현하기 위해 다른 언어보다 더 많은 코드가 필요하다(그리고 마이크로서비스는 미리 결정된 기술 스택을 명시적으로 가정하지 않는다). 따라서 이러한 메트릭[metric2]에 기반해 마이크로서비스를 정의하는 것은 그다지 유용하지 않다.
- 마지막으로, 마이크로서비스는 아키텍처 접근 방법을 나타낸다. 그러나 아키텍처는 LoC 같은 기술적인 메트릭을 고집하기보단 도메인 내의 조건을 따라야 한다. 이러한 이유로, 코드 라인에 기반해 크기를 결정하려는 시도는 비판적으로 검토돼야 한다.

적지 않은 비판에도 불구하고, LoC는 마이크로서비스에 대한 지표가 될 수 있다. 그러나 여전히 마이크로서비스의 이상적인 크기에 대해서는 의문이 남아있다. 마이크로서비스가 얼마나 많은 LoC를 가질 수 있는가? 절대적인 표준 값이 없음에도 불구하고, 더 크거나 더 작은 마이크로서비스에 대한 의견을 말하는 데 영향을 주는 요소들이 있다.

모듈화

모듈화[modularization]는 (영향을 주는) 한 가지 요소다. 개발 팀은 복잡도[complexity]를 더욱 잘 다루기 위해 모듈로 소프트웨어를 개발한다. 전체 소프트웨어에 대한 이해 대신, 개발자는 서로 다른 모듈 사이의 내부적인 상호작용뿐 아니라 그들이 작업하는 모듈에 대해 이해해야 한다. 이것이 일반적으로 엄청난 복잡성을 갖는 소프트웨어 시스템임에도 불구하고 팀이 생산적으로 작업하기 위한 유일한 방법이다. 일상적인 개발에서는 모듈이 처음에 계획한 것보다 더 커지는 문제가 종종 발생한다. 변경이 소프트웨어에 대한 이해를 필요로 하

---

1 http://yobriefca.se/blog/2013/04/28/micro-service-architecture/
2 Metric은 지표라고도 불린다. – 옮긴이

는 것처럼, 모듈이 계획보다 더 커지는 것은 모듈에 대한 이해를 더욱 어렵게 만들고 유지 보수를 어렵게 한다. 따라서 마이크로서비스를 가능한 한 작게 유지하는 것이 합리적이다. 다른 한편으로, 마이크로서비스는 다른 많은 접근 방법과 달리 모듈화에 대한 오버헤드를 갖는다.

분산 통신

마이크로서비스는 독립된 프로세스 내에서 실행된다. 따라서 마이크로서비스 사이의 통신 은 네트워크를 통한 분산 통신distributed communication이다. 이러한 유형의 시스템에 대해 '분산 객체의 첫 번째 규칙First Rule of Distributed Object Design3'이 적용된다. 이 규칙은 회피 가능하다면, 시스템은 분산되지 말아야 한다는 것이다. 이 규칙의 배경은 네트워크를 통한 또 다른 시 스템의 호출은 같은 프로세스 내의 직접 호출보다 엄청나게 느리다는 점이다. 순수한 지연 시간에 더해, 파라미터와 결과에 대한 직렬화serialization와 역직렬화deserialization에는 많은 시 간이 소모된다. 이러한 과정은 시간이 오래 걸릴 뿐 아니라 CPU 용량에 대한 비용도 필요 하다.

더욱이 분산 호출은 네트워크를 일시적으로 이용할 수 없거나 호출된 서버에 도달할 수 없 는 경우(예를 들어, 고장이 난 경우) 실패할 수 있다. 이것은 분산 시스템을 구현할 때 이러한 에러를 호출자가 합리적인 방법으로 처리해야 하기 때문에 복잡도를 증가시킨다.

이러한 문제에도 불구하고, 이전의 경험4은 마이크로서비스 기반 아키텍처가 작동한다는 사실을 알려준다. 특히 마이크로서비스가 작게 설계된 경우 분산 통신의 총량이 증가하며, 전반적으로 시스템은 느려진다. 이것은 더 큰 규모의 마이크로서비스에 찬성하는 주장이 다. 마이크로서비스가 UI를 포함하고 도메인의 특정 부분을 완전하게 구현한 경우, 도메인 의 해당 부분에 대한 모든 컴포넌트는 하나의 마이크로서비스 내에 구현되므로 대부분의 경우 마이크로서비스는 다른 마이크로서비스를 호출하지 않고 동작한다. 분산 통신을 방 지하기 위한 욕구는 도메인에 따라 시스템을 구축하는 또 다른 이유다.

3 http://martinfowler.com/bliki/FirstLaw.html
4 http://martinfowler.com/articles/distributed-objects-microservices.html

지속 가능한 아키텍처

마이크로서비스는 아키텍처를 설계하기 위해 개별 마이크로서비스를 지속 가능한 방법으로 배포하는 방법을 이용한다. 클래스^{class}보다 마이크로서비스를 이용하는 것이 훨씬 더 어렵다. 개발자는 배포 기술$^{distribution\ technology}$을 다뤄야 하며 마이크로서비스 인터페이스를 사용해야 한다. 또한 개발자는 호출되는 마이크로서비스나 이를 스텁^{stub}으로 교체하는 것을 포함하는 테스트를 준비해야 할 수도 있다. 마지막으로, 개발자는 개별 마이크로서비스를 담당하는 팀과도 접촉해야 한다.

배포 모놀리스 안에서 클래스의 사용은 (심지어 클래스가 완전히 모놀리스의 다른 부분에 속하거나 또 다른 팀이 담당하고 있는 경우에도) 훨씬 더 간단하다. 그러나 두 클래스 사이의 종속성을 구현하는 것이 매우 간단하기 때문에 의도하지 않은 종속성이 배포 모놀리스 안에 축적되는 경향이 있다. 마이크로서비스의 경우 의도하지 않은 종속성이 생성되는 것을 방지하기 때문에 (마이크로서비스 간의) 종속성을 만드는 것은 (배포 모놀리스보다) 더 어렵다.

리팩토링

그러나 마이크로서비스 사이의 경계는 (예를 들어, 리팩토링^{refactoring} 같은) 문제도 일으킨다. 기능의 일부분이 현재의 마이크로서비스에 잘 맞지 않는다는 사실이 분명해지면, 해당 부분은 다른 마이크로서비스로 이동해야 한다. 대상 마이크로서비스가 다른 프로그래밍 언어로 작성된 경우, 필연적으로 이러한 (기능의) 이동은 새로운 구현으로 이어진다. 이러한 문제는 한 마이크로서비스 내에서 이동하는 경우라면 발생하지 않는다. 이러한 고려 사항은 더 큰 규모의 마이크로서비스를 찬성하는 의견이 될 수 있고, 이것은 8.3절에서 중점을 두고 있는 주제다.

팀의 규모

결과적으로, 마이크로서비스의 독립적인 배포와 팀으로의 분할은 개별적인 마이크로서비스 크기의 상한$^{upper\ limit}$이 된다. 팀은 마이크로서비스 내에서 기능을 구현할 수 있어야 하며, 이러한 기능을 다른 팀에 의존하지 않고 생산 환경으로 배포할 수 있어야 한다. 이를 보장하기 위해 아키텍처는 팀 간의 너무 많은 조정 활동 없이도 개발 범위를 확장하는 것을 고려해야 한다.

팀은 다른 팀에 독립적으로 기능을 구현할 수 있어야 한다. 따라서 언뜻 보면 마이크로서비스는 다양한 기능의 구현을 허용할 수 있을 만큼 충분히 커야 하는 것처럼 보인다. 마이크로서비스가 더 작은 경우, 팀은 하나의 도메인에 대한 구현을 허용하는 여러 개의 마이크로서비스를 담당할 수 있다. 마이크로서비스의 크기에 대한 하한은 독립적인 배포와 팀으로의 분배 때문에 생기지 않는다.

마이크로서비스가 한 팀에 의해 더 개발하기 어려운 크기에 도달하는 경우, 마이크로서비스가 너무 커진 것이며, 이로부터 마이크로서비스 크기의 상한이 생겨난다. 따라서 팀은 애자일 프로세스에 적합한 크기를 가져야 한다. 애자일 팀의 크기는 일반적으로 3~9명이다. 따라서 마이크로서비스는 절대로 3~9명의 사람들이 스스로 더 많은 개발을 할 수 없을 정도로 커지면 안 된다. 이러한 크기에 더해, 개별적인 마이크로서비스에서 구현돼야 하는 기능의 개수도 중요한 역할을 한다. 짧은 시간에 많은 양의 변경이 필요한 경우에는 팀에 빠르게 과부하가 걸릴 수 있다. 13.2절에서는 같은 마이크로서비스에 대해 여러 팀이 함께 작업하는 것을 허용하는 대안을 언급한다. 그러나 일반적으로 마이크로서비스는 절대로 여러 팀이 함께 작업해야 할 정도로 커져서는 안 된다.

인프라스트럭처

마이크로서비스의 크기에 영향을 주는 또 다른 주요 요소는 인프라스트럭처infrastructure다. 각 마이크로서비스는 독립적으로 배포할 수 있어야 한다. 마이크로서비스를 실행하기 위해서는 생산 환경뿐 아니라 다양한 테스트 단계가 존재하는 지속적인 전달 파이프라인과 인프라스트럭처를 반드시 가져야 한다. 또한 데이터베이스와 애플리케이션 서버들도 인프라스트럭처에 속할 수 있다. 추가로, 마이크로서비스를 위한 빌드 시스템도 있어야 한다. 마이크로서비스 코드는 다른 마이크로서비스로부터 독립적인 버전을 가질 수 있어야 한다. 따라서 마이크로서비스를 위한 버전 관리 내의 프로젝트가 존재해야 한다.

마이크로서비스에 필요한 인프라스트럭처를 제공하는 데 드는 노력의 정도에 따라, 마이크로서비스의 적절한 크기가 달라진다. 작은 크기의 마이크로서비스가 선택되면, 시스템은 더 많은 마이크로서비스로 나뉜다. 따라서 더 많은 인프라스트럭처가 필요하다. 더 큰 마이크로서비스의 경우, 시스템은 전체적으로 더 적은 마이크로서비스를 포함하고 결과적으로 더 적은 인프라스트럭처가 필요해진다.

어찌됐든, 마이크로서비스의 구축과 배포는 자동화돼야 한다. 그럼에도 불구하고, 마이크로서비스에 필요한 모든 인프라스트럭처의 구성 요소를 제공하는 것은 힘든 작업이 될 수 있다. 새로운 마이크로서비스를 위한 인프라스트럭처 자동화가 설정되면, 추가적인 마이크로서비스를 위한 인프라스트럭처의 제공 비용은 감소한다. 이것은 마이크로서비스의 크기를 더욱 감소시킬 수 있게 만든다. 일반적으로, 어느 정도 마이크로서비스 관련 작업을 해온 회사들은 자동화된 방법으로 필요한 인프라스트럭처를 제공함으로써 새로운 마이크로서비스의 생성을 단순화한다.

더욱이, 실질적으로 더 작은 마이크로서비스가 가능한 정도의 크기로 인프라스트럭처의 오버헤드를 감소시키는 기술들이 있다. 이러한 나노서비스들은 15장에서 설명된다.

교체 가능성

마이크로서비스는 가능한 한 쉽게 교체할 수 있어야 한다. 마이크로서비스의 교체는 기술이 더 이상 쓸모없거나 마이크로서비스 코드가 더 이상 개발할 수 없는 나쁜 품질을 가진 경우에 합리적이다. 마이크로서비스의 교체 가능성^{replaceability}은 교체를 전혀 할 수 없는 모놀리스 애플리케이션과 비교할 때 장점을 갖는다. 모놀리스가 더 이상 유지 보수를 할 수 없는 경우, 모놀리스의 개발은 관련된 높은 비용에도 불구하고 계속되거나 높은 비용이 드는 이전을 해야 한다. 더 작은 마이크로서비스일수록, 새로 구현해 교체하기가 더 쉽다. 특정 크기 이상의 마이크로서비스는 모놀리스와 마찬가지로 동일한 문제를 발생시키므로 교체가 어려울 수 있다. 교체 가능성은 마이크로서비스의 크기에 따라 제한된다.

트랜잭션과 일관성

트랜잭션^{Transaction}은 이른바 ACID 특성을 갖는다.

- 원자성^{Atomicity}은 주어진 트랜잭션이 완벽하게 수행되거나 전혀 수행되지 않는 것을 의미한다. 오류가 발생하는 경우, 모든 변경 사항은 다시 복원된다.
- 일관성^{Consistency}은 트랜잭션의 실행 전과 실행 후에 데이터가 일관적이라는 것을 의미한다. 예를 들어, 유효성을 위반하지 않는다.
- 고립성^{Isolation}은 트랜잭션 동작이 서로 분리됐다는 것을 의미한다.

- 내구성^{Durability}은 영구성을 의미한다. 트랜잭션에 대한 변경 사항은 저장되고 사고 이후에도 여전히 사용할 수 있다.

마이크로서비스 내에서 트랜잭션에 대한 변경이 발생할 수 있다. 더욱이 마이크로서비스 내의 데이터에 대한 일관성은 매우 쉽게 보장될 수 있어야 한다. 개별 마이크로서비스를 넘어 데이터가 일관성을 가지기는 어렵고, 전체적인 조정이 필요하다. 트랜잭션 롤백의 경우, 모든 마이크로서비스에 대한 모든 변경이 복원돼야 한다. 이러한 모든 사항에 대한 변경은 복원돼야 하는 변경에 대한 결정을 전달하는 것이 보장돼야 하므로 구현이 어렵다. 그리고 네트워크 내의 통신은 신뢰할 수 없으며, 변경이 발생할지 여부를 결정할 때까지 데이터에 대한 더 많은 변경들이 금지된다. 추가적인 변경이 발생하는 경우, 어떤 변경 사항은 더 이상 복구되지 않을 수 있다. 게다가 마이크로서비스에 데이터 변경을 적용하는 것을 금지하는 동안, 시스템의 처리량은 감소된다.

그러나 메시징 시스템을 통해 통신할 때 트랜잭션을 할 수 있다(9.4절을 참고하라). 이러한 방법으로 마이크로서비스 사이의 밀접한 연결 없이도 트랜잭션이 가능하다.

일관성

트랜잭션 외에, 데이터 일관성$^{data\ consistency}$도 중요하다. 예를 들어, 주문은 수익으로 기록돼야 한다. 그런 다음, 수익과 주문 데이터는 일관성을 가져야 한다. 데이터 일관성은 밀접한 조정을 통해서만 달성할 수 있다. 여러 마이크로서비스에 관련된 데이터의 일관성은 보장하기가 어렵다. 이것이 주문에 대한 수익이 전혀 기록되지 않음을 의미하지는 않는다. 그러나 네트워크를 통한 통신(결과적으로, 느리고 신뢰할 수 없다.) 때문에 주문에 대한 수익 처리가 정확하게 같은 시간에 발생하는 경우는 거의 없으며, 심지어 1분 이내에도 주문 처리가 되지 않을 수도 있다.

트랜잭션 내 데이터의 변경과 데이터의 일관성은 모든 관련 데이터가 동일한 마이크로서비스의 일부일 때만 가능하다. 따라서 관련 데이터들이 마이크로서비스 크기의 하한을 결정한다. 트랜잭션이 여러 마이크로서비스를 포함해야 하고 여러 마이크로서비스에 걸친 데이터의 일관성이 필요한 경우에는 마이크로서비스가 너무 작게 설계된 것이다.

여러 마이크로서비스에 관련된 보상 트랜잭션

최소한, 트랜잭션의 경우에는 대안이 있다. 데이터의 변경이 롤백되는 경우, 이를 위해 보상 트랜잭션$^{compensation\ transaction}$이 사용될 수 있다.

분산 트랜잭션의 고전적인 예는 호텔, 렌터카, 비행기로 구성되는 여행 예약이다. 모든 사항은 함께 예약되거나 예약되지 않는다. 세 가지 작업이 매우 다르므로 실제 시스템과 마이크로서비스에서 이러한 기능들은 세 개의 마이크로서비스로 구분된다. 원하는 호텔 방, 원하는 렌터카, 그리고 원하는 비행기를 이용 가능한지에 대한 문의가 서로 다른 시스템으로 보내진다. 모든 것이 맞아떨어진다면 예약된다. 예를 들어, 갑자기 호텔 방을 이용할 수 없게 되면, 비행기에 대한 예약과 렌터카에 대한 예약은 취소돼야 한다. 그러나 현실에서 취소를 걱정하는 회사들은 예약 취소에 대한 비용을 요구할 가능성이 있다. 그러므로 예약 취소는 트랜잭션 롤백과 같이 배후에서 발생하는 기술적인 이벤트일 뿐 아니라 비즈니스 과정이다. 이것은 보상 트랜잭션으로 나타내기가 훨씬 더 쉽다. 이러한 방법으로 마이크로서비스 환경에서 여러 요소에 걸친 트랜잭션은 밀접한 기술적인 연결 없이도 구현될 수 있다. 보상 트랜잭션은 정상적인 서비스 호출일 뿐이다. 비즈니스적인 이유뿐 아니라 기술적인 이유로 마이크로서비스에 대한 보상 트랜잭션 같은 메커니즘의 사용이 유도될 수 있다.

요약

결론적으로, 마이크로서비스의 크기는 다음 요소들로부터 영향을 받는다(그림 5를 참고하라).

- 팀의 크기$^{team\ size}$가 상한을 결정한다. 마이크로서비스는 결코 여러 팀의 작업이 필요할 만큼 커져서는 안 된다. 결국 팀은 다른 팀에 독립적으로 작업하고 생산 환경으로 소프트웨어를 적용할 수 있어야 한다. 이것은 각 팀이 분리된 배포 단위(예를 들어, 분리된 마이크로서비스)에 대해 작업할 때만 가능하다. 그러나 한 팀이 여러 마이크로서비스에 대해 작업할 수 있다.

- 더 많은 모듈화^{Modularization}는 마이크로서비스의 크기를 제한한다. 마이크로서비스는 개발자가 이해하고 더 개발하는 것을 허용하는 크기가 바람직하다. 물론, 마이크로서비스의 크기가 작을수록 더 좋다. 이러한 제한은 팀 크기 이하다. 무엇이든지 한 개발자가 이해할 수 있어야 팀은 더 많은 것을 개발할 수 있다.

- 교체 가능성^{Replaceability}은 마이크로서비스의 크기를 감소시킨다. 따라서 교체 가능

성은 마이크로서비스 크기의 상한에 영향을 준다. 이러한 제한은 모듈화에 의한 설정 아래에 있다. 누군가 마이크로서비스를 교체 가능한 경우, 무엇보다도 이 사람은 마이크로서비스를 이해할 수 있어야 한다.

- 마이크로서비스 크기의 하한은 인프라스트럭처에 의해 설정된다. 마이크로서비스에 필요한 인프라스트럭처를 제공하기가 너무 힘든 경우, 마이크로서비스의 개수는 더 적은 수로 유지돼야 한다(결과적으로 각 마이크로서비스의 크기는 더 커질 것이다).
- 유사하게, 분산 통신distributed communication은 마이크로서비스의 개수에 따라 증가한다. 이러한 이유로, 마이크로서비스의 크기는 너무 작게 설정돼서는 안 된다.
- 데이터의 일관성consistency과 트랜잭션transaction은 오직 하나의 마이크로서비스 내에서만 보장된다. 따라서 마이크로서비스는 일관성과 트랜잭션에 여러 마이크로서비스가 관련될 수 있을 정도로 너무 작아서는 안 된다.

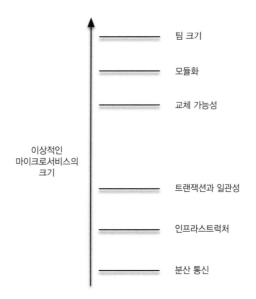

그림 5. 마이크로서비스의 크기에 영향을 주는 요소들

이러한 요소들은 마이크로서비스의 크기에 영향을 줄 뿐 아니라, 마이크로서비스에 대한 특정 아이디어에도 반영된다. 이 아이디어에 따르면, 마이크로서비스의 주된 이점은 독립적인 배포independent deployment와 다른 팀에 독립적인 작업independent work, 그리고 이에 더해 마이크로서비스의 교체 가능성replaceability이다. 마이크로서비스에 대한 최적의 크기는 이처럼

원하는 기능에 의해 도출될 수 있다.

그러나 마이크로서비스의 크기와 관련된 또 다른 이유도 있다. 예를 들어, 마이크로서비스는 독립적인 확장성 때문에 도입된다. 이를 위해 각 마이크로서비스는 독립적으로 확장될 수 있는 단위가 보장되는 크기로 선택돼야 한다.

마이크로서비스가 얼마나 작거나 커야 하는지는 이러한 기준들로만 추론할 수 없다. 마이크로서비스의 크기는 사용되는 기술에도 의존한다. 특히 마이크로서비스를 위해 제공되는 인프라스트럭처에 필요한 노력과 사용되는 기술에 따른 분산 통신^{distributed communication}에도 의존한다. 15장에서는 이처럼 매우 작은 서비스를 배포 가능하게 만드는 기술들을 살펴본다(이러한 서비스는 나노서비스로 표기된다). 나노서비스는 14장에 설명된 기술을 이용해 구현되는 마이크로서비스와는 다른 장단점을 갖는다.

따라서 마이크로서비스의 이상적인 크기는 없다. 실제 마이크로서비스의 크기는 기술과 개별 마이크로서비스의 유스케이스에 따라 다르다.

시도 및 실험

당신의 언어, 플랫폼, 인프라스트럭처에서 마이크로서비스를 배포하려면 얼마나 많은 노력이 필요한가?

- 단지 단순한 과정인가? 아니면, 애플리케이션 서버나 다른 인프라스트럭처 요소를 포함하는 복잡한 인프라스트럭처인가?
- 마이크로서비스가 가능한 한 작아지면 배포를 위한 노력이 얼마나 감소되는가?

이러한 정보에 기반해, 마이크로서비스 크기의 하한을 정의할 수 있다. 마이크로서비스의 상한은 팀과 모듈화의 크기에 의존한다(또한 이러한 관점에서 마이크로서비스의 적절한 한계를 생각해야 한다).

4.2 콘웨이의 법칙

콘웨이의 법칙^{Conway's Law5}은 미국의 컴퓨터 과학자인 멜빈 에드워드 콘웨이^{Melvin Edward Conway}에 의해 만들어졌으며 그 내용은 다음과 같다.

> (광범위하게 정의하면) 모든 조직은 조직의 의사소통 구조^{communication structure}와
> 똑같은 구조를 갖는 시스템을 설계한다.

이 법칙이 소프트웨어뿐 아니라 모든 종류의 설계에 적용된다는 사실을 알아야 한다. 콘웨이가 언급한 의사소통 구조가 조직도^{organization chart}와 일치돼야 할 필요는 없다. 때때로 비공식적인 의사소통 구조가 있으며, 이러한 맥락도 고려돼야 한다. 이에 더해 팀의 지리적인 분포도 의사소통에 영향을 줄 수 있다. 결국, 같은 방이나 적어도 같은 사무실에서 일하는 동료들과 이야기하는 것이 다른 도시나 다른 시간대에서 작업하는 동료와 이야기하는 것보다 훨씬 더 쉽다.

콘웨이의 법칙에 대한 근거

콘웨이의 법칙을 뒷받침하는 근거는 각 조직 단위들이 아키텍처의 특정 부분을 설계한다는 사실에서 도출된다. 두 개의 아키텍처 부분에 인터페이스를 갖는다면, 이 인터페이스(그리고 결과적으로 각 아키텍처 부분에 대한 책임을 갖는 조직 단위 사이의 의사소통 관계)에 대한 조정이 필요하다.

콘웨이의 법칙에서 설계 모듈화가 합리적인지도 추론할 수 있다. 이러한 설계를 통해 모든 팀원들이 다른 팀원들과 지속적으로 조정하고 있는지 확인할 수 있다. 그 대신, 다른 모듈에 대해 작업하는 팀원들은 인터페이스(그리고 인터페이스의 특정 설계에 관해서만)를 개발하는 경우에만 조정의 필요가 있는 반면, 같은 모듈에 대해 작업하는 개발자들은 긴밀하게 그들의 활동을 조정할 수 있다.

그러나 통신 관계^{communication relationship}는 이 이상으로 확장된다. 다른 도시, 다른 나라, 또는 다른 시간대에 있는 팀보다는 같은 빌딩 안에 있는 팀과 협력하기가 훨씬 더 쉽다. 따라서 수많은 통신 관계를 갖는 아키텍처 부분은 팀 간의 의사소통이 더 쉬운 지역적으로 밀접한

---

5 http://www.melconway.com/research/committees.html

팀들에 의해 훨씬 더 잘 구현된다. 결국 콘웨이의 법칙은 조직도에 초점을 두지 않고, 실질적인 소통 관계에 관심을 둔다. 그러나 콘웨이는 대규모 조직은 수많은 통신 관계를 갖는다고 가정했다. 따라서 통신은 점점 어려워지거나 결국에는 불가능해진다. 그 결과로, 아키텍처는 이러한 사항에 점점 더 영향을 받고, 결국에는 망가지게 된다. 다시 말해 너무 많은 통신 관계를 갖는 것은 프로젝트에 대한 진정한 위험이 된다.

한계로서의 법칙

일반적으로, 콘웨이의 법칙은 한계로 간주되며 소프트웨어 개발의 측면에서는 더욱 그렇다. 기술적인 측면에 따라 모듈화된 프로젝트를 가정해보자. UI에 중점을 두는 모든 개발자는 하나의 팀으로 모아지며, 백엔드에 초점을 두는 개발자는 두 번째 팀에 할당된다. 그리고 데이터 은행 전문가는 세 번째 팀을 구성한다. 이러한 분포는 세 팀 모두 각 기술에 대한 전문가로 구성되는 장점을 갖는다. 이것은 이러한 조직 유형을 생성하는 것을 더욱 쉽고 투명하게 만든다. 그러나 이러한 분포는 논리적인 유형도 나타낸다. 팀원들은 쉽게 서로를 지원할 수 있으며, 기술적인 교환도 용이해진다.

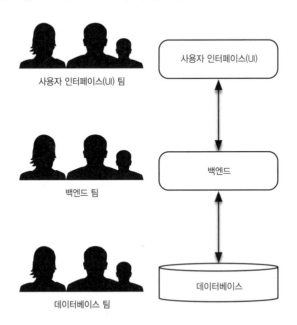

그림 6. 기술적인 프로젝트의 분포

콘웨이의 법칙에 따르면, 이러한 분포로부터 세 팀이 세 개의 기술적인 계층(사용자 인터페이스, 백엔드, 그리고 데이터베이스)을 구현하게 된다. 선택된 분포는 실제로 현명하게 만들어진 조직과 일치한다. 그러나 이 분포는 결정적인 단점을 갖는다. 일반적인 기능은 UI, 백엔드, 그리고 데이터베이스에 대한 변경을 필요로 한다. UI는 고객을 위한 새로운 기능을 만들고, 백엔드는 로직을 구현해야 한다. 그리고 데이터베이스는 각 데이터의 저장을 위한 구조를 생성해야 한다. 그 결과, 다음과 같은 단점이 발생한다.

- 구현된 기능에 대해 이야기하고자 하는 사람은 세 팀 모두와 이야기해야 한다.
- 각 팀들은 그들의 작업을 조정하고, 새로운 인터페이스를 생성해야 한다.
- 모든 팀의 작업은 그들의 활동을 일시적으로 함께 맞추는 것을 보장하는 방법으로 조정돼야 한다. 예를 들어, 백엔드는 데이터베이스로부터의 입력 없이 실제 작업을 할 수 없다(그리고 사용자 인터페이스는 백엔드로부터 입력 없이 작업할 수 없다).
- 팀들이 스프린트로 작업하는 경우, 이러한 종속성은 시간 지연의 원인이 된다. 데이터베이스 팀은 첫 번째 스프린트에서 필요한 변경 사항을 적용한다. 두 번째 스프린트에서 백엔드 팀은 로직을 구현한다. 그리고 세 번째 스프린트에서 UI가 처리된다. 따라서 하나의 기능을 구현하려면 세 개의 스프린트가 필요하다.

결국, 이러한 방법은 많은 통신과 조정 오버헤드뿐 아니라 다양한 종속성을 만든다. 따라서 주된 목적이 새로운 기능을 가능한 한 빠르게 구현하는 것이라면 이러한 유형의 조직은 적절하지 않다.

이 방법을 따르는 많은 팀들은 아키텍처에 대한 영향을 인식하지 않으며 이러한 측면은 더욱 고려하지 않는다. 그 대신 이 유형의 조직은 조직 내에서 유사한 기술을 갖는 개발자들이 함께 그룹화돼야 한다는 개념에 초점을 맞춘다. 이러한 조직은 마이크로서비스처럼 도메인에 의해 유도되는 설계에 대한 장애물이 되며, 개발이 기술적인 계층의 팀 분배와도 호환되지 않는다.

조력자로서의 법칙

그러나 콘웨이의 법칙은 마이크로서비스 같은 접근 방법을 지원하는 데도 사용될 수 있다. 가능한 한 다른 컴포넌트에 독립적으로 개별 컴포넌트를 개발하려는 목적인 경우, 시스템은 도메인 컴포넌트로 나눌 수 있다. 이러한 도메인 컴포넌트들을 기반으로 팀들이 생성될 수 있다. 그림 7은 이러한 원칙을 나타낸다. 제품 검색, 클라이언트, 주문 처리를 위한 개별 팀이 있다. 이러한 팀들은 기술적으로 사용자 인터페이스, 백엔드, 그리고 데이터베이스로 분리될 수 있는 개별 컴포넌트들에 대해 작업한다. 그러나 도메인 컴포넌트는 팀의 이름과 동일한 방식으로 명시적인 이름을 붙이지 않는다. 컴포넌트와 팀은 아주 밀접하다. 이러한 접근 방법은 스크럼^{Scrum} 같은 방법론에 의해 제안된 교차 기능 팀$^{cross\ functional\ team}$이라 불리는 아이디어와 관련된다. 이 팀들은 넓은 범위의 작업을 처리하기 위해 서로 다른 역할을 포함해야 한다. 이러한 원칙에 따라 설계된 팀만이 컴포넌트를 담당(엔지니어링 요구 사항부터 구현을 거쳐 운영까지)할 수 있다.

기술적인 산출물의 분할과 산출물 사이의 인터페이스는 같은 팀 안에서 해결할 수 있다. 가장 간단한 경우, 개발자는 옆에 앉아있는 개발자하고만 이야기하면 된다. 팀 간 조정은 더욱 복잡하다. 그러나 이상적으로는 기능들이 독립적인 팀들에 의해 구현되므로 팀 내부 조정은 그리 자주 필요하지 않다. 더욱이, 이 방법은 컴포넌트 사이의 씬 인터페이스$^{thin\ interface}$를 생성한다. 이것은 인터페이스를 정의하기 위해 팀 간에 힘든 조정이 이뤄지는 것을 방지한다.

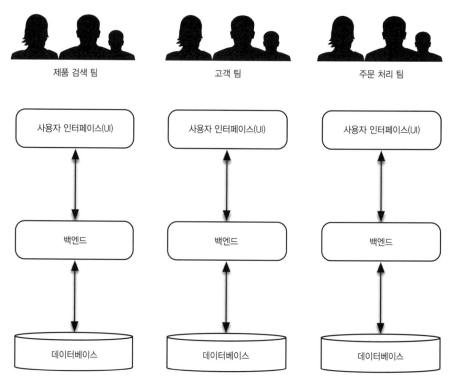

그림 7. 도메인에 따른 프로젝트

궁극적으로, 콘웨이의 법칙에서 핵심적인 메시지는 아키텍처와 조직은 동전의 양면과도 같다는 점이다. 이러한 통찰력을 현명하게 사용하는 경우, 시스템은 프로젝트에 대한 명확하고 유용한 아키텍처를 갖게 될 것이다. 아키텍처와 조직은 팀이 방해받지 않는 방법으로 가능한 한 적은 조정 노력을 통해 작업할 수 있도록 보장하기 위한 공통적인 목표를 갖는다.

또한 컴포넌트로의 명확한 기능 분리는 유지 보수를 용이하게 만든다. 개별적인 팀은 개별 기능과 컴포넌트를 담당하기 때문에 이와 같은 분배는 장기적으로 안정성을 갖게 되며, 결과적으로 시스템은 유지 보수 가능한 상태로 남게 된다.

팀은 작업을 위한 요구 사항을 필요로 한다. 이것은 팀이 요구 사항을 정의하는 사람들과 만날 필요가 있음을 의미한다. 이것은 엔터프라이즈 부서들로부터 나온 요구 사항과 마찬가지로 조직에 프로젝트 이상의 영향을 미친다. 그리고 콘웨이의 법칙에 따르면 프로젝트와 도메인 아키텍처 내에서 팀의 구조와 관련된다. 콘웨이의 법칙은 소프트웨어 개발을 넘어 사용자를 포함하는 전체적인 조직의 소통 구조까지도 확장될 수 있다. 바꿔 말하면, 결과적으로 프로젝트 내의 팀 구조와 마이크로서비스 시스템의 아키텍처는 엔터프라이즈 부서 조직을 따른다고 말할 수 있다.

콘웨이의 법칙과 마이크로서비스

앞선 논의에서는 일반적인 방법으로 프로젝트에 대한 아키텍처와 조직 사이의 관계를 강조했다. 마이크로서비스를 사용하지 않고도, 분리된 각 기능과 기능을 담당하는 개발 팀에 완벽하게 아키텍처를 맞출 수 있다. 이 경우, 프로젝트는 모든 기능을 그 안에 구현하는 배포 모놀리스를 개발할 것이다. 그러나 마이크로서비스도 이러한 방법을 지원한다. 이미 3.1절에서 마이크로서비스가 기술적인 독립성을 제공하는 것에 대해 설명했다. 도메인에 의한 분할과 더불어, 팀들은 더욱 서로에 대해 독립성을 갖게 되며 그들의 작업에 대한 조정이 덜 필요하게 만든다. 도메인에 관련된 조정과 더불어 기술적인 조정은 거의 최소한으로 감소될 수 있다. 이것은 다양한 기능에 대한 동시 작업과 생산 환경에 대한 기능의 적용을 더욱 쉽게 만든다.

기술적인 아키텍처로서의 마이크로서비스는 콘웨이의 법칙을 기반으로 분배한 기능을 개발하는 방법을 지원하는 데 더 적합하다. 실제로, 이러한 측면은 정확한 마이크로서비스 기반 아키텍처의 본질적인 특성이다.

그러나 통신 구조에 따르는 것을 지향하는 아키텍처는 한 부분의 변경이 다른 부분의 변화를 수반한다. 이것은 마이크로서비스 간의 아키텍처 변경을 더욱 어렵게 만들고, 전체 프로세스의 유연성을 떨어뜨린다. 기능의 일부가 한 마이크로서비스에서 다른 마이크로서비스로 이동될 때마다, 또 다른 팀이 해당 시점에 이 기능을 처리해야 하는 결과를 가져올 수 있다. 이러한 유형의 조직 변화는 소프트웨어의 변경을 더욱 복잡하게 만든다.

이번 장의 다음 단계에서는 도메인에 의한 (기능의) 분배가 어떻게 가장 잘 구현될 수 있는지를 설명한다. 도메인 주도 설계[DDD]는 이러한 사실에 도움이 된다.

시도 및 실험

당신의 프로젝트를 대상으로 다음 사항을 살펴보라.

- 팀의 구조는 어떠한가?
    - 기술적인 동기에 의한 것인가? 도메인에 의한 것인가?
    - 마이크로서비스 기반의 방법으로 구현하기 위해 구조가 변경돼야 하는가?
    - 어떻게 변경돼야 하는가?
- 다른 팀에 아키텍처를 배포하기 위한 합리적인 방법이 있는가? 결과적으로 각 팀은 독립적인 도메인 컴포넌트에 대해 책임져야 하며, 팀과 관련된 기능을 구현할 수 있어야 한다.
    - 어떤 아키텍처 변경이 필요하겠는가?
    - 변경이 얼마나 힘들 것인가?

4.3 도메인 주도 설계와 제한 맥락

에릭 에반스[Eric Evans]는 자신이 저술한 책을 통해 패턴 언어로서 책의 이름이기도 한 도메인 주도 설계[DDD, Domain-Driven Design][6]를 공식화했다. 도메인 주도 설계는 관련돼 있는 디자인 패턴의 집합이며, 특히 복잡한 도메인에서 소프트웨어 개발을 지원하는 것을 가정한다. 이어

---

6 Eric Evans: Domain-Driven Design: Tackling Complexity in the Heart of Software, Addison-Wesley,2003, ISBN 978-0-32112-521-7

지는 내용에서 디자인 패턴들의 이름은 굵은 글꼴로 표기한다.

도메인 주도 설계는 도메인에 따라 더 큰 규모의 시스템 구조화를 지원하므로 마이크로서비스를 이해하는 데 중요하다. 정확히 이와 같은 모델은 마이크로서비스로 시스템을 분할하는 데 필요하다. 각 마이크로서비스는 도메인을 구성하기 위해 변경 사항을 구현하거나, 새로운 기능을 도입하기 위해 단 하나의 마이크로서비스만 변경되는 방법으로 설계하는 것을 의미한다. 그러면 확대된 조정이 없어도 동시에 여러 기능이 구현되며, 다양한 팀의 독립적인 개발에서 유도되는 장점이 극대화된다.

유비쿼터스 언어

도메인 주도 설계^{DDD}는 도메인에 대한 모델 설계 방법의 기초를 정의한다. DDD의 본질적인 기반은 **유비쿼터스 언어**^{Ubiquitous Language}다. 이 표현은 소프트웨어가 도메인 전문가와 정확히 같은 용어로 사용돼야 함을 의미한다. 이것은 모든 수준에 대해 적용된다. 데이터베이스 스키마는 물론 코드와 변수 이름에도 적용된다. 이러한 사례는 실제로 소프트웨어가 중요한 도메인 요소들을 포함하고 구현하는 것을 보장한다. 예를 들어, 전자상거래 시스템에 빠른 주문^{express order} 기능이 있다고 가정해보자. 주문 테이블에 'fast'라는 이름을 갖는 불리언 값을 생성하는 한 가지 방법이 있을 것이다. 이것은 다음과 같은 문제를 만든다. 도메인 전문가들은 '빠른 주문'이라는 용어를 그들이 매일같이 사용하는 '특정 불리언 값을 갖는 주문'으로 번역해야 한다. 심지어, 도메인 전문가들은 불리언 값이 무엇인지 알지 못할 수도 있다. 이것은 용어를 계속해서 설명하고 관련시켜야 하기 때문에 모델에 대한 모든 토의를 더욱 어렵게 만든다. 더 좋은 방법은 데이터베이스 스키마 내의 테이블을 'express order'라 부르는 것이다. 이 경우에는 시스템에서 도메인 용어를 구현하는 방법이 완전하게 명료해진다.

빌딩 블록

도메인 모델을 설계하기 위해 도메인 주도 설계는 기본적인 패턴을 정의한다.

- **엔티티**^{Entity}는 고유한 정체성을 갖는 객체다. 전자상거래 애플리케이션에서 고객이나 항목은 엔티티의 예가 될 수 있다. 일반적으로 엔티티는 데이터베이스에 저장된

다. 그러나 이것은 개념 엔티티의 기술적인 구현일 뿐이다. 본질적으로 엔티티는 다른 DDD 개념과 같이 도메인 모델링에 속한다.

- **값 객체**^{Value Object}는 자신만의 정체성을 갖지 않는다. 주소는 특정 고객의 맥락에서만 의미를 갖기 때문에 값 객체의 예가 될 수 있다. 따라서 독립적인 정체성을 갖지 않는다.

- **집합체**^{Aggregate}는 도메인 객체의 복합체다. 이들은 불변자^{invariant}와 다른 조건의 처리를 용이하게 한다. 예를 들어, 주문은 주문 라인의 집합이 될 수 있다. 집합체는 새로운 고객의 주문이 일정 값을 초과하지 않도록 보장하는 데 사용될 수 있다. 이것은 집합체로서의 주문이 이와 같은 조건을 제어할 수 있도록 주문 라인으로부터 값들을 계산함으로써 충족될 수 있는 조건이다.

- **서비스**^{Service}는 비즈니스 로직을 포함한다. DDD는 엔티티, 값 객체, 집합을 통한 비즈니스 로직의 모델링에 중점을 두고 있다. 그러나 여러 객체에 대한 접근 로직은 이러한 객체들(엔티티, 값 객체, 집합)을 이용해 합리적으로 모델링되지 않는다. 서비스는 이러한 경우에 해당한다. 주문 처리는 항목과 고객에 접근해야 할 필요가 있고 주문 엔티티를 필요로 하기 때문에 서비스가 될 수 있다.

- **저장소**^{Repository}는 모든 타입의 엔티티에 접근할 수 있다. 일반적으로, 저장소의 배경에는 데이터베이스 같은 지속성 기술^{persistency technology}이 있다.

- **팩토리**^{Factory}는 대부분 복잡한 도메인 객체를 생성하는 데 유용하다. 예를 들어, 이것은 많은 연관 관계^{association}를 포함하는 경우에 더 유용하다.

집합체는 마이크로서비스 맥락에서 특히 중요하다. 집합체 내부에서는 일관성이 강제화될 수 있다. 일관성이 필요하므로 동시적인 변화는 집합체 내에서 조정돼야 한다. 그렇지 않으면, 두 개의 동시 변화는 일관성을 위태롭게 만들 수 있다. 예를 들어, 두 개의 주문 처리가 동시에 한 주문에 포함되는 경우, 일관성은 위태로워질 수 있다. 주문은 이미 900유로(€)의 값을 가지고 있으며, 최대 1,000유로까지 허용된다. 두 주문 처리에 각각 동시에 60유로를 추가하는 경우, 두 주문 모두 초기 값이 900유로에 기반해 허용 가능한 총합인 960유로로 계산될 수 있다. 따라서 변경은 1,020유로의 최종 결과가 제어될 수 있도록 직렬화돼야 한다. 그리고 집합체에 대한 변경은 직렬화돼야 한다. 이러한 이유 때문에 집합체는 두 개의 마이크로서비스에 걸쳐 분산될 수 없다. 이와 같은 시나리오에서는 일관성을 보장할 수 없다. 결과적으로 집합체는 두 개의 마이크로서비스로 분할될 수 없다.

제한 맥락

많은 사람들에게 집합체와 같은 빌딩 블록Building Block은 도메인 주도 설계의 핵심을 의미한다. 추가적으로, 전략적인 설계Strategic Design와 더불어 도메인 주도 설계는 다양한 도메인 모델들이 상호작용하는 방법과 더 복잡한 시스템이 어떻게 이러한 방법으로 구축될 수 있는지 설명한다. 도메인 주도 설계의 이 측면은 빌딩 블록보다 더욱 중요하다. 어떤 경우에 이러한 측면은 마이크로서비스에 영향을 주는 DDD의 개념이다.

전략적 설계의 중심 요소는 제한 맥락Bounded Context이다. 근본적인 이유를 살펴보면, 각 도메인 모델은 시스템 내 임의의 범위에서만 합리적이기 때문이다. 예를 들어, 전자상거래에서 주문된 항목의 개수, 크기, 무게는 배송 경로와 비용에 영향을 주기 때문에 배송 관점에서 의미가 있다. 반면, 회계 관점에서는 가격과 세금 비율이 관련돼 있다. 복잡한 시스템은 여러 개의 제한 맥락으로 구성된다. 이것은 복잡한 생물학적 유기체에서 (자체적인 별도의 내부 활동을 갖는) 분리된 엔티티들인 개별 세포들이 내장되는 방식과 유사하다.

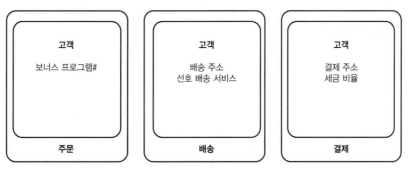

그림 8. 도메인에 따른 프로젝트

제한 맥락: 예제

전자상거래 시스템에서 고객은 예제(그림 8)와 같이 제한 맥락의 역할을 한다. 다양한 제한 맥락은 주문(Order), 배송(Delivery), 결제(Billing)다. 주문 컴포넌트는 주문 처리를 담당한다. 배송 컴포넌트는 배송 처리를 담당하며, 결제 컴포넌트는 청구서를 생성한다. 이러한 각 제한 맥락은 특정 고객 데이터를 필요로 한다.

- 주문 시 고객은 보너스 프로그램에서 포인트를 보상받는 것이 지원된다. 이 제한 맥락에서는 고객의 수를 보너스 프로그램이 알 수 있어야 한다.
- 배송에서는 고객의 배송 주소와 선호하는 배송 서비스가 연관된다.
- 마지막으로, 청구서 생성을 위해 고객의 청구지 주소와 세금 비율을 알아야 한다.

이러한 방법으로, 각 제한 맥락은 고객에 대한 자체적인 모델을 갖는다. 이것은 마이크로서비스를 독립적으로 변경 가능하게 만든다. 예를 들어, 청구서 생성을 위해 고객에 대한 더 많은 정보가 필요한 경우 결제 제한 맥락의 변경만 필요하다.

분리된 제한 맥락에서 고객 관련 기본 정보를 저장하는 것이 합리적일 수 있다. 아마도 많은 제한 맥락에서도 이러한 기본적인 데이터의 저장은 타당할 것이다. 이러한 목적을 위해 제한 맥락은 통합할 수 있다(보편적인 모델과 비교해보라).

그러나 고객에 대한 보편적인 모델은 대부분 타당하지 않다. 고객에 대한 보편적인 모델은 고객에 관한 모든 정보를 포함해야 하므로 매우 복잡해진다. 더욱이 특정 맥락에서 필요한 고객 정보를 각각 변경하는 것은 보편적인 모델에 영향을 미친다. 이것은 변경을 매우 복잡하게 만들고, 결국 모델에 대한 영구적인 변화를 만들게 된다.

서로 다른 제한 맥락에서 시스템 설정을 설명하기 위해, 컨텍스트 맵이 사용된다(8.2절을 참조하라). 각각의 제한 맥락은 하나 또는 여러 마이크로서비스 내에서 구현될 수 있다.

제한 맥락 사이의 협력

개별적인 제한 맥락은 어떻게 연결되는가? 여기에는 다양한 방법들이 있다.

- **공유 커널**Shared Kernel의 경우, 도메인 모델은 일부 공통적인 요소들을 공유한다. 그러나 다른 영역에서는 다르다.
- **고객/공급자**Customer/Supplier는 호출자caller를 위한 도메인 모델을 제공하는 서브시스템을 의미한다. 이 경우, 호출자는 모델의 정확한 설정을 결정하는 클라이언트다.
- **준수자**Conformist의 경우는 매우 다르다. 호출자는 서브시스템 같은 동일한 모델을 사용

한다. 그리고 이에 따라 다른 모델이 강제된다. 이러한 접근 방법은 상대적으로 쉽다(변환이 필요 없다). 한 가지 예는 특정 도메인에 대한 표준 소프트웨어다. 이 소프트웨어의 개발자는 많고 다양한 유스케이스use case를 본 적이 있으므로 도메인에 대해 많이 알고 있다. 호출자는 지식과 모델링으로부터 혜택을 얻기 위해 이 모델을 사용할 수 있다.

- **오류 방지 계층**Anti-corruption Layer은 두 모델이 완전히 분리되도록 한 도메인 모델을 또 다른 도메인 모델로 변환한다. 이것은 도메인 모델을 취하지 않고 레거시 시스템과 통합 가능하게 한다. 때때로 레거시 시스템에서 데이터 모델링은 많은 의미를 갖지 않는다.

- **분리 방법**Separate Way은 두 시스템이 통합되지 않지만 서로 독립적인 상태를 유지하는 것을 의미한다.

- **오픈 호스트 서비스**Open Host Service의 경우, 제한 맥락은 누구나 이용 가능한 특별한 서비스를 제공한다. 이러한 방법으로 누구나 자체적으로 통합 가능하다. 이것은 다양한 다른 시스템과 통합해야 하는 경우나 통합을 구현하기가 너무 힘든 경우에 특히 유용하다.

- **공표된 언어**Published Language는 유사한 것을 성취한다. 이것은 제한 맥락 사이의 공통 언어처럼 특정 도메인 모델링을 제공한다. 공표된 언어는 널리 사용되기 때문에 이 언어는 이후에 더 이상 변경하기가 어렵다.

경계 맥락과 마이크로서비스

각 마이크로서비스는 한 도메인에 대한 모델을 의미하기 때문에, 새로운 기능이나 변경은 오직 나의 마이크로서비스에서만 구현돼야 한다. 이러한 모델은 제한 맥락에 기반해 설계될 수 있다.

한 팀은 하나 또는 여러 마이크로서비스에 대한 기반 역할을 하거나, 하나 또는 여러 제한 맥락에 대해 작업할 수 있다. 일반적으로, 변경 사항과 새로운 기능에 관련된 오직 하나의 제한 맥락(따라서 오직 하나의 팀)을 가정한다. 이것은 팀들이 서로에 대해 거의 독립적으로 작업하는 것을 보장한다. 제한 맥락은 타당한 경우 여러 마이크로서비스로 분리될 수 있다. 여기에는 기술적인 이유가 있을 수 있다. 예를 들어, 제한 맥락의 어떤 부분은 다른 부분보다 더 큰 범위로 확장돼야 한다. 이러한 부분이 자체적인 마이크로서비스로 분리되는 경우 더 간단하다. 그러나 이것은 여러 개의 새로운 기능이 하나의 마이크로서비스에서 구현되는 상황을 수반하므로, 여러 제한 맥락을 포함하는 마이크로서비스를 설계하는 것은 피해야 한다. 이것은 독립적으로 기능을 개발하는 목표를 방해한다.

그럼에도 불구하고, 특별한 요구 사항은 많은 제한 맥락을 포함할 수 있다(이러한 경우, 추가적인 조정과 소통이 필요하다).

팀 사이의 조정은 서로 다른 협력 가능성을 통해 조정할 수 있다. 다음과 같은 사항들도 팀의 독립성에 영향을 준다. 분리 방법, 오류 방지 계층, 또는 오픈 호스트 서비스는 많은 독립성을 제공한다. 다른 한편으로, 준수자나 고객/공급자는 도메인 모델과 매우 밀접하게 묶인다. 고객/공급자에 대해, 팀은 그들의 활동을 긴밀하게 조정해야 한다. 공급자는 고객의 요구 사항을 이해해야 한다. 그러나 팀은 준수자에 대해 조정하지 않아도 된다. 한 팀이 다른 팀들이 변경하지 않고 사용하기만 하는 모델을 정의한다.

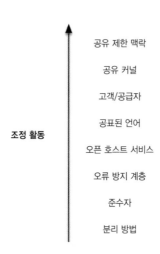

그림 9. 다양한 협력에 대한 커뮤니케이션 활동

4.2절에서 다룬 콘웨이의 법칙과 같이, 조직과 아키텍처는 틀림없이 매우 밀접하게 관련돼 있다. 아키텍처가 도메인의 분산을 가능하게 하는 경우, 새로운 기능의 구현은 정의된 아키텍처 부분에 대한 변경만을 필요로 한다. 이러한 (기능의) 부분들은 서로 거의 독립적으로 작업할 수 있는 다른 팀들로 나눌 수 있다. 특히, 도메인 주도 설계와 제한 맥락은 이러한 분배(그리고 부분들이 함께 작업하는 방법과 그들이 조정하는 방법)가 어떻게 이뤄지는지를 보여준다.

대규모 구조

대규모 구조와 더불어, 도메인 주도 설계는 시스템이 서로 다른 제한 맥락에서 각각의 마이크로서비스를 전체적으로 볼 수 있는지 묻는 질문을 다룬다.

- **시스템 메타포**^{System Metaphor}는 전체 시스템의 기본적인 구조를 정의하는 역할을 한다. 예를 들어, 전자상거래 시스템은 자체적으로 쇼핑 과정에 따라 맞춰질 수 있다. 고객이 제품을 찾기 시작한다. 이어서 고객은 항목들을 비교하고, 하나의 항목을 선택하고, 주문한다. 이것은 세 개의 마이크로서비스(검색, 비교, 주문)에 대한 원인이 된다.

- **책임 계층**^{Responsibility Layer}은 서로 다른 책임을 가진 계층으로 시스템을 분할한다. 계층들은 다른 계층이 하위에 있는 계층인 경우에만 호출할 수 있다. 책임 계층은 기술적인 부분으로 데이터베이스, UI, 로직은 언급하지 않는다. 예를 들어, 전자상거래 시스템 도메인에서 계층들은 카탈로그, 주문 프로세스, 결제가 될 수 있다. 카탈로그는 주문 프로세스를 호출할 수 있다. 그리고 주문 프로세스는 청구서 생성을 호출할 수 있다. 그러나 다른 방향으로의 호출은 허용되지 않는다.

- **주문 개선**^{Evolving Order}은 너무 엄격해서 전체적인 구조를 결정하지 못한다. 개선은 개별적인 컴포넌트에서 단계적 방법으로 발생해야 한다. 이러한 접근 방법은 다양한 마이크로서비스로 구성된 시스템 아키텍처를 어떻게 조직화할 수 있는지에 대한 아이디어를 제공한다.

시도 및 실험

독자가 알고 있는 프로젝트와 관련해 다음의 질문에 대해 답하라.

- 어떤 제한 맥락을 식별할 수 있는가?
- 컨텍스트 맵(Context Map)으로 제한 맥락의 개요를 생성하고, 8.2절과 비교하라.
- 제한 맥락들은 어떻게 협력하는가? (오류 방지 계층, 고객/공급자 등) 컨텍스트 맵에 이러한 정보들을 추가하라.
- 특정 경우에 다른 메커니즘이 더 좋겠는가? 그렇다면 그 이유는 무엇인가?
- 기능들이 독립적인 팀에 의해 구현되도록 제한 맥락들이 여러 팀에 합리적으로 분산되는 방법은 무엇인가?

시스템에 대한 새로운 측면과 시스템에서 도메인들이 모델링되는 방법을 모르면 이러한 질문에 답하기가 어려울 수 있다.

기 고 문 | # 왜 정규 데이터 모델을 피해야 하는가

스테판 틸코브(Stefan Tilkov) / innoQ

최근 나는 엔터프라이즈 수준의 몇몇 아키텍처 프로젝트에 다시 참여했다. 당신에게 이와 같은 경험이 없다면, 예를 들어 계속해서 개별적인 시스템에 초점을 맞춰왔다면, 나는 이러한 종류의 환경에 대한 요점을 알려줄 수 있다. 많은 회의, 더 많은 회의, 그리고 더욱더 많은 회의가 있다. 텍스트와 다이어그램으로 포장된 아주 많은 슬라이드 자료들이 있다(정말로, 터무니없는 자료는 하나도 없다). 다양한 측면을 보여주는 개념적인 아키텍처 프레임워크가 있으며, 가이드라인과 참조 아키텍처들이 있다. 추가로, 엔터프라이즈 전반의 계층적 접근 방식, 아주 조금의 SOA와 EAI, ESB와 포털, 그리고 (최신) API에 대한 이야기가 있다. 이러한 회의와 자료들은 공급 업체와 시스템 통합 담당자, 그리고 (물론) 컨설턴트 모두에게 제품이나 그들을 회사의 미래 전략에 중요한 부분을 만드는 전략적인 의사 결정에 대한 영향력을 행사하기 위한 기회를 만들어준다. 이것은 매우 복잡하지만, (적어도 때때로) 매우 보람 있는 경험이 될 수도 있다. 이러한 바퀴는 매우 크며 실제로 방향을 바꾸기가 매우 어렵지만, 당신이 그들을 전환하도록 관리한다면 효과는 상당할 것이다.

엔터프라이즈 수준에서 대규모 시스템의 구축이 반복될 때, 어떻게 많은 사항들이 문제의 원인이 되는지 볼 수 있는 것도 좋다(때때로, 우리는 실수를 하지 않는다... 그러나 실수를 하는 경우에는 아주 커다란 실수를 한다). 내가 가장 좋아하는 한 가지 예는 모든 인터페이스에 대해 정규 데이터 모델CDM, Cannonical Data Model을 만든다는 생각이다.

이전에 이러한 아이디어에 대해 들어본 적이 없다면, 짧게 요약한 다음의 설명을 읽어보길 바란다. 당신이 사용하는 기술이 어떤 것이든(ESB, BPM 플랫폼, 또는 단지 일부 종류 서비스의 조합), 교환하는 비즈니스 객체의 데이터 모델을 표준화해야 한다. 극단적인(그리고 매우 일반적인) 형태로, 결국에는 누구나 동의할 수 있는 ID, 속성attribute, 그리고 연관association을 갖는 사람Person, 고객Customer, 주문Order, 제품Product 등을 갖게 된다. 시도하는 데 있어 매우 매력적인 것으로 보일 수 있는 방법을 이해하기란 어렵지 않다. 무엇보다도 시스템들이 서로 통신해야 하는 경우, 한 데이터 모델에서 다른 데이터 모델로의 변환이 완전한 시간 낭비라는 것은 기술을 모르는 관리자조차도 이해할 수 있다. 표준화는 분명히 좋은 아이디어

다. 하지만 그렇게 하려면, 정규 모델과 다른 모델을 가져야 하는 사람은 한 번에 한 모델에서 다른 모델로의 변환을 구현해야만 한다. 새로운 시스템이 직접 CDM을 사용할 수 있다면, 모든 사람은 더 이상의 야단법석 없이도 의사소통할 수 있다!

실제로, 이것은 매우 끔찍한 아이디어며 이렇게 하면 안 된다.

에릭 에반스는 그의 책 『도메인 주도 설계』에서 실제로 누구나 성공적으로 대규모 시스템을 구축할 수 있다는 개념에 제한 맥락Bounded Context이라는 이름을 붙였다. 제한 맥락은 (a) 다루기 힘들게 되고, (b) 처음에는 이해되지 않기 때문에 당신의 모든 애플리케이션이 하나의 거대한 모델을 갖는 것을 방지하는 구조화 메커니즘이다. 이것은 개념적인 수준의 서로 다른 맥락에서 사람Person이나 계약Contract을 다른 사항으로 인식한다. 이것은 구현의 문제가 아니다(이것은 현실이다).

대규모 시스템에 대해 이것이 맞는 경우(그리고 나를 신뢰한다면) 엔터프라이즈 전반의 아키텍처에 대해서는 더 확실한 사실이다. 물론 당신은 인터페이스 계층만 표준화하고 변경하지 않는다면서 CDM에 대한 반론을 주장할 수 있다. 내가 말하는 요점은 개념이 의미하는 사항을 모든 사람이 동의하도록 노력하고자 하는 경우, 모든 단일 시스템은 동일한 요구 사항을 갖지 않는다는 사실을 인식해야 한다는 점이다.

그러나 이것은 모두 순수한 이론 아닐까? 어째든, 누가 이것에 대해 관심을 가질까? 놀라운 사실은 조직은 나쁜 가정을 기반으로 엄청난 양의 작업을 생성하는 데 뛰어나다는 것이다. CDM은 자신들의 인터페이스 내 특별한 객체를 사용하는 모든 부분 사이의 (내가 여기에서 설명한 형태의) 조정을 필요로 한다(누군가 아무것도 없는 상태에서 그들 스스로 올바르게 설계할 수 있다고 믿지 않는다면, 절대로 그렇게 해서는 안 된다). 당신은 고객이 무엇에 동의하는지 알기 위해 일부 엔터프라이즈 아키텍트와 특정 시스템을 대표하는 일부 사람들을 만나게 될 것이다. 결국에는 모두가 자신들에게 필요하다고 주장하는 선택적인 속성을 갖는 몇 가지에 대해 작업하게 될 것이며, 이러한 작업은 시스템의 내부적인 일부 제한 사항을 반영하고 있기 때문에 이상한 작업을 많이 하게 된다. 이러한 사실에도 불구하고, 당신은 동의하게 될 것이다. 결국, 당신은 대부분의 사람들이 가지고 작업하기를 싫어하는 좀비 인터페이스 모델zombie interface model을 가지게 될 것이다.

그러면 일반적으로 CDM은 나쁜 아이디어일까? 당신의 접근 방법과 다르지 않다면, 나쁜 아이디어다. 많은 경우에 나는 우선적으로 CDM의 가치를 의심하고, 당신이 덜 거슬리는 다른 종류의 명세를 생각하는 것이 더 낫다고 생각한다. 그러나 당신이 CDM을 원한다면, 문제를 해결하기 위해 당신이 할 수 있는 몇 가지 사항들이 있다.

- 독립적인 부분이 독립적으로 명시되는 것을 허용한다. 오직 하나의 시스템이 데이터 모델의 특정 부분에 대한 책임을 갖는다면, 표준적으로 보이게끔 사람들이 지정하도록 내버려두라. 이들이 회의에 참석하게 만들지 마라. 그들이 생성한 데이터 모델이 다른 그룹에 상당한 중복을 갖는지 여부를 정확히 모른다면 아마도 상당한 중복을 가지고 있을 것이다.

- 데이터 모델의 형식과 가능한 파편들의 형식을 표준화하라. 세상에 대한 일관된 모델을 마련하려고 노력하지 마라. 그 대신, 작은 빌딩 블록들을 만들어라. 예를 들어, 내가 생각하는 작은 XML이나 JSON 조각, 유사한 마이크로 포맷들은 작은 속성들의 그룹으로 표준화한다(나는 이것들을 비즈니스 객체로 부르지 않는다).

- 가장 중요한 사항은 외부에서 당신의 모델을 하위의 핵심적인 팀이나 개별 팀에게 강요하면 안 된다는 점이다. 그 대신, 모델이 그들의 상황에 가치를 제공한다고 믿을 때 '가져가도록' 결정해야 한다. (강력한 엔터프라이즈 아키텍트 직함에 붙는 공통적인 망상일지라도) 정말로 중요한 점은 당신 모델을 사용하는 것이 아니다. 꼭 해야 한다면, 개별적인 팀들이 중앙에 제공하는 데이터 모델을 수집하라. 그리고 이들을 쉽게 살펴보고 검색할 수 있도록 하라(크고 탄력적인 검색 인덱스를 제공하려는 생각은 중심이 되는 UML 모델에 반한다).

엔터프라이즈 아키텍트로서, 실제로 당신에게 필요한 것은 사람들의 습관적인 방법을 버리는 것이다. 많은 경우에, 이를 성취하기 위한 중요한 요소는 가능한 한 집중화를 적게 하는 것이다. 모든 사람이 동일한 것을 하도록 만드는 데 당신의 목표를 둬서는 안 된다. 사람들이 가능한 한 독립적으로 작업 가능하도록, 최소한의 규칙 세트를 만드는 것이 당신의 목표가 돼야 한다. 앞에서 설명한 CDM의 종류는 이와는 정반대다.

4.4 마이크로서비스와 UI

이 책에서는 마이크로서비스가 UI를 갖는 것을 권장한다. UI는 마이크로서비스의 기능을 사용자에게 제공해야 한다. 이런 방법으로 한 기능에 대한 모든 변경은(변경이 UI, 로직, 또는 데이터베이스에 관련됐는지 여부에 상관없이) 하나의 마이크로서비스 내에서 구현될 수 있다. 그러나 마이크로서비스 전문가들은 마이크로서비스와 UI의 통합이 정말로 필요한가라는 질문에 대해 지금까지 다른 의견을 가지고 있다. 궁극적으로, 마이크로서비스는 너무 크지 않아야 한다. 그리고 로직이 다양한 프론트엔드에 의해 사용되는 것을 지원해야 하는 경우, 마이크로서비스는 UI 없이 순수한 로직으로 구성되는 것이 합리적일 수 있다. 추가로, 로직과 UI를 한 팀이 서로 다른 마이크로서비스로 구현 가능하다. 이것은 팀 간의 조정 없이 기능을 구현할 수 있게 해준다.

UI를 갖는 마이크로서비스에 초점을 두고, 기술적인 측면에 의한 분포 대신 도메인 로직의 분포에 주로 초점을 맞춘다. 많은 아키텍트들은 마이크로서비스 기반 아키텍처에서 더욱 중요한 도메인 아키텍처에 익숙하지 않다. 따라서 마이크로서비스는 UI를 포함하는 설계가 도메인 관련 아키텍처에 집중하기 위한 첫 번째 방법으로 유용하다.

기술적인 대안

기술적으로, UI는 웹 UI로 구현할 수 있다. 마이크로서비스가 RESTful-HTTP 인터페이스를 갖는 경우, 웹 UI와 RESTful-HTTP 인터페이스는 매우 유사하다(둘 모두 HTTP를 프로토콜로 사용한다). RESTful-HTTP 인터페이스는 JSON이나 XML을 웹 UI HTML로 전달한다. UI가 단일 페이지 앱^{Single Page App}인 경우, 유사하게 자바스크립트 코드는 HTTP를 통해 전달되며 RESTful HTTP를 통해 로직과 통신한다. 모바일 클라이언트의 경우, 기술적인 구현은 더욱 복잡하다. 9.1절에서는 이에 대해 자세히 설명한다. 기술적으로 배포 가능한 산출물은 HTTP 인터페이스 JSON/XML와 HTML을 통해 전달할 수 있다. 이러한 방법으로 UI를 구현하고, 다른 마이크로서비스가 로직에 접근하는 것을 허용한다.

자립 시스템

이것을 'UI를 갖는 마이크로서비스^{Microservice with UI}'라고 부르는 대신, '자립 시스템^{SCS, Self-Contained System7}'으로 부를 수 있다. SCS는 전체 프로젝트에서 100개 이상 있을 수 있는, 약 100줄의 코드를 갖는 마이크로서비스로 정의한다.

SCS는 UI를 포함하는 많은 마이크로서비스로 구성된다. SCS는 다른 SCS와 비동기적으로 통신한다. 이상적으로, 각 기능은 단 하나의 SCS에서 구현돼야 하며 다른 SCS들과 서로 통신할 필요가 없어야 한다. 대안적인 방법으로 SCS들을 UI 수준에서 통합할 수 있다.

전체 시스템에는 5~25개의 이러한 SCS가 있다. SCS는 한 팀이 쉽게 다룰 수 있다. 내부적으로, SCS는 여러 개의 마이크로서비스로 나눌 수 있다.

다음의 정의들은 이러한 추론의 결과다.

- SCS는 팀이 작업하는 도메인 아키텍처 내의 단위를 나타낸다. 이것은 주문 처리^{order process}나 등록^{registration}이 될 수 있다. SCS는 구별되는 기능을 구현하고, 팀은 새로운 기능으로 SCS를 보완할 수 있다. SCS의 대안적인 이름은 수직적^{vertical}이다. SCS는 도메인에 따라 아키텍처를 배분한다. 이것은 수평적인 설계에 반대되는 수직적인 설계다. 수평적 설계는 시스템을 기술적으로 동기부여된(예를 들어 UI, 로직, 지속성을 나타내는) 계층^{layers}으로 나눌 수 있다.
- 마이크로서비스는 SCS의 일부다. 이것은 기술적인 단위며 독립적으로 배포 가능하다. 이것은 이 책에서 제안하는 마이크로서비스의 정의와 거의 일치한다. 오직 SCS에 대한 크기만 이 책의 15장에서 설명하는 나노서비스에 더 부합한다.
- 이 책은 나노서비스를 여전히 독립적으로 배포 가능한 단위로 말한다. 그러나 이것은 배포 단위의 크기를 더욱 줄이기 위해 일부 영역에서 기술적인 트레이드오프를 만든다. 이러한 이유로, 나노서비스는 마이크로서비스의 모든 기술적인 특성을 공유하지 못한다.

SCS는 이 책에서 제시하는 마이크로서비스의 정의에 대한 영감을 제공한다. 마이크로서비스가 너무 크지 않은 경우, UI를 다른 부분으로 분리해야 할 아무런 이유가 없다. 물론, UI와 통합하는 것보다 마이크로서비스의 크기가 작아 유지 가능한 것이 더욱 중요하다. 그

---

7 http://scs-architecture.org

러나 최소한 UI와 로직은 같은 팀에 의해 구현돼야 한다.

4.5 결론

마이크로서비스는 모듈화 접근 방법이다. 마이크로서비스에 대해 더 깊이 이해하는 데 이번 장에서 설명한 다양한 측면들이 많은 도움이 된다.

- 4.1절은 마이크로서비스의 크기에 초점을 맞췄다. 그러나 자세히 살펴보면 마이크로서비스의 크기 자체는 중요하지 않으며, 영향을 미치는 요소들이 드러난다. 하지만 이러한 측면들은 마이크로서비스가 무엇인지에 대한 첫인상을 제공했다. 팀의 규모, 모듈화, 마이크로서비스의 교체 가능성은 각각 팀 크기의 상한을 결정한다. 팀 크기의 하한은 트랜잭션, 일관성, 인프라스트럭처, 분산 통신에 의해 결정된다.

- 콘웨이의 법칙(4.2절)은 아키텍처와 프로젝트 조직이 밀접하게 연결돼 있음을 보여준다(이들은 거의 동일하다). 마이크로서비스는 팀의 독립성을 더욱 향상시킬 수 있으며, 이상적으로 기능의 독립적인 배포를 목표로 하는 아키텍처 설계를 지원한다. 각 팀은 마이크로서비스에 대한 책임과 더불어, 도메인의 특정 부분에 대한 책임을 갖는다. 따라서 팀은 새로운 기능의 구현에 대해 거의 독립적이다. 즉 도메인 로직에 관해 팀 간의 조정은 거의 필요 없다. 마찬가지로, 기술적인 조정을 위한 요구 사항은 기술적인 독립성을 가지기 때문에 최소한으로 줄어든다.

- 4.3절에서 도메인 주도 설계는 프로젝트에서 도메인의 분배가 어떻게 보이며 개별적인 부분이 어떻게 조정돼야 하는지에 대한 매우 좋은 인상을 제공한다. 각 마이크로서비스는 제한 맥락^{Bounded Context}으로 나타낼 수 있다. 제한 맥락은 독립적인 도메인 모델을 갖는 도메인 로직의 독립적인 부분이다. 제한 맥락 사이에는 협력을 위한 다양한 방법이 있다.

- 마지막으로, 4.4절에서는 개별 마이크로서비스 내에서 기능에 대한 변경을 실제로 구현 가능하도록 마이크로서비스가 UI를 포함해야 한다는 점을 살펴봤다. 마이크로서비스에 UI를 포함하는 것은 독립적인 배포에 반드시 필요하지 않지만, 한 팀이 UI와 마이크로서비스에 대해 담당해야 하는 점은 분명하다.

이러한 다양한 관점은 무엇이 함께 마이크로서비스를 구성하고 이들이 어떤 기능을 하는지에 대한 균형 잡힌 시각을 제공한다.

핵심 포인트

달리 말해, 성공적인 프로젝트는 세 가지 요소를 필요로 한다.

1. 조직^{organization}: 이것은 콘웨이의 법칙에 따라 지원된다.
2. 기술적인 접근 방법^{technical approach}: 이것은 마이크로서비스가 될 수 있다.
3. DDD와 제한 맥락에 의해 제공되는 도메인 설계

특히 도메인 설계는 시스템의 장기적인 유지 보수성에 중요하다.

시도 및 실험

마이크로서비스를 정의하기 위한 세 가지 방법을 살펴보자(크기, 콘웨이의 법칙, 도메인 주도 설계).

1.2절에서는 마이크로서비스의 가장 중요한 장점들을 보여준다. 마이크로서비스에 의해 성취될 수 있는 목표 중 어떤 것이 세 가지 정의를 가장 잘 지원하는가? 예를 들어, DDD와 콘웨이의 법칙은 더 나은 적시 출시를 유도한다.

여러분이 생각하기에 세 가지 측면 중 어느 것이 가장 중요한가? 그 이유는 무엇인가?

5장

마이크로서비스를 사용하는 이유

마이크로서비스는 많은 장점을 제공한다. 이번 장에서는 이러한 장점들을 설명한다. 마이크로서비스의 장점에 대해 상세히 이해하면 마이크로서비스가 주어진 유스케이스에 합리적인 접근 방법인지 평가하는 데 큰 도움이 된다. 이번 장에서는 1.2절에서의 논의를 계속하며, 마이크로서비스의 장점을 더욱 자세히 설명한다.

5.1절에서는 마이크로서비스의 기술적인 장점들을 설명한다. 그러나 마이크로서비스는 5.2절에 설명되는 것처럼 조직 구조에도 영향을 미친다. 마지막으로, 5.3절에서는 비즈니스 측면의 장점을 설명한다.

5.1 기술적인 혜택

마이크로서비스는 효과적인 모듈화 개념이다. 마이크로서비스는 분산 통신distributed communication을 통해서만, 다른 마이크로서비스를 호출할 수 있다. 이것은 우연히 발생하지 않으며, 개발자가 통신 인프라스트럭처 내에서 각각의 (호출에 대한) 방법을 만들어야 한다. 결과적으로, 마이크로서비스 사이의 의존성은 의도치 않게 조금씩 늘어나지 않으며, 개발자가 명시적으로 생성해야 한다. 마이크로서비스가 없다면, 개발자가 임의의 클래스를 사용하고 이에 따라 아키텍처에서 고려되지 않은 의존성이 발생하는 경우가 흔해진다.

예를 들어, 전자상거래 애플리케이션에서 제품 검색product search은 주문 처리order process에 대해 호출할 수 있고, 그 반대로는 호출되지 않는다고 가정해보자. 이것은 제품 검색이 주문 처리를 사용하지 않으면, 제품 검색은 주문 처리에 영향을 주지 않고 변경될 수 있음을 보장한다. 또 다른 예를 들어 개발자가 (제품 검색에서) 유용한 기능을 발견했기 때문에 주문 처리에 대한 제품 검색의 의존성이 생겼다고 가정하면, 결과적으로 제품 검색과 주문 처리는 서로에게 의존하며 이제 함께만 변경할 수 있다.

원치 않는 의존성이 시스템에 조금씩 늘어나면 추가적인 의존성이 빠르게 발생하며, 애플리케이션의 아키텍처는 침식당한다. 일반적으로, 이러한 개발 문제는 아키텍처 관리 도구 architecture management tool에 의해서만 방지할 수 있다. 아키텍처 관리 도구는 원하는 아키텍처에 대한 모델을 가지고 있으며, 개발자가 원치 않는 의존성을 도입하는 경우 발견해 알려준다. 따라서 개발자는 피해가 발생하고 아키텍처가 악화되기 전에 의존성을 제거할 수 있다. 적절한 도구들이 8.2절에서 제시된다.

마이크로서비스 기반 아키텍처에서 제품 검색과 주문 처리는 분리된 마이크로서비스로 구현돼야 한다. 의존성을 만들기 위해 개발자는 통신 메커니즘 내에 마이크로서비스를 구현해야 하며, 이것은 힘든 작업이다. 따라서 아키텍처 관리 도구가 없는 경우라도 아무도 모르게 (의존성이) 발생하지는 않는다. 다시 말해, 마이크로서비스 간의 의존성 수준에 대한 아키텍처 침식architecture erode이 발생할 확률은 낮다. 마이크로서비스의 경계는 아키텍처 침식을 방지하는 방화벽 같은 역할을 한다. 마이크로서비스는 모듈 사이의 경계를 넘기 어려우므로 강력한 모듈화를 제공한다.

마이크로서비스 교체

오래된 소프트웨어 시스템으로 작업하는 것은 커다란 문제를 노출시킨다. 나쁜 코드 품질 때문에 소프트웨어의 추가적인 개발이 어렵고, 소프트웨어를 교체하는 것도 위험하다. 때때로 소프트웨어가 정확히 어떻게 동작하는지 불명확하고, 시스템의 규모는 매우 크다. 소프트웨어 시스템이 커질수록 소프트웨어의 교체에는 더 많은 시간과 노력이 들어간다. 또한 소프트웨어가 중요한 비즈니스 프로세스를 지원하고 있다면, 소프트웨어의 변경은 거의 불가능하다. 이러한 비즈니스 프로세스의 실패는 엄청난 결과를 가져올 수 있다. 그리고 각 소프트웨어의 변경은 이러한 실패의 위험을 수반한다.

비록 이것은 중요한 문제지만, 소프트웨어 아키텍처는 실제로 소프트웨어의 교체를 목적으로 하지 않는다. 그러나 마이크로서비스는 이러한 목표를 지원한다. 마이크로서비스는 분리돼 있으며 작은 배포 단위이므로 개별적으로 교체할 수 있다. 따라서 교체를 위한 기술적인 전제 조건이 더 유용하다. 결국 대규모 소프트웨어 시스템을 교체하지 않아도 되며, 오직 작은 마이크로서비스만 교체하면 된다. 필요한 경우에는 추가적인 마이크로서비스들이 교체될 수 있다.

새로운 마이크로서비스의 경우, 개발자들은 기존의 기술 스택에 묶이지 않고 의지에 따라 다른 기술을 자유롭게 사용할 수 있다. 추가로, 마이크로서비스가 도메인에 독립적인 경우, 로직은 이해하기가 더 쉽다. 개발자는 전체 시스템을 이해하지 않아도 되며, 단지 개별 마이크로서비스의 기능만 이해하면 된다. 도메인에 대한 지식은 마이크로서비스의 성공적인 교체를 위한 전제 조건이다.

더욱이, 마이크로서비스는 다른 마이크로서비스가 실패하는 경우에도 기능을 유지한다. 심지어 마이크로서비스의 교체가 한 마이크로서비스의 일시적인 실패를 유도한다고 해도 시스템은 계속 동작할 수 있다. 이것은 마이크로서비스의 교체에 관련된 위험을 감소시킨다.

지속 가능한 소프트웨어 개발

새로운 소프트웨어 프로젝트에서 시작은 간단하다. 아직 코드가 많지 않으며, 코드 구조는 명확하다. 그리고 개발자들은 빠르게 개발을 진행한다. 아키텍처 침식과 복잡성의 증가로 인해 시간이 지나면서 개발자는 더욱 어려움을 겪게 된다. 어느 시점에 소프트웨어는 레거시 시스템으로 바뀐다. 이미 설명한 것처럼, 마이크로서비스는 아키텍처 침식을 방지한다. 마이크로서비스가 레거시 시스템으로 바뀔 때, 마이크로서비스를 교체할 수 있다. 이러한 두 가지 이유로 인해 마이크로서비스는 지속 가능한 소프트웨어 개발sustainable software development을 가능하게 만든다. 이것은 장기적으로 높은 생산성에 도달할 수 있다는 것을 의미한다. 그러나 마이크로서비스 기반 시스템에서도 많은 코드가 새로 작성될 수 있다. 물론 이러한 경우는 생산성이 감소한다.

레거시의 처리

마이크로서비스의 교체는 시스템이 마이크로서비스 기반으로 구현된 경우에만 가능하다. 그러나 기존 레거시 애플리케이션의 교체와 개정은 마이크로서비스를 통해 더욱 쉬워진다. 레거시 애플리케이션은 마이크로서비스가 레거시 애플리케이션과 통신할 수 있도록 인터페이스를 제공해야만 한다. 광범위한 코드 변경이나 레거시 시스템에 대한 새로운 코드 컴포넌트의 통합은 필요하지 않다. 레거시 시스템의 경우, 코드 수준의 통합은 이러한 방법으로 회피할 수 있는 커다란 문제다.

시스템의 개정은 마이크로서비스가 모든 호출의 처리를 인터셉트하고 자체적으로 처리하는 경우 더욱 쉽다. 이러한 호출은 기존에 구축된 웹사이트나 REST 호출에 대한 HTTP 요청이 될 수 있다.

이 경우, 마이크로서비스는 레거시 시스템을 보완할 수 있다. 여기에는 다음과 같은 다양한 방법이 존재한다.

- 마이크로서비스는 어떤 요청들을 레거시 시스템에 맡기는 반면, 또 다른 요청들에 대해서는 자체적으로 처리할 수 있다.
- 또는 마이크로서비스가 요청을 변경한 후 실제 애플리케이션으로 전송한다.

이러한 방법은 다양한 애플리케이션의 포괄적인 통합을 다루는 SOA 방식과 유사하다(7장을 참고하라). 애플리케이션이 서비스로 분배되는 경우, 이러한 서비스들은 새롭게 조율될 수 없다. 마찬가지로, 개별 서비스들의 교체(예를 들어 마이크로서비스에 의한 교체)도 가능하다.

마이크로서비스와 레거시의 예

한 프로젝트에서는 기존의 자바 전자상거래 애플리케이션을 현대화하는 데 목표를 뒀고, 새로운 기술들(예를 들어, 새로운 프레임워크)이 미래의 소프트웨어 개발 생산성을 향상시키기 위해 도입됐다. 얼마 후, 새로운 기술과 이전 기술을 통합하는 데 매우 많은 노력이 필요할 것으로 판명됐다. 새로운 코드는 이전 코드를 호출 가능해야 했으며, 그 반대로도 호출 가능해야 했다. 이것은 양방향에서 기술의 통합을 필요로 했고, 트랜잭션과 데이터베이스 연결들이 함께 사용돼야 했다. 마찬가지로, 보안 메커니즘은 통합돼야 한다. 이러한 통합은 더욱 복잡한 새로운 소프트웨어의 개발을 의미하며, 이에 따라 수행 중인 목표를 위태롭게 했다.

그림 10은 이에 대한 해결책을 보여준다. 새로운 시스템은 기존 시스템에 완전히 독립적으로 개발됐다. 통합은 오직 기존 소프트웨어의 특정 행동(예를 들어, 쇼핑 카트에 항목의 추가 등)을 호출하는 링크를 통해서만 제공된다. 새로운 시스템은 이전 시스템과 같이 동일한 데이터베이스에 접근할 수 있다. 지나고 보면, 데이터베이스는 이전 시스템의 데이터에 대한 내부 표현이므로 공유 데이터베이스는 좋은 아이디어가 아니다. 또 다른 애플리케이션을 처리할 때 공유 데이터베이스가 변경된다면, 캡슐화 원칙(principle of encapsulation)[1]에 위배된다(10.1절을 참조하라). 데이터 구조는 이제 거의 변경되지 않을 것이다. 또한 기존 시스템은 물론 새로운 시스템도 이러한 데이터 구조에 의존한다.

시스템을 개별적으로 개발하는 방법은 대체로 통합 관련 문제를 해결했다. 무엇보다도, 개발자들은 이전 코드와 이전 방법을 고려하지 않고 새로운 기술적인 방법을 사용할 수 있다. 이것은 훨씬 더 우아한 솔루션을 가능하게 한다.

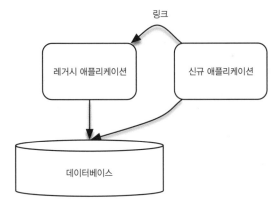

그림 10. 레거시 통합의 예

---

1 https://en.wikipedia.org/wiki/Encapsulation_(computer_programming)

지속적인 전달

지속적인 전달Continuous Delivery은 반복 가능한 프로세스 덕분에 생산 환경으로 소프트웨어를 정기적으로 제공한다. 이것은 지속적인 전달 파이프라인에 의해 달성된다(그림 11을 참조하라).

- 커밋 단계에서 소프트웨어는 컴파일된다. 단위 테스트unit test가 수행되고, 정적 코드 분석static code analysis이 수행될 수 있다.
- 다음 단계의 자동화된 승인 테스트acceptance test는 소프트웨어가 고객에게 인정받을 수 있도록 비즈니스 요구 사항에 맞는지 확인한다.
- 용량 테스트Capacity test는 소프트웨어가 예상되는 많은 수의 사용자를 지원할 수 있는 충분한 성능을 가졌는지 확인한다. 물론 이러한 테스트는 자동화된다.
- 한편 탐색적 테스트Explorative test는 수동으로 수행되며 새로운 기능이나 소프트웨어 보안 같은 시스템의 특정 영역에 대해 테스트한다.
- 마지막으로, 소프트웨어는 생산 환경에 적용된다. 이상적으로는 이러한 과정도 자동화된다.

소프트웨어는 개별적인 단계를 통해 진척된다. 소프트웨어는 연속적으로 개별 단계를 통과한다. 예를 들어, 출시는 승인 테스트를 통과해야 성공할 수 있다. 그러나 용량 테스트는 소프트웨어가 예상되는 부하에 대한 요구 사항을 충족하지 못한다는 사실을 알려준다. 이러한 경우 소프트웨어는 탐색 테스트나 심지어 생산 환경의 적용 등과 같은 남아있는 다음 단계로 절대로 갈 수 없다.

그림 11. 지속적인 전달 파이프라인

완전히 자동화된 지속적인 전달 파이프라인이 최적의 상태다. 그러나 어떻게 하든 간에 모든 소프트웨어는 생산 환경으로 간다. 따라서 현재의 프로세스는 단계적으로 최적화될 수 있다. 지속적인 전달은 마이크로서비스[2]를 통해 실현하는 것이 쉽다. 마이크로서비스는 독립적인 배포 단위다. 결과적으로, 마이크로서비스는 다른 서비스에 독립적으로 생산 환경

---

2 http://slideshare.net/ewolff/software-architecture-for-devops-andcontinuousdelivery

으로 갈 수 있다. 이것은 지속적인 전달 파이프라인에 엄청난 효과가 있다.

- 작은 마이크로서비스만을 테스트하고, 한 번에 생산 환경에 적용할 수 있으므로 파이프라인이 더 빠르다. 이것은 피드백feedback을 가속화한다. 빠른 피드백은 지속적인 전달의 핵심적인 목표다. 개발자는 자신의 코드가 생산 환경에서 발생한 문제의 원인임을 아는 데 몇 주가 걸리는 경우, 다시 코드에 익숙해지고 문제를 분석하기가 어려워진다.

- 배포의 위험이 감소된다. 배포되는 단위가 더 작다. 더욱이 마이크로서비스 기반 시스템은 많은 수의 마이크로서비스가 실패하는 경우에도 여전히 사용 가능하다. 그리고 배포는 더 쉽게 롤백할 수 있다.

- 또한 위험을 더욱 감소시키기 위한 조치도 작은 배포 단위에서 구현하기가 더 쉽다. 예를 들어, 블루/그린 배포Blue/Green Deployment3의 경우 새로운 환경은 새로운 출시와 관련된다. 이것은 카나리아 출시Canary Releasing와 유사하다. 이와 같은 방법의 경우, 처음에 새로운 소프트웨어 버전은 오직 하나의 서버에만 제공된다. 이 서버가 생산 환경에서 성공적으로 실행되는 경우만, 새로운 버전이 다른 서버들로 배포된다. 배포 모놀리스의 경우, 엄청난 수의 환경을 위한 많은 자원이 필요하므로 이러한 방법은 실현하기가 어렵거나 거의 불가능하다. 마이크로서비스의 경우, 요구되는 환경은 훨씬 더 적으므로 이러한 절차가 더 쉽다.

- 테스트 환경은 추가적인 문제를 노출시킨다. 예를 들어, 서드파티 시스템이 사용되는 경우, 환경은 이와 같은 서드파티 시스템의 테스트 버전도 포함해야 한다. 더 작은 배포 단위의 경우 환경에 대한 요구의 정도가 더 낮다. 마이크로서비스에 대한 환경은 개별적인 마이크로서비스에 필요한 서드파티 시스템하고만 통합하면 된다. 마찬가지로, 서드파티 시스템에 대한 모의 객체mock를 사용해 시스템을 테스트할 수 있다. 이것은 테스트를 용이하게 만들고, 서로 독립적인 마이크로서비스를 테스트하기 위한 흥미로운 방법을 나타낸다.

지속적인 전달은 마이크로서비스에 대한 가장 중요한 논제 중 하나다. 많은 프로젝트들은 지속적인 전달 파이프라인의 생성을 촉진하기 위해 마이크로서비스로의 이전에 투자한다.

---

3 http://martinfowler.com/bliki/BlueGreenDeployment.html을 참고하라. – 옮긴이

그러나 지속적인 전달은 마이크로서비스를 위한 전제 조건이기도 한다. 지속적인 전달 파이프라인 없이 많은 마이크로서비스를 수동으로 생산 환경에 이동시키는 것은 실현 가능성이 거의 없으므로, 많은 마이크로서비스를 생산 환경으로 전달하기는 매우 어렵다. 따라서 마이크로서비스는 지속적인 전달로부터 혜택을 받으며, 그 반대도 마찬가지다.[4]

스케일링

마이크로서비스는 네트워크를 통한 HTTP나 메시지 솔루션을 통해 접근 및 도달이 가능한 인터페이스$^{reachable\ interface}$를 제공한다. 각 마이크로서비스는 한 서버에서(또는 여러 서버에서) 실행할 수 있다. 여러 서버에서 서비스를 실행하는 경우, 부하는 여러 서버들로 분산될 수 있다. 마찬가지로, 서로 다른 성능을 가진 컴퓨터에 마이크로서비스를 설치하고 수행할 수도 있다. 각 마이크로서비스는 자체적인 스케일링^{scaling}을 구현 가능하다.

또한 캐시^{cache}가 마이크로서비스 앞에 위치할 수 있고, REST 기반 마이크로서비스에 대해 일반적인 HTTP 캐시를 사용할 수 있다. 이것은 캐싱^{caching}에 대한 노력을 상당히 줄일 수 있다. HTTP 프로토콜은 이러한 상황에서 매우 도움이 되는 캐싱에 대한 포괄적인 지원 사항을 포함하고 있다.

더욱이 호출자^{caller}에 더욱 가까이 가져가기 위해 마이크로서비스를 네트워크 내의 여러 위치에 설치할 수 있다. 전 세계적으로 분산된 클라우드 환경의 경우, 어떤 컴퓨팅 센터에서 마이크로서비스가 실행되는지는 더 이상 문제가 되지 않는다. 마이크로서비스 인프라스트럭처가 여러 컴퓨팅 센터를 이용하고 항상 가장 가까운 컴퓨팅 센터에서 호출을 처리하는 경우, 아키텍처는 응답 시간을 크게 줄일 수 있다. 게다가 정적인 콘텐츠는 서버가 사용자에 더욱 가까이 위치하는 콘텐츠 전송 네트워크$^{CDN,\ Content\ Delivery\ Network}$에 의해 전달될 수 있다.

그러나 더 나은 스케일링과 캐싱에 대한 지원은 기적처럼 작동하지 않는다. 결과적으로, 마이크로서비스는 분산 아키텍처다. 네트워크를 통한 호출은 로컬 호출보다 훨씬 더 느리다. 순수한 성능의 관점에서 여러 마이크로서비스를 결합하거나 로컬 호출에 초점을 맞춘 기술(15장을 참조하라.)을 사용하는 것이 더 좋을 수 있다.

---

4 http://slideshare.net/ewolff/continuous-delivery-and-micro-services-a-symbiosis

견고성

사실, 마이크로서비스는 다른 아키텍처 접근 방법보다 신뢰성이 더 적어야 한다. 무엇보다도, 마이크로서비스는 분산 시스템이다. 따라서 일반적인 에러의 원인들 중에는 가능한 네트워크 실패[network failure]가 추가돼야 한다. 더욱이 마이크로서비스는 여러 서버에서 실행되기 때문에 하드웨어 실패[hardware failure]의 가능성이 더 크다.

고가용성[caching]을 보장하기 위해, 마이크로서비스 기반 아키텍처는 적절하게 설계돼야 한다. 마이크로서비스 간의 통신은 일종의 방화벽을 구성한다. 마이크로서비스의 실패는 전파되지 않을 수 있다. 이것은 개별 마이크로서비스에서 발생한 문제가 전체 시스템 실패의 원인이 되는 것을 방지한다.

따라서 호출하는 마이크로서비스의 실패에도 작업은 계속돼야 한다. 이를 위한 한 가지 방법은 기본값을 가정하는 것이다. 그렇지 않으면, 실패는 우아한 성능 저하[graceful degradation]를 나타낼 수 있어야 한다. 이에 대한 예로는 감소된 서비스가 있다.

실패를 기술적으로 어떻게 다룰 것인지는 이미 결정됐을 수 있다. 예를 들어, 때때로 TCP/IP 연결에 대한 운영체제 수준의 타임아웃은 5분으로 설정된다. 마이크로서비스 요청 실패로 인해 이러한 타임아웃에 해당되는 경우, 스레드는 5분 동안 차단된다. 그리고 어느 시점에는 모든 스레드가 차단될 것이다. 이렇게 되면, 타임아웃에 대한 대기 외에는 아무것도 할 수 없으므로 호출 시스템은 실패할 것이다. 이것은 더 짧은 타임아웃을 가진 호출을 공급함으로써 회피할 수 있다. 이 아이디어는 마이크로서비스의 개념보다 더 오래됐다. 『릴리스 잇[Release It]』[5]에는 이러한 문제와 문제를 해결하기 위한 방법이 자세히 설명돼 있다. 이러한 방법이 구현되면, 마이크로서비스 기반 시스템은 전체 마이크로서비스의 실패에도 견딜 수 있고, 이에 따라 배포 모놀리스보다 더욱 견고해진다.

배포 모놀리스와 비교해, 마이크로서비스는 여러 프로세스를 시스템에 분산시키는 추가적인 장점을 갖는다. 이러한 프로세스는 서로 간에 더욱더 분리된다. 배포 모놀리스에서는 하나의 프로세스에서 시작한 메모리 누수나 많은 컴퓨팅 자원을 이용하는 기능이 전체 시스템을 실패하게 만들 수 있다. 이러한 오류들은 매우 자주 발생하는 간단한 프로그래밍 오류나 실수다. 마이크로서비스로의 분산은 이러한 시나리오에서 단일 마이크로서비스가

---

5 Michael T. Nygard: Release It!: Design and Deploy Production-Ready Software, Pragmatic Programmers, 2007, ISBN 978-0-97873-921-8

실패하는 상황을 방지한다.

자유로운 기술 선택

마이크로서비스는 기술적인 자유를 제공한다. 마이크로서비스는 네트워크를 통해서만 통신하므로, 다른 마이크로서비스와 통신할 수 있다면 마이크로서비스는 모든 언어와 플랫폼에서 구현 가능하다. 이러한 자유로운 기술 선택은 커다란 위험을 무릅쓰지 않고 새로운 기술을 테스트하는 데 유용하다. 테스트할 때는 한 마이크로서비스에 대해 새로운 기술을 사용할 수 있다. 기술이 예상대로 수행되지 않는 경우, 하나의 마이크로서비스만 다시 작성하면 된다. 추가적으로, 이와 같은 경우에 발생하는 문제점들은 (하나의 마이크로서비스로) 제한될 것이다. 일례로, 자유로운 기술 선택은 개발자가 생산 환경에서 새로운 기술을 실제로 사용하는 장점을 제공한다. 일반적으로, 이것은 개발자에게 새로운 기술의 사용을 즐기도록 하므로 (새로운 기술에 대한) 동기를 증가시키고 인사 채용에 긍정적인 효과를 가져온다.

또한 이러한 방법으로 각각의 문제에 대한 가장 적절한 기술이 사용될 수 있다. 다양한 프로그래밍 언어나 특정 프레임워크를 시스템의 특정 부분을 구현하기 위해 사용할 수 있다. 심지어 개별적인 마이크로서비스에 특정 데이터베이스나 지속성 기술을 사용할 수도 있다. 그러나 이를 위해 백업과 재난 복구 메커니즘이 구현돼야 한다.

자유로운 기술은 선택 사항이다(이것은 반드시 사용돼야 할 필요가 없다). 모든 마이크로서비스에 대해 기술이 정의될 수 있으므로, 각 마이크로서비스는 특정 기술 스택과 묶일 수 있다. 그러나 본질적으로 배포 모놀리스는 개발자가 선택할 수 있는 폭이 좁다. 예를 들어, 자바 애플리케이션에서 각 라이브러리는 오직 한 버전에서만 사용될 수 있다. 따라서 배포 모놀리스 내에 사용돼야 하는 라이브러리뿐 아니라 버전들도 설정돼야 한다. 마이크로서비스는 이러한 기술적인 제한을 부과하지 않는다.

독립성

기술에 대해 결정하고 생산 환경에 새로운 버전을 넣는 것은 개별 마이크로서비스에만 관련된다. 이것은 마이크로서비스들을 매우 독립적으로 만든다. 물론, 공통 기술 기반이 있을 수 있다. 마이크로서비스의 설치는 자동화돼야 하며, 각 마이크로서비스를 위한 지속적인 전달 파이프라인이 있어야 한다. 그리고 마이크로서비스는 모니터링 사양을 준수해야 한다. 그러나 실질적으로 이러한 파라미터 내에서 마이크로서비스는 기술적인 방법의 제한 없이 구현될 수 있다. 더 큰 기술적인 자유로움 때문에 마이크로서비스 사이에는 많은 조정이 필요하지 않다.

5.2 조직적인 혜택

마이크로서비스는 아키텍처적인 접근 방법이다. 따라서 소프트웨어 개발 및 구조에 대한 장점을 가지고 있어야 한다. 그러나 콘웨이의 법칙(4.2절을 참고하라.)으로 인해 아키텍처는 팀의 소통과 조직에도 영향을 준다.

무엇보다도, 5.1절에서 설명한 것처럼 마이크로서비스는 높은 수준의 기술적 독립성을 달성한다. 조직 내에서 개발 팀이 마이크로서비스에 대해 완전한 책임을 지는 경우, 팀은 기술적인 독립성을 완전히 사용할 수 있다. 그러나 마이크로서비스가 생산 환경에서 잘못 동작하거나 실패하는 경우에도 팀이 모든 책임을 진다.

이와 같은 방법으로, 마이크로서비스는 팀의 독립성team independence을 지원한다. 기술적인 기반에 대한 조정 없이도 팀은 다양한 마이크로서비스에 대해 작업할 수 있다. 이것은 팀의 독립적인 작업에 대한 기초를 제공한다.

다른 프로젝트에서는 기술이나 아키텍처를 (다른 부분을 관장하는) 중앙에서 결정해야 한다. 개별 팀과 모듈은 기술 프레임의 조건 때문에 이러한 결정에 묶여 있기 때문이다. 하나의 배포 모놀리스 내에서 한두 개의 라이브러리를 사용하거나 심지어 한 라이브러리의 서로 다른 두 개 버전을 사용하지 못할 수도 있다. 따라서 중앙의 조정은 필수적이다. 마이크로서비스의 경우에는 상황이 다르다. 마이크로서비스는 자기 조직화self organization가 가능하다. 그러나 전역적인 조정은 여전히 타당할 수 있다. 예를 들어, 라이브러리를 포함하는 보안 문제의 경우 모든 컴포넌트를 포함하는 업데이트를 수행할 수 있다.

팀은 더 많은 책임을 갖는다. 팀은 그들의 마이크로서비스에 대한 아키텍처를 결정한다. 그들은 이러한 책임을 중앙 아키텍처로 넘길 수 없다. 따라서 이들은 마이크로서비스에 대한 책임을 가지고 있으므로 결과를 담당해야 한다.

스칼라 언어 사용에 대한 결정

마이크로서비스 기반의 접근 방법을 사용하는 프로젝트에서 중앙 아키텍처 그룹은 한 팀으로부터 프로그래밍 언어로 스칼라(Scala)를 사용할지 결정해줄 것을 제안받았다. 이것은 중앙 아키텍처 그룹에게 결정에 대한 책임을 넘겨준 것이다. 중앙 아키텍처 그룹은 팀이 스칼라를 사용해 팀의 문제를 더욱 효과적으로 해결할 수 있는지 여부와 스칼라의 사용이 마지막에 추가적인 문제를 만들지 여부를 결정해야만 했다. 결국, 팀이 마이크로서비스에 대한 책임을 가지고 있으므로 결정은 팀으로 위임됐다. 스칼라가 생산 환경의 요구를 충족하지 못하거나 효과적인 소프트웨어 개발을 지원하지 않는 경우, 팀은 그 결과를 처리해야 한다. 그들은 먼저 스칼라에 익숙해지도록 투자하고, 이러한 노력에 대한 비용을 지불할지 여부를 판단해야 한다. 마찬가지로, 이들은 모든 스칼라 개발자가 갑자기 프로젝트를 떠나거나 다른 팀으로 바뀌는 경우 문제를 갖는다. 엄격하게 말하면 중앙 아키텍처 그룹은 결과에 직접적으로 영향을 받지 않으므로, 중앙 아키텍처 그룹으로 책임을 위임하는 것은 불가능하다. 따라서 팀이 자체적으로 결정해야만 한다. 팀은 의사결정에 모든 팀원을 포함시켜야만 한다(예를 들어, 낮은 생산성을 갖는 경우라면, 제품 책임자(Product Owner)도 어려움을 겪을 것이다).

이러한 작용선line of action은 중앙 아키텍처 그룹이 모두가 사용해야 하는 기술 스택을 규정하는 오래된 조직 형태에 대한 급진적인 포기를 의미한다. 이러한 유형의 조직에서 개별적인 팀은 결정, 가용성availability, 성능performance, 확장성scalability 등의 비기능 요구 사항에 대해 책임을 지지 않는다. 고전적인 아키텍처에서는 비기능적인 특성들이 전체 시스템의 공통 기준에 의해 보장될 수 있으므로 오직 중앙에서만 결정이 제공될 수 있다. 마이크로서비스가 더 이상 공통 기준을 강제하지 않는 경우, 이러한 결정들은 (개별적인) 팀들로 분산될 수 있고, 따라서 (팀의) 더 많은 자립과 독립을 가능하게 한다.

더 작은 프로젝트

마지막으로, 개별 마이크로서비스는 상당히 독립적이고 중앙 조정의 중요성이 덜하기 때문에 마이크로서비스는 대규모 프로젝트를 많은 수의 작은 프로젝트로 분산 가능하게 한다. 따라서 포괄적인 프로젝트 조직이 더 이상 필요하지 않다. 대규모 조직들은 상대적으로 큰 소통에 대한 오버헤드가 있으므로 문제가 있다. 마이크로서비스가 대규모 조직을 여러 개의 더 작은 조직으로 나눌 수 있는 경우, 소통의 필요성이 줄어든다. 이것은 팀들이 요구 사항을 구현하는 데 더욱더 중점을 둘 수 있도록 한다.

또한 대규모 프로젝트는 더 자주 실패한다. 이러한 관점에서, 대규모 프로젝트를 여러 개의 더 작은 프로젝트로 분할하는 것이 좋다. 더 작은 범위의 개별 프로젝트는 더 정확한 추정을 가능하게 한다. 더 나은 추정은 계획의 정확성을 향상시키고 위험을 감소시킨다. 그리고 추정이 잘못되더라도 부정확한 결정의 영향이 더 적다. 더 큰 유연성과 더불어, 이것은 의사결정 과정이 더 빨라지고 용이해지도록 만든다(특히 관련된 위험이 훨씬 더 작다).

5.3 비즈니스 측면에서의 혜택

조직 측면에서 이미 설명된 장점들은 비즈니스 측면의 장점을 유도한다. 프로젝트의 위험도가 더 낮고 팀들 간의 조정이 덜 강조되면 팀은 더욱 효율적으로 일할 수 있다.

스토리에 대한 병렬 작업

마이크로서비스로의 분배는 서로 다른 스토리에 대한 동시 작업을 가능하게 한다(그림 12와 비교하라). 각 팀은 자체적인 마이크로서비스와 관련된 스토리에 대해 작업한다. 결과적으로 팀은 독립적으로 작업할 수 있으며, 이러한 시스템은 여러 부분이 동시에 확장될 수 있다. 결국 이것은 애자일 프로세스로 확장된다. 그러나 확장은 개발 프로세스 수준에서 발생하지 않고 아키텍처와 팀의 독립성에 의해 촉진된다. 개별 마이크로서비스의 변경과 배포는 복잡한 조정 없이 가능하다. 따라서 팀은 독립적으로 작업할 수 있다. 팀의 작업 속도가 느려지거나 방해물을 만나는 경우에도 다른 팀에게 거의 영향을 주지 않는다. 따라서 프로젝트와 관련된 위험이 더 감소된다.

명확한 도메인 기반 설계를 수행하고 마이크로서비스마다 하나의 개발 팀을 할당하는 것은 많은 팀을 가진 개발 조직이나 프로젝트 조직으로 확장할 수 있다.

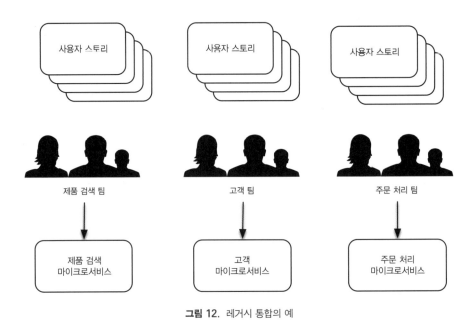

그림 12. 레거시 통합의 예

변경은 여러 마이크로서비스나 여러 팀에 관련될 수 있다. 일례로, 특정 고객들은 일부 제품만 주문하는 것(예를 들어 청소년 보호 때문에)이 허용된다. 그림 12에 표현된 아키텍처의 경우, 이러한 기능을 구현하려면 모든 마이크로서비스에 대한 변경이 필요하다. 고객 마이크로서비스는 고객의 법적 연령에 대한 데이터를 저장해야 한다. 제품 검색은 미성년 고객에 대해 제품을 숨기거나 금지 표시를 해야 한다. 마지막으로, 주문 프로세스는 미성년 고객들이 금지된 제품을 주문하는 것을 막아야 한다. 이러한 변경은 조정이 필요하다. 한 마이크로서비스가 다른 마이크로서비스를 호출하는 경우에는 조정이 더 필요하다. 이 경우, 호출되는 마이크로서비스가 먼저 변경돼야 나중에 호출되는 마이크로서비스가 새로운 기능을 사용할 수 있다.

이러한 문제는 확실하게 해결 수 있다. 대략적인 아키텍처가 최적이 아닌 것이 하나의 이유가 될 수 있다. 아키텍처가 비즈니스 프로세스에 적합한 경우, 변경은 주문 처리에 한정될 수 있다. 결국 주문만 금지되고 검색은 금지되지 않는다. 특정 고객에게 주문이 허용되는지, 또는 허용되지 않는지에 대한 정보는 주문 처리의 책임 내에 있어야 한다. 결과적으로 어떤 아키텍처와 어떤 팀의 분포가 옳은 것인지는 요구 사항과 관련된 마이크로서비스나 팀에 따라 다르다.

아키텍처가 적절하게 선택됐다면, 마이크로서비스는 기민성agility을 잘 지원할 수 있다. 확실히 이것은 비즈니스 관점에서 마이크로서비스 기반 아키텍처를 사용하기 위한 좋은 근거가 된다.

5.4 결론

요약하면, 마이크로서비스는 다음과 같은 기술적인 장점을 갖는다(5.1절).

- 강력한 모듈화^{Strong modularization}: 마이크로서비스 간의 의존성은 쉽게 생길 수 없다.
- 마이크로서비스는 쉽게 교체할 수 있다.
- 강력한 모듈화와 마이크로서비스의 교체 가능성은 지속 가능한 개발 속도^{sustained speed of development}를 유도한다. 아키텍처가 안정적으로 유지되고, 더 이상 유지되지 않는 마이크로서비스는 교체될 수 있다. 따라서 시스템의 품질은 장기간 높은 상태로 유지되며, 시스템은 유지 가능한 상태로 남게 된다.
- 레거시 시스템은 레거시 시스템에 누적된 모든 안전 장치^{ballast}를 수행할 필요 없이 마이크로서비스로 보완 가능하다. 따라서 마이크로서비스는 레거시 시스템을 다룰 때 좋은 접근 방법이다.
- 마이크로서비스는 작은 배포 단위이므로 지속적인 전달 파이프라인을 설정하기가 훨씬 더 쉽다.
- 마이크로서비스는 독립적으로 확장 가능하다.
- 마이크로서비스가 설정된 방법에 따라 구현되는 경우, 시스템은 더욱 견고해진다.
- 각각의 마이크로서비스는 서로 다른 프로그래밍 언어와 기술을 통해 구현할 수 있다.
- 따라서 기술적인 수준에서 마이크로서비스들은 서로에 대해 거의 독립적이다.

기술적인 독립성은 조직에 영향을 준다(5.2절). 팀이 독립적으로 작업하고 자체적인 권한을 가질 수 있으며, 이것은 중앙 집중적인 조정에 대한 필요를 감소시킨다. 대규모 프로젝트는 위험과 조정에 긍정적인 영향을 미치는 작은 프로젝트의 집합으로 교체된다.

비즈니스 관점에서 위험에 대한 효과는 이미 긍정적이다(5.3절). 그러나 마이크로서비스 기반 아키텍처가 과도한 조정과 소통을 요구하지 않고 애자일 프로세스를 확장 가능하게 하는 것은 더욱 매력적이다.

핵심 사항

- 마이크로서비스는 확장성, 견고성, 지속 가능한 개발 등을 모두 아우르는 다양한 기술적 장점을 갖는다.
- 결과적으로, 기술적인 독립성은 조직 수준의 많은 장점을 갖는다. 팀은 독립적으로 변화한다.
- 기술적인 장점과 조직적인 장점은 비즈니스 수준에서의 위험을 함께 더 낮추고 더 많은 기능을 더 빠르게 구현하는 이점을 가져다준다.

시도 및 실험

당신이 알고 있는 프로젝트에 대해 생각해보자.

 마이크로서비스가 왜 이 시나리오에 유용한가? 점수를 할당해 각각의 장점을 평가해보라. (1 = 장점 없음, 10 = 매우 큰 장점). 이번 장의 결론 부분(5.4절)을 보면 가능한 장점들이 나열돼 있다.

 마이크로서비스를 사용한 경우와 사용하지 않은 경우, 프로젝트는 어떤 모습일까?

 아키텍트, 개발자, 프로젝트 리더, 고객의 관점에서 프로젝트에 대한 마이크로서비스의 장점을 논의해보라. 개발자와 아키텍트는 기술적인 장점들에 더욱 많은 관심을 갖는 반면, 프로젝트 리더와 고객은 조직적인 장점과 비즈니스적인 장점을 더욱 중요하게 여길 것이다. 당신은 다른 그룹에 비해 어떤 장점을 더 강조하고 있는가?

 당신의 프로젝트나 제품의 현재 도메인 설계를 가시화하라.
- 어떤 팀이 프로젝트의 어느 부분에 대한 책임을 갖고 있는가? 어느 부분에서 중복된 것을 볼 수 있는가?
- 대부분의 독립적인 운영 모드를 달성하기 위해, 제품의 여러 부분과 서비스들에 대해 팀을 어떻게 배분해야 하는가?

6장

마이크로서비스에 대한 도전 사항들

시스템을 마이크로서비스로 분산시키는 것은 높은 복잡도를 수반한다. 이것은 기술적인 수준의 문제(예를 들어, 네트워크에서의 높은 지연 시간이나 개별 서비스의 실패)로 이어진다(6.1 절과 비교하라). 그러나 소프트웨어 아키텍처 수준에서도 많은 고려 사항들(예를 들어, 나쁜 아키텍처 변경 가능성architecture changeability)이 있다(6.2절). 그리고 마지막으로 더 많은 컴포넌트들이 독립적으로 전달돼야 하므로 운영과 인프라스트럭처가 더욱 복잡해진다(6.3절). 이러한 문제들은 마이크로서비스를 도입하는 경우 고려돼야 한다. 이어지는 장들에서 설명되는 측정치들은 이러한 도전 사항들을 적절하게 처리하는 방법을 보여준다.

6.1 기술적인 도전 사항

마이크로서비스는 분산 시스템distributed system이다. 마이크로서비스 사이의 호출은 네트워크를 통해 이동한다. 이것은 지연 시간latency에 영향을 주며, 마이크로서비스의 응답 시간에 부정적이다. 이미 언급된 분산 객체distributed object[1]에 대한 첫 번째 규칙은 가능한 한 객체들이 분산되지 말아야 한다는 것이다(4.1절과 비교하라).

그 이유는 그림 13에 설명돼 있다. 네트워크를 통해 서버에 도착한 호출call이 처리되고, 호출자caller에게 되돌아온다. 네트워크 통신에 대한 지연은 컴퓨팅 센터에서는 0.5ms 정도가

---

1 http://martinfowler.com/bliki/FirstLaw.html

된다(관련 자료[2]를 참고하라). 3GHz로 실행되는 프로세서에서는 이 시간 동안 대략 150만 개의 명령어를 처리할 수 있다. 계산 결과가 또 다른 노드로 재분배되는 경우, 요청에 대한 로컬 처리가 더 빠른지 여부가 검토돼야 한다. 지연 시간은 호출 및 호출 결과에 대한 파라미터 마샬링marshaling[3]과 언마샬링unmarshaling에 의해 더욱 증가될 수 있다. 다른 한편으로, 네트워크 최적화나 동일한 네트워크 스위치에 대한 노드 연결은 상황을 개선시킬 수 있다.

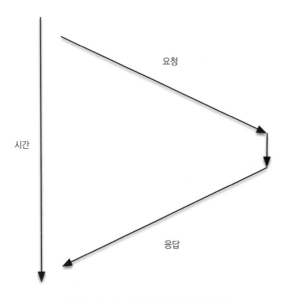

그림 13. 네트워크를 통한 호출의 지연 시간

CORBA와 EJB가 사용될 때, 지연 시간을 알기 위한 분산 객체에 대한 첫 번째 규칙과 경고 사항은 네트워크 날짜로 시간을 설정해야 한다는 점이다. 때때로 이러한 기술은 분산된 3계층 아키텍처에서 사용된다(그림 14를 참고하라). 모든 클라이언트 요청에 대해 웹 계층은 HTML 페이지로 데이터 렌더링을 구현한다. 로직은 다른 서버에 있으며, 네트워크를 통해 호출된다. 데이터는 데이터베이스에 넣어두며, 따라서 또 다른 서버에 있다. 데이터만 표시 돼야 하는 경우, 중간 계층에서 약간의 작업을 한다. 데이터는 처리되지 않고, 단지 전달만 된다. 성능과 지연 시간을 위해서는 웹 계층과 동일한 서버에 로직을 유지하는 것이 훨씬

---

2 https://www.cs.cornell.edu/projects/ladis2009/talks/dean-keynote-ladis2009.pdf
3 한 객체의 메모리에서의 표현 방식을 저장 또는 전송에 적합한 다른 데이터 형식으로 변환하는 과정이다. 이는 데이터를 컴퓨터 프로 그램의 서로 다른 부분 간에 이동시키거나 한 프로그램에서 다른 프로그램으로 이동시켜야 할 때 사용된다. 언마샬링은 마샬링의 반 대 과정이다. - 옮긴이

더 좋다. 비록 독립적으로 중간 계층을 다른 서버로 확장시킬 수 있지만, 시스템이 해야 할 일이 많지 않은 경우라면 이 방법으로 더 빨라지지 않는다.

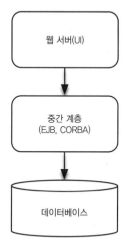

그림 14. 3계층 아키텍처

마이크로서비스의 경우에는 UI가 포함되므로 상황이 다르다. 마이크로서비스 간의 호출은 한 마이크로서비스가 다른 마이크로서비스의 기능을 필요로 하는 경우에만 발생한다. 만약 이것이 자주 있는 경우라면, 마이크로서비스는 서로 독립적이어야 하므로 아키텍처적인 문제가 있다는 암시일 수 있다.

실제로, 분배에 관련된 문제에도 불구하고 마이크로서비스 기반 아키텍처는 동작한다.[4] 그러나 마이크로서비스는 성능을 향상시키고 지연 시간을 감소시키기 위해 서로 너무 많이 통신하면 안 된다.

코드 의존성

마이크로서비스 기반 아키텍처의 가장 큰 장점은 개별 서비스를 독립적으로 배포할 수 있는 옵션이다. 그러나 이 옵션은 코드 의존성 때문에 실패할 수 있다. 라이브러리가 여러 마이크로서비스에 의해 사용되고 라이브러리의 새로운 버전이 출시되는 경우, 여러 마이크로서비스에 대해 조정된 배포(정확히 말해, 방지돼야 하는 시나리오)가 필요하다. 예를 들어,

---

4 http://martinfowler.com/articles/distributed-objects-microservices.html

서로 다른 버전들이 바이너리 의존성 때문에 더 이상 호환되지 않는 경우가 쉽게 발생한다. 배포는 모든 마이크로서비스가 특정 시간 간격으로 정의된 순서에 따라 배포되는 일시적인 조정 방법으로 수행돼야 한다. 코드 의존성은 모든 마이크로서비스에서 변경돼야 하는 반면, 마찬가지로 (배포) 과정도 모든 포함된 팀에 걸쳐 우선순위화되고 조정돼야 한다. 바이너리 수준의 의존성은 매우 강력한 기술적 결합이며, 강력한 조직적 결합을 수반한다.

마이크로서비스는 소스를 공유하지 않으므로 비 공유 방식Shared Nothing Approach[5]으로 전파된다. 마이크로서비스는 코드 중복을 허용하기보단 밀접한 조직적 연결을 방지하기 위해 코드를 재사용하려는 충동에 저항한다.

어떤 상황에서는 코드 의존성을 허용할 수 있다. 예를 들어, 마이크로서비스가 해당 마이크로서비스를 이용하는 호출자를 지원하는 클라이언트 라이브러리client library를 제공하는 경우, 반드시 부정적인 결과를 갖지 않는다. 라이브러리는 마이크로서비스의 인터페이스에 의존한다. 인터페이스가 하위 호환성을 유지하는 방식으로 변경된다면, 클라이언트 라이브러리의 이전 버전을 가지고 있는 호출자도 여전히 마이크로서비스를 사용할 수 있다. 배포는 분리된 상태로 남아있다. 그러나 클라이언트 라이브러리는 코드 의존성의 시작점이 될 수 있다. 예를 들어, 클라이언트 라이브러리가 도메인 객체domain object를 포함하는 경우에는 문제가 될 수 있다. 예를 들어, 클라이언트 라이브러리가 도메인 객체에 대한 동일 코드를 포함하며 내부적으로 사용되고 있다면, 내부 모델에 대한 변경은 클라이언트에 영향을 준다. 필요한 경우, 이들은 다시 배포돼야 할 수도 있다. 도메인 객체가 로직을 포함하고 있는 경우, 이 로직은 모든 클라이언트가 새로 배포되는 경우에만 수정될 수 있다. 물론, 이것은 독립적으로 배포 가능한independently deployable 마이크로서비스의 아이디어를 위반한다.

---

5   https://en.wikipedia.org/wiki/Shared_nothing_architecture를 참고하라. – 옮긴이

코드 의존성의 결과

코드 의존성(code dependency)의 영향에 대한 예제가 여기에 있다. 사용자 인증(authentication)은 모든 서비스가 사용하는 중심적인 기능이다. 한 프로젝트는 인증 기능을 구현하는 서비스를 개발했다. 현재 이러한 기능을 구현하는 오픈소스 프로젝트들이 있으며(8.12절), 이에 따라 자체적인 해결책(home-grown solution)의 구현은 더 이상 타당하지 않다. 이 프로젝트에서 각 마이크로서비스는 인증 서비스를 용이하게 처리할 수 있도록 라이브러리를 사용해야 한다. 따라서 모든 마이크로서비스는 인증 서비스에 대한 코드 의존성을 가지고 있다. 인증 서비스에 대한 변경은 라이브러리의 새로운 출시를 요구할 수도 있다. 실제로, 이것은 모든 마이크로서비스가 수정되고 새롭게 출시되는 것을 의미한다. 또한 마이크로서비스와 인증 서비스의 배포는 조정돼야 한다. 이것은 쉽게 두 자리 숫자의 일별 투입 인력을 요구할 수 있다. 따라서 인증은 코드 의존성 때문에 더 이상 변경하기가 어려워진다. 인증 서비스가 그냥 배포되고 코드 의존성이 없다면, 마이크로서비스와 인증 서비스의 결합 문제를 해결할 수 있다.

신뢰할 수 없는 통신

마이크로서비스 간의 통신은 네트워크를 통해 발생하므로 신뢰할 수 없다. 그리고 마이크로서비스는 실패할 수 있다. 이러한 경우에는 전체 시스템에 대한 실패 방지를 보장하기 위해 남아있는 마이크로서비스들은 잘못된 마이크로서비스의 실패를 보완하고 사용 가능하도록 유지돼야 한다. 이러한 목적을 달성하기 위해 기본값을 사용하거나 사용 가능한 기능의 제한을 이용하면 서비스 품질이 저하된다(10.5절).

이러한 문제는 기술적인 수준에서 완전히 해결되지 않는다. 예를 들어 마이크로서비스의 가용성은 고가용성 하드웨어에 의해 최적화될 수 있다. 그러나 이것은 비용을 증가시킨다. 더욱이 완전한 해결책은 아니며, 어떤 면에서 위험을 증가시키기도 한다. 고가용성 하드웨어에서도 마이크로서비스가 실패하고 실패가 전체 시스템으로 전파되면, 전체 시스템의 완전한 실패를 초래한다. 따라서 마이크로서비스는 다른 마이크로서비스의 실패를 보완해야 한다.

또한 기술적인 문제와 도메인 문제 간의 임계치가 교차된다. ATM은 이러한 예가 될 수 있다. ATM이 고객의 계좌 잔고를 검색할 수 없는 경우를 생각해보자. 이와 관련해 두 가지 가능성을 생각해볼 수 있다. 한 가지 방법으로, ATM은 예금의 인출을 거부할 수 있다. 비록 이것은 안전한 선택이지만 고객을 화나게 하고 수익을 감소시킨다. 따라서 그 대안으로, ATM은 (어쩌면 어떤 상한 금액까지) 돈을 내어줄 수 있다. 어떤 대안으로 구현돼야 하는 가는 비즈니스적인 결정이다. 심지어 이러한 결정이 어느 정도의 수익을 포기하고 고객을 화나게 하거나 너무 많은 돈을 지불하는 특정 위험을 감수할지라도, 결국 어떤 방법이 안전의 관점에서 바람직한가는 누군가 결정을 내려야 한다.

기술 다원주의[6]

결과적으로 마이크로서비스의 기술적인 자유로 인해, 프로젝트에서는 여러 가지 다양한 기술들을 사용할 수 있다. 마이크로서비스는 공유 기술 기준을 가지지 않아도 된다. 따라서 전체 시스템의 복잡성이 증가한다. 각 팀은 팀이 담당하는 마이크로서비스에 사용되는 기술에 숙련돼야 한다. 그러나 사용되는 다수의 기술과 접근 방법은 시스템이 개별 개발자나 팀이 더 이상 이해하기 힘든 복잡도 수준에 도달하는 원인이 될 수 있다. 그러나 때로 각 팀은 담당하는 마이크로서비스만을 이해해야 하므로 이러한 일반적인 이해는 필요치 않다. 전체 시스템을 살펴봐야 하는 경우에는(예를 들어 운영과 같은 임의의 제한된 관점에서도) 복잡도의 문제를 노출시킬 수 있다. 이 경우, 단일화unification는 합리적인 대응책이 될 수 있다. 이것은 기술 스택이 완전히 획일화되는 것을 의미하지 않지만, 특정 부분이 통일되거나 개별 마이크로서비스들이 통일된 방법으로 동작해야 한다. 예를 들어, 같은 로깅 프레임워크가 정의되거나 로깅을 위해 통일된 형식을 서로 다른 로깅 프레임워크가 다양하게 구현할 수 있다. 그렇지 않으면, 프로그래밍 언어에 대한 설정 없이 JVM(자바 가상 머신) 같은 공통적인 기반 기술이 운영적인 이유로 결정될 수 있다.

6.2 아키텍처

마이크로서비스 기반 시스템 아키텍처는 도메인 기반 기능을 마이크로서비스로 배포한다. 이 수준에서 아키텍처를 이해하려면 마이크로서비스 사이의 의존성과 통신 관계를 알아야 한다. 통신 관계를 분석하는 것은 어렵다. 대규모 배포 모놀리스에서 소스 코드나 실행

---

6 특정한 하나의 것만을 주류로 간주하려는 사고방식과 반대되는 관점. 즉 어떤 단 하나의 접근 방식이 대폭적인 지지나 관심의 대상이 되지 않고 다수의 양식이 공존하는 것을 말한다. – 옮긴이

가능한 시스템을 읽을 수 있는 도구들이 있다. 이를 기반으로, 도구들은 모듈과 관계를 시각화하는 그래프를 생성할 수 있다. 이것은 구현된 아키텍처를 검증하고, 아키텍처에 대한 계획된 조정과 더불어 시간의 경과에 따른 아키텍처의 진화를 가능하게 만든다. 이러한 개요가 아키텍처 작업의 핵심이다. 그러나 마이크로서비스의 경우 개별 도구의 부족으로 시각화된 그래프를 생성하기가 어렵다(그러나 해결책이 있다). 8.2절에서는 이러한 해결책에 대해 자세히 설명한다.

아키텍처 = 조직

마이크로서비스는 조직과 아키텍처가 동일하다는 아이디어에 기반한다. 마이크로서비스는 아키텍처를 구현하기 위해 이러한 상황을 활용한다. 조직은 아키텍처 구현을 더욱 쉽게 만드는 방법으로 구조화돼 있다. 그러나 이것은 아키텍처 리팩토링이 조직에 대한 변화를 수반한다는 의미며, 아키텍처적인 변경을 더욱 어렵게 만든다. 이것은 마이크로서비스만의 문제가 아니다. 콘웨이의 법칙은 모든 프로젝트에 적용된다(4.2절). 그러나 때로는 다른 프로젝트에서 이러한 법칙과 법칙이 의미하는 바를 인식하지 못한다. 따라서 콘웨이의 법칙을 생산적으로 이용하지 못하고, 아키텍처 변경의 원인이 되는 조직의 문제를 추정하지 못한다.

아키텍처와 요구 사항

아키텍처는 개별 마이크로서비스의 독립적인 배포와 독립적인 스토리의 스트림에도 영향을 미친다. 마이크로서비스의 도메인 기반 배포가 최적화되지 않은 경우, 요구 사항은 한 팀과 하나의 마이크로서비스뿐 아니라 여러 팀과 여러 마이크로서비스에도 영향을 미칠 수 있다. 이 경우, 다양한 팀과 마이크로서비스 사이에는 더 많은 조정이 필요하다. 이것은 생산성에 대해 부정적인 영향을 미치며, 이에 따라 마이크로서비스 도입에 대한 근본적인 이유 중 하나를 망치게 된다.

마이크로서비스의 경우, 아키텍처는 소프트웨어의 품질뿐 아니라 조직과 팀의 독립적인 작업, 그리고 이에 따른 생산성에도 영향을 미친다. 실수는 더 엄청난 결과를 가져오기 때문에 최적의 아키텍처를 설계하는 것이 더욱 중요하다.

많은 프로젝트에서 도메인 아키텍처에 대해 충분한 주의를 기울이지 못하며, 때때로 도메인 아키텍처는 기술적인 아키텍처보다도 훨씬 더 관심을 받지 못한다. 더욱이 대부분의 아키텍트는 기술적인 아키텍처로서 도메인 아키텍처에 대한 경험을 가지지 못했다. 이러한 상황은 마이크로서비스 기반의 접근 방법을 사용하는 경우, 엄청난 문제를 발생시킬 수 있다. 따라서 마이크로서비스로의 분배와 다양한 팀에 대한 책임의 분류는 도메인 기준에 따라 수행돼야 한다.

리팩토링

하나의 마이크로서비스는 그 크기가 작으므로 리팩토링이 간단하다. 또한 마이크로서비스는 쉽게 교체 가능하고 새롭게 구현될 수 있다.

마이크로서비스 사이에서는 상황이 다르다. 한 마이크로서비스에서 다른 마이크로서비스로 기능을 이전하는 것은 어렵다. 기능은 다른 배포 단위로 이동돼야 한다. 이것은 확실히 같은 단위 내에서 기능을 이동시키는 것보다 훨씬 더 어렵다. 마이크로서비스 간에는 기술이 반드시 동일하지 않다. 마이크로서비스는 서로 다른 라이브러리나 심지어 서로 다른 프로그래밍 언어를 사용할 수도 있다. 리팩토링의 경우, 기능은 새로운 마이크로서비스로 이동돼야 한다. 어떤 경우에는 기능이 반드시 다른 마이크로서비스의 기술로 새로 구현되고, 이어서 해당 마이크로서비스로 이전돼야 한다. 그러나 이것은 한 마이크로서비스 내에서 코드를 이동하는 것보다 훨씬 더 복잡하다.

애자일 아키텍처

마이크로서비스는 생산 환경에 대해 많은 변경을 가능한 한 짧은 시간에 더 쉽게 적용하고, 지속 가능한 개발 속도에 도달할 수 있다. 특히 요구 사항이 많고 예측하기 어려운 경우에 유리하며, 이러한 환경은 정확히 마이크로서비스가 있는 환경을 말한다. 또한 마이크로서비스에 대한 변경은 매우 단순하다. 그러나 기능의 이동과 같은 시스템 아키텍처의 조정은 단순하지 않다.

또한 시스템의 아키텍처는 대부분 첫 번째 시도에서 최적화되지 않는다. 구현하는 동안에 팀은 도메인에 대한 많은 사항을 배운다. 두 번째 시도에서, 팀은 더 적절한 아키텍처를 설계할 수 있게 된다. 나쁜 아키텍처에서 고통받는 대부분의 프로젝트는 처음에는 당시의 지식 상태에 기반한 좋은 아키텍처를 가지고 있었다. 그러나 프로젝트가 진행됨에 따라 요구 사항이 의미하는 바가 달라지고 새로운 요구 사항이 발생하므로, 초기 아키텍처가 적합하지 않다는 사실이 명확해진다. 이것이 결과로 이어지지 않는 경우, 문제가 발생한다. 프로젝트가 더욱 부적절한 아키텍처로 계속 진행되면, 아키텍처는 어느 시점에는 (프로젝트에) 전혀 적합하지 않은 상태가 된다. 이것은 지식 상태에 기초해 변경된 요구 사항에 대해 단계적으로 아키텍처를 조정함으로써 방지할 수 있다. 아키텍처의 변경 가능성과 새로운 요구 사항에 맞춘 아키텍처의 조정은 이를 위한 핵심 사항이다. 그러나 마이크로서비스 내의 변경은 매우 간단한 반면, 전체 시스템 수준에서의 아키텍처 변경 가능성은 마이크로서비스의 약점이 된다.

요약

마이크로서비스를 이용하는 경우, 아키텍처는 조직과 요구 사항에 대한 독립적인 작업에 영향을 주기 때문에 다른 시스템보다 더 중요하다. 동시에 마이크로서비스는 요구 사항과 아키텍처가 불명확하고 이에 따라 변경돼야 하는 경우에도 많은 장점을 제공한다. 불행하게도, 마이크로서비스 사이의 상호작용은 마이크로서비스 사이의 분산 통신으로 인해 마이크로서비스로의 기능 분배가 상당히 엄격하므로 변경하기가 어렵다. 더욱이, 마이크로서비스는 다양한 기술을 통해 구현 가능하기 때문에 기능을 다른 부분으로 옮기는 것이 어렵다. 다른 한편으로, 개별적인 마이크로서비스에 대한 변경이나 교체는 매우 간단하다.

6.3 인프라스트럭처와 운영

마이크로서비스는 서로 독립적으로 생산 환경에 적용되고 개별적인 기술 스택을 사용한다고 가정한다. 일반적으로, 각 마이크로서비스는 자체 서버에 위치한다. 이것은 완전한 기술 독립성을 보장하는 유일한 방법이다. 다양한 시스템들의 요구에 대해 하드웨어 서버를 사용해 대응할 수는 없다. 심지어 가상화를 통해서도 이러한 환경에 대한 관리는 어렵다. 필요한 가상 머신의 개수는 전체 비즈니스 IT에 의해 사용되는 것보다 더 많을 수 있다. 수백 개의 마이크로서비스가 있는 경우에는 수백 개의 가상 머신도 필요하며, 가상 머신 중 일부는 로드 밸런싱 같은 다양한 작업을 위해 필요하다. 이것은 자동화와 다수의 가상 머신을 생성할 수 있는 적절한 인프라스트럭처를 필요로 한다.

지속적인 전달 파이프라인

운영 외에도 각 마이크로서비스는 추가적인 인프라스트럭처를 필요로 한다. 마이크로서비스는 다른 마이크로서비스와 독립적으로 생산 환경에 적용되기 위해 자체적이면서 지속적인 전달 파이프라인을 요한다. 이것은 적절한 테스트 환경과 자동화 스크립트가 필요함을 의미한다. 많은 수의 파이프라인은 추가적인 문제를 발생시킨다. 파이프라인의 구축 및 유지 보수가 필요하며, 더욱이 비용을 줄이기 위해서는 파이프라인이 표준화돼야 한다.

모니터링

각 마이크로서비스는 추가적인 모니터링을 필요로 한다. 모니터링은 실행 시 문제를 인식할 수 있는 유일한 방법이다. 배포 모놀리스의 경우, 시스템에 대한 모니터링이 상당히 쉽다. 문제가 발생한 경우, 관리자는 시스템의 로그를 기록하고 특정 도구를 사용해 에러를 분석할 수 있다. 마이크로서비스 기반 시스템의 경우 많은 시스템을 포함하고 있으므로 이러한 접근 방법이 더 이상 가능하지 않다. 결과적으로, 모든 시스템을 포함해서 모니터링해야 한다. 따라서 운영체제로부터 일반적인 정보뿐 아니라 하드디스크와 네트워크에 대한 I/O도 분석돼야 하며, 애플리케이션 메트릭에 기반한 애플리케이션 관련 정보도 볼 수 있어야 한다. 이것이 개발자가 애플리케이션의 어느 부분이 최적화돼야 하고 특정 순간 어디에 문제가 있었는지를 발견하는 유일한 방법이다.

버전 관리

마지막으로, 각 마이크로서비스는 서로 독립적으로 버전 관리 시스템에서 조정돼야 한다. 분리된 버전으로 된 소프트웨어만이 생산 환경에 개별적으로 적용할 수 있다. 두 개의 소프트웨어 모듈이 함께 버전 처리되는 경우, 이들은 항상 함께 생산 환경에 적용돼야 한다. 변경은 두 모듈 모두에 영향을 줄 수 있으므로 실제로 두 서비스 모두 새롭게 전달돼야 한다. 더욱이 서비스 중 하나의 이전 버전이 생산 환경에 있는 경우라면 업데이트가 필요한지, 또는 새로운 버전이 변경 사항을 포함하지 않는지 여부가 명확하지 않다(무엇보다도 새로운 버전은 다른 마이크로서비스에 변경 사항을 포함해야 한다).

배포 모놀리스에서는 버전 관리 시스템을 위한 더 적은 수의 서버, 환경, 프로젝트가 필요하다. 이것은 복잡도를 감소시킨다. 운영과 인프라스트럭처 측면에서 요구 사항은 마이크로서비스 환경보다 더 많다. 마이크로서비스를 도입할 때 이러한 복잡도의 처리는 가장 큰 도전 사항이다.

6.4 결론

이번 장에서는 마이크로서비스 기반 접근 방법과 관련된 다양한 도전 사항을 살펴봤다. 결과적으로 기술적인 수준에서(6.1절) 대부분의 도전 사항은 마이크로서비스가 분산 시스템이기 때문이다. 따라서 시스템의 성능과 신뢰성을 보장하기가 더욱 어렵다. 추가적으로, 기술적인 복잡도는 사용하는 기술의 다양성 때문에 더 증가한다. 더욱이 코드 의존성은 마이크로서비스의 독립적인 배포 작업을 불가능하게 만들 수 있다.

마이크로서비스 기반 시스템 아키텍처(6.2절)는 조직과 다양한 스토리의 동시 구현에 미치는 영향 때문에 매우 중요하다. 동시에 마이크로서비스의 상호작용에 대한 변경은 어려우며, 기능을 한 마이크로서비스에서 다른 마이크로서비스로 쉽게 이동시킬 수 없다. 때때로, 프로젝트 내의 클래스들은 자동으로 이동할 수 있으며, 마이크로서비스 사이의 수작업이 필요하다. 코드에 대한 인터페이스는 로컬 호출부터 마이크로서비스 사이의 통신까지 변경시킨다. 이것은 필요한 노력을 증가시킨다. 마지막으로, 마이크로서비스는 다양한 프로그래밍 언어로 작성할 수 있다(이 경우 코드의 이동은 (코드의) 재작성을 수반한다).

그러나 때때로 불명확한 요구 사항 때문에 시스템 아키텍처에 대한 변경이 필요하다. 또한 팀의 시스템과 도메인에 대한 지식이 영구적으로 향상된다. 이러한 상황에서 빠르고 독립적인 배포 때문에 마이크로서비스의 사용이 더욱 유리하며, 아키텍처 변경은 더욱 쉬워야 한다. 실제로, 마이크로서비스 내에서 변경을 구현하기는 쉽다. 그러나 마이크로서비스 간의 변경은 매우 어렵다.

마지막으로, 필요한 서비스가 많기 때문에 더 많은 서버, 더 많은 버전 관리 시스템 내의 프로젝트, 그리고 더 많은 지속적인 전달 파이프라인이 요구되고, 이로 인해 인프라스트럭처 복잡도가 증가한다(6.3절). 이것은 마이크로서비스 기반 아키텍처에서 마주치는 핵심적인 문제다.

3부에서는 이러한 문제에 대한 해결책을 살펴볼 것이다.

핵심 사항

- 마이크로서비스는 분산 시스템이다. 이것은 기술적으로 마이크로서비스를 더욱 복잡하게 만든다.
- 좋은 아키텍처는 조직에 대한 영향 때문에 매우 중요하다. 마이크로서비스 내에서 아키텍처를 변경하기는 쉬운 반면, 마이크로서비스 간의 상호작용은 변경하기가 어렵다.
- 마이크로서비스의 개수로 인해 더 많은 인프라스트럭처가 필요하다. 예를 들어, 서버 환경의 관점에서 지속적인 전달 파이프라인이나 버전 관리 시스템 내의 프로젝트가 더 필요하다.

시도 및 실험

3장의 시나리오나 당신이 알고 있는 프로젝트의 시나리오 중 하나를 선택하고 다음 질문에 답하라.

- 어떤 문제들이 예상되는가? 이러한 문제들을 평가하라. 이번 장의 결론 부분은 간략한 방법으로 다양한 문제점을 다시 강조한다.
- 문제들 중 가장 큰 위험은 무엇인가? 그리고 그 이유는 무엇인가?
- 장점을 극대화하고 단점을 회피할 수 있는 방법으로 마이크로서비스를 사용할 수 있는가? 예를 들어, 다양한 여러 종류의 기술로 이뤄진 (기술) 스택이 방지될 수 있다.

7장

마이크로서비스와 SOA

대략적으로 보면, 마이크로서비스와 SOA는 많은 공통점을 가진 것처럼 보인다. 두 방법 모두 서비스로 대규모 시스템의 모듈화에 중점을 둔다. 실제로 SOA와 마이크로서비스는 동일한가, 아니면 어떤 차이가 있는가? 이러한 질문에 대해 살펴보는 것은 마이크로서비스를 깊이 이해하는 데 도움이 된다. 또한 SOA 분야에서 나온 일부 아이디어는 마이크로서비스 기반 아키텍처에서도 관심을 갖는다. SOA 접근 방법은 마이크로서비스로 이전할 때도 도움이 될 수 있다. SOA는 기존 애플리케이션의 기능을 마이크로서비스에 의해 교체하거나 보완할 수 있는 서비스로 분리한다.

7.1절에서는 SOA 컨텍스트 내에서 '서비스'라는 용어와 더불어 'SOA'라는 용어를 정의한다. 7.2절에서는 SOA와 마이크로서비스 간의 차이점을 강조함으로써 해당 주제를 확장한다.

7.1 SOA는 무엇인가

SOA^{Service-Oriented Architecture}(서비스 지향 아키텍처)와 마이크로서비스는 한 가지 유사성을 공유한다. 개념이 명확하게 정의돼 있지 않다는 점이다. 따라서 이번 절에서는 가능한 정의들 중 하나만 제공한다. 실제로, 또 다른 정의들에 따르면 마이크로서비스와 SOA는 동일한 방법이다. 결국, 두 방법 모두 서비스를 기반으로 하며 애플리케이션을 서비스로 분산하는 것이 기본 바탕을 이룬다.

'서비스^{service}'라는 용어는 SOA의 핵심이다.

SOA 서비스는 다음과 같은 특성을 가져야 한다.

- 서비스는 도메인의 기능domain functionality을 포함해야 한다.
- 서비스는 독립적으로 사용할 수 있어야 한다.
- 네트워크상에서 사용할 수 있어야 한다.
- 각 서비스는 인터페이스를 갖는다. 인터페이스에 대한 지식은 서비스를 사용하기에 충분하다.
- 서비스는 다양한 프로그래밍 언어와 플랫폼을 통해 사용할 수 있어야 한다.
- 서비스의 사용을 더욱 쉽게 만들기 위해서는 서비스를 디렉터리directory에 등록해야 한다. 이 디렉터리를 통해 클라이언트는 실행 시에 서비스를 검색하고 사용한다.
- 서비스는 의존성을 감소시키기 위해 잘 정의돼야 한다. 작은 서비스들은 다른 서비스들과 함께 합리적으로 기능을 구현할 수 있다. 따라서 SOA는 더 큰 규모의 서비스에 초점을 맞춘다.

SOA 서비스들은 새롭게 구현될 필요가 없지만, 회사의 애플리케이션 내에 이미 존재한다. SOA의 도입은 이러한 서비스들을 해당 애플리케이션의 외부에서 사용 가능하도록 만드는 것을 의미한다. 애플리케이션을 서비스로 분산시키므로 서로 다른 맥락에서 이들의 사용이 촉진된다. 이것은 전반적인 IT 유연성의 향상(이것이 SOA의 목표다.)을 가정한다. 개별 서비스로의 분산 때문에 비즈니스 프로세스를 구현하는 동안 서비스들을 재활용할 수 있다. 이것은 개별 서비스들에 대한 조율만을 필요로 한다.

그림 15. SOA의 전반적인 개요

그림 15는 가능한 SOA의 개요를 보여준다. 이전 예제와 같이, 이 예제는 전자상거래 분야에서 유도됐다. SOA의 개요에는 다양한 시스템들이 있다.

- 고객 관계 관리^{CRM, Customer Relationship Management}는 고객에 대한 중요한 정보를 저장하는 애플리케이션이다. 이러한 정보는 고객의 전화 통화뿐만 아니라 모든 거래 이력(이메일이나 주문 등)을 포함한다. 예를 들어, CRM은 새로운 고객의 생성에 대한 지원, 고객에 대한 정보 제공, 또는 모든 고객에 대한 보고서 작성 같은 서비스를 노출시킨다.

- 주문 시스템^{Order system}은 주문 처리를 담당한다. 주문 시스템은 새로운 주문을 받고, 주문의 상태나 주문 취소에 대한 정보를 제공한다. 또한 이 시스템은 개별 서비스를 통해 다양한 기능에 대한 접근을 제공한다. 이러한 서비스들은 첫 번째 버전이 생산 환경에 적용된 이후 시스템의 추가적인 인터페이스로 추가될 수 있다.

- 스키마 내에서 CRM과 주문 시스템은 고유한 시스템들이다. 현실에서는 제품 카탈로그를 제공하는 시스템 같은 추가 시스템들이 있을 수 있다. 그러나 SOA의 개요를 설명하는 것은 이 두 가지 시스템으로 충분하다.

- 시스템들 간의 상호 호출을 위한 통합 플랫폼이 있다. 이러한 플랫폼은 서비스 사이의 통신을 가능하게 한다. 오케스트레이션^{orchestration}을 통해 서비스를 새롭게 구성할 수도 있다. 오케스트레이션은 비즈니스 프로세스를 모델링 기술에 의해 조정하며 다양한 프로세스를 실행하기 위한 개별 서비스를 호출한다.

- 따라서 오케스트레이션은 다양한 서비스들을 조정하는 책임을 갖는다. 인프라스트럭처는 자체적인 정보를 포함한 다양한 메시지에 대해 적절히 반응할 수 있다. 인프라스트럭처는 비즈니스 프로세스 모델을 포함하며, 비즈니스 로직의 중요한 부분이다.

- SOA는 포털^{portal}을 통해 사용할 수 있다. 포털은 사용자에게 서비스 사용을 위한 인터페이스를 제공하는 책임을 가지며 다양한 포털이 있을 수 있다. 예를 들어 고객을 위한 포털, 지원을 위한 포털, 그리고 내부 직원을 위한 포털이 있을 수 있다. 마찬가지로, 시스템은 리치 클라이언트 애플리케이션이나 모바일 앱을 통해 호출될 수 있다. 아키텍처 측면에서 이러한 것들은 다르지 않다. 이러한 모든 시스템은 사용자가 이용할 수 있도록 다양한 서비스를 활용한다. 결국 이러한 모든 시스템은 SOA에

서 모든 서비스들이 이용할 수 있어야 하는 범용적인 UI다.

이러한 시스템들은 각 개별 팀에 의해 운영되고 더 개발될 수 있다. 예제에서는 CRM과 주문 시스템을 담당하는 한 팀이 있으며, 각 포털에 대한 추가적인 한 팀이 있다. 그리고 마지막 한 팀은 통합과 오케스트레이션을 담당한다.

그림 16은 SOA 아키텍처에서 통신을 구성하는 방법을 보여준다. 일반적으로, 사용자는 포털을 통해 SOA와 작업한다. 따라서 구현된 비즈니스 프로세스가 오케스트레이션 계층에서 시작될 수 있다. 이러한 프로세스들은 서비스를 이용한다. 특히 모놀리스에서 SOA로 전환하는 경우, 사용자들은 여전히 자체적인 사용자 인터페이스를 통해 모놀리스를 사용해야 할 수도 있다. 그러나 일반적으로 SOA는 프로세스 구현을 위한 중심적인 사용자 인터페이스와 오케스트레이션으로 포털을 갖는 것을 목표로 한다.

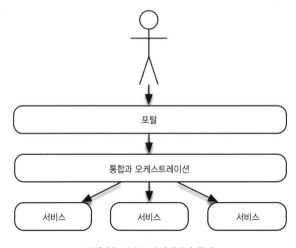

그림 16. SOA 아키텍처의 통신

SOA 도입

SOA의 도입은 다른 팀을 포함하는 전략적인 계획이다. 결국 회사 전체의 IT를 별도의 서비스들로 분배하는 것이 목표다. 이러한 분배는 더 나은 방법을 통해 새로운 기능들로 서비스의 구성을 지원한다. 그러나 이것은 조직 내의 모든 시스템이 조정된 경우에만 가능하다. 그리고 이용 가능한 많은 서비스들이 있어서 간단한 오케스트레이션을 통해 비즈니스 프로세스들이 구현되는 경우에만 가능하다. 따라서 전체 IT 내에서 서비스의 통신과 통합이 가능하도록 통합과 오케스트레이션 기술이 사용돼야 한다. 이것은 IT 전체의 개요를 변경해야 하므로 상당한 투자 비용이 수반된다. 이 부분이 SOA가 주로 비판[1]받는 약점 중 하나다.

인터넷이나 사설 네트워크를 통해 다른 회사나 사용자에게 서비스를 제공할 수도 있다. 따라서 SOA는 서비스의 외주outsourcing나 외부 서비스의 포함을 기본으로 하는 비즈니스 개념을 지원하는 데 매우 적합하다. 예를 들어, 전자상거래 애플리케이션에서 외부 공급자는 주소 검증처럼 간단하거나 신용 확인처럼 복잡한 서비스를 제공할 수 있다.

SOA 내의 서비스들

구형 시스템을 기반으로 SOA를 도입하는 경우, SOA 서비스들은 대규모 배포 모놀리스의 인터페이스가 된다. 하나의 모놀리스는 여러 서비스를 제공하며, 서비스는 기존 애플리케이션을 기반으로 한다. 때때로 서비스를 제공하기 위해 시스템의 내부를 조정하지 않아도 된다. 일반적으로 이러한 서비스는 UI를 갖지 않으며, 그 대신 다른 애플리케이션에 대한 인터페이스만을 제공한다. 모든 시스템에는 UI가 존재한다. UI는 서비스의 일부일 뿐 아니라 독립적이다(예를 들어, 포털에서 UI는 서비스의 일부며 독립적이다).

추가적으로, SOA에서 더 작은 배포 단위를 구현할 수도 있다. 서비스의 정의는 배포 단위의 크기를 제한하지 않는다(이와 반대로, 마이크로서비스에서 배포 단위의 크기는 정의된 기능이다).

인터페이스와 버전 관리

SOA에서 서비스의 버전 관리Service versioning는 특별한 도전 사항이다. 서비스 변경 사항은 각 서비스의 사용자와 더불어 조정돼야 한다. 이러한 조정 요구 사항 때문에 서비스의 인터페이스에 대한 변경은 힘든 작업이다. 서비스 사용자들은 새로운 인터페이스가 자신에게 혜택을 주지 않는 경우, 자신들에 대한 소프트웨어의 조정을 싫어할 것이다. 따라서 오래된 인터페이스 버전에 대해 빈번한 지원을 해야 한다. 이것은 서비스가 다수의 클라이언트에 의해 사용되는 경우, 많은 인터페이스 버전들을 지원해야 함을 의미하며, 소프트웨어 복잡도를 증가시키고 변경을 더 어렵게 만든다. 무엇보다도, 새로운 소프트웨어를 출시

1 http://apsblog.burtongroup.com/2009/01/soa-is-dead-long-live-ser-vices.html

하는 경우 오래된 인터페이스가 올바르게 동작하는 것을 보장해야 한다. 데이터가 추가되는 경우, 오래된 인터페이스는 이러한 데이터를 지원하지 않으므로 문제가 발생한다. 이때 읽는 동안에는 문제가 발생하지 않지만, 쓰기 작업을 한다면 추가적인 데이터 없이 새로운 데이터 세트를 생성하기가 어려울 수 있다.

외부 인터페이스

회사 외부에 서비스를 사용하는 외부 사용자가 있는 경우, 인터페이스의 변경은 더욱 어려워진다. 최악의 경우 인터넷에서 익명의 사용자가 서비스를 사용 가능하므로 서비스 제공자는 서비스를 사용하는 사람이 누구인지 정확히 알 수 없다. 이러한 경우 변경에 대한 조정은 거의 불가능하다. 결과적으로, 오래된 서비스의 버전 전환을 거의 실현할 수 없다.

이것이 인터페이스 버전의 증가로 이어지며, 서비스 변경은 점점 더 어려워진다. 이러한 문제는 마이크로서비스에도 관련된다(9.6절을 참조하라).

인터페이스 사용자도 문제에 직면한다. 인터페이스의 변경이 필요하다면, 그들은 서비스를 제공하는 팀과 함께 조정해야 한다. 그러면 변경 사항은 다른 모든 변경 사항과 다른 팀이 원하는 사항을 바탕으로 우선순위화돼야 한다. 이미 설명한 것처럼, 인터페이스의 변경은 쉬운 작업이 아니다. 따라서 인터페이스의 변경이 실제로 구현되기까지 상당히 오랜 시간이 걸릴 수 있다. 이것은 시스템이 더 발전하기 어렵게 만든다.

인터페이스는 배포의 조정을 강조한다

인터페이스에 대한 변경이 이뤄진 후 서비스의 배포는 조정돼야 한다. 먼저 새로운 인터페이스 버전을 제공하는 서비스가 배포돼야 한다. 그 후 새로운 인터페이스를 사용하는 서비스가 배포될 수 있다. SOA의 경우 애플리케이션들이 대부분 배포 모놀리스이므로 일부 서비스들은 항상 함께 배포돼야 한다. 이것은 서비스들에 대한 조정을 더 어렵게 만든다. 추가적으로, 모놀리스의 배포는 (변경이 너무 광범위하기 때문에) 오랜 시간이 걸리고 취소가 어려우므로 위험이 증가한다.

조정과 오케스트레이션

통합 계층Integration layer에서 오케스트레이션을 통한 SOA의 조정은 다양한 문제를 노출시킨다. 이러한 방법으로 모놀리스가 생성된다. 모든 비즈니스 프로세스는 오케스트레이션에 반영된다. 때때로 이 모놀리스는 엔터프라이즈 IT 내의 모든 시스템을 사용하므로 일반적인 모놀리스보다 더 나쁘다. 극단적인 경우, 모든 로직은 오케스트레이션에서 발견되므로 서비스들은 오직 데이터의 관리만 수행할 수 있다. 이 경우, 전체 SOA는 결국 오케스트레이션에 전체 로직을 갖고 있는 모놀리스보다 좋지 않다.

그러나 실제로는 SOA에 대한 또 다른 설정을 변경하는 것조차 쉽지 않다. 도메인들은 다양한 시스템의 서비스와 오케스트레이션의 비즈니스 프로세스로 나뉜다. 기능의 변경은 서비스나 사용자 인터페이스에 관련되는 경우 상황이 나빠진다. 비즈니스 프로세스의 변경은 상대적으로 간단하지만, 서비스는 코드를 작성하고 서비스를 제공하는 애플리케이션의 새로운 버전을 배포해야만 변경할 수 있다. 필요한 코드의 변경과 배포는 매우 힘든 일이 될 수 있다. 따라서 서비스의 간단한 오케스트레이션에서 나오는 것을 의미하는 SOA의 유연성flexibility은 손실된다. 사용자 인터페이스의 변경은 포털의 변경이나 다른 사용자 인터페이스 시스템의 변경 원인이 될 수 있으며, 마찬가지로 새로운 배포를 필요로 한다.

기술

SOA는 아키텍처적인 접근 방법이며 구체적인 기술에 독립적이다. 그러나 SOA는 마이크로서비스가 한 것처럼 서비스 사이의 통신에 대해 일반적인 기술을 정의해야 한다. 그리고 서비스의 오케스트레이션 설정을 위해서는 구체적인 기술이 필요하다. 때때로, SOA의 도입은 서비스의 통합과 오케스트레이션을 가능하게 하는 복잡한 기술의 도입을 유도한다. SOA의 모든 측면을 지원하는 특별한 제품들이 있지만, 이들은 목적에 맞게 복잡하며 기능에 대한 전체 용량을 사용하기는 어렵다.

이러한 기술은 빠르게 병목 지점으로 바뀔 수 있다. 비록 SOA는 다른 기술들로도 구현 가능하지만, 이러한 기술들이 가진 많은 문제들은 SOA에서 비롯된다. 문제 중 하나는 웹 서비스 프로토콜의 복잡성이다. SOA는 자체로는 매우 간단하지만, WS-*[2] 환경에서의 확장

---

2 트랜잭션이나 로깅 관리, 메시징(Sync, Async, Reliable) 등의 부가적인 기능을 제공하기 위한 WS*(Webservice extension) 확장 표준을 의미한다. - 옮긴이

부분과 함께 복잡한 프로토콜 스택이 발생한다. WS-*는 트랜잭션, 보안, 또는 다른 확장 부분을 위해 필요하다. 복잡한 프로토콜은 상호운용성interoperability을 악화시킨다(그러나 상호운용성은 SOA의 전제 조건이다).

사용자 인터페이스에 대한 동작은 오케스트레이션과 다른 서비스들에 의해 처리돼야 한다. 이들은 오버헤드와 지연latency에 관련된 네트워크 내의 분산 호출이다. 더욱이 이러한 통신은 적절하게 수많은 호출에 대응하는 중심적인 통합과 오케스트레이션 기술을 통해 실행된다.

7.2 SOA와 마이크로서비스의 차이

SOA와 마이크로서비스는 관련돼 있으며, 둘 다 애플리케이션을 서비스로 분할하는 것을 목적으로 한다. 네트워크에서 어떤 일이 발생하는지로 SOA와 마이크로서비스를 구별하는 것은 어렵다. 무엇보다도, 두 아키텍처 접근 방법에서 많은 서비스들은 네트워크를 통해 정보를 교환한다.

통신

마이크로서비스와 마찬가지로, SOA는 비동기 통신이나 동기 통신을 기반으로 할 수 있다. SOA는 '신규 주문new order'과 같은 이벤트를 보냄으로써 분리될 수 있다. 이 경우, 모든 SOA 서비스는 다른 로직을 갖는 이벤트에 반응할 수 있다. 한 서비스는 청구서를 작성할 수 있고, 또 다른 서비스는 배송을 시작할 수 있다. 서비스들은 이벤트에 대한 트리거를 알지 못하고 이벤트에만 반응하기 때문에 강하게 분리strongly uncoupled된다. 새로운 서비스들은 이처럼 이벤트에 반응해 시스템으로 쉽게 통합된다.

오케스트레이션

그러나 통합 수준에서 이미 SOA와 마이크로서비스 간의 차이점이 나타난다. SOA에서 통합 솔루션은 서비스의 오케스트레이션에 대한 책임을 갖는다. 그리고 비즈니스 프로세스는 서비스에서 만들어진다. 마이크로서비스 기반 아키텍처에서 통합 솔루션은 어떤 정보도 가지지 않는다. 마이크로서비스는 다른 서비스와 통신에 대한 책임을 갖는다. SOA는 비즈니스 프로세스를 구현할 추가적인 유연성을 얻기 위해 오케스트레이션에 대한 사용을 시도한다. 이것은 서비스와 사용자 인터페이스가 안정되고 자주 변경되지 않는 경우에만 해결된다.

유연성

필요한 유연성을 얻기 위해, 다른 한편으로 마이크로서비스는 각 마이크로서비스가 쉽게 변경돼 생산 환경에 적용될 수 있다는 사실을 이용한다. SOA의 유연한 비즈니스 프로세스들이 충분하지 않은 경우, SOA는 추가적인 배포 모놀리스에서 배포 모놀리스나 사용자 인터페이스로의 서비스 변경을 강제화한다.

마이크로서비스는 고립^{isolation}을 강조한다. 이상적으로, 사용자 인터페이스는 한 마이크로서비스 내에서 또 다른 마이크로서비스를 호출할 필요 없이 완전하게 처리된다. 따라서 새로운 기능에 대해 요구되는 변경은 개별적인 마이크로서비스로 제한된다. SOA는 포털, 오케스트레이션, 개별 서비스로 로직을 배분한다.

마이크로서비스: 프로젝트 수준

그러나 SOA와 마이크로서비스 간의 가장 중요한 차이는 아키텍처가 목표로 하는 수준이다. SOA는 엔터프라이즈 전체를 고려한다. SOA는 엔터프라이즈 IT 내에서 다수의 시스템이 상호작용하는 방법을 정의한다. 다른 한편으로, 마이크로서비스는 개별 시스템에 대한 아키텍처를 나타낸다. 이들은 또 다른 모듈화 기술에 대한 대안이다. 이것은 다른 모듈화 기술을 가진 마이크로서비스 기반 시스템을 구현하고, 분산 서비스 없이 배포 모놀리스로서 생산 환경에 시스템을 적용하는 것으로 생각할 수 있다. 전체적인 SOA는 엔터프라이즈 IT 전체에 걸쳐 있으며, 이것은 다양한 시스템에서 볼 수 있다. 분산 접근 방식에 대한 대안은 생각할 수 없다. 따라서 엔터프라이즈 전체와 관련된 SOA를 도입하고 구현하는 동안 마이크로서비스 기반 아키텍처에 대한 결정이 우려되고 개별 프로젝트에서 제한될 수 있다.

결과적으로 마이크로서비스[3]를 사용해 구현[4]하는 경우, 그림 15에 묘사된 SOA 시나리오는 근본적으로 다른 구조다(그림 17과 비교하라).

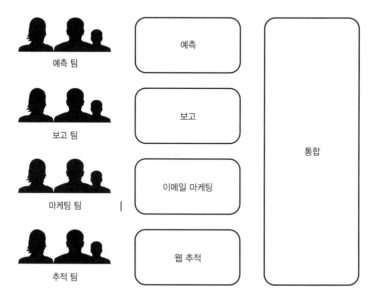

그림 17. 마이크로서비스 집합으로서의 CRM

- 마이크로서비스는 단일 시스템single system을 언급하기 때문에 아키텍처는 다양한 시스템을 갖는 전체 IT에 포함될 필요가 없지만, 개별 시스템에는 제한될 수 있다. 그림 17의 시스템은 CRM이다. 따라서 엔터프라이즈 전체 IT의 개요를 변경하는 것보다 하나의 개별 프로젝트로 구현해도 충분하므로, 마이크로서비스의 구현은 상대적으로 쉽고 비용 면에서도 유리하다.

- 따라서 마이크로서비스 기반 아키텍처는 회사 전반에 걸쳐 도입되고 사용돼야 하는 기술의 통합을 필요로 하지 않는다. 구체적인 통합과 통신 기술의 사용은 마이크로서비스 시스템에서는 제한된다(심지어 여러 가지 방법을 사용할 수도 있다). 예를 들어, 대규모 데이터 세트에 대한 고성능 접속도 데이터베이스 내에 데이터를 복제함으로써 구현될 수 있다. 다른 시스템에 대한 접근은 또 다른 기술을 사용할 수 있다. SOA의 경우, 모든 서비스를 동일한 기술을 통해 회사 전체에서 접근 가능해야 한

---

3 https://blogs.oracle.com/archbeat/entry/podcast_show_notes_micro-services_roundtable

4 http://slideshare.net/ewolff/micro-services-neither-micro-nor-service

다. 이것은 단일 기술 스택을 필요로 한다. 마이크로서비스는 SOA 스위트suite만큼 복잡한 요구 사항을 만족하지 않아도 되는 단순한 기술에 중점을 둔다.

- 추가적으로, 마이크로서비스 간의 통신은 다르다. 마이크로서비스는 어떠한 정보도 없는 간단한 통신 시스템을 사용한다. 마이크로서비스는 서로를 호출하거나 메시지를 보낸다. 통합 기술은 오케스트레이션을 구현하지 않는다. 마이크로서비스는 다른 마이크로서비스를 호출하고 자체적으로 오케스트레이션을 구현할 수 있다. 이 경우, 오케스트레이션을 위한 로직은 마이크로서비스에 위치하며 통합 계층에 위치하지 않는다. 마이크로서비스의 경우, 다양한 도메인을 기원으로 할 수 있기 때문에 통합 솔루션은 로직을 포함하지 않는다. 이러한 마이크로서비스 기반 아키텍처의 목표는 도메인에 따른 분배와 서로 상충한다.

- 또한 통합의 사용이 완전히 다르다. 마이크로서비스는 UI를 마이크로서비스로 통합하고 도메인 기반으로 분배하기 때문에 다른 마이크로서비스와의 통신을 회피한다. SOA는 통신에 중점을 둔다. SOA는 오케스트레이션에 의해 유연성을 얻는다(유연성은 서비스 간의 통신을 수반한다). 그리고 마이크로서비스의 경우 통신은 메시징이나 REST를 통해 구현되지 않아도 된다. UI 수준에서의 통합이나 데이터 복제도 가능하다.

- 완전한 시스템으로 CRM은 더 이상 마이크로서비스 기반 아키텍처를 실제로 표현하지 않는다. 그 대신에 보고와 거래량 예측 같은 특정 기능을 각각 처리하는 마이크로서비스의 집합이 있다.

- SOA에서 CRM 시스템의 모든 기능은 하나의 배포 단위로 모이지만, 마이크로서비스 기반 접근 방법에서 각 서비스는 독립적인 배포 단위며 다른 서비스들에 독립적으로 생산 환경에 적용될 수 있다. 구체적인 기술 인프라스트럭처에 따라서 서비스는 그림 17에 묘사된 것보다 훨씬 더 작아질 수 있다.

- 마지막으로, UI의 처리가 다르다. 일반적으로 마이크로서비스에서 UI는 마이크로서비스의 일부분이지만 SOA에서는 포털에 의해 사용되는 서비스만 제공한다.

- SOA에서 UI와 서비스에 대한 구분은 다음 같은 결과에 도달한다. SOA에서 UI를 포함하는 새로운 기능의 구현은 적어도 서비스의 변경이나 UI의 조정을 필요로 한다. 이것은 적어도 둘 이상의 팀에 대한 조정이 필요하다는 의미다. 다른 애플리케이션에서 다른 서비스들이 사용되는 경우처럼, 결과적으로 더 많은 팀이 포함될수

록 더 많은 조정 노력이 필요하다. 또한 분리된 팀에 의해 구현되는 오케스트레이션
의 변경도 있다. 다른 한편으로, 마이크로서비스는 마이크로서비스를 담당하는 개
별 팀이 가능한 한 다른 팀과의 조정을 최소화하면서 생산 환경에 새로운 기능을
적용시키려고 한다. 마이크로서비스 기반 아키텍처로 인해 계층 간의(일반적으로는
팀 간의) 인터페이스가 이제는 팀 내에 있다. 이것은 변경을 구현하기 용이하게 만든
다. 이러한 변경은 한 팀 내에서 처리할 수 있다. 만약 다른 팀이 포함된 경우, 변경
은 다른 요구 사항과 관련해 우선순위화돼야 한다.

- 각 마이크로서비스는 한 개발 팀에 의해 구현되고 운영될 수 있다. 이 팀은 특정 도
  메인에 대한 책임을 가지며, 새로운 요구 사항이나 도메인에 대한 변경 사항을 다른
  팀에 완전히 독립적으로 구현할 수 있다.

- 또한 SOA와 마이크로서비스 간의 접근 방법이 다르다. SOA는 새로운 방법으로 애
  플리케이션을 결합하기 위해 기존 서비스 위에 새로운 하나의 계층만 도입한다.
  SOA는 기존 애플리케이션의 유연한 통합을 목적으로 한다. 마이크로서비스는 애
  플리케이션 자체의 구조를 변경하는 역할을 한다(애플리케이션에 대한 변경을 더 쉽게
  만들려는 목적을 추구한다).

마이크로서비스의 통신 관계는 그림 18과 같다. 사용자는 다양한 마이크로서비스에 의해
구현된 UI와 상호작용한다. 추가적으로, 마이크로서비스는 서로 통신한다. 여기에는 중심
적인 UI나 오케스트레이션이 없다.

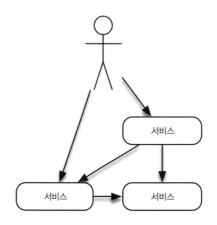

그림 18. 마이크로서비스의 통신

시너지

마이크로서비스와 SOA가 확실히 시너지를 내는 분야가 있다. 결국 두 접근 방법 모두 서비스를 통해 애플리케이션에 대한 처리라는 목표를 추구한다. 애플리케이션을 마이크로서비스로 전환할 때 도움이 되는 단계들이 있다. 애플리케이션을 SOA 서비스로 분리할 때 개별 서비스들은 마이크로서비스로 교체되거나 보완될 수 있다. 특정 호출은 마이크로서비스에 의해 처리될 수 있지만, 다른 호출은 여전히 애플리케이션에 의해 처리된다. 이것은 단계적인 방법으로 애플리케이션을 이전 가능하게 하며, 마이크로서비스를 단계적으로 구현할 수 있게 해준다.

그림 19는 예제를 보여준다. CRM의 상위 서비스 대부분은 마이크로서비스에 의해 보완된다. 이 마이크로서비스는 모든 호출을 처리하고, 필요한 경우 CRM을 호출한다. 두 번째 CRM 서비스는 마이크로서비스에 의해 완전히 대체된다. 따라서 CRM은 새로운 기능에 의해 보완될 수 있다. 이와 동시에, 전체 CRM을 새롭게 구현할 필요는 없다. 그 대신에 마이크로서비스는 선택된 부분을 보완할 수 있다. 8.5절에서는 마이크로서비스로 레거시 애플리케이션을 대체하는 추가적인 방법을 설명한다.

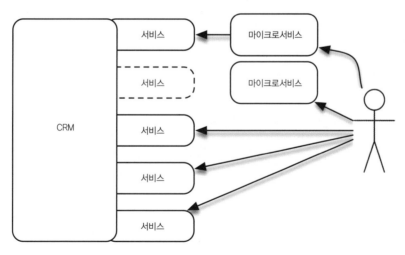

그림 19. SOA에서 마이크로서비스로의 이전

7.3 결론

표 2. SOA와 마이크로서비스의 차이점

	SOA	마이크로서비스
범위(Scope)	전사적 아키텍처	한 프로젝트에 대한 아키텍처
유연성(Flexibility)	오케스트레이션에 의한 유연성	빠른 배포와 마이크로서비스의 신속하고 독립적인 개발에 의한 유연성
조직(Organization)	다양한 조직 단위에 의한 서비스 구현	동일 프로젝트 내의 팀들에 의한 서비스 구현
배포(Deployment)	여러 서비스들의 단일 배포	각 서비스들의 독립적인 배포
사용자 인터페이스(UI)	모든 서비스들을 위한 보편적인 UI로서의 포털	서비스가 UI를 포함

조직 수준에서의 접근 방법은 매우 다르다. SOA는 전체 엔터프라이즈 IT의 구조를 강조하며, 마이크로서비스는 개별 프로젝트에서 활용될 수 있다. SOA는 일부 팀에 백엔드 서비스를 개발하는 반면, 다른 팀은 UI를 구현하는 조직에 초점을 맞춘다. 마이크로서비스 기반 접근 방법에서는 의사소통을 촉진하기 위해 한 팀이 모든 것을 구현해야 한다. 따라서 기능 구현의 속도가 빨라진다. 이것은 SOA의 목표가 아니다. SOA에서 새로운 기능은 수많은 서비스의 변경을 수반할 수 있다. 그리고 이것은 많은 팀들 사이의 소통을 필요로 한다. 마이크로서비스는 이러한 것을 방지하려고 한다.

기술적인 수준에서 공통점이 있다. SOA와 마이크로서비스 모두 서비스를 기반으로 한다. 심지어 서비스 단위도 유사하다. 이러한 기술적인 유사성 때문에 SOA와 마이크로서비스를 구별하기가 쉽지 않다. 그러나 개념적, 아키텍처적, 조직적 관점에서 두 접근 방법은 매우 다른 효과를 갖는다.

핵심 사항

- SOA와 마이크로서비스는 애플리케이션을 네트워크에서 이용할 수 있는 서비스들로 나눈다. 이를 위해 유사한 기술이 사용된다.
- SOA는 서비스의 오케스트레이션에 의한 엔터프라이즈 IT 수준의 유연성을 목적으로 한다. 이것은 복잡한 작업이며 서비스가 변경될 필요가 없는 경우에만 작동한다.
- 마이크로서비스는 개별 프로젝트에 중점을 두며, 다양한 서비스에 대한 배포를 용

이하게 만들고, 병렬 작업을 가능하게 하는 것을 목표로 한다.

시도 및 실험

그림 15가 보여주는 SOA의 큰 그림에 새로운 기능이 포함된다고 가정하자. CRM은 이메일 캠페인을 지원하지 않는다. 따라서 이메일 캠페인을 위한 시스템이 구현돼야 한다. 캠페인의 생성 및 실행을 위한 서비스와 캠페인의 결과를 평가하기 위한 서비스를 포함한다고 가정해 보자.

아키텍트는 다음과 같은 질문에 답해야 한다.

- SOA 인프라스트럭처는 두 서비스의 통합을 필요로 하는가? 캠페인 평가를 위한 서비스는 많은 양의 데이터를 필요로 한다.
  - 데이터 복제, UI 수준 통합, 또는 대규모 데이터에 접근하기 위한 서비스 호출을 사용하는 것이 더 좋은가?
  - 일반적으로, 이러한 통합 옵션 중 어느 것을 SOA에서 제공하는가?
- 서비스를 기존 포털에 통합해야 하는가? 아니면 자체적인 사용자 인터페이스를 가져야 하는가? 둘 중 하나의 옵션을 선호하는 근거는 무엇인가?
- 새로운 기능은 CRM 팀에 의해 구현돼야 하는가?

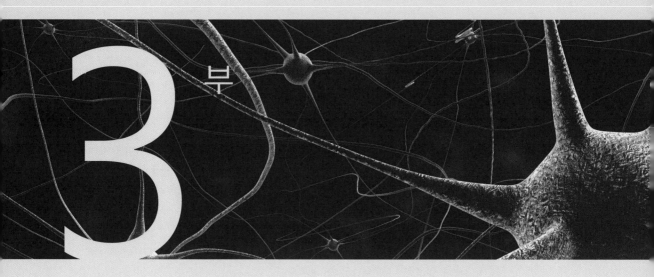

3^부

마이크로서비스 구현

3부에서는 마이크로서비스의 구현 방법을 설명한다. 이번 단원을 살펴보고 나면, 마이크로서비스 기반 아키텍처의 설계뿐 아니라 마이크로서비스 기반 아키텍처의 구현과 조직적인 효과에 대해서도 평가할 수 있다.

8장: 마이크로서비스 기반 시스템 아키텍처

8장에서는 마이크로서비스 기반 시스템$^{Microservice-based system}$ 아키텍처를 설명한다. 마이크로서비스 기반 시스템 아키텍처는 개별 마이크로서비스 간의 상호작용에 중점을 둔다.

도메인 아키텍처$^{domain architecture}$는 마이크로서비스 기반 아키텍처를 기반으로 도메인 주도 설계$^{DDD, Domain-Driven Design}$를 다루며, 아키텍처 품질을 측정할 수 있도록 하는 메트릭^{metric}을 보여준다. 아키텍처 관리는 도전적인 문제다. 수많은 마이크로서비스에 대한 전체적인 개요의 유지는 어려울 수 있다. 그러나 때때로 특정 유스케이스가 구현되는 방법과 특정 시나리오에서 마이크로서비스가 상호작용하는 방법을 이해하기에는 충분하다.

실제로, 대부분의 IT 시스템은 엄청난 변화를 필요로 한다. 따라서 마이크로서비스 시스템의 아키텍처는 진화해야 하며, 지속적으로 시스템은 개발돼야 한다. 이를 위해, 배포 모놀리스의 경우에는 발생하지 않는 몇 가지 문제들이 해결돼야 한다(예를 들어, 마이크로서비스로의 전체적인 분배는 변경하기가 어렵다. 그러나 개별 마이크로서비스를 변경하는 것은 간단하다).

또한 마이크로서비스 시스템은 레거시 시스템들에 대한 통합을 필요로 한다. 마이크로서비스는 레거시 시스템을 블랙박스로 다루기 때문에, 레거시 시스템들의 통합은 상당히 간단하다. 마이크로서비스를 통한 배포 모놀리스의 교체는 레거시 시스템의 내부 구조를 조정하거나 코드에 대해 상세히 이해하지 않아도, 계속해서 더 많은 기능을 마이크로서비스로 변환한다.

기술적인 아키텍처technical architecture는 마이크로서비스의 구현에 대한 일반적인 도전 사항을 포함하고 있다. 대부분의 경우, 중앙에서 모든 마이크로서비스에 대한 구성 및 조정을 한다. 또한 로드 밸런서load balancer는 마이크로서비스의 개별 인스턴스 간 부하를 분배한다. 보안 아키텍처security architecture는 시스템 내에서 자체적인 권한을 구현하기 위한 자유를 개별 마이크로서비스에 두며, 사용자가 오직 한 번 로그인하는 것을 보장한다. 마지막으로, 마이크로서비스는 문서나 메타데이터로 자신에 대한 정보를 반환해야 한다.

9장: 마이크로서비스들의 통합과 통신

9장에서는 마이크로서비스 간의 통합과 통신에 대한 다양한 방법을 보여준다. 통합에 대해 가능한 세 가지 단계가 있다.

- 마이크로서비스는 웹web 수준에서 통합할 수 있다. 이 경우 각 마이크로서비스는 웹 UI의 일부를 처리한다.
- 로직 수준에서 마이크로서비스는 REST나 메시징을 통해 통신할 수 있다.
- 데이터의 복제도 가능하다.

이러한 기술을 통해 마이크로서비스는 다른 마이크로서비스를 위한 내부 인터페이스를 갖는다. 전체 시스템은 외부에 대해 하나의 인터페이스를 가질 수 있다. 다양한 인터페이스에 대한 변경은 여러 가지 문제를 만든다. 따라서 이 장에서는 인터페이스의 버전 관리와 이에 따른 효과도 다룬다.

10장: 개별 마이크로서비스의 아키텍처

10장에서는 개별 마이크로서비스에 대해 가능한 아키텍처를 설명한다. 개별 마이크로서비스에 대한 다양한 접근 방법이 있다.

- CQRS는 읽기와 쓰기 접근을 두 개의 별개 서비스로 분리한다. 이것은 두 가지 부분 모두에 대해 더 작은 서비스와 독립적인 확장을 가능하게 한다.
- 이벤트 소싱Event Sourcing은 도출될 수 있는 현재 상태로부터 이벤트 스트림stream of event을 통해 마이크로서비스의 상태를 관리한다.
- 헥사고날 아키텍처hexagonal architecture에서 마이크로서비스는 다양한 어댑터를 통해 코어에 접근할 수 있다. 그리고 이러한 어댑터를 통해 다른 마이크로서비스나 인프라스트럭처와 통신한다.

각각의 마이크로서비스는 독립적인 아키텍처를 가질 수 있다.

결국 모든 마이크로서비스는 탄력성resilience과 안정성stability 같은 기술적인 문제를 다뤄야 한다.

11장: 마이크로서비스와 마이크로서비스 기반 시스템의 테스트

11장의 초점은 테스트다. 또한 테스트는 마이크로서비스와 관련된 특별한 문제를 고려해야 한다.

11장은 왜 테스트가 필요하고 원칙적으로 어떻게 시스템을 테스트할 수 있는지 설명하면서 시작한다.

마이크로서비스는 작은 배포 단위다. 이것은 배포와 관련된 위험을 감소시킨다. 이에 따라 테스트 이외에 배포의 최적화optimization of deployment도 위험을 감소시키는 데 도움이 된다.

전체 시스템에 대한 테스트는 한 시점에 오직 하나의 마이크로서비스만 테스트 단계를 통과할 수 있으므로, 마이크로서비스의 경우에는 특별한 문제가 발생한다. 테스트가 1시간이 걸리는 경우, 하루에 오직 여덟 개의 배포만 가능할 것이다. 마이크로서비스가 50개인 경우라면 이것은 너무 적다. 따라서 이러한 테스트들을 가능한 한 많이 제한해야 한다.

때때로 마이크로서비스는 레거시 시스템을 대체하며, 마이크로서비스와 레거시 시스템 모두 테스트돼야 한다(그리고 이들의 상호작용도 테스트돼야 한다). 일부 측면에서 개별 마이크로서비스에 대한 테스트는 다른 소프트웨어 시스템에 대한 테스트와는 상당히 다르다.

소비자 주도 계약 테스트Consumer-driven contract test는 마이크로서비스 테스트의 기본적인 구성 요소다. 이들은 한 인터페이스에 대한 마이크로서비스의 예상치를 테스트한다. 따라서 통합 테스트에서 마이크로서비스들이 함께 테스트되지 않고서도 마이크로서비스들의 올바른 상호작용이 보장될 수 있다. 그 대신, 마이크로서비스는 마이크로서비스를 실행하는 데 사용되는 테스트 인터페이스에 대한 마이크로서비스의 요구 사항을 정의한다.

마이크로서비스는 모니터링^{monitoring}이나 로깅^{logging}에 대한 임의의 표준을 준수해야 한다. 이러한 표준의 준수 여부도 테스트로 확인 가능하다.

12장: 운영과 마이크로서비스의 지속적인 전달

12장은 주로 운영^{Operation}과 지속적인 전달$^{Continuous\ Delivery}$에 초점을 맞춘다. 특히 인프라스트럭처는 마이크로서비스를 도입하는 경우에 대한 본질적인 도전 사항이다. 로깅과 모니터링은 모든 마이크로서비스에 걸쳐 동일하게 구현돼야 한다. 그렇지 않으면, 관련된 비용이 너무 커지게 된다. 추가적으로, 마이크로서비스들은 동일한 방법으로 배포돼야 한다. 마지막으로, 마이크로서비스의 시작과 종료는 동일한 방법(예를 들어, 간단한 제어를 통한)을 통해 가능해야 한다. 이 장에서 다루는 테스트 분야에 대한 구체적인 기술들과 접근 방법을 소개하고, 추가적으로 마이크로서비스 환경에서 운영을 용이하게 만드는 인프라스트럭처도 설명한다.

13장: 마이크로서비스 기반 아키텍처의 조직적 효과

마지막으로, 13장에서는 마이크로서비스가 어떻게 조직에 영향을 주는지 논의한다. 마이크로서비스는 독립적인 팀에 대해 더 간단히 작업을 분배할 수 있게 해준다. 따라서 다양한 기능에 대해 병렬 작업이 가능하다. 마지막으로 작업들이 여러 팀에 분배돼야 하며, 그 이후 팀들은 마이크로서비스를 적절히 변경해야 한다. 그러나 새로운 기능은 여러 마이크로서비스를 포함할 수도 있다. 이러한 경우, 한 팀은 또 다른 팀에 요구 사항을 넣을 수 있다(이것은 많은 조정을 필요로 하고 새로운 기능의 구현을 지연시킨다). 따라서 그 팀이 다른 팀의 마이크로서비스를 변경하는 것이 더 나을 수 있다.

마이크로서비스는 마이크로 아키텍처$^{micro\ architecture}$와 매크로 아키텍처$^{macro\ architecture}$로 나뉜다. 매크로 아키텍처는 모든 마이크로서비스에 대해 정의되고 조정돼야 하는 반면, 마이크로 아키텍처에 대해서는 팀이 자체적으로 결정을 내릴 수 있다. 운영 같은 분야에서, 아키텍처와 개별 측면의 테스트는 마이크로 아키텍처와 매크로 아키텍처로 할당될 수 있다.

운영operation과 개발development 사이의 밀접한 협력은 매우 유용하므로 조직 형태로 데브옵스DevOps는 마이크로서비스에 잘 어울린다.

독립적인 팀들은 각각 자신들의 독립적인 요구 사항을 필요로 하며, 이 요구 사항은 도메인으로부터 유도돼야 한다. 결과적으로, 마이크로서비스는 이러한 분야에 효과가 있다.

마찬가지로, 코드 재활용Code recycling은 조직적인 문제다. 어떻게 팀이 공유 컴포넌트에 대한 다양한 요구 사항을 조정하는가? 오픈소스 프로젝트에서 영감을 받은 모델이 도움이 될 수 있다.

그러나 자연스럽게 조직적인 변경이 전혀 없어도 마이크로서비스가 가능한지에 대해서는 의문이 생긴다(결국, 독립적인 팀은 마이크로서비스를 도입하는 기본적인 이유 중 하나가 된다).

8장

마이크로서비스 기반 시스템 아키텍처

이번 장에서는 마이크로서비스가 외부에 대해 어떻게 행동하는지 살펴보고, 이와 더불어 전체 마이크로서비스 시스템을 개발하는 방법에 대해 논의한다. 이어서 9장에서는 또 다른 중요한 기술 컴포넌트인 통신 기술에 대해 설명하고, 10장에서는 개별 마이크로서비스의 아키텍처에 중점을 둔다.

8.1절에서는 마이크로서비스 시스템의 도메인 아키텍처가 어떻게 보여야 하는지 설명한다. 8.2절에서는 아키텍처를 시각화하고 관리하기 위한 적절한 도구에 대해 설명한다. 8.3절에서는 단계적인 방법으로 아키텍처를 적용하는 방법을 보여준다. 소프트웨어 아키텍처의 일관적인 적용만이 장기적으로 시스템을 유지 보수 가능하게 만들고 더 개발될 수 있는 상태로 유지되는 것을 보장한다. 8.4절에서는 추가 개발을 가능하도록 만드는 데 있어 중요한 목표와 접근 방법을 설명한다.

이어서 마이크로서비스 기반 시스템 아키텍처에 대한 몇 가지 접근 방법이 설명된다. 8.6절에서는 이벤트 주도 아키텍처Event-driven Architecture를 소개한다. 이 접근 방법에서는 매우 느슨하게 결합하는 아키텍처를 구현 가능하다. 8.5절에서는 레거시 애플리케이션이 마이크로서비스에 의해 보완되거나 교체되는 것이 예상되는 경우에 발생하는 특별한 문제들을 논의한다.

마지막으로, 8.7절에서는 마이크로서비스 기반 시스템 아키텍처와 관련된 기술적인 측면의 주제를 다룬다. 이러한 측면의 일부는 다음 절에서 더욱 자세하게 설명된다. 이러한 측면들에 속하는 내용은 조정과 구성(8.8절), 서비스 검색(8.9절)에 대한 메커니즘, 로드 밸런싱(8.10절), 확장성(8.11절), 보안(8.12절), 그리고 문서화와 메타데이터(8.13절)다.

8.1 도메인 아키텍처

마이크로서비스 기반 시스템의 도메인 아키텍처는 시스템 내의 어떤 마이크로서비스가 어떤 도메인을 구현해야 하는지 결정한다. 이것은 어떻게 전체 도메인이 하나의 마이크로서비스, 즉 한 팀에 의해 구현되는 다양한 영역^{domain}으로 각각 나뉘는지를 정의한다. 마이크로서비스를 도입할 때 이러한 아키텍처를 고안하는 것은 핵심적인 문제를 의미한다. 무엇보다도 이상적인 도메인에 대한 변경이 단지 한 팀에 의해 오직 하나의 마이크로서비스를 변경함으로써 구현되는 것으로, 마이크로서비스를 사용하는 가장 중요한 동기다(그러나 여러 팀들에 걸친 약간의 조정과 소통이 필요하다). 이러한 방법으로 큰 규모의 팀들도 더 적은 소통을 하면서 생산적으로 작업할 수 있으므로 마이크로서비스는 소프트웨어 개발에 대한 확장을 지원한다.

이를 달성하기 위해서는 마이크로서비스에 대한 도메인 아키텍처의 설계가 핵심 사항으로 꼽히며, 실제로 변경은 한 마이크로서비스, 즉 개별 팀으로 제한된다. 마이크로서비스로의 분배가 이러한 사항을 지원하지 않는 경우, 변경은 추가적인 조정과 소통을 필요로 한다. 이 경우, 마이크로서비스 기반 접근 방법은 충분한 장점을 가질 수 없다.

전략적 설계와 도메인 주도 설계

4.3절에서는 도메인 주도 설계에서 나온 전략적 설계^{Strategic Design}에 기반한 마이크로서비스의 분배에 대해 이미 논의했다. 여기에서의 핵심 요소는 마이크로서비스들은 맥락으로 분배된다는 것이다(예를 들어, 각각의 영역들은 분리된 기능을 의미한다).

때때로, 아키텍트들은 도메인 모델에서 나온 엔티티에 기반한 마이크로서비스 아키텍처를 개발한다. 특정 마이크로서비스는 특정 타입의 엔티티에 대한 로직을 구현한다. 이와 같은 경우, 예제에서는 고객을 위한 하나의 마이크로서비스, 목록을 위한 하나의 마이크로서비스, 배송을 위한 하나의 마이크로서비스가 존재한다. 이러한 접근 방법은 데이터에 대한 단일 모델링이 불가능하므로 제한 맥락^{Bounded Context}에 대한 아이디어와 상충한다. 또한 이 방법은 변경 사항을 매우 심하게 고립시킨다. 프로세스가 변경되는 것을 가정하는 경우,

그리고 마찬가지로 이러한 이유로 엔티티들에 (변경을) 적용해야 하는 경우, 변경은 다양한 마이크로서비스에 걸쳐 분산된다. 따라서 주문 처리에 대한 변경은 고객, 항목, 배송을 위한 엔티티 모델링도 고려해야 한다. 이 경우, 주문 처리를 위한 마이크로서비스에 추가해 각기 다른 엔티티에 대한 세 개의 마이크로서비스가 변경돼야 한다. 이를 방지하려면 주문 처리를 위한 마이크로서비스 내에 고객, 항목, 배송에 대한 데이터의 일부를 유지하는 것이 합리적이다. 이것은 오직 한 마이크로서비스 내에서 데이터 모델이 변경돼야 하는 경우에도 주문 처리에 대한 변경을 제한한다.

그러나 특정 엔티티 관리에 대한 전용 서비스가 있을 수 있다. 예를 들어, 최소한 서비스 내 특정 비즈니스 엔티티의 가장 기본적인 데이터에 대한 관리가 필요할 수 있다. 따라서 서비스는 확실하게 클라이언트의 데이터를 관리하지만, 다른 마이크로서비스의 보너스 프로그램 번호 같은 특정 클라이언트 데이터는 내버려둔다(예를 들어, 주문 처리를 위한 마이크로서비스는 이러한 번호를 알고 있을 가능성이 있다).

오토 샵 예제

한 가지 예제(예를 들어, 오토 샵^{Otto shop} 아키텍처[1])는 이러한 개념을 보여준다. 한편으로는 사용자, 주문, 제품 같은 데이터를 지향하는 서비스들이 있고, 다른 한편으로는 추적, 검색과 이동, 개인화 같은 데이터를 생성하지 않는 기능에 대한 영역이 있다. 정확히 이러한 도메인 설계는 마이크로서비스 기반 시스템을 목표로 해야 한다.

도메인 아키텍처는 도메인에 대한 정확한 이해를 필요로 한다. 도메인 아키텍처는 마이크로서비스로 시스템의 분배뿐 아니라 의존성까지도 포함한다. 독립적인 마이크로서비스가 다른 마이크로서비스를 사용하는 경우에 의존성이 발생한다. 예를 들어, 마이크로서비스의 호출, 마이크로서비스 UI 요소의 사용, 또는 마이크로서비스의 데이터 복제로 인해 의존성이 발생한다. 이러한 의존성 때문에 마이크로서비스에 대한 변경이 해당 마이크로서비스에 대해 의존성을 갖는 다른 마이크로서비스에도 영향을 준다. 마이크로서비스가 인터페이스를 변경하는 경우, 종속된 마이크로서비스는 이러한 변경을 적용해야 한다. 또한 종속된 마이크로서비스에 관련된 새로운 요구 사항은 다른 마이크로서비스의 인터페이스

---

1 http://dev.otto.de/2013/04/14/architekturprinzipien-2/

에 대한 변경을 요할 수도 있다. 만약 요구 사항을 구현하기 위해 종속적인 마이크로서비스가 더 많은 데이터를 필요로 한다면, 다른 마이크로서비스는 이러한 데이터를 제공하고 이에 따라 인터페이스를 조정해야 한다.

마이크로서비스에서 이러한 의존성은 소프트웨어 아키텍처에서 처리할 수 없는 단점이 된다. 무엇보다도, 마이크로서비스는 여러 팀에 의해 구현할 수 있다. 이 경우, 인터페이스에 대한 변화는 팀 간의 협력을 필요로 한다. 그러나 이것은 힘들고 시간을 소모하는 일이다.

의존성 관리

마이크로서비스 간의 의존성 관리는 시스템 아키텍처의 중요한 부분이다. 너무 많은 의존성을 갖게 되면, 단독으로 마이크로서비스를 변경할 수 없게 된다(이것은 각 마이크로서비스를 독립적으로 개발한다는 목표에 어긋난다). 좋은 아키텍처에 적용하기 위한 두 가지 기본적인 규칙은 다음과 같다.

- 마이크로서비스와 같은 컴포넌트들 간에는 느슨한 결합loose coupling이 있어야 한다. 이것은 다른 마이크로서비스에 대해 약간의 의존성만 있어야 함을 의미한다. 변경은 개별 마이크로서비스에만 영향을 주기 때문에, 마이크로서비스를 변경하기가 더 쉬워진다.
- 한 마이크로서비스 같은 컴포넌트 내에서 구성 부분들은 함께 긴밀히 동작해야 한다. 이것은 높은 응집도cohesion를 갖는 것을 의미한다. 이것은 한 마이크로서비스 내의 모든 구성 부분이 실제로는 한 세트라는 것을 보장한다.

이러한 두 가지 전제 조건이 주어지지 않는 경우, 개별적인 마이크로서비스를 단독으로 변경하기는 거의 불가능하며, 변경은 여러 팀과 마이크로서비스에 걸쳐 조정돼야 한다(이것은 마이크로서비스 기반 아키텍처에서 방지돼야 하는 사항이다). 그러나 이것은 실제로 상당히 일반적인 증상이다. 근본적인 문제는 마이크로서비스 사이에서 기능을 도메인 기반으로 분할하는 방법에 있다. 명백하게 한 마이크로서비스에 속해야 하는 기능이 다양한 마이크로서비스에 걸쳐 분배된다. 예를 들어, 주문 처리는 청구서를 생성하는 기능도 갖는다. 이 두 가지 기능은 매우 다르므로, 이러한 기능들은 적어도 두 개의 마이크로서비스로 분배돼야 한다. 그러나 주문 처리에 대한 각각의 변경이 청구서를 생성하는 마이크로서비스에 영향을 주는 경우, 도메인 기반 모델링은 최적화된 상태가 아니며 조정돼야 한다. 기능은 우리가 보는 것처럼, 별도의 서로 다른 마이크로서비스로 분배돼야 한다.

의도하지 않은 도메인 기반 의존성

많은 수의 의존성만 문제를 노출하는 것은 아니다. 단순히 특정 도메인 기반의 의존성은 무의미한 것이 될 수 있다. 예를 들어, 전자상거래 시스템에서 제품 검색을 담당하는 팀이 갑자기 청구서를 담당하는 마이크로서비스의 인터페이스를 갖는 것은 놀랄 만한 일이다 (도메인 기반 관점에서는 있어서는 안 되는 경우기 때문이다). 그러나 도메인과 관련되는 경우, 비전문가들에게는 계속되는 놀라운 점들이 있다. 도메인 기반 관점에서 의존성이 의미가 없는 경우, 이에 관련되는 마이크로서비스의 기능은 잘못된 것이어야 한다. 아마도 마이크로서비스가 도메인 기반 관점에서는 다른 마이크로서비스의 기능을 구현할 가능성이 높다. 어쩌면 제품 검색 맥락에서는 청구서의 일부로 구현된 고객의 평가 점수가 요구될 것이다. 실제로 해당 기능이 올바른 마이크로서비스에서 구현된 것인지 여부를 고려해봐야 한다. 시스템이 장기적으로 유지되도록 관리하기 위해서는 이러한 의존성에 대해 의문을 제기하고, 필요한 경우 시스템에서 제거해야 한다. 예를 들어, 평가 점수 기능은 새로운 독립적인 마이크로서비스로 이동되거나 또 다른 기존의 마이크로서비스로 이동될 수 있다.

순환 의존성

순환 의존성Cyclic dependency은 포괄적인 아키텍처에 대한 추가적인 문제를 의미한다. 주문 처리가 결제를 위한 마이크로서비스를 호출한다고 가정해보자(그림 20을 보라). 결제 마이크로서비스는 주문 처리 마이크로서비스로부터 데이터를 가져온다. 주문 처리 마이크로서비스가 변경되는 경우, 결제 마이크로서비스는 주문 처리 마이크로서비스로부터 데이터를 가져오므로 결제 마이크로서비스에 대한 변경이 필요하다. 반대로, 결제 마이크로서비스에 대한 변경은 이 마이크로서비스가 결제 마이크로서비스를 호출하기 때문에 주문 마이크로서비스에 대한 변경을 수반한다. 이런 이유로, 순환 의존성은 문제가 된다. 분리된 컴포넌트로의 분할을 기본 목적으로 하는 것과는 대조적으로, 컴포넌트들은 더 이상 단독으로 변경될 수 없다. 특히 마이크로서비스의 경우에는 이와 같은 독립성의 위반이 더 많이 강조된다. 필요한 변경의 조정에 더해, 배포가 조정돼야 하는 경우가 발생할 수 있다. 순환 의존성이 있는 경우에 한 마이크로서비스의 새로운 버전이 출시되면, 다른 마이크로서비스의 새로운 버전이 출시돼야 할 수도 있다.

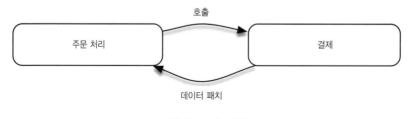

그림 20. 순환 의존성

이번 장의 나머지 부분에서는 도메인 기반 관점에서 건전한 구조를 갖는 방법과 동일한 방식으로 마이크로서비스 기반 아키텍처를 구축하는 방법을 보여준다. 응집도와 느슨한 결합 같은 메트릭을 통해 아키텍처가 실제로 잘 맞는 것인지 확인할 수 있다. 이벤트 주도 아키텍처(8.6절) 같은 접근 방법의 맥락에서, 마이크로서비스는 메시지만 보내므로 직접적인 기술 의존성을 갖기 힘들다. 누가 메시지를 보내는지, 누가 이들을 처리하는지 코드에서는 거의 결정되지 않는다. 따라서 메트릭은 매우 좋게 보인다. 그러나 도메인 기반 의존성은 메트릭에 의해 검사되지 않으므로 도메인 기반 관점에서 시스템은 여전히 너무 복잡할 수 있다. 도메인 기반 의존성은 두 마이크로서비스가 메시지를 교환하는 경우에 발생한다. 그러나 이것은 코드 분석에 의해 확인하기가 매우 어렵다. 따라서 메트릭은 항상 상당히 좋게 보일 것이다. 즉 메트릭은 문제에 대한 암시만 줄 수 있다. 메트릭을 최적화하면 증상은 최적화되지만 근본적인 문제는 해결되지 않는 상태로 남는다. 심지어 더 나빠진다. 시스템이 좋은 메트릭을 가지고 있는 경우에도 아키텍처적인 취약점을 가질 수 있다. 따라서 메트릭은 소프트웨어 시스템의 품질을 결정하기 위한 가치를 잃는다.

마이크로서비스의 경우와 관련된 특별한 문제는 마이크로서비스 간 의존성이 독립적인 배포에도 영향을 미칠 수 있다는 것이다. 예를 들어 마이크로서비스가 또 다른 마이크로서비스의 새로운 버전을 요구한다면, 인터페이스의 새로운 버전과 (새로운 버전의) 배포에도 의존성을 갖는다. 해당 마이크로서비스는 종속적인 마이크로서비스가 배포되기 전에 배포돼야 한다. 극단적인 경우, 이것은 많은 수의 마이크로서비스가 조정된 후 배포돼야 하는 결과로 나타날 수 있다(이것은 피해야 하는 사항에 대한 가정이다). 마이크로서비스는 서로 독립적으로 배포돼야 한다. 따라서 마이크로서비스 간의 의존성은 배포 모놀리스 내 모듈의 경우보다 더 큰 문제를 의미할 수 있다.

8.2 아키텍처 관리

도메인 아키텍처에서는 마이크로서비스가 어디에 있는지, 마이크로서비스 간의 통신 관계가 어떻게 보이는지가 중요하다. 물론, 다른 시스템에서도 컴포넌트 간의 관계는 매우 중요하다. 도메인 기반 컴포넌트들이 모듈, 클래스, 자바 패키지, JAR 파일이나 DLL에 매핑되는 경우, 특정 도구들은 컴포넌트 사이의 관계를 결정하고 특정 규칙에 대한 준수 여부를 통제할 수 있다. 이것은 정적 코드 분석^{static code analysis}에 의해 이뤄진다.

아키텍처 관리 도구

아키텍처가 관리되지 않는다면, 의도하지 않은 의존성들이 빠르게 (아키텍처를) 잠식할 것이다. 아키텍처는 점점 더 복잡해지고 이해하기 어려워진다. 아키텍처 관리 도구의 도움을 통해서만 개발자와 아키텍트는 시스템을 추적할 수 있다. 개발 환경 내에서 개발자들은 개별 클래스만 본다. 클래스 사이의 의존성은 소스 코드에서만 볼 수 있고, 식별하기가 어렵다.

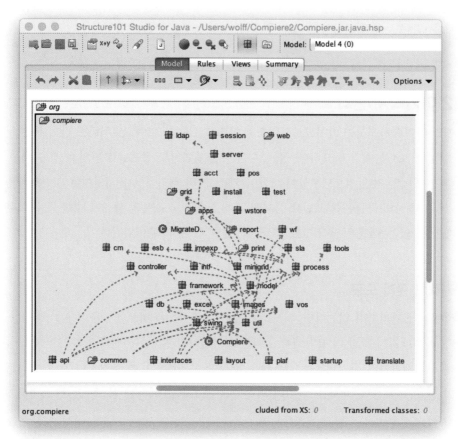

그림 21. 아키텍처 관리 도구 Structure 101의 화면

그림 21은 아키텍처 관리 도구인 Structure 101에 의한 자바 프로젝트 분석 결과를 나타
낸다. 해당 이미지는 클래스와 클래스를 포함하는 자바 패키지를 보여준다. 레벨화된 구조
맵LSM, Levelized Structure Map은 이들 사이의 전체적인 개요를 나타낸다. LSM의 상위에 있는 클
래스와 패키지는 LSM의 하위에 묘사된 클래스와 패키지를 사용한다. 다이어그램을 간단
히 하기 위해 이러한 관계는 표시하지 않았다.

순환이 없는 소프트웨어

아키텍처는 순환에서 자유로워야 한다. 순환 의존성$^{Cyclic\ dependency}$은 두 산출물이 서로를 상반되게 사용하는 것을 의미한다. 화면에서 이러한 순환은 점선으로 표시된다. 이들은 항상 아래에서 위로 실행된다. 사이클 내에서 상호 관계는 위에서 아래로 실행된다. 따라서 묘사되지 않는다.

순환 이외에 잘못된 위치에 있는 패키지들도 관련 있다. 예를 들어, util 패키지는 이름에 따라 헬퍼 클래스$^{helper\ class}$를 포함하는 것으로 가정한다. 그러나 이 패키지는 다이어그램의 최하위에 위치하지 않는다. 따라서 이 패키지는 더 하위에 있는 패키지나 클래스에 대한 의존성을 갖는다(이런 경우가 있어서는 안 된다). 헬퍼 클래스는 다른 시스템 컴포넌트로부터 독립적이어야 하며, 따라서 LSM의 맨 아래에 그려져야 한다.

Structure 101 같은 아키텍처 관리 도구가 단지 아키텍처 분석만 하는 것은 아니다. 이 도구는 패키지와 클래스 사이에 금지되는 관계도 정의할 수 있다. 개발자가 이러한 규칙을 위반하는 경우, 에러 메시지가 발생돼 코드를 수정할 수 있다.

Structure 101과 같은 도구의 도움을 받아 시스템의 아키텍처는 쉽게 가시화될 수 있다. 컴파일된 코드만이 분석을 위해 도구로 로딩된다. 이러한 방법으로, 아키텍처의 시각화는 쉽게 보장될 수 있다.

마이크로서비스와 아키텍처 관리

마이크로서비스의 경우 문제가 훨씬 더 커진다. 마이크로서비스 간의 관계는 코드 컴포넌트 간의 관계만큼 결정하기가 쉽지 않다. 무엇보다도 마이크로서비스는 다양한 기술로 구현된다. 이들은 네트워크를 통해서만 통신한다. 이들의 관계는 코드상에서 간접적으로만 나타나기 때문에, 모든 관리를 코드 수준에서 할 수 없다. 그러나 마이크로서비스 간의 관계가 알려지지 않은 경우, 아키텍처 관리는 불가능해진다. 아키텍처를 시각화하고 관리하는 다양한 방법들이 있다.

- 각 마이크로서비스는 사용되는 모든 마이크로서비스를 나열하는 문서(8.13절을 참조하라.)를 가질 수 있다. 이러한 문서는 시각화를 가능하게 하는 미리 결정된 형식을 준수해야 한다.

- 통신 인프라스트럭처는 필요한 데이터를 전달할 수 있다. 서비스 검색^{Service} Discovery(8.9절)이 사용되는 경우, 서비스 검색은 모든 마이크로서비스를 인식히고 어떤 마이크로서비스가 또 다른 마이크로서비스에 접근해야 하는지 알 수 있다. 이러한 데이터는 마이크로서비스 사이의 관계를 시각화하는 데 사용될 수 있다.

- 마이크로서비스 간의 접근이 방화벽에 의해 보호되는 경우, 방화벽에 대한 규칙은 최소한 어떤 마이크로서비스가 또 다른 마이크로서비스와 통신할 수 있는지 알려줘야 한다. 이것도 관계를 시각화하는 기반으로 사용할 수 있다.

- 네트워크 내의 트래픽도 어떤 마이크로서비스가 또 다른 마이크로서비스와 통신하는지 알려준다. Packetbeat 같은 도구들(12.3절을 참조하라.)은 매우 도움된다. 이러한 도구들은 기록된 네트워크 트래픽에 기반해 마이크로서비스 사이의 관계를 시각화한다.

- 마이크로서비스의 분포는 팀의 분포와 일치해야 한다. 두 팀이 서로에 대해 거의 독립적으로 작업하지 않는 경우, 아키텍처에 문제가 있을 가능성이 있다. 두 팀의 마이크로서비스는 서로에게 강하게 의존하므로 이들은 함께 변경돼야만 한다. 아마도 포함된 팀들은 증가된 통신 요구 사항으로 인해 마이크로서비스에 문제가 있다는 사실을 이미 알고 있을 것이다. 이러한 문제를 확인하기 위해, 아키텍처 관리 도구나 시각화 도구가 사용될 수 있다. 그러나 수동으로 수집된 정보만으로도 충분히 확인 가능하다.

도구들

다음과 같이 의존성 관련 데이터를 평가하는 데 유용한 다양한 도구들이 있다.

- 입력으로 사용자 정의 데이터 구조를 사용할 수 있는 Structure 101[2]의 버전이 있다. 여전히 사용자는 적절한 임포터^{importer}를 작성해야 한다. Structure 101은 순환 의존성을 인식하고 의존성을 그래픽으로 묘사할 수 있다.

- Gephi[3]는 마이크로서비스 간 의존성을 시각화하는 데 도움이 되는 복잡한 그래프를 생성할 수 있다. 또한 적절한 소스로부터 Gephi로 마이크로서비스 간의 의존성

---

2 http://structure101.com

3 http://gephi.github.io/

을 가져오기 위해, 여기에서도 사용자 정의 임포터$^{custom\ importer}$가 작성돼야 한다.

- jQAssistant[4]는 그래픽 데이터베이스 neo4j를 기반으로 한다. 이것은 사용자 정의 임포터에 의해 확장할 수 있다. 그리고 데이터 모델은 규칙에 따라 점검 가능하다.

이러한 모든 도구에 대해 사용자 정의에 의한 개발이 필요하다. 항상 추가적인 노력이 필요하므로 갑자기 마이크로서비스 기반 아키텍처를 분석할 수는 없다. 마이크로서비스 간 통신은 표준화되지 않으므로, 향후에도 사용자 정의 개발은 방지할 수 없을 것 같다.

아키텍처의 관리가 중요한가

마이크로서비스의 아키텍처 관리는 마이크로서비스 간의 관계에서 혼란을 방지하는 유일한 방법이기 때문에 중요하다. 이러한 측면에서 마이크로서비스는 특별한 도전 사항이다. 현대적인 도구를 통해 배포 모놀리스는 상당히 쉽고 빠르게 분석할 수 있다. 마이크로서비스 기반 아키텍처에서는 간단한 방법으로 전체 구조를 분석할 수 있는 도구가 없다. 분석을 위해 팀은 필요한 전제 조건을 먼저 만들어야 한다. 마이크로서비스 사이의 관계를 변경하는 것은 어렵다(다음 절에서 살펴볼 것이다). 따라서 가능한 한 빨리 발생하는 문제를 고칠 수 있도록 마이크로서비스의 아키텍처를 계속 검토하는 것이 중요하다. 아키텍처가 조직 구조에도 반영되므로 이것도 마이크로서비스 기반 아키텍처에 도움이 된다. 따라서 의사소통 문제는 아키텍처 문제를 의미한다. 때때로 공식적인 아키텍처 관리가 없어도 아키텍처 관련 문제들은 명백해진다.

다른 한편으로, 복잡한 마이크로서비스 기반 시스템에서의 경험상 이러한 (복잡한) 시스템의 전체 아키텍처는 아무도 이해하지 못한다. 그러나 대부분의 변화는 개별 마이크로서비스로 제한되기 때문에 전체를 이해하지 않아도 된다. 여러 마이크로서비스를 포함하는 특정 유스케이스가 변경돼야 하는 경우, 이러한 상호작용과 포함되는 마이크로서비스를 충분히 이해할 수 있다. 전반적인 이해가 반드시 필요하지는 않다. 이것은 개별 마이크로서비스에 대한 독립성의 결과다.

---

4 http://jqassistant.org/

컨텍스트 맵

컨텍스트 맵Context Map은 마이크로서비스 기반 시스템[5]의 아키텍처에 대한 전체적인 개요를 얻는 방법을 알려준다. 컨텍스트 맵은 마이크로서비스가 사용하는 도메인 모델을 나타내며, 다양한 제한 맥락Bounded Context을 시각화한다(4.3절을 참조하라). 제한 맥락이 마이크로서비스의 내부 데이터 표현에만 영향을 주는 것은 아니다. 마이크로서비스 간의 호출 시에도 데이터가 교환된다. 이들은 몇 가지 모델 유형에 일치해야 한다. 그러나 기본적인 통신의 데이터 모델은 내부 표현과 구별할 수 있다. 예를 들어 마이크로서비스가 전자상거래 상점의 고객에 대한 추천 사항을 정의하는 경우, 이를 위해 내부적으로 고객, 제품, 주문에 대한 많은 정보를 포함하고 복잡한 방법으로 이들을 관련시키는 복합 모델이 사용될 수 있다. 외부적으로 아마도 이러한 모델은 훨씬 더 간단할 것이다.

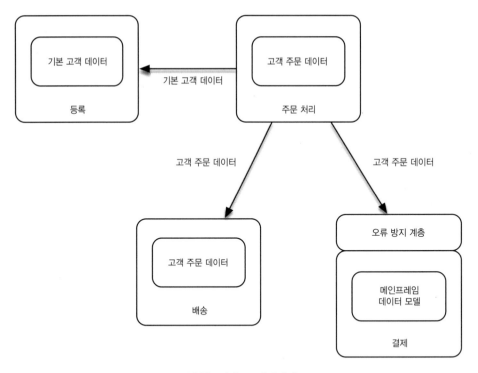

그림 22. 컨텍스트 맵의 예제

---

5 Eric Evans: Domain-Driven Design: Tackling Complexity in the Heart of Software, Addison-Wesley,2003, ISBN 978-0-32112-521-7

그림 22는 컨텍스트 맵의 예제를 보여준다.

- 등록^{registration}은 각 고객의 기본 데이터를 등록한다. 주문 처리^{order process}는 등록과 통신하기 위해 이러한 데이터 형식을 사용한다.

- 주문 처리에서는 고객 주문 데이터를 얻기 위해 고객에 대한 기본 데이터가 청구 및 배송 주소 같은 데이터에 의해 보완된다. 이것은 공유 커널^{Shared Kernel}에 해당한다(4.3절을 참조하라). 주문 처리는 등록 처리와 고객 데이터에 대한 커널을 공유한다.

- 배송^{delivery}과 결제^{billing} 마이크로서비스는 통신을 위해 고객 주문 데이터를 이용한다. 배송 마이크로서비스는 고객의 내부 표현을 위해 고객 주문 데이터를 사용한다. 따라서 이 모델은 고객 데이터의 통신을 위한 일종의 표준 모델이다.

- 결제^{billing}는 오래된 메인프레임 데이터 모델을 사용한다. 따라서 외부 통신을 위한 고객 주문 데이터는 오류 방지 계층에 의해 내부 표현과 분리된다. 다시 말해, 이 데이터 모델은 다른 마이크로서비스에 영향을 주어서는 안 되는 매우 나쁜 추상화를 나타낸다.

이 모델에서, 등록에서의 내부 데이터 표현은 주문 처리로 전파하는 것을 의미한다. 이것은 고객 주문 데이터에 대한 기초로 작용한다. 이 모델은 결제, 통신은 물론 배송에서도 내부 데이터 모델로 사용된다. 따라서 많은 서비스가 사용하기 때문에 모델을 변경하기가 어렵다. 이 모델이 변경돼야 하는 경우라면 이러한 모든 서비스들이 수정돼야 한다.

그러나 이와 관련된 장점도 있다. 이러한 모든 서비스들이 데이터 모델에 대해 동일한 변경을 구현한다면, 모든 마이크로서비스들을 한 번에 업데이트하기 위해 오직 하나의 변경만이 필요하다. 그럼에도 불구하고, 이것은 변경이 항상 하나의 마이크로서비스에만 관련된다는 아이디어와 일치하지 않는다. 변경이 모델에 제한으로 남아있는 경우, 모두가 자동으로 현재의 모델링을 사용하므로 공유 모델^{shared model}이 유리하다. 그러나 변경이 마이크로서비스에서 변화를 수반하는 경우에는 여러 마이크로서비스가 수정돼야 한다(그리고 생산 환경에 적용하려면 조정이 필요하다). 이것은 마이크로서비스의 독립적인 배포와 충돌한다.

시도 및 실험

아키텍처 분석을 위한 도구를 다운로드하라. 이에 대한 후보로는 Structure 101[6], Gephi[7], jQAssistant[8]가 있다. 이러한 도구를 기존의 코드 베이스에 대한 전체적인 개요를 얻는 데 사용하라. 도구에 자체적인 의존성 그래프를 삽입하는 방법에는 어떠한 것들이 있는가? 이 방법들은 해당 도구를 통해 마이크로서비스 기반 아키텍처 내의 의존성을 분석할 수 있게 해준다.

spigo[9]는 마이크로서비스 간 통신을 시뮬레이션한다. spigo는 더욱 복잡한 마이크로서비스 기반 아키텍처를 확인하는 데 사용할 수 있다.

8.3 아키텍처 조정 기법들

무엇보다도, 마이크로서비스는 많은 변경 사항을 갖는 소프트웨어에 대해 관심을 갖는다. 마이크로서비스로의 분배로 인해 시스템은 서로에게 더욱 독립적으로 개발될 수 있는 배포 단위로 분해된다. 이 방법으로 각 마이크로서비스는 자체적인 스토리나 요구 사항의 스트림을 구현할 수 있다. 결과적으로, 다양한 변경 사항에 대해 더 많은 조정이 없어도 동시에 작업 가능하다.

시스템 아키텍처가 변경의 대상이라는 점은 경험적으로 알 수 있다. 처음에는 도메인 기반 컴포넌트로의 임의 분배가 타당한 것으로 보일 수 있다. 그러나 아키텍트가 도메인을 더 잘 알게 되면, 또 다른 분배가 더 좋은 것이라는 결론을 얻을 수 있다. 기존의 아키텍처는 다른 전제를 기반으로 고안됐기 때문에, 새로운 요구 사항을 구현하기가 어렵다. 특히 이 것은 더 적은 계획과 더 많은 유연성을 수반하는 애자일 프로세스에서 흔한 일이다.

---

6 http://structure101.com
7 http://gephi.github.io/
8 http://jqassistant.org
9 https://github.com/adrianco/spigo

나쁜 아키텍처는 어디에서 비롯되는가

일반적으로, 나쁜 아키텍처가 처음부터 선택되지는 않는다. 그러므로 처음부터 나쁜 아키텍처를 갖는 시스템은 존재하지 않는다. 이용 가능한 정보를 기반으로 하기 때문에, 시작 시 프로젝트의 아키텍처는 훌륭하고 일관적이다. 문제는 아키텍처에 대한 변화를 제안하는 새로운 통찰력이 생길 때마다 아키텍처가 자주 변경되지 않는다는 점이다. 이 증상은 이미 지난 절에서 언급했다. 새로운 요구 사항이 더 이상 빠르고 쉽게 구현되지 않는다. 결국 아키텍처는 변경돼야 한다. 변경을 도입하라는 이러한 압력이 너무 오랫동안 무시되면, 어느 시점에는 아키텍처가 더 이상 적합하지 않게 된다. 아키텍처에 대한 영구적인 조정과 변경은 실제로 아키텍처를 지속 가능한 상태로 유지하기 위한 본질적인 전제 조건이다.

이번 절에서는 전체 시스템에 대해 아키텍처를 적용하기 위해 마이크로서비스 간의 상호 작용을 변경할 수 있게 해주는 기술들을 설명한다.

마이크로서비스의 변화

마이크로서비스 내의 조정은 쉽다. 마이크로서비스는 작고 관리 가능하다. 구조를 조정하는 것에는 큰 문제가 없다. 그리고 개별 마이크로서비스의 아키텍처가 매우 불충분한 경우, 크기가 아주 크지 않으므로 마이크로서비스를 다시 작성할 수 있다. 마이크로서비스 내에서 컴포넌트를 이동시키거나 또 다른 방법으로 코드를 다시 구조화하는 것은 쉽다. 리팩토링Refactoring[10]이라는 용어는 코드 구조를 향상시키는 기법들을 의미한다. 심지어 대부분의 리팩토링 기법은 개발 도구에 의해 자동화된다. 이것은 개별 마이크로서비스 코드를 쉽게 조정 가능하도록 해준다.

전체 아키텍처의 변경

그러나 마이크로서비스 사이에 기능들이 분할된 경우, 변경은 하나의 마이크로서비스로 충분하지 않으므로 마이크로서비스는 더 이상 요구 사항에 적합하지 않다. 완전한 아키텍처에 필요한 조정을 달성하려면 마이크로서비스 사이에서 기능이 이동돼야 한다. 이를 위한 여러 가지 이유가 있다.

---

10 Martin Fowler: Refactoring: Improving the Design of Existing Code, Addison-Wesley, 1999, ISBN 978-0201485677

- 마이크로서비스가 너무 크며 분리돼야 한다. 마이크로서비스를 더 이상 이해할 수 없거나 한 팀에서 개발하기에 너무 큰 것이 이에 대한 지시자가 된다. 또 다른 지시자는 마이크로서비스가 하나 이상의 제한 맥락을 포함하는 것이 될 수 있다.

- 실제로, 기능이 또 다른 마이크로서비스에 속해 있다. 또 다른 지시자는 마이크로서비스의 특정 파트가 또 다른 마이크로서비스와 많은 통신을 하는 것이다. 이 경우, 마이크로서비스는 더 이상 느슨한 결함을 갖지 않는다. 이와 같은 집중적인 통신은 컴포넌트가 마이크로서비스에 속하는 것을 암시할 수 있다. 마찬가지로, 마이크로서비스 내의 낮은 응집도는 마이크로서비스가 분리돼야 함을 의미한다. 이 경우, 마이크로서비스에는 서로 간에 거의 의존하지 않는 영역들이 있다. 결과적으로 말하면, 실제로 이들은 한 마이크로서비스에 있지 않아도 된다.

- 기능들이 다양한 마이크로서비스에 의해 사용돼야 한다. 이것은 마이크로서비스가 새로운 기능 때문에 다른 마이크로서비스의 로직을 사용해야 하는 경우에 필요하다.

여기에는 세 가지 도전 사항이 있다. 마이크로서비스가 분할돼야 하며, 코드는 한 마이크로서비스에서 다른 마이크로서비스로 이동돼야 한다. 그리고 여러 마이크로서비스들이 동일한 코드를 사용하는 것으로 가정해야 한다.

공유 라이브러리

두 개의 마이크로서비스가 함께 코드를 사용한다고 가정하면, 이 코드는 공유 라이브러리로 이동할 수 있다(그림 23을 참조하라). 해당 코드는 마이크로서비스에서 제거되고, 다른 마이크로서비스에서 사용이 허락되는 방법으로 패키징된다. 이를 위한 전제 조건은 마이크로서비스가 공유 라이브러리를 사용 가능한 기술로 작성돼야 한다는 점이다. 이것은 마이크로서비스들이 동일한 언어로 작성됐거나 최소한 같은 플랫폼을 사용하는 경우다(예를 들면, JVM^Java Virtual Machine이나 .NET CLR^Common Language Runtime 등이 있다).

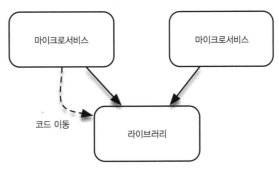

그림 23. 공유 라이브러리

공유 라이브러리는 마이크로서비스가 서로에게 의존한다는 것을 의미한다. 라이브러리에 대한 작업은 조정돼야 한다. 두 마이크로서비스에 대한 기능은 라이브러리에서 구현돼야 한다. 실제로 백도어^{backdoor}를 통해, 각 마이크로서비스는 다른 마이크로서비스에 대해 의미 있는 변경을 통지한다. 이것은 결과적으로 오류를 발생시킬 수 있다. 따라서 팀은 라이브러리 개발과 변경을 조정해야만 한다. 예를 들어, 보안 격차로 인해 라이브러리가 종료되는 경우처럼, 특정 조건하에서 라이브러리에 대한 변경은 마이크로서비스의 새로운 배포를 필요로 할 수 있다.

또한 라이브러리를 통해 마이크로서비스는 서드파티 라이브러리에 대한 추가적인 코드 의존성을 가질 수 있다. JVM에서 서드파티 라이브러리는 하나의 버전으로만 존재할 수 있다. 공유 라이브러리가 특정 버전의 서드파티 라이브러리를 필요로 하는 경우에는 마이크로서비스도 이러한 특정 버전을 사용해야 하며, 다른 버전은 사용할 수 없다. 또한 라이브러리는 때때로 특정 프로그래밍 모델을 가진다. 이러한 방법으로 라이브러리는 호출 가능한 코드나 프레임워크에 의해 호출되는 사용자 정의 코드와 통합할 수 있는 프레임워크를 제공한다. 라이브러리는 비동기 모델^{asynchronous model}이나 동기 모델^{synchronous model}을 추구할 수 있다. 이러한 방법은 개별 마이크로서비스에 더 잘 맞거나 더 맞지 않을 수 있다.

마이크로서비스는 코드 재사용에 중점을 두지 않는다. 이것은 마이크로서비스 사이의 새로운 의존성을 유도할 수 있기 때문이다. 마이크로서비스의 중요한 목표는 독립성^{independence}이다. 따라서 코드 재사용은 때때로 장점보다 단점으로 작용한다. 이것은 코드 재사용에 대한 '이상^{ideal}'을 포기하는 것이다. 90년대의 개발자들은 생산성을 증가시키기 위해, 여전히 코드 재사용에 대한 희망을 가지고 있다. 또한 라이브러리로 코드를 이동시키는 장점도 갖는다. 에러와 보안 격차는 한 번에 수정돼야 한다. 마이크로서비스는 항상 라이브러리의 현재 버전을 사용한다. 따라서 에러에 대한 해결책을 자동으로 얻을 수 있다.

코드 재사용과 관련된 또 다른 문제는 코드 재사용이 코드에 대한 상세한 이해를 요구한다는 점이다(특히 프레임워크의 경우에는 사용자 정의 코드가 포함돼야 한다). 이러한 종류의 재사용은 화이트박스 재사용^{whitebox reuse}으로 알려져 있다. 그리고 인터페이스뿐만 아니라 내부적인 코드 구조도 알려져야 한다. 이러한 유형의 재사용에서는 어떤 부분이 다시 사용돼야 하며 어떤 부분이 높은 장애물로 설정되는지 등을 알 수 있도록 코드를 상세히 이해해야 한다.

시스템 모니터링에 대한 메트릭을 용이하게 생성하는 부분이 라이브러리의 한 가지 예가 될 수 있다. 이것은 결제 마이크로서비스에서 사용될 수 있다. 다른 팀도 해당 코드의 사용을 원한다. 따라서 코드는 라이브러리로 추출된다. 이것은 기술적인 코드이므로 도메인 기반 변경 사항인 경우에는 수정되지 않는다. 따라서 라이브러리는 독립적인 배포와 도메인 기반 기능의 배포에 영향을 주지 않는다. 라이브러리는 내부 오픈소스 프로젝트로 전환하는 것을 가정한다(13.7절을 참조하라).

그러나 도메인 코드에서 공유 라이브러리로의 이동은 마이크로서비스에 대한 배포 의존성을 가져올 수 있으므로 문제가 된다. 예를 들어 고객에 대한 모델링이 라이브러리로 구현되는 경우, 데이터 구조에 대한 각각의 변경은 모든 마이크로서비스로 전달돼야 하며 마이크로서비스 모두가 다시 배포돼야 한다. 또한 제한 맥락으로 인해 고객과 같은 데이터 구조의 동일한 모델링은 거의 불가능하다.

코드의 이동

아키텍처 변경을 위한 또 다른 옵션은 한 마이크로서비스에서 다른 마이크로서비스로 코드를 이동하는 것이다. 전체 시스템에 대해 느슨한 결합과 높은 응집도가 보장되는 경우, 코드의 이동이 합리적이다. 두 마이크로서비스가 많은 통신을 하는 경우, 느슨한 결합은 보장되지 않는다. 마이크로서비스의 일부가 다른 마이크로서비스와 많은 통신을 하는 경우, 이러한 문제는 해결 가능하다.

이 방법은 공유 라이브러리의 제거 방법과 유사하다. 그러나 코드는 일반적인 의존성이 없으며, 이것은 마이크로서비스 사이의 결합 문제를 해결한다. 또한 코드 이동 후에도 기능을 여전히 사용 가능하므로 마이크로서비스가 공통 인터페이스를 가질 수 있다. 이것이 블랙박스 의존성blackbox dependency이며, 인터페이스만 알려져 있을 뿐 내부 코드 구조는 알려져 있지 않다.

추가적으로, 한 마이크로서비스 내에 코드를 유지하면서 다른 마이크로서비스로 코드를 이동할 수 있다. 이것은 중복성의 원인이 된다. 따라서 오류는 두 버전 모두에서 수정돼야 한다. 그러나 두 버전은 서로 다른 방향으로 발전할 수 있다. 다른 한편으로, 마이크로서비스는 독립적이며 배포에 관해서는 더 독립적이다.

기술적인 제한은 공유 라이브러리에 대해서도 여전히 같다(두 마이크로서비스는 유사한 기술을 사용해야 한다). 그렇지 않으면 코드를 이동할 수 없기 때문이다. 만일의 경우, 코드는 새로운 프로그래밍 언어나 다른 프로그래밍 모델로 다시 작성돼야 한다. 마이크로서비스는 그다지 크지 않다. 다시 작성되는 코드는 마이크로서비스의 일부일 뿐이다. 결과적으로, 필요한 노력은 관리 가능한 수준이다.

그러나 코드가 이동하면 마이크로서비스가 커지는 문제가 있다. 따라서 시간이 지나면서 마이크로서비스가 모놀리스로 바뀌는 위험이 증가한다.

한 가지 예를 살펴보자. 주문 처리order process 마이크로서비스는 배송 비용을 계산하기 위해 빈번하게 결제billing 마이크로서비스를 호출한다. 두 서비스 모두 동일 프로그래밍 언어로 작성됐으며, 한 마이크로서비스에서 다른 마이크로서비스로 코드가 이동했다. 도메인 측면에서 배송 비용의 계산은 주문 처리 마이크로서비스에 속하는 것이 낫다고 판명됐기 때문이다. 코드는 서비스들이 동일한 플랫폼과 프로그래밍 언어를 사용할 때만 이동 가능하다. 더욱이 마이크로서비스에 걸친 통신은 로컬 통신으로 대체돼야 한다.

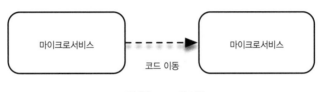

그림 24. 코드의 이동

재사용, 또는 중복?

하나 이상의 마이크로서비스에서 공유 코드를 추출하는 대신, 코드를 두 마이크로서비스 모두에서 유지할 수도 있다. 처음 듣기에 이 방법은 위험하게 들린다(무엇보다도, 코드가 두 곳에 중복된다). 그리고 이에 따라 버그의 수정도 두 곳에서 진행돼야 한다. 대부분의 시간 동안, 개발자들은 이러한 상황을 방지하려고 노력한다. 기존의 모범 사례best practice는 '반복하지 말라DRY, Don't Repeat Yourself'다. 결과적으로, 각 결정과 모든 코드는 정확히 시스템의 한 장소에 저장돼야만 한다. 마이크로서비스 기반 아키텍처에서 중복은 결정적인 장점을 가진다. 두 마이크로서비스는 서로에 독립적으로 존재하고, 독립적으로 배포된다. 그리고 독립적으로 추가 개발된다. 이러한 방법으로, 마이크로서비스의 핵심적인 특성이 유지된다.

게다가 시스템이 전혀 중복 없이 구축될 수 있는지도 의문이다. 특히 객체지향은 시작 초기에 여러 프로젝트에 코드가 공유되는 프레임워크와 라이브러리로 이전하기 위해 많은 노력을 투자한다. 이것은 개별 프로젝트의 생성과 관련된 비용이 감소하는 것을 의미한다. 실제로, 재사용해야 하는 코드는 때때로 이해하기가 어렵다. 따라서 이용하기도 어려우므로, 다양한 프로젝트에서 중복 구현하는 것이 더 나은 대안이 될 수 있다. 실제로, 재사용 가능한 방법으로 코드를 설계하고 사용하는 것보다 코드를 여러 번 구현하는 것이 힘이 덜 들 수도 있다.

물론 성공적인 코드 재사용도 있다. 최근 대부분의 프로젝트들은 오픈소스 라이브러리 없이 진행하기가 어렵다. 이 수준의 코드 재사용은 항상 일어나고, 이 방법은 마이크로서비스 사이의 코드 재사용에 대한 좋은 템플릿이 될 수 있다. 그러나 이것은 조직에도 영향을 미친다. 13.7절에서 조직에 대해 논의하고, 오픈소스 모델에 따른 코드 재사용도 논의한다.

공유 서비스

코드를 라이브러리로 이동시키는 대신, 새로운 마이크로서비스로 이동시킬 수도 있다(그림 25를 참조하라). 이에 따르면, 마이크로서비스 기반 아키텍처의 전형적인 장점을 얻을 수 있다. 그리고 새로운 마이크로서비스 기술은 문제가 되지 않는다. 일반적으로, 정의된 통신 기술을 이용하고 다른 마이크로서비스처럼 동작할 수 있는 한, 마이크로서비스의 내부 구조는 (프로그래밍 언어의 관점에서) 임의대로 할 수 있다.

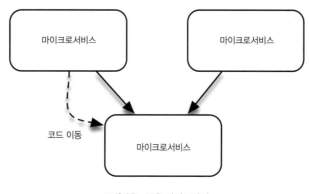

그림 25. 공유 라이브러리

마이크로서비스의 사용은 라이브러리의 사용보다 간단하다. 마이크로서비스의 인터페이스만 알고 있으면 된다(내부 구조는 중요하지 않다). 새로운 서비스로의 코드 이동은 마이크로서비스의 평균 크기를 감소시킨다(그리고 마이크로서비스의 명료성intelligibility과 교체 가능성replaceability도 감소시킨다). 그러나 코드의 이동은 로컬 호출을 네트워크를 통한 호출로 대체시킨다. 새로운 기능에 대한 변경은 더 이상 한 마이크로서비스에만 제한되지 않을 수 있다.

소프트웨어 개발에서 커다란 모듈은 자주 문제가 된다. 따라서 새로운 마이크로서비스로 코드를 이전하는 것은 모듈을 작게 유지하기 위한 좋은 선택이 될 수 있다. 게다가 새로운 마이크로서비스는 원래의 마이크로서비스에 대한 책임을 이미 가지고 있는 팀에 의해 더 개발 가능하다. 요구되는 의사소통이 한 팀 내에서만 발생되므로, 이것은 새로운 마이크로서비스와 오래된 마이크로서비스의 밀접한 조정을 촉진할 것이다.

두 마이크로서비스로의 분할은 마이크로서비스 기반 시스템에 대한 호출이 단지 하나의 마이크로서비스가 아닌 여러 마이크로서비스에 의해서도 처리되지 않는 결과를 가져온다. 이러한 마이크로서비스는 서로를 호출하며, 마이크로서비스의 일부는 UI를 가지지 않은 순수한 백엔드 서비스다.

이를 설명하기 위해 배송 비용을 계산하고자 결제 마이크로서비스를 자주 호출하는 주문 처리 마이크로서비스를 다시 살펴보자. 배송 비용의 계산은 자체적으로 마이크로서비스로 분리될 수 있다. 이것은 결제 서비스와 주문 처리 마이크로서비스가 다른 플랫폼과 기술을 사용하는 경우에도 가능하다. 그러나 새로운 배송 비용 마이크로서비스가 남아있는 결제

서비스와 통신 가능하도록 새로운 인터페이스를 생성해야 한다.

새로운 마이크로서비스의 생성

추가적으로, 새로운 마이크로서비스를 생성하기 위해 특정 마이크로서비스의 일부 코드를 사용할 수도 있다. 이에 대한 장단점은 코드가 공유 마이크로서비스로 이전하는 시나리오와 동일하다. 그러나 이 경우 동기는 다르다. 마이크로서비스의 크기는 줄어들고 유지 보수성이 증가하나 특정 기능에 대한 책임을 다른 팀에게 이동시키는 것을 의미한다. 여기에서는 새로운 마이크로서비스가 다수의 다른 마이크로서비스에 의해 공유되는 것은 가정하지 않는다.

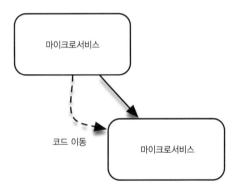

그림 26. 새로운 마이크로서비스의 생성

예를 들어, 등록을 위한 서비스는 그동안 너무 복잡해졌을 수 있다. 따라서 이것은 각 특정 사용자 그룹을 처리하는 여러 개의 서비스로 분배된다. 기술적인 분배도 가능하다. CQRS(10.2절), 이벤트 소싱(10.3절), 헥사고날 아키텍처(10.4절)에 따르면 기술적인 분배도 가능하다.

재작성

마지막으로, 구조가 더 이상 적합하지 않은 경우 이를 다루기 위해 마이크로서비스를 다시 작성하는 추가적인 방법이 있다. 마이크로서비스의 작은 크기와 정의된 인터페이스를 통해 사용하는 특성 덕분에, 이 방법은 다른 아키텍처 접근 방법보다 마이크로서비스에 적용하기가 훨씬 용이하다. 결국 전체 시스템을 다시 작성할 필요는 없더라도, 일부는 반드시 다시 작성돼야 한다. 아마도 이 목적에 더 잘 맞는 다양한 프로그래밍 언어를 통해 새로운 마이크로서비스를 구현할 수 도 있다. 이 방법을 이용해 도메인에 대한 새로운 통찰력을 새로운 구현물에 남길 수 있으므로 마이크로서비스의 재작성은 장점이 될 수 있다.

마이크로서비스 개수의 증가

마이크로서비스 기반 시스템을 통한 경험은 프로젝트 동안 새로운 마이크로서비스가 영구적으로 생성될 것이라는 사실을 일깨워준다. 이것은 인프라스트럭처와 시스템 운영에 대한 많은 노력을 수반한다. 배포되는 서비스의 수는 계속 증가할 것이다. 고전적인 프로젝트에서 이러한 개발은 일반적이지 않으며 문제가 된다. 그러나 이번 절에서 설명했듯이, 새로운 마이크로서비스의 생성은 공유 로직의 사용과 계속되는 시스템 개발에 대한 최선의 대안이다. 게다가 마이크로서비스 개수의 증가는 개별 마이크로서비스의 평균 크기가 일정한 상태로 유지되는 것을 보장한다. 결국 마이크로서비스의 긍정적인 특성은 유지된다.

새로운 마이크로서비스의 생성은 가능한 한 쉬워야 하며, 이것은 마이크로서비스 시스템의 특성을 보존 가능하게 해준다. 최적화를 위한 잠재력은 지속적인 전달 파이프라인 Continuous Delivery Pipeline(새로운 마이크로서비스를 위한 빌드 인프라 구조와 필요한 서버)을 만드는 경우에 주로 나타낸다. 이러한 것들이 자동화되고 나면, 새로운 마이크로서비스는 상대적으로 쉽게 생성 가능하다.

마이크로서비스 기반 시스템은 수정이 어렵다

이번 단원에서는 마이크로서비스 기반 시스템의 전반적인 아키텍처는 수정하기가 어렵다는 사실을 보여줬다. 따라서 새로운 마이크로서비스가 생성돼야 한다. 그 과정은 인프라스트럭처의 변경과 더불어, 부가적으로 지속적인 전달 파이프라인의 필요성을 수반한다. 라이브러리 내의 공유된 코드는 거의 대부분 합리적인 선택이 아니다.

배포 모놀리스에서 이러한 변경은 쉽게 도입될 수 있고, 때때로 통합 개발 환경은 코드의 전송이나 다른 구조적인 변경을 자동화한다. 자동화로 인해 변경은 덜 힘들고 에러가 적어지는 경향이 있다. 게다가 배포 모놀리스의 경우 인프라스트럭처나 지속적인 전달 파이프라인에는 아무런 영향이 없다.

따라서 전체 시스템 수준에서는 변경하기가 어렵다(서로 다른 마이크로서비스 간에 기능을 이전하기가 어렵기 때문이다). 결국 이것은 1.2절에서 장점으로 나열된 '강력한 모듈화strong modularization'와 정확히 같은 효과다. 마이크로서비스 사이의 경계를 교차하는 것은 어렵다. 따라서 마이크로서비스 수준에서의 아키텍처는 장기적으로 그대로 유지될 것이다. 그러나 이것은 이 수준에서 아키텍처를 조정하기가 힘들다는 점도 수반한다.

시도 및 실험

개발자가 다른 팀에 의해 사용되고 로깅 프레임워크와의 상호작용을 용이하게 해주는 헬퍼 클래스(helper class)를 작성했다. 헬퍼 클래스는 아주 크지도, 복잡하지도 않다.

- 헬퍼 클래스는 다른 팀에 의해 사용돼야 하는가?
- 헬퍼 클래스는 라이브러리나 독립적인 마이크로서비스가 바뀌어야 하는가? 아니면, 단순히 코드를 복사해 사용해야 하는가?

8.4 마이크로서비스 기반 시스템의 성장

마이크로서비스는 주로 매우 동적인 환경에서 장점을 갖는다. 개별 마이크로서비스의 독립적인 배포로 인해, 팀은 다양한 기능에 대한 많은 조정 없이도 동시에 작업할 수 있다. 이것은 기능이 실제로 의미가 있는지 불명확하고 유망한 접근 방법을 식별하기 위해 시장에 대한 실험이 필요한 경우 더욱 장점이 된다.

아키텍처 계획?

이런 환경에서는 개발을 시작하자마자 도메인 로직을 마이크로서비스로 잘 분할하기 위한 계획을 세우기가 거의 불가능하다. 아키텍처는 다음과 같은 사실을 고려해야 한다.

- 도메인 측면에 따른 분할은 고전적인 아키텍처 접근 방법의 맥락보다 마이크로서비스에서 더 중요하다. 이것은 도메인 기반 분배는 팀들의 분포에 영향을 준다는 사실 때문이다. 따라서 팀의 독립적인 작업(마이크로서비스의 핵심적인 장점(8.1절))에도 영향을 준다.

- 8.2절에서는 아키텍처 관리를 위한 도구들이 마이크로서비스 기반 아키텍처에 쉽게 사용될 수 없다는 점을 보여줬다.
- 8.3절에서 논의한 바와 같이, 마이크로서비스의 아키텍처는 (특히 배포 모놀리스와 비교하면) 변경하기가 어렵다.
- 마이크로서비스는 동적 환경(처음부터 의미 있는 아키텍처를 결정하는 것이 어려운 경우에도)에서 더욱 장점을 갖는다.

아키텍처는 변경 가능해야 한다. 그러나 이것은 기술적인 사실 때문에 어렵다. 그럼에도 불구하고, 이번 단원에서는 마이크로서비스 기반 시스템 아키텍처가 수정되고 단계적인 방법으로 더 개발될 수 있다는 사실을 보여준다.

크게 시작하라

이러한 내재적인 문제를 처리하는 한 가지 방법은 향후 마이크로서비스로 세분화될 여러 개의 커다란 시스템으로 시작하는 것이다. 4.1절에서는 마이크로서비스 크기의 상한을 개별 팀이 처리할 수 있는 코드의 양으로 정의했다. 적어도 프로젝트 시작부터 이러한 상한을 위반하기는 어렵다. 다른 상한 제한(모듈화와 교체 가능성)에 대해서도 똑같은 사실이 적용된다.

전체 프로젝트가 하나 또는 몇 개의 마이크로서비스로만 구성되는 경우, 대부분의 기능 이동은 서비스 사이에서보다 하나의 서비스 내에서 발생하므로 기능의 이동은 여전히 쉽다. 그리고 더 많은 사람들이 단계적으로 프로젝트로 이동할 수 있다. 따라서 추가적인 팀들이 모일 수 있다. 팀들이 동시에 상호 독립적으로 작업 가능하도록 시스템은 점진적으로 더 많은 마이크로서비스를 팀들에게 분배할 수 있다. 팀이 단계적인 방법으로 결집할 수 있으므로, 이러한 (마이크로서비스의) 증가는 조직적인 이유로도 좋은 접근 방법이다.

물론 배포 모놀리스로 시작할 수도 있다. 그러나 모놀리스로 시작하는 것은 결정적인 단점을 갖는다. 이후 마이크로서비스로의 분배를 불가능하게 만드는, 아키텍처에 영향을 미치기 시작하는 의존성과 더불어 여러 가지 문제들이 있다. 게다가 이 경우 지속적인 전달 파이프라인만 있을 것이다. 모놀리스가 마이크로서비스로 분배되는 경우, 팀은 새로운 지속적인 전달 파이프라인을 만들어야 한다. 이것은 배포 모놀리스를 위한 지속적인 전달 파이프라인이 수동으로 만들어진 경우에는 매우 힘든 작업이다. 마찬가지로, 이 경우 추가되는 모든 지속적인 진달 파이프라인은 힘든 방법으로 수동 생성돼야 한다.

프로젝트가 처음부터 여러 마이크로서비스를 가지고 시작하는 경우, 이러한 문제를 방지할 수 있다. 여기에는 나중에 분배돼야 하는 모놀리스가 없다. 그리고 어찌됐든 새로운 지속적인 전달 파이프라인의 생성을 위한 접근 방법을 갖는다. 따라서 팀들은 자신들의 마이크로서비스에 대한 작업을 독립적으로 시작할 수 있다. 프로젝트 동안에 초기 마이크로서비스들은 추가적인 더 작은 마이크로서비스로 분배된다.

'크게 시작하는 것Start Big'은 마이크로서비스의 개수가 프로젝트 동안에 증가할 것이라는 관찰과 관련된다. 이에 맞춰, 몇 개의 커다란 마이크로서비스로 시작하고 단계적인 방법으로 새로운 마이크로서비스를 생성하는 것이 더 합리적이다. 따라서 최근에는 마이크로서비스가 (더 작은 마이크로서비스로) 분배될 수 있다고 이해된다. 처음부터 완벽한 아키텍처를 정의하기는 불가능하다. 팀들이 새로운 환경과 시각에 단계적으로 아키텍처를 적용해야 하는 대신, 필요한 변화를 적용할 수 있는 용기를 가져야 한다.

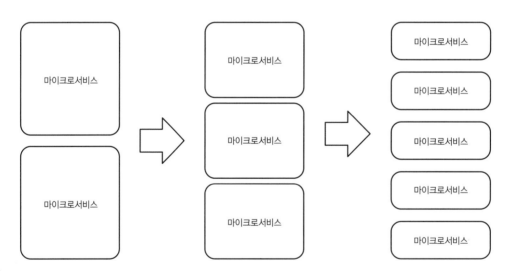

그림 27. 크게 시작하라: 몇 개의 마이크로서비스에서 점차적으로 더 많은 마이크로서비스들이 비롯된다.

결과적으로, 이러한 방법은 동일한 기술 스택으로 나타난다(이것은 운영과 배포를 용이하게 만든다). 또한 이것은 개발자들이 다른 마이크로서비스에 대해 더 쉽게 작업할 수 있도록 해준다.

작게 시작하라?

많은 수의 마이크로서비스에 대한 분배로 개발을 시작하고, 이러한 분배를 더 많은 개발을 위한 기반으로 이용하는 것도 상상할 수 있다. 그러나 서비스를 분배하는 것은 매우 어렵다. 『마이크로서비스의 구축Building Microservices11』은 팀이 지속적인 전달을 지원하기 위한 도구로 마이크로서비스 기반 시스템을 개발한 한 가지 예를 제공한다. 팀은 도메인에 대해 매우 잘 알고 있었으며, 이미 해당 분야의 제품을 만들었다. 따라서 초기에 시스템이 수많은 마이크로서비스로 분산된 아키텍처를 선택했다. 그러나 새로운 제품은 클라우드에서 제공되는 것을 가정했으므로, 아키텍처는 일부 측면에서 미묘한 이유로 적합하지 않았다. 기능에 대한 변경이 여러 마이크로서비스에 적용돼야 하므로 변경을 구현하기가 어려웠다. 이러한 문제를 해결하기 위해, 그리고 소프트웨어의 변경을 더 쉽게 하기 위해 마이크로서비스가 모놀리스로 다시 한 번 통합됐다. 1년 후 팀은 모놀리스를 마이크로서비스로 다시 분배했으며, 이에 따라 최종 아키텍처를 결정했다. 이 예제는 너무 이른 마이크로서비스로의 분배(심지어 팀이 도메인을 잘 알고 있어도)는 문제가 될 수 있다는 사실을 보여준다.

기술의 한계

그러나 이것은 결국 기술적인 제한이다. 마이크로서비스 사이에서 기능 이동이 더 쉽다면 (8.4절), 마이크로서비스로의 분할은 수정될 수 있다. 이 경우에는 작은 마이크로서비스로 분할해 시작하는 것이 훨씬 덜 위험할 수 있다. 모든 마이크로서비스가 동일한 기술을 사용하는 경우, 마이크로서비스 간의 기능 이전이 더 쉽다. 15장에서는 적절하다고 생각되는 수에 기반하지만, 더 작은 서비스들로 교환 가능하고 기능을 전환하기가 더 쉬운 나노서비스 관련 기술을 논의한다.

품질 기준으로서의 교체 가능성

마이크로서비스 접근 방법이 가진 한 가지 장점은 마이크로서비스의 교체 가능성 replaceability이다. 이것은 마이크로서비스가 일정 수준 이상으로 커지지 않고, 내부 복잡도가 일정 수준을 넘지 않는 경우에만 지원된다. 마이크로서비스의 계속되는 개발 동안, 한 가

---

11 Sam Newman: Building Microservices: Designing Fine-Grained Systems, O'Reilley Media, 2015, ISBN978-1-4919-5035-7

지 목표는 마이크로서비스의 교체 가능성을 유지하는 것이다. 그러면 마이크로서비스가 다른 구현으로 교체될 수 있다(이 경우에는 나쁜 구조로 인해 더 이상 개발할 수 없다). 게다가 교체 가능성은 마이크로서비스의 명료성과 유지 보수성을 보존하기 위한 의미 있는 목표다. 마이크로서비스가 더 이상 교체 가능하지 않은 경우, 마이크로서비스는 더 이상 명료하지 않으므로 더 이상 개발하기는 어렵다.

모놀리스의 중요성

한 가지 문제는 큰 규모의 마이크로서비스는 수정을 유발하고 새로운 기능을 끌어들인다는 점이다. 커다란 마이크로서비스는 이미 몇 가지 기능을 포함한다. 따라서 새로운 서비스 내에 구현하는 것이 좋은 아이디어로 보인다. 너무 큰 마이크로서비스의 경우 이것은 사실이며, 심지어 배포 모놀리스에서도 사실이다. 마이크로서비스 기반 아키텍처는 모놀리스를 대체하는 것을 목적으로 할 수 있다. 그러나 모놀리스의 경우 너무 많은 기능을 포함하고 있으므로 너무 많은 변경을 도입하지 않도록 주의해야 한다. 이러한 목적으로, 마이크로서비스가 생성될 수 있다. 심지어 시작 시 아무런 기능도 포함하지 않는 경우라도 마이크로서비스를 생성할 수 있다. 모놀리스에 변경 사항을 도입하고 (기능을) 확장하는 것은 배포 모놀리스의 유지 보수를 불가능하게 만들고, 마이크로서비스에 의한 교체를 유도하는 정확한 행동 방침이다.

분할 유지

언급한 바와 같이, 대부분의 아키텍처는 본래 계획한 방식이 업무에 적합하지 않은 문제를 갖지 않는다. 대부분의 경우, 문제는 아키텍처가 환경 내의 변화를 따라잡지 못한다는 것이다. 마이크로서비스 기반 아키텍처는 계속해서 조정돼야 한다. 그렇지 않으면, 아키텍처는 어느 시점에 더 이상 요구 사항을 지원할 수 없게 된다. 이를 위해 조정에는 개별 마이크로서비스의 크기에 대한 관리는 물론, 도메인 기반 분할에 대한 관리도 포함된다. 이것이 시간이 지나도 마이크로서비스 기반 아키텍처가 장점을 유지하는 것을 보장하는 유일한 방법이다. 일반적으로, 시스템에 대한 코드의 양이 증가하기 때문에 마이크로서비스의 개수는 평균 크기를 일정하게 유지하기 위해 계속 증가할 것이다. 따라서 마이크로서비스의 개수가 증가하는 것은 문제가 아니며 오히려 좋은 징조다.

글로벌 아키텍처?

그러나 마이크로서비스의 크기 외에도 문제가 있을 것이며, 마이크로서비스의 의존성도 한 가지 원인이 될 수 있다(8.1절을 참조하라). 이러한 문제는 주로 마이크로서비스의 개수를 조정함으로써 해결할 수 있다(예를 들어, 마이크로서비스의 개수는 의존성 문제를 갖는다). 이것은 해당 마이크로서비스에 대해 작업하는 팀들의 분담을 요구한다. 또한 이러한 팀들은 나쁜 아키텍처와 더 큰 조정의 필요에 따라 영향을 받기 때문에 문제를 찾아낸다. 아키텍처를 수정함으로써 팀들은 이러한 문제를 해결할 수 있다. 이 경우, 의존성에 대해 전반적으로 관리할 필요가 없다. 의존성에 대한 높은 수치나 순환 의존성 같은 메트릭은 문제점을 나타내는 표시가 될 수 있다. 이러한 메트릭이 실제로 문제를 나타내는지 여부는 포함된 팀들이 함께 메트릭을 평가해야만 확인 가능하다. 예를 들어 문제가 있는 컴포넌트가 미래에 더 이상 개발되지 않는 경우, 메트릭이 문제를 나타내는지 여부는 더 이상 상관없다. 다른 이유로, 개발하는 동안에 절대로 문제가 되지 않을 수도 있다. 심지어, 글로벌 아키텍처가 관리되는 중이라 해도, 다른 팀과 긴밀한 협력을 통해 효과적으로 작업할 수 있다.

기 고 문 | 종료 지점을 놓치지 않고, 어떻게 마이크로서비스의 침식을 방지하는가

라스 젠쉬(Lars Gentsch) / E-Post 개발 유한 책임 회사

실제로, 마이크로서비스를 개발하는 것은 그다지 어렵지 않다. 그러나 마이크로서비스가 그대로 유지되고, 자신도 모르는 사이에 모놀리스가 되지 않는다고 어떻게 보장할 수 있을까? 어떤 시점에 서비스가 잘못된 방향으로 개발을 시작했는지, 그리고 마이크로서비스가 마이크로서비스로 유지되는 것을 보장하기 위해 어떤 조치가 필요한지 살펴볼 것이다.

고객 등록을 위한 작은 웹 애플리케이션을 생각해보자. 이 시나리오는 거의 모든 웹 애플리케이션에서 발견할 수 있다. 고객은 (아마존^{Amazon}, 오토^{Otto} 같은) 인터넷 상점에서 제품을 구매하기 원하거나 주문형 비디오 포털(아마존 프라임$^{Amazon\ Prime}$, 넷플릭스^{Netflix})에 등록하기를 원한다. 첫 단계로, 고객은 작은 등록 워크플로우를 통해 안내받는다. 고객은 사용자 이름, 암호, 이메일 주소, 그리고 집 주소를 요청받는다. 이것은 마이크로서비스에 매우 적합

한 작고 독립적인 기능이다.

기술석으로, 이 서비스는 매우 간난한 구조를 가질 것이다. 이 서비스는 두 개, 또는 세 개의 HTML 페이지나 AngularJS-SPA(단일 페이지 앱), 일부 CSS, 일부 스프링 부트$^{Spring\ Boot}$, 그리고 MySQL 데이터베이스로 구성된다. 애플리케이션의 빌드를 위해 메이븐^{Maven}이 사용된다.

데이터가 입력되면 이 데이터들은 검증되고, 동시에 도메인 모델로 이전된다. 그리고 지속성을 위해 데이터베이스로 들어간다. 어떻게 마이크로서비스가 단계적으로 모놀리스로 성장할 수 있을까?

새로운 기능의 설정

상점이나 주문형 비디오 포털을 통해 성인들만 접근 가능한 항목과 콘텐츠의 전달이 지원된다. 이를 위해서는 고객의 나이가 확인돼야 한다. 이를 위한 한 가지 방법은 고객의 생년월일을 다른 데이터와 함께 저장하고, 연령 확인을 위해 외부 서비스와 통합하는 것이다.

따라서 우리의 서비스 데이터 모델은 생년월일에 의해 확장돼야 한다. 더욱 흥미 있는 것은 외부 서비스와의 통합이다. 이를 위해 외부 클라이언트를 위한 API가 작성돼야 하며, API는 공급자의 비가용성 같은 에러 상황을 처리할 수 있어야 한다.

연령 확인의 시작은 비동기적 프로세스일 가능성이 매우 높다. 따라서 우리의 서비스는 콜백^{callback} 인터페이스의 구현이 강제화될 수 있다. 따라서 마이크로서비스는 다음과 같이 프로세스 상태에 대한 데이터를 저장해야만 한다. 언제 연령 검증 프로세스가 시작됐는가? 이메일을 통해 고객에게 알려줄 필요가 있는가? 검증 프로세스는 성공적으로 완료됐는가?

마이크로서비스에서 어떤 일이 발생했는가

1. 고객 데이터가 생년월일에 의해 확장된다. 이것은 문제가 아니다.
2. 고객 데이터에 추가적인 데이터를 더해 처리한다(여기서 처리하는 데이터는 도메인 데이터와 혼합되는 점에 주의한다).
3. 서비스의 원래 CRUD 기능에 더해, 일부 종류의 워크플로우가 요구된다. 동기적 처

리는 비동기적 처리와 혼합된다.

4. 외부 시스템과 통합된다. 마이크로서비스의 등록을 위한 테스트 노력이 증가한다. 추가 시스템과 그 동작은 테스트 동안 시뮬레이션돼야 한다.

5. 외부 시스템과 비동기 통신은 확장 측면에서 다른 요구를 갖는다. 등록 마이크로서비스는 부하 및 복구 때문에 열 개의 인스턴스를 필요로 하는 것으로 추정되는 반면, 연령 검증에 대한 통합은 단지 두 개의 인스턴스로 실패를 걱정하지 않고 안정적인 방법으로 운영될 수 있다. 따라서 다양한 실행 시 요구 사항이 여기서 혼합된다.

예제가 보여주듯, 연령 검증에 대한 통합 같은 작은 요구 사항은 마이크로서비스의 크기에 대한 엄청난 결과를 가져올 수 있다.

기존 마이크로서비스의 확장 대신 새로운 마이크로서비스에 대한 기준 논쟁

1. 다른 데이터 모델과 데이터의 도입(도메인 대 처리 데이터)
2. 동기적 데이터 처리와 비동기적 데이터 처리의 혼합
3. 추가적인 서비스의 통합
4. 하나의 서비스 내에서 다양한 측면에 대한 여러 가지 부하 시나리오

서비스 등록에 대한 예제는 더욱 확장될 수 있다. 고객의 주소에 대한 검증도 외부 공급자에 의해 수행될 수 있다. 이것은 표시되는 주소의 존재를 보장하기 위해 일반적인 일이다. 또 다른 시나리오는 중복 등록인 경우 고객을 수동으로 정리하는 것이다. 마찬가지로, 지불 능력 검사에 대한 통합이나 등록에 따른 고객 포인트는 자주 있는 시나리오다.

이러한 도메인 기반 측면의 모든 것은 원칙적으로 고객 등록에 속하며, 기존 마이크로서비스로 관련된 요구 사항을 통합하도록 개발자와 아키텍트를 유혹한다. 따라서 마이크로서비스는 단 하나의 마이크로서비스 이상으로 커진다.

새로운 마이크로서비스의 개시가 이미 이뤄졌는지 어떻게 인식하는가

1. 서비스를 메이븐^{Maven} 멀티 모듈 프로젝트나 그레이들^{Gradle} 멀티 모듈 프로젝트로 더욱 합리적으로 개발할 수 있다.
2. 테스트의 실행 시간이 5분을 넘기 때문에('빠른 피드백' 원칙에 위배된다.), 테스트들이 테스트 그룹으로 분할되고 동시에 실행된다.

3. 서비스의 구성이 구성 파일 내에서 도메인에 의해 그룹화되거나 파일이 전체적인 점검 시항을 향상시키기 위해 단일 구성 파일로 분할된다.

4. 서비스의 완전한 빌드가 커피 한잔을 마실 정도로 충분히 오래 걸린다. 빠른 피드백 주기는 더 이상 불가능하다('빠른 피드백' 원칙에 위배된다).

결론

등록 마이크로서비스에 대한 예제 설명에서 시간적인 압박 때문에 기존 마이크로서비스에 새로운 기능을 통합하고자 하는 유혹에 굴복하지 않고, 마이크로서비스를 마이크로서비스로 유지하는 것은 매우 큰 도전 사항이다. 이것은 예제에서와 같이 기능이 명확하게 같은 도메인에 속하는 경우에도 마찬가지다.

어떻게 마이크로서비스의 침식을 예방할 수 있는가? 원칙적으로, 자체적인 데이터 저장소를 포함하는 새로운 서비스를 생성하는 것은 가능한 한 단순해야 한다. 스프링 부트Spring Boot, 그레일즈Grails, 플레이Play 등의 프레임워크는 이와 관련된 기여를 한다. 메이븐Maven 아키타입archtype과 도커Docker의 컨테이너 배포 및 사용처럼 프로젝트 템플릿의 할당은 생산 환경에 이들을 적용하는 방법은 물론, 새로운 마이크로서비스를 생성하고 구성하는 과정을 상당히 많이 단순화한다. 새로운 서비스의 설정에 대한 '비용'을 감소시킴으로써 신규 마이크로서비스의 도입을 위한 억제 임계치가 확실히 감소하며, 이에 따라 기존 서비스에 새로운 기능을 구현하려는 유혹도 줄어든다.

8.5 마이크로서비스와 레거시 애플리케이션

레거시 애플리케이션을 마이크로서비스 기반 아키텍처로 전환하는 것은 실제로 자주 마주치는 시나리오다. 완전히 새로운 개발은 오히려 드문 경우며, 무엇보다도 마이크로서비스는 장기적인 유지 보수에 대한 장점을 약속한다. 이것은 더 이상 유지 보수를 지원받기 어려운 상황이 임박한 애플리케이션에 대해 특히 더 흥미롭다. 게다가 마이크로서비스로의 분배는 지속적인 전달을 더 쉽게 처리할 수 있도록 해준다. 모놀리스를 배포하고 테스트하는 대신, 작은 마이크로서비스는 자동화된 방법으로 배포되고 테스트된다. 이에 대한 비용이 훨씬 더 낮다. 마이크로서비스에 대한 지속적인 전달 파이프라인은 아주 복잡하지 않다 (그러나 배포 모놀리스에 대해 지속적인 전달 파이프라인의 비용은 매우 커질 수 있다). 이러한 장점은 많은 회사들이 마이크로서비스로의 이전을 정당화하기에 충분하다.

완전히 새로운 시스템을 구축하는 것과 배포 모놀리스에서 마이크로서비스로 이전하는 것 간에는 몇 가지 중요한 차이점들이 있다.

- 레거시 시스템에 비해 도메인 측면에서의 기능이 명확하다. 이것은 마이크로서비스에 대한 명확한 도메인 아키텍처를 생성하는 좋은 기반이 될 수 있다. 특히 명확한 도메인 기반 분할은 마이크로서비스에 매우 중요하다.
- 그러나 이미 현존하는 많은 양의 코드가 있다. 때때로 이러한 코드는 나쁜 품질을 나타낸다. 테스트는 몇 개 되지 않으며, 때때로 배포 시간이 너무 길다. 마이크로서비스는 이러한 문제들을 제거해야 한다. 때때로 이 영역에서의 문제는 중요한 사항이다.
- 마찬가지로, 레거시 애플리케이션의 모듈 경계가 제한 맥락Bounded Context 아이디어에 응답하지 않을 수 있다(4.3절을 참고하라). 이 경우, 애플리케이션의 도메인 기반 설계가 변경돼야 하므로, 마이크로서비스 기반 아키텍처로의 이전은 도전 사항이 된다.

코드 분할하기?

간단한 방법을 통해 레거시 애플리케이션은 여러 개의 마이크로서비스로 분할할 수 있다. 레거시 애플리케이션이 좋은 도메인 아키텍처를 가지지 않은 경우, 문제가 될 수 있으며 이것은 자주 있는 일이다. 마이크로서비스는 레거시 애플리케이션의 기존 모듈을 대상으로 하는 코드를 더욱 쉽게 분할할 수 있다. 그러나 레거시 애플리케이션이 나쁜 도메인 기반으로 분할되는 경우, 이와 같은 나쁜 분할은 마이크로서비스 기반 아키텍처로 전달될 것이다. 그리고 나쁜 도메인 기반 설계 결과는 마이크로서비스 기반 아키텍처에서 더욱 심화될 것이다. 이러한 설계는 팀 사이의 의사소통에도 영향을 미친다. 또한 마이크로서비스 기반 아키텍처에서의 초기 설계는 나중에 변경하기가 어렵다.

레거시 애플리케이션 보완

그러나 레거시 애플리케이션을 분할하지 않고 그럭저럭 유지할 수도 있다. 마이크로서비스의 기본 장점은 모듈이 분산된 시스템이라는 것이다. 이 때문에 모듈의 경계는 동시에 네트워크를 통해 통신하는 프로세스의 경계다. 이것은 레거시 애플리케이션의 배포에 대해 장점을 갖는다. 레거시 애플리케이션의 내부 구조에 대해 전혀 알 필요가 없으며, 이에 기반해 마이크로서비스로의 분할을 수행하지 않아도 된다. 그 대신, 마이크로서비스는 인터페이스에서 레거시 애플리케이션을 보완하거나 변경할 수 있다. 이를 위해 교체돼야 하는 시스템이 이미 SOA에 내장돼 있는 경우에는 큰 도움이 된다. 개별 서비스로 있는 경우, 이들은 마이크로서비스로 보완될 수 있다.

엔터프라이즈 통합 패턴

엔터프라이즈 통합 패턴Enterprise Integration Pattern[12][13]은 레거시 애플리케이션과 마이크로서비스의 가능한 통합에 대해 영감을 제공한다.

『Designing, Building, and Deploying Messaging Solutions』, Addison-Wesley Longman, 2003, ISBN 978-0-32120-068-6(『기업 통합 패턴』(에이콘, 2014))

- 메시지 라우터Message Router는 특정 메시지가 또 다른 서비스로 이동하는 것을 설명한다. 마이크로서비스는 레거시 애플리케이션 대신 마이크로서비스에 의해 처리되는 일부 메시지를 선택할 수 있다. 따라서 마이크로서비스 기반 아키텍처는 한 번에 전체 로직을 새롭게 구현하지 않아도 되지만, 처음에는 일부를 선택할 수 있다.
- 특별 라우터special router는 콘텐츠 기반 라우터다. 이것은 메시지의 내용에 기반해서 메시지가 보내져야 하는지를 결정한다. 이것은 메시지의 필드 하나만 다른 경우라도 특정 메시지를 특정 마이크로서비스로 보낼 수 있다.
- 메시지 필터Message Filter는 마이크로서비스가 관심 없는 메시지를 수신하는 것을 방지한다. 이를 위해 필터는 마이크로서비스가 받는 것으로 가정하지 않는 모든 메시지를 내보내면 된다.

---

12 http://www.eaipatterns.com/toc.html
13 Gregor Hohpe, Bobby Woolf: Enterprise Integration Patterns

- 메시지 번역기^{Message Translator}는 메시지를 다른 형식으로 변환한다. 이에 따라 마이크로서비스 아키텍처는 다른 데이터 형식을 이용할 수 있으며, 레거시 애플리케이션에서 사용되는 형식을 사용할 필요가 없다.
- 콘텐츠 강화기^{Content Enricher}는 메시지 내의 데이터를 보완할 수 있다. 마이크로서비스가 레거시 애플리케이션의 데이터 외의 부가적인 정보를 필요로 하는 경우, 콘텐츠 강화기는 레거시 애플리케이션이나 마이크로서비스에 아무것도 알리지 않고 해당 정보를 추가할 수 있다.
- 콘텐츠 필터^{Content Filter}는 이와 반대다. 특정 데이터들이 메시지에서 제거된다. 따라서 마이크로서비스는 관련된 정보만 얻는다.

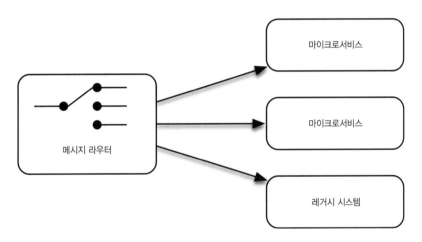

그림 28. 메시지 라우터에 의한 레거시 애플리케이션의 보완

그림 28은 간단한 예를 보여준다. 메시지 라우터는 호출을 받고 마이크로서비스나 레거시 시스템으로 이들을 보낸다. 이것은 마이크로서비스에 특정 기능을 구현 가능하게 한다. 여전히 이 기능은 레거시 시스템에 존재할 수도 있다(그러나 더 이상 사용되지 않는다). 이러한 방법으로, 마이크로서비스는 레거시 시스템 내의 구조에 대해 거의 독립적이다. 예를 들어, 마이크로서비스는 특정 고객이나 특정 항목에 대한 주문 처리와 함께 시작할 수 있다. 따라서 이들은 모든 특별한 경우를 구현할 필요가 없다.

패턴들은 레거시 애플리케이션이 마이크로서비스에 의해 보완되는 방법에 대한 영감을 줄 수 있다. 추가적인 수많은 패턴들이 있다(패턴 목록은 전체 목록 중 일부만 제공한다). 다른 경우와 마찬가지로, 패턴은 여러 가지 방법으로 구현될 수 있다. 실제로, 이들은 메시징 시스템에 중점을 둔다. 비록 덜 우아한 방법이긴 하지만, 동기적 통신 메커니즘으로 이들을 구현할 수 있다. 예를 들어 REST 서비스는 POST 메시지를 받고, 추가적인 데이터로 해당 메시지를 보완하며, 최종적으로 다른 마이크로서비스로 보낼 수 있다. 즉 콘텐츠 강화기가 될 수 있다.

이러한 패턴들을 구현하기 위해 발신자^{sender}와 수신자^{recipient}가 분리돼야 한다. 이것은 발신자가 아무것도 알아채지 못하게 요청을 처리하는 추가적인 단계에 대한 통합을 가능하게 만든다. 메시징 방법의 경우, 발신자가 메시지를 위치시키는 오직 하나의 큐만을 알고 있으므로 이러한 것은 쉽게 가능하다. 발신자는 누가 메시지를 가져가는지 모른다. 그러나 REST나 SOAP를 통한 동기적인 통신의 경우, 메시지는 수신인에게 바로 보내진다. 서비스 검색(8.9절을 참고하라.)에 의해서만, 발신자는 수신자와 분리된다. 그러면, 하나의 서비스는 발신자를 변경할 필요 없이 다른 서비스로 교체할 수 있다. 이것은 패턴을 더 쉽게 구현 가능하게 만든다. 레거시 애플리케이션이 콘텐츠 강화기에 의해 보충될 때 레거시 애플리케이션 대신 이 콘텐츠 강화기가 서비스 검색에 등록되지만, 발신인은 수정될 필요가 없다. 따라서 레거시 애플리케이션의 사용자를 수정할 필요 없이 레거시 애플리케이션의 개별 서비스를 보완하거나 대체할 수 있으므로 서비스 검색의 도입은 마이크로서비스 아키텍처를 향한 첫 단계가 될 수 있다.

통합 제한

특히 레거시 애플리케이션에서는 마이크로서비스가 레거시 애플리케이션에 너무 의존하지 않는 것이 중요하다. 때때로 이전 애플리케이션의 나쁜 구조는 애플리케이션이 대체돼야 하는 주된 이유가 된다. 따라서 임의의 의존성은 절대로 허용돼서는 안 된다. 마이크로서비스가 레거시 애플리케이션의 데이터베이스에 바로 접근하는 경우, 마이크로서비스는 레거시 애플리케이션의 내부 데이터 표현에 의존한다. 또한 내부 데이터의 변경 사항은 마이크로서비스와 레거시 애플리케이션에서 구현돼야 하므로 레거시 애플리케이션이나 마이크로서비스는 스키마를 변경하지 않는다. 모든 계정에 대해 레거시 애플리케이션과 마이크로서비스에서 데이터베이스를 공유해 사용하는 것은 피해야 한다. 그러나 여전히 분리된 데이터베이스 스키마로 레거시 애플리케이션의 데이터를 복제하는 것은 선택 사항이다.

장점

마이크로서비스가 레거시 애플리케이션의 아키텍처에 거의 독립적인 것은 마이크로서비스 접근 방법의 기본적인 장점이다. 그리고 레거시 애플리케이션의 아키텍처는 더 이상 지속 가능하지 않으므로 레거시 애플리케이션의 교체는 대부분 시작됐다. 게다가 이것은 마이크로서비스를 통해 실제로 전혀 확장될 수 없는 시스템을 보완할 수 있게 해준다. 예를 들어 CRM, 전자상거래, ERP 부분의 표준 솔루션들은 내부적으로 확장 가능하지만, 때때로 외부 인터페이스를 통한 확장은 보충하기가 더 쉬우므로 환영받는 대안이 될 수 있다. 더욱이, 때때로 이러한 시스템들은 실제로 속하지 않는 기능들을 끌어들인다. 마이크로서비스를 통한 다양한 배포 단위로의 분배는 영구적이고 명확한 경계선을 보장한다.

UI와 데이터 복제를 통한 통합

그러나 이러한 접근 방법은 오직 로직 수준의 통합 문제만 다룬다. 9장에서는 데이터 복제라 불리는 또 다른 통합 수준을 설명한다. 이것은 마이크로서비스가 레거시 애플리케이션의 포괄적인 데이터 세트에 대해 좋은 성능을 갖고 접근 가능하게 한다. 복제는 레거시 애플리케이션의 데이터 모델에 기반해 발생하지 않는 것이 중요하다. 이 경우에 레거시 애플리케이션의 데이터 모델은 마이크로서비스에서도 사용되기 때문에 실질적으로 더 이상 변경할 수 없다. 동일한 데이터베이스 사용에 기반한 통합은 더 나빠진다. UI 수준에서의 통합도 가능하다. 특히 웹 애플리케이션에서 링크는 레거시 애플리케이션에서 아주 작은 변경만 발생시키므로 매력적이다.

콘텐츠 관리 시스템

이러한 방법으로 콘텐츠 관리 시스템CMS, Content Management System(때때로 많은 기능을 포함하고 있다.)은 마이크로서비스에 의해 보완될 수 있다. CMS는 웹사이트의 데이터를 보관하며, 편집자가 그 내용을 수정할 수 있는 관리 기능을 보유했다. 마이크로서비스는 특정 URL들의 처리를 맡는다. 메시지 라우터와 유사하게, HTTP 요청을 CMS 대신 마이크로서비스로 보낼 수 있다. 아니면, 마이크로서비스는 콘텐츠 강화기처럼 CMS의 요소를 변경하거나, 메시지 번역기처럼 CMS의 요소를 수정한다. 마지막으로, 마이크로서비스는 CMS에 데이터를 저장할 수 있다. 따라서 CMS를 데이터베이스의 일종으로 사용한다. 또한 마이크로서비스의 UI를 나타내는 자바스크립트는 CMS로 전달될 수 있다. 이 경우, CMS는 브라우저에서 코드를 전달하기 위한 도구로 바뀐다.

일부 예제는 다음과 같다.

- 마이크로서비스는 특정 소스로부터 콘텐츠를 가져올 수 있다. 각 소스는 자체적인 마이크로서비스를 가질 수 있다.
- 기능은 웹 페이지에 대한 방문자를 허용한다. 예를 들어, 나의 펠로우follow는 별도의 마이크로서비스로 구현될 수 있다. 마이크로서비스는 자체적인 URL을 가질 수 있고, 링크를 통해 통합되거나 CMS가 제공하는 페이지를 수정할 수 있다.
- CMS에서 나(저자)는 여전히 알려져 있지만, 다른 로직은 CMS와 완전하게 분리돼 있다. 이러한 로직은 바우처voucher나 전자상거래 기능이 될 수 있다. 또한 이 경우에 마이크로서비스는 적절히 시스템을 보완할 수 있다.

특히 정적인 HTML을 생성하는 CMS 시스템인 경우, 마이크로서비스 기반 접근 방법은 동적인 콘텐츠에 유용하다. CMS는 배경으로 이동하고 특정 콘텐츠에 대해서만 필요하다. CMS 콘텐츠는 모놀리틱으로 배포(즉 전체가 한 번에 배포)되지만, 마이크로서비스는 훨씬 더 빠르면서 독립적인 방법으로 배포된다. 이러한 맥락에서 CMS는 레거시 애플리케이션과 같다.

결론

통합은 마이크로서비스가 레거시 애플리케이션의 아키텍처나 기술적인 결정에 묶이지 않는다는 장점을 갖는다. 이것은 레거시 애플리케이션의 변경과 비교해 마이크로서비스에 결정적인 장점을 제공한다. 그러나 이 방법을 이용하는 레거시 애플리케이션으로부터의 전환은 아키텍처 수준에서 문제를 노출시킨다. 실제로, 마이크로서비스 기반 시스템은 개별 팀에 의해 하나의 마이크로서비스 내에서 기능을 구현할 수 있도록 잘 구조화된 도메인 기반 설계를 가지고 있어야 한다. 서술된 방법을 따르는 이전migration의 경우, 레거시 애플리케이션의 인터페이스에 영향을 받기 때문에 항상 효과를 내지는 못한다. 따라서 설계는 항상 바람직할 정도로 명확할 수는 없다. 또한 대부분의 이전이 완료될 때까지 도메인 기반 기능들은 여전히 레거시 애플리케이션에서 구현될 것이다. 이 기간 동안, 레거시 애플리케이션은 완전하게 제거될 수 없다. 마이크로서비스가 메시지의 변환을 자신에 한정하는 경우, 이전은 매우 오랜 시간이 걸린다.

빅뱅은 없다

개략적인 접근 방법에서 기존 레거시 애플리케이션은 마이크로서비스에 의해 단계적인 방법으로 보완되거나 레거시 애플리케이션 개별 부분의 마이크로서비스로 대체할 것을 제안한다. 이러한 유형의 접근 방법은 위험이 최소화되는 장점을 갖는다. 한 번에 전체 레거시 애플리케이션을 교체하는 것은 레거시 애플리케이션의 크기 때문에 높은 위험을 수반한다. 결국, 모든 기능은 마이크로서비스로 표현할 수 있어야 한다. 이러한 과정에서 많은 실수들이 발생할 수 있다. 또한 레거시 애플리케이션을 한 번에 대체하기 위해 마이크로서비스 모두를 일관된 방법으로 적용하기 때문에 마이크로서비스의 배포가 복잡해진다. 마이크로서비스의 경우 독립적으로 배포되고 레거시 애플리케이션을 보완하기 때문에, 거의 자체적으로 단계적인 대체가 강제화된다. 따라서 레거시 애플리케이션은 단계적인 방법으로 마이크로서비스에 의해 대체할 수 있다.

레거시 = 인프라스트럭처

레거시 애플리케이션의 일부는 단순히 마이크로서비스를 위한 인프라스트럭처로서 계속 사용될 수 있다. 예를 들어, 레거시 애플리케이션의 데이터베이스는 마이크로서비스를 위해 사용될 수 있다. 마이크로서비스의 스키마는 다른 마이크로서비스로부터 분리되고, 레거시 애플리케이션으로부터도 분리되는 것이 중요하다. 무엇보다도, 마이크로서비스는 밀접하게 결합되면 안 된다. 레거시 애플리케이션의 데이터베이스 사용은 마이크로서비스에서 필수적일 필요는 없다. 마이크로서비스는 명백하게 다른 솔루션을 사용할 수 있다. 그러나 기존의 데이터베이스는 운영이나 백업 측면에서 사용된다. 마이크로서비스를 위한 이러한 데이터베이스의 사용은 장점을 가져올 수 있다. 다른 인프라스트럭처 컴포넌트에 대해서도 마찬가지다. 예를 들어, CMS는 다른 마이크로서비스로부터 추가되는 기능과 마이크로서비스로 콘텐츠를 제공하는 기능을 공용 인프라스트럭처와 마찬가지로 제공할 수 있다.

다른 품질들

지금까지 소개한 이전^{migration} 방법은 장기적인 유지 보수와 시스템의 지속적인 개발이 용이하도록 마이크로서비스로 도메인 기반 분리가 가능하게 만드는 데 중점을 뒀다. 그러나 마이크로서비스는 많은 추가적인 장점을 갖고 있다. 동기부여에 따라 완전히 다른 전략이 적용되므로, 이전 시에는 마이크로서비스로의 이전에 대한 동기를 부여하는 장점이 무엇인지 이해하는 것이 중요하다. 예를 들어, 마이크로서비스는 다른 서비스와의 통신을 상황에 맞춰 처리하기 때문에 증가된 견고성^{robustness}과 탄력성^{resilience}을 제공한다(10.5절을 참고하라). 레거시 애플리케이션이 이러한 부분에 부족한 점을 가지거나 분산 아키텍처가 이미 존재하는 경우(이러한 부분은 최적화돼야 한다.), 애플리케이션이 마이크로서비스로 분리되는 것이 반드시 요구되지 않아도 적절한 기술과 아키텍처적인 접근 방법이 정의될 수 있다.

시도 및 실험

남아있는 엔터프라이즈 통합 패턴에 대해 조사하라.

- 마이크로서비스를 다룰 때, 이러한 패턴을 의미 있게 사용할 수 있는가? 어떤 맥락에서 사용할 수 있는가?
- 실제로, 이들은 메시징 시스템으로만 구현될 수 있는가?

기 고 문 | ## 숨겨진 의존성

올리버 웨허런스(Oliver Wehrens) / E-Post 개발 유한 책임 회사

개발 시작 시에는 모놀리스가 있다. 때때로 소프트웨어를 하나의 모놀리스로 만드는 것이 합리적이고 자연스럽다. 코드는 명확하게 배치되고, 비즈니스 도메인은 실체가 된다. 이 경우 모든 것에 공통 기반을 갖는 것이 더 좋다. 여기에는 UI, 비즈니스 로직, 데이터베이스가 있다. 리팩토링은 단순하고 배포는 쉽다. 그리고 모두가 여전히 전체 코드를 이해할 수 있다.

시간이 지나면서 코드의 양이 증가하고, 전체 코드를 이해하기가 어려워진다. 아무도 더 이상 코드의 모든 부분을 알지 못한다. 컴파일은 더 오랜 시간이 걸리고, 단위 테스트와 통합 테스트는 개발자가 커피를 마시며 쉴 수 있을 정도로 길어진다. 상대적으로 안정된 비즈니스 도메인과 매우 큰 코드 베이스를 갖는 경우, 많은 프로젝트는 이러한 시점에 기능을 여러 마이크로서비스로 분산시키는 옵션을 고려할 것이다.

비즈니스 상태와 비즈니스 담당자 및 제품 책임자의 이해에 따라 필요한 작업이 완료될 것이다. 소스 코드가 분산되고 지속적인 배포 파이프라인이 만들어지며 서버가 제공된다. 이러한 과정 동안 새로운 기능은 개발되지 않는다. 이것은 미래에 여러 팀들에 의해 기능들이 더 빠르고 독립적으로 만들어질 것이라는 희망으로 정당화되는 무시할 만한 노력이 아니다. 개발자들은 이러한 활동을 정말로 확실히 수행해야 하며, 때때로 다른 이해당사자를 먼저 설득해야 한다.

원칙적으로, 모든 것은 더 나은 아키텍처를 달성하기 위해 수행됐다. 독립적인 소스 코드를 갖고 있는 여러 팀들이 있다. 그들은 언제든지 다른 팀에 독립적으로 생산 환경에 그들의 소프트웨어를 적용할 수 있다. 대부분이 그렇다.

데이터베이스

모든 개발자는 데이터베이스에 대해 많든 적든 친밀성을 가지고 있다. 경험적으로 볼 때 많은 개발자들은 데이터베이스를 리팩토링의 번거로움이 따르는 '필요악'으로 본다. 때때로, 개발자를 위해 데이터베이스 구조를 생성하는 도구들(예를 들어, JVM 영역에서 Liquibase나 Flyway 같은 도구들)이 사용된다. 도구와 라이브러리(객체 관계 설정자)는 영속적인 객체를 매우 쉽게 만든다. 일부 애노테이션과 도메인들이 데이터베이스에 저장된다.

이러한 모든 도구는 코드를 작성하기 원하는 일반 개발자로부터 데이터베이스를 제외시킨다. 때때로, 이것은 개발 과정 동안 데이터베이스에 많은 주의를 기울이지 못하는 결과를 가져온다. 예를 들어 인덱스들을 생성하지 않으면, 데이터베이스에 대한 검색 속도가 느려진다. 이러한 문제는 대규모 데이터로 작업하지 않는 일반적인 테스트에는 나타나지 않는다. 따라서 생산 환경에 그대로 적용될 것이다.

온라인 신발 가게의 경우를 가정해보자. 이 회사는 사용자가 로그인할 수 있는 서비스를 마련해야 한다. ID, 이름, 성, 주소, 패스워드 등의 전형적인 필드를 포함하는 사용자 서비스가 생성된다. 이제 사용자에게 맞는 신발을 제공하기 위해 사용자의 실제 크기에 맞는 신발만 선택해 표시할 예정이다. 크기는 환영 마스크에 등록된다. 어떤 것이 이미 존재하는 사용자 서비스에 이러한 데이터를 저장하는 것보다 더 합리적인가? 이것은 모두에게 확실하다. 이것은 사용자 관련 데이터며, 해당 위치가 정확한 위치다.

이제 신발 가게는 확장하고, 추가로 의류를 판매하기 시작한다. 이제 옷 크기, 색상, 그리고 다른 모든 관련 데이터가 사용자 서비스에 저장된다.

몇몇 팀이 회사에 고용됐다. 코드는 점점 더 복잡해진다. 이제 모놀리스가 도메인 기반 서비스로 분할돼야 하는 시기다. 소스 코드의 리팩토링은 잘 동작하고, 곧 모놀리스는 많은 마이크로서비스로 나뉜다.

불행하게도, 변경을 도입하는 것은 여전히 쉽지 않다고 판명됐다. 신발을 담당하는 팀은 회사의 국제적인 확장 때문에 다른 종류의 통화를 허용하는 것을 원한다. 그리고 주소 형식을 포함한 결제 데이터의 구조를 변경해야 한다. 업그레이드하는 동안에는 데이터베이스가 차단된다. 한편 옷 크기나 선호 색상은 변경할 수 없다. 또한 주소 데이터는 다른 서비스의 다양한 표준 형식으로 사용된다. 따라서 노력과 조정 없이 변경될 수 없다. 즉 기능은 즉시 구현될 수 없다.

코드가 잘 분리되더라도, 팀들은 데이터베이스를 통해 간접적으로 결합된다. 아무도 어떤 칼럼을 누가 사용하는지 더 이상 알 수 없으므로, 사용자 서비스 데이터베이스 내의 칼럼 이름을 변경하는 것은 거의 불가능하다. 결과적으로, 팀은 해결책을 찾는다. 코드에서 올바른 설명에 매핑되는 'Userattribute1'으로 명명된 필드를 생성하거나 '#Color:Blue#Size:10'처럼 데이터에 분리자가 도입된다. 포함된 팀을 제외하고 아무도 'Userattribute1'이 무엇을 의미하는지 알지 못한다. 그리고 '#Color:#Size'에 인덱스를 생성하는 것은 어렵다. 데이터베이스의 구조와 코드는 계속해서 더욱 읽고 유지하기가 어려워진다.

데이터를 유지하는 방법에 대해 생각하는 것은 모든 소프트웨어 개발자에게 필수적이어야 한다. 이것은 데이터베이스의 구조뿐 아니라 데이터가 어디에 저장돼야 하는지도 의미한다. 데이터가 위치해야 하는 장소가 데이터베이스의 각 테이블인가? 비즈니스 도메인의 관점에서 이러한 데이터는 다른 데이터와 연결되는가? 장기적으로 유연성을 유지하기 위해 매번 이러한 질문들을 주의 깊게 고려할 만한 가치가 있는가? 일반적으로, 데이터베이스와 테이블은 자주 생성되지 않는다. 그러나 이들은 나중에 변경하기가 매우 어려운 컴포넌트들이다. 게다가 때때로 데이터베이스와 테이블은 서비스 간에 숨겨진 상호의존성의 원천이다. 일반적으로, 임의의 서비스는 테이터베이스에 대한 직접적인 접근을 통해서만 테이터를 이용 가능하다. 그 데이터를 사용하기 원하는 모든 다른 서비스는 서비스의 공용 인터페이스를 통해서만 접근할 수 있다.

8.6 이벤트 주도 아키텍처

마이크로서비스는 공유 로직을 구현하기 위해 서로 호출할 수 있다. 예를 들어 주문 처리 order process의 마지막에 주문 처리를 위한 마이크로서비스뿐 아니라 결제billing를 위한 마이크로서비스가 청구서를 생성하고 주문된 항목들이 실제로 배송delivery됐는지 확인하기 위해 호출될 수 있다.

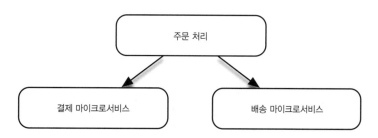

그림 29. 마이크로서비스 사이의 호출

이를 위해 주문 처리가 결제와 배송을 위한 서비스를 알고 있어야 한다. 완료된 주문이 추가적인 단계를 필요로 하는 경우, 주문 서비스는 이러한 단계를 담당하는 서비스를 호출해야 한다.

이벤트 주도 아키텍처EDA, Event-Driven Architecture는 다양한 모델링을 가능하게 한다. 주문 처리가 성공적으로 완료되면, 주문 처리는 이벤트를 발송한다. 이것이 이벤트 발행자다. 이 이벤트는 새로운 성공적인 주문이 있다고 관심을 갖는 모든 마이크로서비스(이벤트 소비자)로 신호를 보낸다. 따라서 이제 한 마이크로서비스는 청구서를 인쇄하고, 또 다른 마이크로서비스는 배송을 시작할 수 있다.

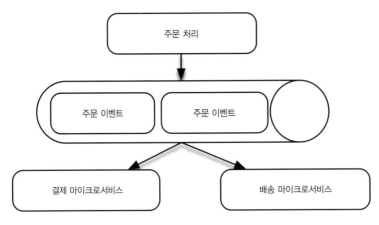

그림 30. 이벤트 주도 아키텍처

이와 같은 절차는 많은 장점을 갖는다.

- 다른 마이크로서비스들이 주문에 관심을 갖는 경우, 이들을 쉽게 등록할 수 있다. 주문 프로세스의 수정은 더 이상 필요하지 않다.
- 마찬가지로, 다른 마이크로서비스가 (주문 처리에 대한 변경 없이 다시) 동일한 이벤트를 트리거trigger하는 것을 상상할 수 있다.
- 이벤트 처리가 일시적으로 분리된다. 이것은 나중에 발생 가능하다.

아키텍처 수준에서 이벤트 주도 아키텍처는 매우 느슨한 결합을 허용하며, 이에 따라 변경을 용이하게 만드는 장점을 갖는다. 마이크로서비스는 오직 서로에 대해 아주 조금만 알고 있으면 된다. 그러나 결합은 로직의 통합과 더불어 서로 다른 마이크로서비스 내의 (로직의) 구현을 요구한다. 즉 UI를 갖는 마이크로서비스와 로직을 갖는 마이크로서비스로의 분할이 발생할 수 있다. 이것은 바람직하지 않다. 때때로 비즈니스 로직에 대한 변경은 로직과 UI의 변경을 수반한다. 다시 말해, 이것은 마이크로서비스를 분할한다. 변경은 더 이상한 마이크로서비스에서 처리할 수 없으며, 이에 따라 더욱 복잡해진다.

기술적으로, 이러한 아키텍처는 메시징을 통해 많은 노력 없이도 구현 가능하다(9.4절을 참고하라). 이러한 아키텍처 내의 마이크로서비스는 CQRS(10.2절)나 이벤트 소싱(10.3절)을 매우 쉽게 구현할 수 있다.

8.7 기술 아키텍처

구축돼야 하는 시스템이 갖는 기술 스택technology stack의 정의는 아키텍처 작업의 주된 부분 중 하나다. 마찬가지로, 이것은 개별 마이크로서비스에서도 매우 중요한 작업이다. 그러나 이번 장의 초점은 완전한 형태로서의 마이크로서비스 기반 시스템이다. 물론, 특정 기술이 모든 마이크로서비스에 대해 구속력을 갖도록 정의될 수 있다. 이것은 장점을 갖는다. 이 경우 팀은 기술에 대한 지식을 교환할 수 있다. 한 팀의 팀원이 쉽게 다른 팀을 도울 수 있으므로 리팩토링이 더 간단하다.

그러나 표준 기술standard technology의 정의는 필수 사항이 아니다. 표준이 정의되지 않은 경우, 다양한 기술과 프레임워크가 과다하게 사용될 수 있다. 그러나 한 팀이 다양한 기술을 접하기 때문에 이러한 방법은 허용 가능하다. 일반적으로, 마이크로서비스 기반 아키텍처는 대규모의 가능한 독립성을 목표로 한다. 기술 스택에 대해 이러한 독립성은 서로 다른 기술 스택을 사용할 수 있는 능력과 독립적으로 기술적인 결정을 내릴 수 있는 능력으로 이어진다. 그러나 이러한 자유는 제한될 수 있다.

전체 시스템에 대한 기술 결정

그럼에도 불구하고, 전체 시스템 수준에서 일부 기술적인 결정들이 내려져야 한다. 그러나 일부 측면은 구현을 위한 기술 스택보다 마이크로서비스 기반 시스템의 기술적인 아키텍처에서 더 중요하다.

- 마지막 절에서 논의한 바와 같이, 모든 마이크로서비스에 의해 사용될 수 있는 기술 (예를 들어, 데이터 저장을 위한 데이터베이스)이 있을 수 있다. 이러한 기술의 사용은 반드시 필수일 필요는 없다. 그러나 예제 데이터베이스, 백업, 재난 복구 개념과 같은 영속성 기술의 경우 적어도 이러한 기술 솔루션들은 의무적으로 적용해야 한다. 마찬가지로, 모든 마이크로서비스에서 사용돼야 하는 CMS 같은 다른 기본 시스템에 대해서도 의무적으로 동일하게 사용하도록 해야 한다.
- 마이크로서비스는 모니터링, 로깅, 배포에 관한 특정 표준을 준수해야 한다. 즉 많은 마이크로서비스가 동일한 방법으로 동작하는 것이 보장돼야 한다. 이러한 표준 없이 많은 마이크로서비스가 동일한 방법으로 동작하는 것은 더 이상 불가능하다.

- 구성(8.8절), 서비스 검색(8.9절), 보안(8.12)에 관련된 추가적인 측면
- 유연성(10.5절)과 로드 밸런싱(8.10절)은 마이크로서비스에서 구현돼야 하는 개념이다. 전반적인 아키텍처는 각 마이크로서비스가 이와 같은 분야에서 예방 조치를 취하도록 요구할 수 있다.
- 마이크로서비스 사이의 통신은 추가적인 사항이다(9장을 참조하라). 전체 시스템에서 통신 인프라스트럭처는 마이크로서비스가 준수해야 하는 사항을 정의해야 한다.

전반적인 아키텍처는 반드시 기술 선택을 제한하지 않으며, 로깅, 모니터링, 배포에 대한 인터페이스가 정의돼야 한다. 따라서 모든 마이크로서비스가 동일한 방법으로 메시지를 기록하고 공통 로그 인프라스트럭처에 넘겨주기 위한 표준이 존재할 수 있다. 그러나 이를 위해 마이크로서비스 같은 기술을 사용해야 할 필요는 없다. 유사하게, 모니터링 시스템에서 데이터가 어떻게 처리되는지와 어떤 데이터가 모니터링에 관련되는지 정의해야 할 수 있다. 마이크로서비스는 데이터를 모니터링 시스템에 넘겨줘야 한다. 그러나 기술을 규정해야 할 필요는 없다. 배포를 위해 특정 방법으로 소프트웨어를 배포하거나 저장소에 저장하기 위해 완전히 자동화된 지속적인 전달 파이프라인이 요구될 수 있다. 어떤 구체적인 기술이 사용되는지는 각각의 마이크로서비스 개발자들이 결정해야 할 몫이다. 실질적으로 모든 마이크로서비스들이 같은 기술을 사용하는 경우에는 장점이 있으며, 이것은 복잡도를 감소시킨다. 그리고 사용되는 기술을 다루는 방법에 대해 더 많은 경험을 갖게 될 것이다. 그러나 특정 요구 사항인 경우나 특별한 경우, 지배적인 솔루션이 갖고 있는 장점 이외의 추가적인 장점이 있는 경우에만 다른 기술적인 솔루션을 사용 가능하다. 이것이 마이크로서비스 기반 아키텍처의 기술적인 자유와 관련된 본질적인 장점이다.

사이드카

마이크로서비스에 대한 요구를 구현하는 특정 기술이 엄격하게 정의됐더라도, 여전히 다른 기술들과 통합할 수 있다. 따라서 사이드카Sidecar의 개념은 매우 유용할 수 있다. 이것은 표준 기술을 통해 마이크로서비스 기반 아키텍처로 통합하는 프로세스며, 마이크로서비스의 기능을 다른 프로세스들이 사용할 수 있도록 만드는 인터페이스를 제공한다. 이 프로세스는 기술적인 자유를 보존하기 위해 전적으로 다른 기술들로 구현될 수 있다. 그림 31은 이러한 개념을 보여준다. 사이드카는 표준 기술을 이용하고, 또 다른 마이크로서비스를 위

해 선택적인 기술에 접근 가능하도록 만든다. 사이드카는 독립적인 프로세스다. 예를 들어 REST를 통해 호출될 수 있으므로, 임의의 기술 내에서 마이크로서비스가 사이드카를 사용할 수 있다. 14.12절은 사이드카의 구체적인 사례를 보여준다.

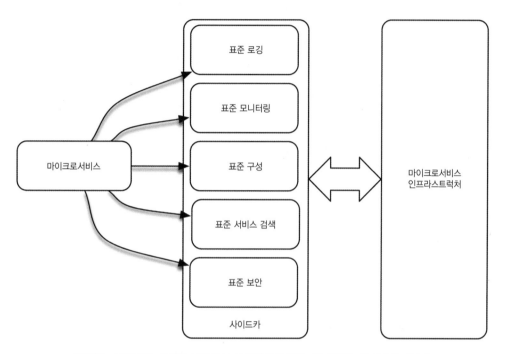

그림 31. 사이드카는 간단한 인터페이스를 통해 모든 표준 기술에 접근 가능하도록 만든다.

이러한 방법을 통해 마이크로서비스는 전체 기술을 이용할 수 없는 클라이언트 컴포넌트에 구성, 서비스 검색, 보안과 관련된 일반적인 기술의 사용을 배제할 수 있는 기술 아키텍처와 통합 가능하다.

일부 관점에서 기술 스택의 정의는 다른 분야에도 영향을 미친다. 모든 마이크로서비스에 대한 기술의 정의는 조직에 영향을 미치거나 특정 조직의 제품에 영향을 미칠 수 있다.

시도 및 실험

마이크로서비스 기반 아키텍처가 정의됐다고 가정한다.

- 어떤 기술적인 측면이 포함됐는가?
- 어떤 부분이 팀에 대해 규정돼야 하는가? 그 이유는?
- 어떤 측면을 팀이 자체적으로 결정해야 하는가? 그 이유는?

결국 질문은 팀이 얼마나 많은 자유를 가지고 있는가에 대한 것이다. 여기에는 수많은 가능성이 있다(완전한 자유를 갖는 것부터 실질적으로 모든 부분을 규정하는 것까지 다양한 범위를 갖는다). 그러나 일부 영역(예를 들어, 통신 프로토콜)은 중앙에서 정의해야만 한다. 13.3절에서는 마이크로서비스 기반 프로젝트에서 누가 이러한 결정을 내려야 하는지 더욱 상세히 설명한다.

8.8 구성 및 조정

마이크로서비스 기반 시스템을 구성하는 것은 힘든 작업이다. 시스템은 마이크로서비스를 과도하게 포함하고 있으며, 모든 마이크로서비스에 적절한 구성 파라미터를 제공해야 한다.

일부 도구는 구성 값들을 저장하고 모든 마이크로서비스가 이용 가능하게 할 수 있다. 궁극적으로, 특정 키에 대한 임의의 값을 저장하는 키^{key}/값^{value}의 저장에 해당이 있다.

- 주키퍼^{Zookeeper14}는 단순한 계층 시스템으로 클러스터에서 여러 서버로 복제될 수 있다. 업데이트는 순차적인 방법으로 클라이언트에 도착한다. 주키퍼는 분산 환경에서도 (예를 들어, 동기화를 위해) 사용 가능하다. 주키퍼는 일관된 데이터 모델을 갖는다. 모든 노드는 항상 동일한 데이터를 갖는다. 주키퍼 프로젝트는 자바로 구현됐으며 아파치 라이선스를 갖는다.
- etcd^{15}는 도커^{Docker}/CoreOS 환경에서 유래됐다. etcd는 JSON 데이터 형식을 갖는 HTTP 인터페이스를 제공한다. etcd는 Go 언어로 구현됐으며, 아파치 라이선스를 갖는다. 주키퍼와 유사하게, etcd도 일관적인 데이터 모델을 갖는다. 그리고 분산 환경의 조정에 사용될 수 있다. 예를 들어, etcd는 분산 시스템에서 잠금^{locking}을 구

---

14 https://zookeeper.apache.org/
15 https://github.com/coreos/etcd

현 가능하게 만든다.

• 마찬가지로, Spring Cloud Config는 REST-API를 갖는다. 구성 데이터는 Git 백엔드에서 제공될 수 있다. 따라서 Spring Cloud Config는 직접적으로 데이터 버전 관리를 지원한다. 데이터는 패스워드를 보호하기 위해 암호화될 수 있다. Spring Cloud Config는 자바 프레임워크인 스프링^{Spring}에 잘 통합돼 있으며, 스프링은 자체적으로 구성 메커니즘을 제공하므로 추가적인 노력 없이도 스프링 시스템에서 사용될 수 있다. Spring Cloud Config는 자바로 작성됐으며, 아파치 라이선스를 갖는다. Spring Cloud Config는 다양한 분산 컴포넌트의 동기화에 대한 지원을 제공하지 않는다.

일관성 문제

일부 구성 솔루션은 일관된 데이터를 제공한다. 이것은 모든 노드가 호출되는 경우, 동일한 데이터를 반환함을 의미한다. 어떤 의미로 이것은 장점이다. 그러나 CAP 이론에 따르면, 노드는 네트워크가 실패하는 경우에는 일관되지 않은 응답을 반환할 수 있다(또는 아무것도 반환하지 않을 수 있다). 결국, 네트워크 연결 없이 노드는 다른 노드가 이미 다른 값을 받았는지 알 수 없다. 시스템이 일관성 있는 응답을 허용하는 경우, 이러한 상황에서는 아무런 응답이 없을 수 있다. 특정 시나리오에서 이것은 매우 합리적이다.

예를 들어, 주어진 시간에 오직 한 클라이언트가 특정 코드를 실행해야 한다면, 결제를 정확히 한 번만 시작하기 위해 구성 시스템에 의해 필요한 잠금^{locking}이 수행될 수 있다. 구성 시스템 내부에는 이러한 코드에 대한 설정을 입력할 수 있는 변수가 있다. 오직 해당 경우에만 코드가 실행될 수 있다. 결국 구성 시스템이 응답을 반환하지 않는 경우라면 두 클라이언트가 코드를 동시에 실행하지 않는 것이 바람직하다.

그러나 때때로 일관성에 대한 이와 같은 엄격한 요구 사항은 시스템의 구성에는 필요하지 않다. 시스템이 아무런 값을 갖지 않는 경우보다 이전 값을 갖는 경우가 더 나을 수 있다. 그러나 CAP의 경우, 다른 절충 사항이 가능하다. 예를 들어, etcd는 특정 조건하에서는 전혀 응답을 하지 않기보단 잘못된 응답을 반환한다.

불변 서버

구성 네이터의 중앙 집중화된 저장과 관련된 또 다른 문제는 마이크로서비스가 자체적인 파일시스템과 포함하는 파일들의 상태에 의존할 뿐 아니라 구성 서버의 상태에도 의존한다는 점이다. 따라서 마이크로서비스는 더 이상 정확하게 복제될 수 없다(이것은 구성 서버의 상태와도 관련된다). 일반적으로, 이것은 에러의 재생과 에러에 대한 검색을 더 어렵게 만든다.

게다가 구성 서버는 불변 서버Immutable Server의 개념에 반한다. 이러한 접근 방법에서 모든 소프트웨어의 변경은 소프트웨어의 새로운 설치로 이어진다. 결국 기존의 서버는 업데이트를 종료하며, 소프트웨어를 완전히 새롭게 설치한 새로운 서버가 시작된다. 그러나 외부 구성 서버의 경우에는 구성의 일부가 서버에 존재하지 않는다. 따라서 서버는 구성을 조정함으로써 결국 변경할 수 있다. 그러나 이러한 변경은 절대로 발생하면 안 된다. 이를 방지하기 위해 구성은 구성 서버 대신에 서버 자체에서 이뤄질 수 있다. 이 경우, 구성 변경은 오직 새로운 서버를 출시함으로써 구현될 수 있다.

대안 사항: 설치 도구

설치 도구(12.4절에서 논의된다.)는 개별 마이크로서비스의 구성에 대한 완전히 다른 방법을 나타낸다. 이러한 도구들은 소프트웨어의 설치뿐 아니라 구성도 지원한다. 예를 들어, 구성 파일이 생성될 수 있다. 그리고 (생성된 구성 파일은) 마이크로서비스에 의해 판독될 수 있다. 마이크로서비스는 구성 파일을 읽어야 하므로 자체로는 중앙의 구성 사항을 알지 못한다. 이러한 접근 방법은 마이크로서비스 기반 아키텍처에서 일반적으로 발생하는 모든 시나리오를 지원한다. 따라서 이와 같은 접근 방법은 중앙 구성을 허용하며, 구성이 모두 서버로 전달되므로 불변 서버에 대한 반대 개념이라고 할 수 없다.

8.9 서비스 검색

서비스 검색은 마이크로서비스가 서로를 찾는 것을 보장한다. 어떤 의미에서 탐색은 매우 간단한 작업이다. 예를 들어, 구성 파일은 모든 컴퓨터에 전달될 수 있는 마이크로서비스의 IP 주소와 포트를 나열한다. 전형적인 구성 관리 시스템은 이러한 파일을 확산 가능하게 한다. 그러나 이러한 방법으로는 충분하지 않다.

- 마이크로서비스는 잠깐 있다가 사라질 수 있다. 이것은 서버의 실패 때문에 발생할 수도 있지만, 새로운 서버의 시작으로 인한 신규 배포나 환경의 확장 때문일 수도 있다. 서비스 검색은 동적이어야 하며, 고정된 구성으로는 충분하지 않다.
- 서비스 검색 때문에 호출하는 마이크로서비스는 더 이상 호출되는 마이크로서비스에 너무 밀접하게 연결되지 않는다. 이것은 확장에 있어 긍정적인 효과다. 클라이언트는 더 이상 구체적인 서버 인스턴스에 바인딩되지 않고, (여러 서버의 현재 부하에 따라) 다양한 인스턴스에 연결될 수 있다
- 모든 마이크로서비스가 서비스 검색에 대한 공통적인 방법을 갖고 있는 경우, 모든 마이크로서비스에 대한 중앙 레지스트리가 생겨난다. 이것은 아키텍처의 전체적인 개요에 도움이 될 수 있다(8.2절을 참조하라). 또는 모든 시스템에서 모니터링 정보가 검색될 수 있다.

메시징을 사용하는 시스템에서 서비스 검색을 사용할 수 있다. 메시징 시스템은 이미 발신자와 수신자를 분리한다. 둘 모두 공유 채널을 통해서만 서로 통신할 수 있다는 것을 알고 있다. 그러나 그들은 통신 파트너의 실체를 알지 못한다. 서비스 검색이 제공하는 유연성은 채널을 통한 분리에 의해 제공된다.

서비스 검색 = 구성?

원칙적으로, 서비스 검색은 구성 솔루션을 통해 구현하는 것이라 생각할 수 있다(8.8절을 참조하라). 결국 서비스가 도달할 수 있는 위치에 있는 정보만 전송 가능하다. 그러나 실제로 구성 메커니즘은 이에 적합한 도구가 아니다. 서비스 검색과 관련해 고가용성은 구성 서버보다 더욱 중요하다. 최악의 경우, 서비스 검색의 실패는 마이크로서비스 간 통신이 불가능한 결과를 가져올 수 있다. 결과적으로, 일관성과 가용성 사이의 트레이드오프는 비

교되는 구성 시스템과 차이가 있다. 따라서 적절한 가용성이 제공되는 경우, 구성 시스템은 서비스 검색에 대해서만 사용돼야 한다. 이것은 서비스 검색 시스템이 필요한 아키텍처에서는 중요할 수 있다.

기술

서비스 검색을 위한 다양한 기술들이 있다.

- 한 가지 예는 DNS[Domain Name System][16]다. 이 프로토콜은 www.ewolff.com과 같은 호스트 이름이 IP 주소로 변환된다는 사실을 보장한다. DNS는 인터넷의 본질적인 구성 요소며 명확하게 증명된 확장성과 가용성을 갖는다. DNS는 계층적으로 구성되고, .com 도메인을 관리하는 DNS 서버가 있다. 이 DNS 서버는 어떤 DNS 서버가 ewolff.com 하위 도메인을 관리하는지 알고 있다. 그리고 이 하위 도메인의 DNS 서버는 최종적으로 www.ewolff.com의 IP 주소를 알고 있다. 이러한 방법으로 네임스페이스는 계층적으로 구성되며, 서로 다른 조직들이 네임스페이스의 여러 부분을 관리할 수 있다. 서버가 server.ewolff.com으로 명명돼 생성되는 경우, 이것은 DNS 서버의 ewolff.com 도메인을 변경함으로써 쉽게 수행될 수 있다. 특히 이러한 독립성은 아키텍처에 대한 독립성에 중점을 두는 마이크로서비스의 개념과 잘 맞는다. 신뢰성을 보장하기 위해 항상 도메인을 관리하는 여러 개의 서버들이 존재한다. 확장성을 위해 DNS는 캐싱 기능을 지원하므로 호출은 여러 DNS 서버를 통한 이름의 전체적인 변환에 대해 구현하지 않아도 되며, 캐싱은 캐시에 의해 제공돼야 한다. 이것은 성능뿐 아니라 신뢰성도 향상시킨다.

서비스 검색을 위해 서버의 이름을 IP 주소로 변환하는 것만으로는 충분하지 않다. 또한 각 서비스에 대한 네트워크 포트[network port]가 있어야 한다. 따라서 DNS는 SRV 레코드를 갖는다. 이것은 서비스가 도달 가능한 컴퓨터와 포트에 대한 정보를 갖는다. 추가로, 특정 서버에 대한 우선순위와 가중치를 설정할 수 있다. 이러한 값들은 서버 중 하나를 선택하는 데 사용될 수 있으며, 더욱 강력한 서버를 선호 가능하다. 이러한 방법을 통해, DNS는 다중 서버에 대한 신뢰성과 로드 밸런싱을 제공한다. DNS의 장점은 확장성과 거리가 멀다.

---

16 http://www.zytrax.com/books/dns/

그리고 가용성에 대한 다양한 구현 방법과 프로그래밍 언어의 광범위한 지원 측면에서도 부족함이 많다.

- DNS 서버 구현에 자주 사용되는 것은 BIND[17]다. BIND는 다양한 운영체제(리눅스, BSD, 윈도우, 맥 OS X)에서 실행되며, C 프로그래밍 언어로 작성됐다. 그리고 오픈소스 라이선스를 갖는다.

- 유레카[Eureka18]는 넷플릭스 스택의 일부다. 유레카는 자바로 작성됐으며, 아파치 라이선스를 갖는다. 서비스 검색을 위해 이 책의 예제 애플리케이션은 유레카를 이용한다(14.8절을 참고하라). 모든 서비스를 위해, 유레카는 사용 가능한 서비스의 이름 아래에 호스트와 포트를 저장한다. 유레카는 가용성을 높이기 위해 여러 유레카 서버에 서비스에 대한 정보를 복제할 수 있다. 유레카는 REST 서비스며, 클라이언트를 위한 자바 라이브러리는 유레카에 속한다. 사이드카 개념(8.7절)을 통해, 이 라이브러리는 자바로 작성되지 않은 시스템에 의해 사용될 수 있다. 사이드카는 유레카 서버와의 통신을 담당한다. 따라서 마이크로서비스에 대한 서비스 검색을 제공한다. 클라이언트에서, 서버로부터의 정보는 서버와의 통신 없이도 호출 가능하도록 캐시에 유지될 수 있다. 서버는 어떤 서비스가 실패했는지 결정하기 위해 정기적으로 등록된 서비스와 연결한다. 한 서비스를 위해 여러 인스턴스가 등록될 수 있으므로 유레카는 로드 밸런싱을 위한 기반으로도 사용될 수 있다. 따라서 부하는 이러한 인스턴스들로 분산될 수 있다. 유레카는 본래 아마존 클라우드[Amazon Cloud]를 위해 고안됐다.

- Consul[19]은 키[key]와 값[value]을 저장한다. 따라서 구성 서버의 영역에도 적합하다(8.8절). 일관성과 별개로, 가용성에 대해 최적화할 수도 있다. 클라이언트는 서버에 등록하고 특정 이벤트에 반응할 수 있다. DNS 인터페이스 외에 추가로 HTTP/JSON 인터페이스도 갖는다. 상태 점검을 수행함으로써 서비스가 여전히 이용 가능한지 확인할 수 있다. Consul은 Go로 작성됐으며, 모질라 오픈소스 라이선스를 갖는다. 게다가 Consul은 템플릿에서 구성 파일을 생성할 수 있다. 이에 따라 시스템은 예상하는 서비스를 Consul을 통해 구성 파일에 구성할 수 있다.

17 https://www.isc.org/downloads/bind/
18 https://github.com/Netflix/eureka
19 http://www.consul.io

모든 마이크로서비스 기반 아키텍처는 서비스 검색 시스템을 사용해야 한다. 검색 시스템은 많은 수의 마이크로서비스 관리와 로드 밸런싱 같은 추가적인 기능에 대한 기반을 형성한다. 적은 수의 마이크로서비스만 있는 경우, 여전히 서비스 검색이 없는 것을 상상할 수 있다. 그러나 대규모 시스템에 대해 서비스 검색은 필수적이다. 시간이 지나면서 마이크로서비스의 개수가 증가하므로 서비스 검색은 시작부터 아키텍처에 올바르게 통합돼야 한다. 게다가 최소한 각 시스템은 실질적으로 간단한 검색 서비스인 호스트의 이름 변환을 이미 사용하고 있다.

8.10 로드 밸런싱

각각의 개별 서비스를 독립적으로 확장할 수 있는 것은 마이크로서비스의 장점 중 하나다. 인스턴스 사이의 부하를 분산시키기 위해서는 부하를 공유하는 여러 인스턴스들을 간단하게 메시징 솔루션에 등록할 수 있다. 그러면 개별 메시지의 실제 분배는 메시징 솔루션에 의해 수행된다. 메시지들은 수신자(Point-to-Point[20])나 모든 수신자(Publish/Subscribe[21])에 분배될 수 있다.

REST/HTTP

REST와 HTTP의 경우, 로드 밸런서load balancer가 사용돼야 한다. 로드 밸런서는 외부에는 단일 인스턴스처럼 행동하지만 여러 인스턴스로 요청을 분배하는 기능을 갖는다. 또한 로드 밸런서는 배포 동안에도 사용 가능하다. 마이크로서비스의 새로운 버전에 대한 인스턴스는 초기에 부하를 주지 않고 시작할 수 있다. 그 이후, 로드 밸런서는 새로운 마이크로서비스를 운영에 적용하는 방법으로 재구성될 수 있다. 그동안에 부하가 단계적으로 증가할 수 있다. 이것은 시스템이 실패할 위험을 감소시킨다.

그림 32는 프록시 기반 로드 밸런서의 원리를 보여준다. 클라이언트는 다른 서버에서 실행되는 로드 밸런서에 요청을 보낸다. 로드 밸런서는 각각의 요청을 알려진 인스턴스로 전송하는 책임을 갖는다. 요청을 전송받는 인스턴스에서 요청이 처리된다.

---

20 Point-to-Point는 두 개의 장치들을 유선 또는 무선으로 일대일 직접 연결하는 방식을 의미한다. – 옮긴이

21 https://en.wikipedia.org/wiki/Publish%E2%80%93subscribe_pattern을 참고하라. – 옮긴이

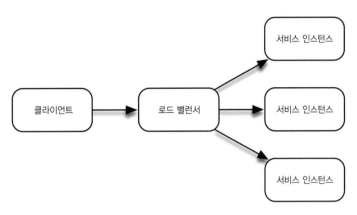

그림 32. 프록시 기반 로드 밸런서

이러한 접근 방법은 웹사이트에 대해서는 일반적이며 상대적으로 구현하기가 쉽다. 로드 밸런서는 다양한 인스턴스의 부하를 결정하기 위해 서비스 인스턴스로부터 정보를 추출한다. 또한 로드 밸런서는 노드가 요청에 대해 더 이상 반응하지 않는 경우, 로드 밸런싱에서 서버를 제거할 수 있다.

다른 한편으로, 이 방법은 한 종류의 서비스에 대해 전체 트래픽이 로드 밸런서를 거쳐야 하는 단점을 갖는다. 따라서 로드 밸런서는 병목 지점이 될 수 있다. 또한 로드 밸런서의 실패는 마이크로서비스의 실패로 이어질 수 있다.

중앙 로드 밸런서

모든 마이크로서비스를 위한 중앙 로드 밸런서는 위와 같은 이유뿐 아니라 구성 때문에도 권장되지 않는다. 로드 밸런서의 구성은 로드 밸런서가 많은 마이크로서비스에 대해 책임을 갖는 경우에 매우 복잡해진다. 게다가 구성은 모든 마이크로서비스 사이에서 조정돼야 한다. 특히 마이크로서비스의 새로운 버전이 배포되는 경우, 포괄적인 부하 테스트 후에 새로운 마이크로서비스를 넣기 위한 로드 밸런서의 수정은 타당한 일이다. 마이크로서비스의 독립적인 배포를 보장하기 위해, 배포를 위해 마이크로서비스 사이에서 요구되는 조정은 더욱더 방지해야 한다. 이러한 재구성의 경우에는 로드 밸런서가 동적 구성을 지원하는 것을 보장해야 한다. 예를 들어, 마이크로서비스가 세션을 사용하는 경우, 세션 정보를 잃어서는 안 된다. 또한 이러한 이유로 마이크로서비스의 상태를 유지하는 구현은 권장되지 않는다.

마이크로서비스별 로드 밸런서

마이크로서비스 인스턴스 사이의 부하를 분배히는 로드 밸런서는 마이크로서비스별로 있어야 한다. 이 로드 밸런서는 개별 마이크로서비스가 독립적으로 부하를 분산시키고 마이크로서비스마다 다른 구성을 가질 수 있게 한다. 마찬가지로, 새로운 버전의 배포에 따라 로드 밸런서를 적절하게 다시 구성하는 것이 간단하다. 그러나 로드 밸런서가 실패하는 경우에는 마이크로서비스를 더 이상 이용할 수 없다.

관련 기술

로드 밸런서에 대한 다양한 방법들이 있다.

- 아파치 httpd 웹 서버는 mod_proxy_balancer[22] 확장 모듈을 통해 로드 밸런싱을 지원한다.
- 마찬가지로, nginx[23] 웹 서버는 로드 밸런싱을 지원하도록 구성될 수 있다. 웹 서버를 로드 밸런서로 사용하면 정적 웹사이트, CSS, 이미지를 제공할 수 있는 장점이 있다. 또한 사용하는 기술의 수가 적어진다.
- HAProxy[24]는 로드 밸런싱과 고가용성을 위한 솔루션이다. 이것은 HTTP를 지원하지 않지만, 모든 TCP 기반 프로토콜을 지원한다.
- 클라우드Cloud는 대부분 로드 밸런서를 지원한다. 예를 들어 아마존은 Elastic Load Balancing[25]을 지원한다. 이것은 새로운 인스턴스의 시작을 자동으로 트리거하고 애플리케이션이 부하를 갖는 경우 자동으로 확장하도록 오토 스케일링Auto Scaling과 결합될 수 있다.

서비스 검색

로드 밸런싱의 또 다른 방법은 서비스 검색(그림 33)이다(8.9절과 비교하라). 서비스에 대해 서비스 검색이 서로 다른 노드를 반환하는 경우, 부하는 여러 노드에 걸쳐 분산될 수 있다.

---

22 http://httpd.apache.org/docs/2.2/mod/mod_proxy_balancer.html
23 http://nginx.org/en/docs/http/load_balancing.html
24 http://www.haproxy.org/
25 http://aws.amazon.com/de/elasticloadbalancing/

그러나 이러한 방법은 새로운 서비스 검색이 수행되는 경우에만 또 다른 노드로 리다이렉션할 수 있다. 이것은 잘 정리된 로드 밸런싱의 수행을 어렵게 만든다. 따라서 새로운 노드에 대해 충분한 부하 공유가 이뤄질 때까지는 시간이 걸린다. 마지막으로, 노드의 실패는 이를 위한 새로운 서비스 검색을 필요로 하므로 수정하기가 어렵다. 이것은 데이터 세트가 얼마나 오랫동안 유효한지 서술할 수 있으므로 DNS의 경우에는 유용하다. 그 이후, 서비스 검색은 다시 수행돼야 한다. 이것은 DNS 솔루션과 Consul을 통한 간단한 로드 밸런싱을 가능하게 한다. 그러나 불행하게도 때때로 이 유효시간$^{time-to-live}$은 완전히 올바르게 구현되지 않는다.

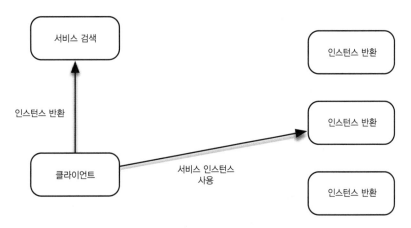

그림 33. 서비스 검색을 통한 로드 밸런싱

어쨌든 서비스 검색은 마이크로서비스 기반 시스템에 존재해야 하므로, 서비스 검색을 통한 로드 밸런싱은 간단하다. 따라서 로드 밸런싱은 추가적인 소프트웨어 컴포넌트를 도입하지 않는다. 게다가 중앙 로드 밸런서를 피함으로써 병목 지점을 없애고 실패 시 엄청난 결과를 가져올 중앙 컴포넌트가 사라지는 긍정적인 효과도 얻는다.

클라이언트 기반 로드 밸런싱

클라이언트 자체적으로 로드 밸런서를 사용할 수 있다. 로드 밸런서는 마이크로서비스의 코드 일부로 구현되거나 마이크로서비스로 동일 컴퓨터에서 실행되는 nginx, 아파치 httpd 같은 프록시 기반 로드 밸런서를 사용 가능하다. 이 경우, 각 클라이언트는 자체 로드 밸런서를 갖고 개별 로드 밸런서의 실패는 거의 영향을 미치지 않으므로 병목 지점이 없다. 그러나 구성의 변경은 모든 로드 밸런서에 전달돼야 하며, 이것은 상당한 네트워크 트래픽과 부하를 일으키는 원인이 될 수 있다.

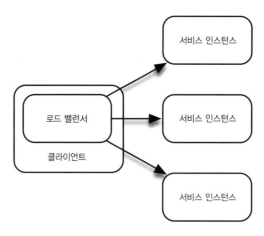

그림 34. 클라이언트 기반 로드 밸런싱

Ribbon[26]은 클라이언트 기반 로드 밸런싱을 구현한 것이다. 이것은 자바로 작성된 라이브 러리며, 서비스 인스턴스를 찾기 위해 유레카^{Eureka}를 이용한다. 그렇지 않으면, 서버들의 리스트가 Ribbon으로 넘겨질 수도 있다. Ribbon은 로드 밸런싱을 위한 다양한 알고리즘 을 구현한다. 특히 유레카와 조합해 사용하는 경우, 개별 로드 밸런서는 더 이상 구성되지 않아도 된다. 사이드카 개념 때문에 Ribbon은 자바로 구현되지 않은 마이크로서비스에서 도 사용될 수 있다. 예제 시스템은 Ribbon을 사용한다(14.11절을 참고하라).

Consul은 로드 밸런서의 구성 파일 관련 템플릿을 정의하는 방법을 제공한다. 이것은 서 비스 검색으로부터 데이터와 함께 로드 밸런서의 구성을 제공할 수 있다. 클라이언트 기반 로드 밸런싱은 Consul로 모든 서비스 인스턴스를 작성한 각 클라이언트의 템플릿을 정의 해 구현될 수 있다. 이 과정은 정기적으로 반복될 수 있다. 이러한 방법으로, 중앙 시스템 을 다시 구성 가능해지며, 클라이언트 기반 로드 밸런싱은 상대적으로 구현하기가 쉽다.

---

26 https://github.com/Netflix/ribbon

로드 밸런싱과 아키텍처

단일 마이크로서비스 기반 시스템에서 한 종류의 로드 밸런싱보다 더 많은 종류의 로드 밸런싱을 사용하는 것은 합리적이지 않다. 따라서 로드 밸런싱에 대한 결정은 전체 시스템에 대해 한 번에 결정돼야 한다. 로드 밸런싱과 서비스 검색은 많은 접점을 갖는다. 그리고 서비스 검색은 모든 서비스 인스턴스를 알고 있다. 로드 밸런싱은 인스턴스 사이에 부하를 분산시킨다. 두 기술 모두 함께 동작해야 하므로, 이 영역에서의 기술 결정은 서로에게 영향을 미친다.

8.11 확장성

높은 부하에 대응하려면 마이크로서비스는 확장 가능해야 한다. 확장성^{Scalability}은 시스템이 더 많은 자원을 얻게 되면 더 많은 부하를 처리할 수 있음을 의미한다.

다음과 같은 두 종류의 확장성이 있다.

수평적 확장성

수평적 확장성^{Horizontal scalability}은 각 부하의 일부를 처리하기 위해 더 많은 자원을 사용하는 것을 의미한다. 예를 들면 자원의 개수가 증가하는 경우다.

수직적 확장성

수직적 확장성^{Vertical scalability}은 높은 부하를 처리하기 위해 더욱 강력한 자원들을 사용하는 것을 의미한다. 따라서 자원의 개수는 일정하게 유지되면서도 개별 자원이 더 많은 부하를 처리한다.

그림 35. 수평적 확장과 수직적 확장

때때로 수평적 확장성은 가능한 자원의 수로 인해 더 나은 선택이 된다. 따라서 확장성에 대한 제한이 거의 없다. 그리고 더 강력한 자원을 구매하는 것보다 더 많은 자원을 구매하는 것이 비용이 더 적게 든다. 흔히 하나의 빠른 컴퓨터가 여러 대의 느린 컴퓨터보다 더 비싸다.

확장, 마이크로서비스와 로드 밸런싱

부하가 로드 밸런싱을 통해 여러 마이크로서비스 인스턴스에 걸쳐 분산되는 경우, 대부분의 마이크로서비스는 수평적 확장성을 사용한다. 마이크로서비스는 이를 위해 자체적으로 상태를 저장하지 말아야 한다. 좀 더 상세히 말해, 부하는 개별 상태를 갖는 노드로만 분산될 수 있으므로 마이크로서비스가 개별 사용자에 대한 임의의 상태를 가져서는 안 된다. 사용자에 대한 상태는 데이터베이스에 저장되거나 모든 마이크로서비스에 의해 접근 가능한 외부 저장소(예를 들어, 메모리상의 저장소)에 들어갈 수 있다.

동적 확장

확장성은 부하가 여러 노드로 분산될 수 있다는 것을 의미한다. 실제로, 시스템이 어떻게 부하에 반응하는지는 정의돼 있지 않다. 결국 시스템이 증가하는 부하에 적응하는 것이 실제로 더 중요하다. 이를 위해 부하 정도에 따라 부하가 분산될 수 있도록 마이크로서비스가 새로운 인스턴스를 시작해야 한다. 이것은 마이크로서비스가 높은 부하에 대응 가능하게 만든다. 이러한 과정을 수동으로 처리하는 것은 너무 힘들기 때문에 자동화돼야 한다.

서비스를 테스트하기 위해 마이크로서비스를 시작하는 데 필요한 지속적인 배포 파이프라인 내의 다양한 위치들이 있다. 적합한 배포를 위해 Chef나 Puppet 같은 배포 시스템이 사용된다. 그렇지 않으면, 마이크로서비스를 갖는 새로운 가상 머신이나 새로운 도커Docker 컨테이너가 간단하게 시작된다. 이러한 메커니즘은 동적 확장에도 사용될 수 있다. 로드 밸런싱과 더불어 새로운 인스턴스들이 추가로 등록된다. 그러나 인스턴스는 시작 시부터 생산 부하를 올바르게 처리할 수 있어야 한다. 그렇기 때문에, 예를 들어 캐시는 이미 데이터로 채워져 있어야 한다. 동적 확장은 서비스 검색과 함께하면 더 간단하다. 마이크로서비스는 서비스 검색에 등록해야 한다. 서비스 검색은 새로운 인스턴스에 대해 부하를 분산시키는 방법으로 로드 밸런서를 구성할 수 있다.

동적 확장은 메트릭에 기반해 수행돼야 한다. 마이크로서비스의 응답 시간이 너무 길거나 요청 개수가 너무 많은 경우, 새로운 인스턴스가 시작돼야 한다. 모니터링은 특별한 메트릭 값에 대해 반응할 수 있어야 하므로 동적 확장은 모니터링의 일부가 될 수 있다(12.3절을 참조하라). 대부분의 모니터링 인프라스트럭처는 스크립트를 호출함으로써 메트릭 값에 반응하는 방법을 제공한다. 스크립트는 마이크로서비스의 추가 인스턴스를 시작할 수 있다. 이것은 대부분의 클라우드 환경과 가상화 환경에서 매우 쉽다. 아마존 클라우드Amazon Cloud 같은 환경은 유사한 방법으로 작동하는 자동 확장에 적합한 솔루션을 제공한다. 그렇지만 스크립트가 몇 분 간격으로 실행되기 때문에 자체적으로 만든 솔루션은 그다지 복잡하지 않다. 따라서 실패는 최소한 제한된 시간에 대해 허용할 수 있다. 스크립트는 모니터링의 일부이므로, 이들은 모니터링 같은 유사한 가용성을 갖는다. 그리고 충분히 이용 가능해야 한다.

특히 클라우드 인프라스트럭처에서 부하가 낮은 경우 클라우드에서 실행 중인 모든 인스턴스는 비용을 지불해야 하므로 인스턴스를 다시 종료하는 것이 중요하다. 또한 이 부분에서도 스크립트가 특정 메트릭 값에 대해 반응할 수 있다.

마이크로서비스: 확장의 장점들

무엇보다도 확장과 관련해 마이크로서비스는 서로에 독립적으로 확장될 수 있는 장점을 갖는다. 배포 모놀리스의 경우, 전체 모놀리스가 더 많은 인스턴스로 시작될 수 있다. 잘 정리된 확장성은 처음에 특별히 눈에 띄는 장점을 나타내지 않는다. 그러나 전체 전자상거래 상점을 실행하기 위해 많은 인스턴스에서 검색 속도를 높이려면 많은 비용이 발생한다. 많은 하드웨어가 필요한 복잡한 인프라스트럭처가 구축돼야 하며, 전혀 사용되지 않는 일부 시스템은 가용성을 유지한다. 이러한 시스템의 부분들은 배포와 모니터링을 더욱 복잡하게 만든다. 동적 확장의 가능성은 서비스의 크기와 새로운 인스턴스가 시작되는 속도에 상당히 의존한다. 이러한 영역에서 마이크로서비스는 명확한 장점을 갖는다. 대부분의 경우 마이크로서비스는 이미 자동화된 배포를 하며, 자동화된 배포는 구현하기가 매우 쉽다.

더불어, 이미 모니터링 기능이 동작하고 있다. 자동화된 배포와 모니터링 없이 마이크로서비스 기반 시스템은 운영되기 매우 어렵다. 더욱이 로드 밸런싱이 있는 경우, 이것은 여전히 자동 확장을 위한 유일한 스크립트다. 따라서 마이크로서비스는 동적 확장을 위한 훌륭한 기반을 의미한다.

샤딩

샤딩Sharding은 관리되는 데이터의 총량이 분할되고, 각 인스턴스가 데이터의 일부에 대한 책임을 갖는 것을 의미한다. 예를 들어, 인스턴스가 고객 A~E나 숫자 9로 끝나는 모든 고객에 대한 책임을 가질 수 있다. 샤딩은 수평적 확장의 변형이다. 더 많은 서버들이 사용된다. 그러나 모든 서버는 동일하지 않고 모든 서버는 다양한 데이터의 서브셋에 대한 책임을 갖는다. 마이크로서비스의 경우, 도메인은 여러 마이크로서비스에 걸쳐 분산되기 때문에 이러한 유형의 확장은 구현하기 쉽다. 모든 마이크로서비스는 데이터를 조각 낼 수 있고 이와 같은 샤드shard27를 통해 수평적으로 확장할 수 있다. 배포 모놀리스는 모든 데이터를 처리하기 때문에 이러한 방법으로는 확장이 어렵다. 배포 모놀리스가 고객과 항목을 관리하는 경우에는 거의 두 가지 타입의 데이터로 분할된다. 실제로, 샤딩을 구현하기 위해서 로드 밸런서는 샤드에 대해 적절하게 부하를 분산시킨다.

확장성, 처리량과 응답 시간

확장성Scalability은 더 많은 부하가 더 많은 자원에 의해 처리될 수 있음을 의미한다. 처리량throughput(예를 들어, 단위 시간당 처리되는 요청의 개수)이 증가한다. 그러나 최상의 경우라면 응

---

27 데이터 검색을 위해 구분되는 최소 단위를 의미한다. - 옮긴이

답 시간이 일정하게 유지된다(환경에 따라 응답 시간은 증가할 수 있지만, 시스템이 오류를 발생시키거나 사용자에게 너무 느려질 정도로 늘어나지는 않는다). 더 빠른 응답 시간이 필요한 경우 수평적 확장은 도움이 되지 않는다. 그러나 마이크로서비스의 응답 시간을 최적화하기 위한 몇 가지 방법이 있다.

- 마이크로서비스가 더 빠른 컴퓨터에 배포될 수 있다. 이것은 수직적 확장이다. 그러면 마이크로서비스는 개별 요청을 더 빠르게 처리할 수 있다. 자동화된 배포 때문에, 상대적으로 수직적 배포는 구현하기 쉽다. 오직 서비스를 더 빠른 하드웨어에 배포하기만 하면 된다.

- 네트워크를 통한 호출은 긴 지연 시간을 갖는다. 따라서 이러한 호출에 대해 가능한 최적화를 포기할 수 있다. 그 대신에 캐시가 사용되거나 데이터가 복제될 수 있다. 때때로 캐시는 기존 통신에 매우 쉽게 통합될 수 있다. 예를 들어 REST에 대해 간단한 HTTP 캐시면 충분하다.

- 마이크로서비스의 도메인 아키텍처가 잘 설계된 경우, 네트워크를 통한 통신이 필요하지 않으므로 요청은 오직 하나의 마이크로서비스 내에서 처리돼야 한다. 좋은 도메인 아키텍처의 경우, 요청을 처리하는 로직은 하나의 마이크로서비스에서 구현된다. 따라서 로직의 변경은 오직 하나의 마이크로서비스에 대한 변경만 필요로 한다. 이 경우, 마이크로서비스는 배포 모놀리스보다 더 긴 응답 시간을 갖지 않는다. 응답 시간의 최적화 측면에서 네트워크를 통한 통신이 더 긴 응답 시간을 가지므로 마이크로서비스는 단점을 갖는다. 그러나 이러한 효과를 상쇄하는 방법이 있다.

8.12 보안

마이크로서비스 기반 아키텍처에서 각 마이크로서비스는 어떤 사용자가 현재의 호출을 트리거했고 그 시스템을 사용하길 원하는지 알아야 한다. 따라서 동일한 보안 아키텍처가 존재해야 한다. 무엇보다도 마이크로서비스들은 요청에 대해 함께 작업할 수 있어야 하며, 요청의 처리를 위해 요청의 각 부분에 대해 다른 마이크로서비스가 책임을 가질 수 있다. 따라서 보안 구조는 전체 시스템 수준에서 정의돼야 한다. 이것이 보안 측면에서 전체 시스템에 대한 사용자 접근을 동일하게 처리함을 보장하는 유일한 방법이다.

보안은 인증^{Authentication}과 권한 부여^{Authorization}라는 두 가지 중요한 측면을 포함한다. 인증은 사용자의 정체성^{identity}을 검증하는 과정이다. 권한 부여는 특정 사용자가 임의의 행위를 수행하는 것이 허용됐는지에 대한 결정이다. 두 프로세스 모두 서로에 대해 독립적이다. 인증 맥락에서 사용자 정체성에 대한 검증은 권한 부여와 직접적으로 관련되지 않는다.

보안과 마이크로서비스

마이크로서비스 기반 아키텍처에서 개별 마이크로서비스는 인증을 수행해서는 안 된다. 각 마이크로서비스가 사용자의 이름과 패스워드를 검증하는 것은 합리적이지 않다. 인증은 중앙 서버에서 사용되며, 권한 부여는 상호작용이 필요하다. 때때로 사용자 그룹과 역할은 중앙에서 관리돼야 한다. 그러나 어떤 사용자 그룹이나 역할이 마이크로서비스의 특정 기능에 대해 사용이 허용됐는지 확인하는 사항은 마이크로서비스에 의해 결정돼야 한다. 따라서 특정 마이크로서비스의 권한 부여에 대해 변경하는 것은 마이크로서비스의 구현에 따라 제한될 수 있다.

OAuth2

이러한 문제에 대해 가능한 한 가지 해결책은 OAuth2다. 이 프로토콜은 인터넷에서 널리 사용되고 있다. 구글, 마이크로소프트, 트위터, XING, 야후 모두 이 프로토콜을 지원하고 있다.

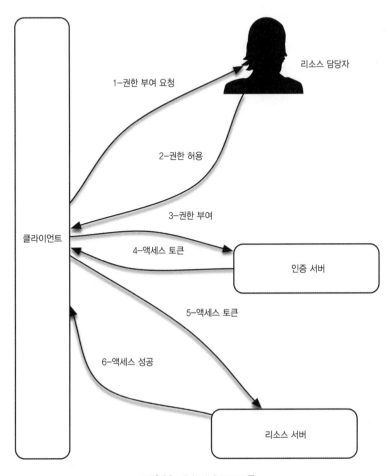

그림 36. OAuth2 프로토콜

그림 36은 표준[28]에 의해 정의된 OAuth2 프로토콜의 워크플로우를 보여준다.

1. 클라이언트가 특정 동작을 수행할 수 있는지에 대한 확인을 리소스 담당자에게 요청한다. 예를 들어, 애플리케이션은 리소스 담당자가 저장한 소셜 네트워크 내의 프로파일이나 특정 데이터에 대한 접근을 요청할 수 있다. 일반적으로, 리소스 담당자는 시스템의 사용자다.

2. 리소스 담당자가 클라이언트의 액세스를 허용하면, 클라이언트는 리소스 담당자로부터 각각의 요청에 대한 응답을 받는다.

3. 클라이언트는 인증 서버에 요청하기 위해 리소스 담당자의 응답을 이용한다. 예제에

---

28 http://tools.ietf.org/html/rfc6749

서 인증 서버는 소셜 네트워크 내에 위치한다.

4. 인증 서버가 액세스 토큰을 반환한다.

5. 이제 클라이언트는 이 액세스 토큰을 갖고 리소스 서버를 호출하며, 필요한 정보를 획득한다. 예를 들어 호출을 위해 토큰을 HTTP 헤더에 넣을 수 있다.

6. 리소스 서버는 요청에 응답한다.

가능한 권한 부여

클라이언트는 다양한 방법으로 인증 서버와 상호작용할 수 있다.

- 패스워드 승인$^{Password\ Grant}$의 경우, 클라이언트는 1단계에서 사용자에게 HTML 형식으로 보여준다. 리소스 담당자는 사용자의 이름과 패스워드를 입력할 수 있다. 3단계에서 이러한 정보는 HTTP POST를 통해 인증 서버로부터 액세스 토큰을 얻기 위해 클라이언트에 의해 사용된다. 이 방법은 클라이언트가 사용자 이름과 패스워드를 처리하는 단점이 있다. 클라이언트는 불안정하게 구현될 수 있으므로 이 데이터는 위험해질 수 있다.

- 인증 부여$^{Authorization\ Grant}$의 경우, 1단계에서 클라이언트는 사용자에게 웹 페이지에 인증 서버를 표시하도록 지시한다. 사용자는 권한의 허가 여부를 선택할 수 있다. 이 경우 2단계에서 클라이언트는 HTTP-URL을 통해 인증 코드를 얻게 된다. 이러한 방법으로 인증 서버는 서버가 URL을 선택하기 때문에 올바른 클라이언트가 코드를 얻는 것을 보장할 수 있다. 3단계에서 클라이언트는 HTTP POST를 통해 인증 코드를 가진 액세스 토큰을 생성한다. 이 방법은 주로 인증 서버에 의해 구현되며, 클라이언트가 사용하기에 매우 쉽다. 이 시나리오에서, 클라이언트는 웹 서버상의 웹 애플리케이션이 될 수 있다. 애플리케이션은 인증 서버로부터 코드를 획득하고, 유일하게 HTTP POST를 통해 액세스 토큰으로 변경할 수 있다.

- 내재^{Implicit}의 경우, 절차는 권한 부여와 유사하다. 1단계에서 인증 서버로 리다이렉트 후, 클라이언트는 직접 HTTP 리다이렉트를 통해 액세스 토큰을 얻는다. 이것은 브라우저나 모바일 애플리케이션이 바로 액세스 토큰을 판독 가능하게 한다. 3단계와 4단계는 생략된다. 그러나 여기에서 인증 서버는 토큰을 직접 클라이언트로 보내지 않으므로 액세스 토큰은 공격으로부터 보호되지 않는다. 이러한 방법은 클라

이언트상의 자바스크립트 코드나 모바일 애플리케이션이 액세스 토큰의 사용을 지원하는 경우에 합리적이다.

- 클라이언트 인증서의 경우 클라이언트는 인증 서버로부터 액세스 토큰을 얻기 위해, 1단계에서 클라이언트가 알고 있는 인증서를 이용한다. 따라서 클라이언트는 리소스 담당자로부터 추가적인 정보 없이 데이터에 접근할 수 있다. 예를 들어, 통계 소프트웨어는 이와 같은 방법으로 고객 데이터를 판독하고 분석한다.

액세스 토큰을 통해, 클라이언트는 리소스에 접근할 수 있다. 액세스 토큰은 보호돼야 한다. 권한을 부여받지 못한 사람들이 액세스 토큰에 대한 접근 권한을 획득하는 경우, 이들은 리소스 담당자가 트리거할 수 있는 모든 액션을 트리거할 수 있다. 그리고 토큰 자체로, 일부 정보는 인코딩될 수 있다. 예를 들어, 토큰은 리소스 담당자의 실제 이름 외에 특정 사용자에게 할당된 권한이나 임의의 사용자 그룹에 대한 권한 관련 정보를 포함할 수 있다.

JSON 웹 토큰

JSON 웹 토큰JWT, JSON Web Token은 액세스 토큰에 포함되는 정보에 대한 표준이다. JSON은 데이터 구조처럼 동작한다. 액세스 토큰의 유효성 검사를 위해, JSON 웹 서명JWS을 가진 디지털 서명이 사용될 수 있다. 마찬가지로, 액세스 토큰은 JSON 웹 암호화JWE를 통해 암호화될 수 있다. 액세스 토큰은 액세스 토큰의 발행자, 리소스 담당자, 액세스 토큰에 대한 유효 구간이나 수취인에 대한 정보를 포함할 수 있다. 액세스 토큰은 개별 데이터도 포함할 수 있다. 액세스 토큰은 BASE64를 갖는 JSON의 인코딩을 통해 HTTP 헤더로 사용하기 위해 최적화돼 있다. 일반적으로, 이러한 헤더는 크기 제한을 적용받는다.

OAuth2, JWT, 그리고 마이크로서비스

마이크로서비스 기반 아키텍처에서 사용자는 초기에 OAuth2 방법 중 하나를 통해 인증할 수 있다. 그 이후 사용자는 마이크로서비스의 웹 페이지를 사용하거나 REST를 통해 마이크로서비스를 호출할 수 있다. 각각의 추가적인 호출과 더불어, 모든 마이크로서비스는 액세스 토큰을 다른 마이크로서비스에 넘겨줄 수 있다. 액세스 토큰을 기반으로, 마이크로서비스는 특정 액세스의 허용 여부를 결정할 수 있다. 이를 위해, 토큰의 유효성을 먼저 검토할 수 있다. JWT의 경우, 토큰이 해독돼 인증 서버의 서명을 확인해야 한다. 계속해서,

토큰의 정보에 기반해 사용자가 의도대로 마이크로서비스를 사용할 수 있는지 결정할 수 있다. 이에 따라 토큰의 정보를 사용할 수 있다. 예를 들어 토큰 내에 특정 사용자 그룹의 가입 내역을 저장할 수 있다.

어떤 마이크로서비스에 대한 접근이 허용되는지 액세스 토큰 내에 정의되지 않는 것이 중요하다. 액세스 토큰은 인증 서버에서 발행된다. 인증 서버에서 액세스에 대한 정보를 이용 가능한 경우, 접근 권한에 대한 모든 변경은 (마이크로서비스에서가 아니라) 인증 서버에서 일어나야 한다. 접근 권한에 대한 변경은 핵심 컴포넌트인 인증 서버에 대한 변경을 요구할 수 있으므로, 이것은 마이크로서비스의 변경 가능성^{changeability}을 제한한다. 인증 서버는 사용자 그룹에 대한 할당을 관리해야 한다. 그리고 마이크로서비스는 토큰으로부터의 정보에 기반해 액세스를 허용하거나 금지해야 한다.

보안 기술

원칙적으로, 인증을 위한 중앙 서버로 사용하는 경우에 OAuth2 이외의 다른 기술적인 방법과 개별 마이크로서비스에 대한 접근을 규제하는 토큰을 사용할 수 있다. 이에 대한 한 가지 예는 비교적 긴 역사를 가지고 있는 커버로스^{Kerberos}[29]다. 그러나 이것은 OAuth2와 같이 REST로 잘 조정되지 않는다. 다른 대안 방법으로는 SAML과 SAML 2.0[30]이 있다. 이들은 인증과 권한 부여를 수행하기 위해 XML과 HTTP를 사용하는 프로토콜을 정의한다.

마지막으로, 자체적인 보안 서비스에 의해 서명된 쿠키$^{signed cookie}$가 생성될 수 있다. 암호화 서명을 통해 실제로 시스템이 쿠키를 발행했는지 여부를 판단할 수 있다. 쿠키는 사용자의 그룹과 권한을 포함할 수 있다. 마이크로서비스는 쿠키를 검사하고 필요한 경우 접근을 제한할 수 있다. 쿠키를 도난당할 위험이 따르지만, 이러한 위험이 발생하려면 브라우저가 취약하거나 쿠키가 암호화되지 않은 연결을 통해 전송돼야 한다. 때때로 이것은 허용 가능한 위험이다.

토큰 방식으로, 마이크로서비스가 호출자에 대한 인증을 처리하지 않지만 여전히 특정 사용자 그룹이나 역할에 대한 접근을 제한할 수 있다.

---

29 http://tools.ietf.org/html/rfc4556
30 https://www.oasis-open.org/committees/security/

여기에 OAuth2를 사용하는 합리적인 이유들이 있다.

- 실제로 OAuth2나 OAuth2 서버를 구현하는 프로그래밍 언어로 구축된 많은 라이브러리가 있다. OAuth2[31]에 대한 결정은 마이크로서비스를 위한 기술의 선택을 거의 제한하지 않는다.
- 마이크로서비스 간에는 액세스 토큰만 전송돼야 한다. REST가 사용되는 경우, 이것은 HTTP 헤더를 통해 표준화된 방법으로 처리된다. 서로 다른 커뮤니케이션 프로토콜의 경우, 유사한 메커니즘이 이용될 수 있다. 또한 이 분야에서 OAuth2는 기술적인 선택을 거의 제한하지 않는다.
- JWT를 통해 액세스를 허용하거나 금지하기 위해서는 인증 서버가 마이크로서비스에 전달하는 정보를 토큰에 배치할 수 있다. 따라서 이 영역에서 개별 마이크로서비스 간의 상호작용과 공유 인프라스트럭처는 광범위하게 지원되는 표준으로 구현하기 쉽다.

특히 스프링 클라우드 보안Spring Cloud Security[32]은 자바 기반 마이크로서비스에 대해 OAuth2 시스템을 구현하기 위한 훌륭한 기반을 제공한다.

추가적인 보안 조치

무엇보다도 OAuth2는 (주로 인간 사용자에 대한) 인증 및 권한 부여에 대한 모든 문제를 해결한다. 마이크로서비스 기반 시스템의 보안을 위한 다음과 같은 추가적인 조치들이 있다.

- 마이크로서비스 사이의 통신은 도청에 대비해 SSL/TLS로 보호될 수 있다. 그러면 모든 통신은 암호화된다. REST나 메시징 시스템 같은 인프라스트럭처는 대부분 이와 같은 프로토콜을 지원한다.
- OAuth2를 통한 인증을 제외하고 인증서는 클라이언트를 인증하는 데 사용될 수 있다. 인증 기관은 인증서를 생성한다. 인증서는 디지털 서명을 확인하는 데 사용할 수 있다. 이들은 디지털 서명에 기반한 클라이언트의 인증을 가능하게 해준다. SSL/TLS는 인증서를 지원하므로 최소한 이 수준에서 인증서의 사용과 인증서를 통한

31 http://oauth.net/2/
32 http://cloud.spring.io/spring-cloud-security/

인증이 가능하다.

- API 키^{API key}는 유사한 개념을 나타낸다. 이들은 시스템을 사용 가능하도록 외부 클라이언트에 주어진다. API 키를 통해 외부 클라이언트는 자신들을 인증하고 적절한 권한을 얻을 수 있다. OAuth2의 경우, 이것은 클라이언트 인증 정보^{Client Credential}를 통해 구현될 수 있다.

- 마이크로서비스 사이의 통신을 보호하기 위해 방화벽^{Firewall}이 사용될 수 있다. 일반적으로 방화벽은 외부의 무단 접근으로부터 시스템을 보호한다. 개별 마이크로서비스가 성공적으로 대체되는 경우, 마이크로서비스 사이의 통신을 위한 방화벽은 모든 마이크로서비스가 위험해지는 것을 방지한다. 이러한 방법으로 한 마이크로서비스에 대한 침입이 제한될 수 있다.

- 마지막으로, 시스템에 대한 무단 접근을 감지하는 침입 탐지^{intrusion detection}가 있어야 한다. 이 주제는 모니터링과 밀접한 관계가 있다. 모니터링 시스템은 침입이 있는 경우, 적절한 경보를 트리거하는 데 사용될 수 있다.

- 데이터 최소화^{Datensparsamkeit33} 또한 흥미로운 개념이다. 이 개념은 데이터 보안 분야에서 유도되며, 절대적으로 필요한 데이터만 저장돼야 한다고 말한다. 보안 측면에서 결과적으로 이것은 많은 양의 데이터 수집을 방지하는 장점이 있다. 이것은 시스템 공격에 대한 매력을 떨어뜨리는 것에 대해, 보안 위반에 따른 결과를 가능한 한 나쁘지 않게 한다.

해시콥 볼트

해시콥 볼트^{Hashicorp Vault}는 마이크로서비스 보안 분야에서 많은 문제를 해결해주는 도구다. 이것은 다음과 같은 기능을 제공한다.

- 패스워드, API 키, 암호화나 인증서를 위한 키 같은 기밀 사항을 저장할 수 있다. 이것은 사용자가 그들의 기밀 사항 관리를 허용하는 데도 유용하다. 또한 마이크로서비스는 상호 간의 통신이나 외부 서버와의 통신을 보호하기 위해 이러한 방법으로 인증서를 갖출 수 있다.

---

33 http://martinfowler.com/bliki/Datensparsamkeit.html

- 기밀 사항은 서비스에 대한 임대를 통해 제공된다. 추가로, 이들은 액세스 컨트롤에 장착 가능하다. 이것은 손상된 서비스의 경우 문제를 제한하는 데 도움이 된다. 예를 들어, 기밀 사항을 유효하지 않은 것으로 선언할 수 있다.
- 데이터는 이러한 키들을 자체적으로 저장하는 마이크로서비스 없이도 키를 통해 바로 암호화되거나 해독될 수 있다.
- 감사를 통한 액세스 추적이 가능해진다. 누가 어느 시점에 어떤 기밀을 가지고 있는지 추적할 수 있게 된다.
- 백그라운드에서 볼트는 기밀을 저장하기 위해 HSMs, SQL 데이터베이스, 아마존 IAM을 사용할 수 있다.

예를 들어, 자체적으로 아마존 클라우드를 위한 새로운 액세스 키를 생성할 수도 있다. 이러한 방법으로 볼트는 키를 처리하며, 이에 따라 마이크로서비스의 작업을 완화시킨다. 실제로 키를 안전하게 처리하는 것은 엄청난 도전 사항이며, 안전한 방법으로 이처럼 무엇인가를 구현하는 것은 어렵다.

추가적인 보안 목표

소프트웨어 아키텍처와 관련해 보안은 매우 다른 형태가 된다. OAuth2 같은 방법은 오직 기밀성confidentiality의 달성에만 도움이 된다. 이들은 데이터에 대한 무단 액세스를 막는다. 그러나 이러한 기밀성도 OAuth2에 의해 자체적으로 완전히 보호되지 않는다. 마찬가지로, 네트워크 내의 통신도 (예를 들어, HTTPS나 다른 종류의 암호화를 통해) 도청으로부터 보호돼야 한다.

보안의 추가적인 측면은 다음과 같다.

무결성

무결성Integrity은 데이터에 대해 알지 못하는 변화가 없음을 의미한다. 모든 마이크로서비스는 이러한 문제를 해결해야 한다. 예를 들어 데이터가 임의의 방법으로 처리되지 않는 것을 보장하기 위해 서명돼야 한다. 구체적인 구현은 각 마이크로서비스에 의해 수행돼야 한다.

기밀성

기밀성^{Confidentiality}은 수정이 거부될 수 없음을 보장한다. 기밀성은 개별 사용자에게 특화된 키로 다른 사용자에 의해 도입된 변경 사항에 서명하게 함으로써 달성 가능하다. 그러면 정확하게 특정 사용자가 데이터를 수정했다는 것이 분명해진다. 전체적인 보안 아키텍처는 키를 제공해야 한다. 그 후 서명은 각 개별 서비스의 작업이 된다.

데이터 보안

데이터 보안^{Data security}은 가능한 한 데이터의 손실이 없다는 것을 보장한다. 이것은 백업 솔루션과 고가용성 스토리지 솔루션에 의해 처리될 수 있는 문제다. 이 문제는 데이터 저장의 일부로 마이크로서비스의 책임 내에 있기 때문에 마이크로서비스에 의해 처리돼야 한다. 그러나 공유 인프라스트럭처는 적절한 백업과 재난 복구 메커니즘을 가지고 있는 특정 데이터베이스를 제공할 수도 있다.

가용성

가용성^{Availability}은 시스템이 이용 가능함을 의미한다. 또한 여기에서 마이크로서비스는 개별적으로 가용성에 기여해야 한다. 그러나 마이크로서비스 기반 아키텍처의 경우, 개별 마이크로서비스에 대한 실패 가능성을 다뤄야 하므로 마이크로서비스 기반 시스템은 이러한 영역을 잘 대비한다. 예를 들어, 유연성(10.5절)은 가용성에 도움이 된다.

때때로 이러한 측면들은 보안 대책을 만들 때 고려되지 않는다(그러나 서비스의 실패는 데이터에 대한 무단 접근보다 때로는 더 극적인 결과를 갖는다). 한 가지 위험은 서버의 과부화로 이어질 수 있는 서비스 거부^{Denial of Service} 공격으로, 서버에서 적절한 작업을 더 이상 수행할 수 없는 경우다. 때때로 이를 위한 기술적인 장애물은 놀랍게도 낮은 편이며, 일반적으로 이러한 공격에 대한 방어는 매우 어렵다.

8.13 문서화와 메타데이터

마이크로서비스 기반 아키텍처에서 개요를 유지하기 위해 각 마이크로서비스에 대한 특정 정보들은 이용 가능해야 한다. 따라서 마이크로서비스 기반 아키텍처는 마이크로서비스들이 이러한 정보들을 제공하는 방법을 정의해야 한다. 모든 마이크로서비스가 동일한 방법으로 이러한 정보를 제공하는 경우, 정보는 쉽게 수집될 수 있다. 관심을 갖는 정보들은 다음과 같다.

- 서비스의 이름과 담당자 등의 기본 정보
- 소스 코드에 대한 정보: 버전 관리 시스템의 어느 곳에서 소스를 발견할 수 있는지와 어떤 라이브러리가 사용되는지에 대한 정보를 말한다. 라이브러리에 대한 회사 정책과 오픈소스 라이선스를 비교하기 위해 사용된 라이브러리에 관심을 갖거나 보안 격차에 대해 마이크로서비스에 영향을 주는 라이브러리를 식별하기 위해 사용된 라이브러리에 관심을 가질 수 있다. 이러한 목적으로, 정보는 한 마이크로서비스에 대한 관심보다 특정 라이브러리에 대한 사용 결정을 위한 경우라도 이용 가능해야 한다. 이러한 결정은 담당 팀에 의해 거의 독립적으로 처리될 수 있다.
- 또 다른 관심 정보는 어떤 다른 마이크로서비스가 해당 마이크로서비스와 함께 동작하는지에 대한 것이다. 이러한 정보는 아키텍처 관리의 핵심 정보다(8.2절과 비교하라).
- 또한 구성 파라미터나 기능 토글$^{Feature\ toggle}$에 대한 정보도 관심의 대상이 될 수 있다. 기능 토글은 기능의 설정 또는 해제를 지원한다. 이것은 생산 환경에서 기능의 구현이 실제로 끝난 경우나 특정 기능의 비활성화로 인한 서비스의 실패를 방지하기 위해 새로운 기능만 활성화하는 데 유용하다.

마이크로서비스의 모든 컴포넌트나 전체 문서를 통합하는 것은 합리적이지 않으며, 마이크로서비스를 구현하는 외부 팀에 관련된 정보에 대한 통합이 합리적이다. 마이크로서비스의 상호작용이나 라이선스 점검을 관리하기 위해, 필요한 경우 관련 정보는 담당 팀의 외부에서 이용 가능해야 한다. 이러한 질문은 마이크로서비스 전반에 걸쳐 처리돼야 한다. 각 팀은 자신들의 담당 마이크로서비스에 대한 추가적인 정보를 생성해야 하지만, 이러한 문서화는 오직 한 팀에만 관련 있다. 따라서 표준화는 필요 없다.

유효기간이 지난 문서

모든 소프트웨어 문서화와 관련된 일반적인 문제는 문서들이 더 이상 쓸모없게 되고, 문서의 상태가 더 이상 업데이트되지 않는다는 점이다. 따라서 문서화는 코드와 더불어 버전 처리돼야 한다. 또한 문서화는 시스템에 존재하는 정보로부터 생성돼야 한다. 예를 들어, 이러한 정보들은 시스템을 컴파일할 때 필요하므로, 사용된 모든 라이브러리의 리스트는 빌드 시스템에서 얻을 수 있다. 사용되는 또 다른 마이크로서비스들은 서비스 검색^{Service} 에서 얻을 수 있다. 예를 들어, 이러한 정보는 마이크로서비스 사이의 통신을 보호하는 데 사용되는 것을 가정하는 방화벽의 규칙을 생성할 때 이용될 수 있다. 요약하면, 문서화는 별도로 관리돼야 하는 것은 아니지만 이용 가능한 정보로 생성돼야 한다.

문서에 대한 접근

문서는 구현하는 동안에 생성되는 산출물의 일부다. 또한 메타데이터를 읽을 수 있는 런타임 인터페이스도 고려해야 한다. 이러한 인터페이스는 모니터링과 HTTP를 통해 JSON 문서를 제공하는 일반적인 인터페이스와 관련될 수 있다. 이처럼, 메타데이터는 런타임 시 마이크로서비스가 제공하는 추가적인 정보다.

서비스 템플릿에서 문서가 생성되는 방법을 예시적으로 보여줄 수 있다. 서비스 템플릿은 새로운 마이크로서비스의 구현을 위한 기반을 형성할 수 있다. 이미 서비스 템플릿이 이러한 측면을 포함하고 있는 경우, 이것은 표준을 준수하는 문서를 쉽게 구현하도록 해준다. 추가적으로, 최소한 문서화의 형식적인 특성들은 테스트에 의해 검사될 수 있다.

8.14 결론

마이크로서비스 기반 시스템의 도메인 아키텍처는 시스템의 구조뿐 아니라 조직 구조에도 영향을 주기 때문에 매우 중요하다(8.1절). 불행하게도 의존성 관리를 위한 마이크로서비스 도구가 드물기 때문에 팀은 자체적인 솔루션을 개발해야만 한다. 때때로 개별 비즈니스 프로세스의 구현에 대한 이해가 충분할 수 있고, 실제로도 전체 아키텍처에 대한 개요가 필요하지 않다(8.2절).

배포 모놀리스에는 이를 달성하기 위한 수많은 리팩토링 기법들이 있다. 마이크로서비스에 대해서도 이러한 방법들이 존재한다(그러나 도구의 지원이 없는 경우 더 높은 장애물이 존재한다(8.3절)). 여전히 마이크로서비스 기반 시스템은 더 합리적으로 개발될 수 있다(예를 들어, 처음에는 몇 개의 큰 마이크로서비스로 시작하고 이후 시간이 지남에 따라 더 많은 마이크로서비스를 생성하면 된다(8.4절)). 많은 마이크로서비스로의 초기 분배는 위험을 수반해 결국 잘못된 분배로 끝날 수 있다.

레거시 애플리케이션을 마이크로서비스 기반 아키텍처로 이전하는 것은 특별한 경우다(8.5절). 이 경우 레거시 애플리케이션의 코드 베이스는 마이크로서비스로 나뉠 수 있다(그러나 이것은 레거시 애플리케이션의 나쁜 구조 때문에 나쁜 아키텍처로 이어질 수 있다). 그렇지 않으면, 레거시 애플리케이션의 기능을 단계적으로 마이크로서비스로 교체해 보완할 수 있다.

이벤트 주도 아키텍처(8.6절)는 마이크로서비스 내에서 로직을 분리시킬 수 있다. 이것은 시스템이 쉽게 확장 가능성을 갖도록 한다.

기술 기반technological basis을 정의하는 것은 아키텍처 작업 중 하나다(8.7절). 마이크로서비스 기반 시스템의 경우, 기반 기술의 정의는 구현을 위한 공유 기술 스택의 정의와 연관되지 않지만, 공유되는 통신 프로토콜, 인터페이스, 모니터링, 로깅의 정의와 관련된다. 전체 시스템의 추가적인 기술은 조정과 구성(8.8절)이다. 이 영역에서 모든 마이크로서비스가 사용해야 하는 도구들이 선택될 수 있다. 그렇지 않으면, 중앙에서 구성하지 않고 각 마이크로서비스가 자체적인 구성을 갖도록 할 수 있다.

마찬가지로, 서비스 검색(8.9절)에 대해 특정 기술이 선택될 수 있다. 어떠한 경우에도(통신에 메시징이 사용되는 경우를 제외하고) 서비스 검색에 대한 솔루션은 마이크로서비스 기반 시스템에 대해 합리적이다. 서비스 검색에 기반해 마이크로서비스의 인스턴스들에 걸쳐 부하를 분산시키기 위해 로드 밸런싱이 도입될 수 있다. 서비스 검색은 모든 인스턴스들을 알고, 로드 밸런싱은 부하를 이러한 인스턴스들로 분산시킨다. 로드 밸런싱은 중앙의 로드 밸런서나 서비스 검색, 또는 클라이언트마다 하나의 로드 밸런서를 통해 구현될 수 있다. 이것은 확장성에 대한 기반을 제공한다(8.11절). 그리고 마이크로서비스가 확장을 통해 더 많은 부하를 처리 가능하게 해준다.

마이크로서비스는 배포 모놀리스보다 훨씬 더 높은 기술적인 복잡도를 갖는다. 운영체제, 네트워크, 로드 밸런서, 서비스 검색, 그리고 통신 프로토콜 모두는 아키텍처의 일부가 된다. 배포 모놀리스의 개발자와 아키텍트는 대부분 이러한 부분을 경험하지 않아도 된다. 따라서 아키텍트는 전체적으로 다양한 기술들을 다뤄야 하며, 완전히 다른 수준에서 아키텍처를 처리해야 한다.

보안 영역에서 적어도 중심 컴포넌트는 인증과 권한 부여의 일부를 대체한다. 따라서 마이크로서비스는 접근에 대한 세부사항을 결정해야 한다(8.12절). 많은 마이크로서비스로 구성된 시스템에서 특정 정보를 얻기 위해 마이크로서비스는 표준화된 문서를 가지고 있어야 한다(8.13절). 예를 들어, 이러한 문서화는 (오픈소스 라이선스 규정에 비교하거나 라이브러리가 보안 격차를 가진 경우에 보안 문제를 제거하기 위해) 사용된 라이브러리에 대한 정보를 제공한다.

마이크로서비스 기반 시스템 아키텍처는 전통적인 애플리케이션과 다르며, 많은 결정들이 마이크로서비스 내에서 이뤄진다. 반면에 모니터링, 로깅, 지속적인 전달 같은 주제는 전체 시스템에 대해 표준화된다.

핵심 포인트

- 마이크로서비스 사이의 리팩토링은 힘든 작업이다. 다시 말해, 이 수준에서는 아키텍처를 변경하기가 어렵다. 따라서 아키텍처의 지속적인 개발이 핵심이다.
- 아키텍처의 필수 부분은 구성과 조정, 서비스 검색, 로드 밸런싱, 보안, 문서화, 그리고 메타데이터에 관한 지배적인 기술의 정의다.

9장

마이크로서비스의 통합과 통신

마이크로서비스는 통합돼야 하고 통신해야 한다. 이것은 다양한 수준에서 달성할 수 있다 (그림 37). 각 방법들은 장점과 단점을 갖는다. 또한 각 수준에서 통합에 대한 다양한 기술적인 실현이 가능하다.

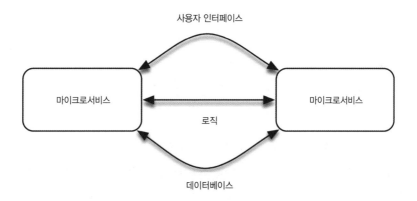

그림 37. 다양한 통합의 수준

- 마이크로서비스는 그래픽 사용자 인터페이스를 포함한다. 따라서 마이크로서비스는 사용자 인터페이스 수준에서 통합할 수 있다. 이러한 타입의 통합은 9.1절에서 소개된다.
- 또한 로직의 통합도 가능하다. 마이크로서비스는 로직의 통합을 위해 REST(9.2절), SOAP, RCP(9.3절), 메시징(9.4절)을 이용할 수 있다.

- 마지막으로, 데이터 복제(9.5절)를 통해 데이터베이스 수준에서 통합을 수행할 수 있다.

인터페이스의 설계에 대한 일반적인 규칙은 9.6절에서 제공된다.

9.1 웹과 UI

마이크로서비스는 자체적인 UI를 가져야 한다. 이것은 변경이 UI에 영향을 주는 경우에도 하나의 마이크로서비스에서 기능을 구현할 수 있다. 전체 시스템 수준에서 마이크로서비스의 UI를 모두 통합할 필요가 있다. 이것은 innoQ 블로그[1]에서 검토된 다양한 방법에 의해 달성 가능하다.

다양한 단일 페이지 앱들

단일 페이지 앱SPA, Single Page App[2]은 하나의 HTML 페이지로 전체 UI를 구현한다. 로직은 페이지의 일부를 동적으로 변경하는 자바스크립트로 구현된다. 로직은 북마크나 다른 일반 브라우저의 기능을 이용 가능하도록 브라우저에 표시되는 URL을 처리할 수 있다. 그러나 SPA들은 본래의 웹 사상과는 일치하지 않는다. SPA는 중심적인 웹 기술로 HTML을 중요하게 생각하지 않는다. 대부분의 로직은 자바스크립트로 구현된다. 전통적인 웹 아키텍처는 거의 독점적으로 로직을 서버에서 구현한다.

SPA들은 복잡한 상호작용이나 오프라인 능력이 필요한 경우에 더 유리하다. 구글의 지메일GMail은 SPA 용어를 명확하게 형성시킨 예제다. 때때로, 메일 클라이언트는 네이티브 애플리케이션native application이다. SPA로서 지메일은 거의 동일한 편의 사항을 제공한다.

다음과 같이 단일 페이지 앱을 구현하는 다양한 기술들이 있다.

- AngularJS[3]는 매우 인기 있다. AngularJS는 서로 다른 기능 사이의 양방향 UI 데이터 바인딩을 한다. 자바스크립트 코드가 결합된 모델의 속성에 새로운 값을 할당하

---

1   https://www.innoq.com/blog/st/2014/11/web-based-frontend-integration/
2   http://en.wikipedia.org/wiki/Single-page_application
3   https://angularjs.org/

는 경우, 뷰 컴포넌트는 자동으로 변경된 값을 표시한다. 바인딩은 UI에서 코드로도 동작한다. AngularJS는 사용자의 입력을 자바스크립트 변수로 바인딩할 수 있다. 또한 AngularJS는 브라우저에 HTML 템플릿을 만들 수 있다. 따라서 자바스크립트 코드는 복잡한 DOM 구조를 생성할 수 있다. 이 경우에 전체 프론트엔드 로직은 브라우저에서 실행되는 자바스크립트 코드로 구현된다. 구글은 AngularJS를 매우 진보적인 MIT 라이선스하에 프레임워크로 만들었다.

- Ember.js[4]는 '설정보다 관례Convention over Configuration[5]' 원칙에 일치하며, 본질적으로 AngularJS와 동일한 기능을 갖는다. 부가적인 Ember Data 모듈을 통해, REST 리소스에 접근하기 위한 모델 기반 접근 방법도 제공한다. Ember.js는 MIT 라이선스를 따르며, 오픈소스 커뮤니티에서 개발자들에 의해 관리되고 있다.

- Ext JS[6]는 MVC 접근 방법 외에 개발자들이 리치 클라이언트 애플리케이션과 유사한 UI를 구성할 수 있는 컴포넌트도 제공한다. Ext JS는 GPL v3.0을 따르는 오픈소스로서 사용할 수 있다. 그러나 상업적인 개발을 위해서는 제조사인 센차Sencha에서 라이선스를 구매해야 한다.

마이크로서비스별 SPA

단일 페이지 앱을 갖는 마이크로서비스의 경우, 각 마이크로서비스는 자체적인 SPA를 가질 수 있다(그림 38). 예를 들어 SPA는 JSON/REST를 통해 마이크로서비스를 호출할 수 있으며, 자바스크립트로 구현하는 것이 더 쉽다. SPA 사이에는 링크가 사용될 수 있다.

4 http://emberjs.com/
5 CoC라고도 하며, 실질적으로 추상화 계층을 생성하지 않고도 높은 수준의 추상화 작업을 프로그래머들이 할 수 있도록 지원하는 프로그래밍적인 접근 방법을 의미한다. - 옮긴이
6 http://www.sencha.com/products/extjs/

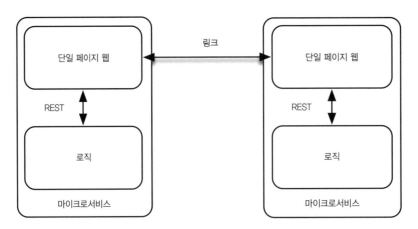

그림 38. 단일 페이지 앱을 갖는 마이크로서비스

따라서 SPA들은 완전히 분리되며 독립적이다. SPA의 새로운 버전과 관련 마이크로서비스의 새로운 버전은 지체 없이 출시rolled-out할 수 있다. 그러나 SPA의 강력한 통합은 어렵다. 사용자가 한 SPA에서 다른 SPA로 전환하는 경우, 브라우저는 새로운 웹 페이지를 로드하고 다른 자바스크립트 애플리케이션을 시작한다. 최신 브라우저라도 이를 위해서는 너무 긴 시간이 필요하므로 SPA 사이의 전환이 예외적인 경우에만 이 방법이 합리적이다.

동일성을 위한 자산 서버

또한 SPA는 그 종류가 다양하다. 각각의 SPA는 자체적으로 개별 설계된 UI를 갖는다. 그러나 이러한 문제는 자산 서버Asset Server의 사용을 통해 해결할 수 있다. 자산 서버는 애플리케이션을 위해 자바스크립트 파일과 CSS 파일을 제공하는 데 사용된다. 마이크로서비스의 SPA들이 자산 서버를 통해 이러한 종류의 자원을 이용 가능한 경우, 동일한 사용자 인터페이스를 가질 수 있다. 이를 위해 프록시 서버는 요청을 자산 서버와 마이크로서비스로 분배한다. 또한 모든 자원뿐 아니라 마이크로서비스가 공유 URL을 소유하고 있는 것처럼 웹 브라우저를 찾을 것이다. 이러한 방법은 다양한 URL에서 발생하므로 보안 규칙이 콘텐츠의 사용을 금지하는 것을 방지한다. 그리고 캐싱Caching은 애플리케이션의 로딩 시간을 줄일 수 있다. 자산 서버에 저장돼 있는 자바스크립트 라이브러리의 경우에만 마이크로서비스를 위한 사용이 허용되며, 기술의 선택이 감소될 수 있다. 따라서 동일성uniformity과 자유로운 기술 선택은 상충되는 목표다.

공유 자산 외에도 자산 서버와 모든 마이크로서비스 간에 코드 종속성이 발생한다. 자산의 새로운 버전은 해당 자산을 사용하는 모든 마이크로서비스에 대한 변경을 수반한다. 결국 마이크로서비스는 새로운 버전을 사용하는 방법으로 수정돼야 한다. 이러한 코드 종속성은 독립적인 배포를 위험하게 만드므로 방지돼야 한다. 백엔드에서의 코드 종속성은 때때로 문제가 된다(8.3절과 비교하라). 실제로, 이러한 종속성은 프론트엔드에서 감소돼야 한다. 그러나 이 경우에 자산 서버는 해결책이라기보단 문제가 된다.

자산 서버 외에도 애플리케이션의 설계를 더욱 자세히 설명하고, 이에 따라 다양한 수준에서 동일한 접근 방법을 가능하게 만드는 UI 가이드라인이 도움이 될 수 있다. 이것은 공유 자산 서버와 코드에 대한 종속성 없이도 동일한 UI를 구현할 수 있게 해준다.

또한 SPA는 동일한 인증과 권한을 가지고 있어 사용자가 여러 번 로그인할 필요가 없다는 것을 보장해야 한다. OAuth2나 공유 서명 쿠키는 이에 대한 해결책이 될 수 있다(8.12절을 참조하라).

자바스크립트는 자바스크립트가 유래한 도메인에 있는 이용 가능한 데이터에만 접근할 수 있다. 이러한 동일 기원 정책Same Origin Policy은 자바스크립트가 다른 도메인의 데이터를 읽는 것을 방지한다. 프록시로 인해 같은 도메인 내의 모든 마이크로서비스는 외부에서 접근하는 경우에 아무런 제한이 없다. 그렇지 않으면, 마이크로서비스의 UI가 또 다른 마이크로서비스의 데이터에 대한 접근을 가정하는 경우에 정책이 비활성화돼야 한다. 이러한 문제는 서버가 다른 도메인의 자바스크립트 사용을 허용하는 데이터를 전달하는 횡단 출처 자원 공유CORS, Cross Origin Resource Sharing에 의해 해결할 수 있다. 또 다른 옵션은 한 도메인을 통해 모든 SPA와 REST 서비스를 외부에 제공함으로써 도메인에 걸친 접근이 필요 없도록 하는 것이다. 이러한 방법으로 자산 서버에 대한 공유 자바스크립트 코드의 접근이 구현될 수 있다.

모든 마이크로서비스에 대한 단일 페이지 앱

결과적으로, 여러 SPA로의 분리는 마이크로서비스의 프론트엔드에 대한 엄격한 분리를 초래한다. 예를 들어, 한 SPA가 주문 등록을 담당하고, 또 다른 마이크로서비스가 보고서 같은 다른 기본적인 유스케이스에 대한 것이라면, SPA 사이에서 변경을 허용하는 경우라도 적재 시간load time이 필요하다. 사용자 그룹이 다른 경우, 애플리케이션 사이의 변경은 발생하지 않는다. 이것은 마이크로서비스의 사용자 인터페이스에 대한 강력한 통합이 필요한 경우다. 예를 들어, 주문 내에서 항목에 대한 세부 사항이 표시될 수 있다. 주문에 대한 표시는 한 마이크로서비스의 책임이며, 항목의 표시는 또 다른 마이크로서비스에 의해 수행된다. 이 경우 SAP는 모듈로 배포될 수 있다. 각 모듈은 또 다른 마이크로서비스며 다른 팀에 속한다. 모듈은 별도로 배포돼야 한다. 예를 들어, 이들은 서버에 개별적인 자바스크립트 파일로 저장될 수 있다. 그리고 분리된 지속적인 전달 파이프라인을 갖는다. 또한 인터페이스에 대한 적절한 규칙도 가지고 있어야 한다. 예를 들어, 이벤트의 전송만이 허용될 수 있다. 모듈은 상태가 변경될 때만 통신할 뿐 아니라 다른 모듈이 그들에 대해 반응하는 것을 모르기 때문에 이벤트는 모듈을 분리시킨다.

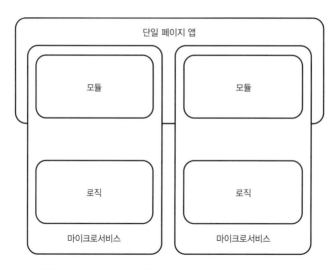

그림 39. 하나의 단일 페이지 앱을 공유하는 마이크로서비스의 밀접한 통합

예를 들어, AngularJS는 분리된 단위로 SPA의 개별 부분에 대한 구현을 허용하는 모듈 개념을 갖는다. 마이크로서비스는 마이크로서비스의 사용자 인터페이스를 표시하는 AngularJS 모듈을 제공할 수 있다. 필요한 경우, 모듈은 다른 마이크로서비스의 AngularJS 모듈과 통합할 수 있다.

그러나 이 접근 방법은 단점을 갖는다.

- 때때로 SPA는 완전한 애플리케이션으로만 배포 가능하다. 모듈이 수정되는 경우, 전체 SPA는 다시 작성되고 배포돼야 한다. 이것은 애플리케이션 모듈을 제공하는

마이크로서비스 사이에서 조정돼야 한다. 또한 모듈이 마이크로서비스를 호출하므로 서버에 대한 마이크로서비스의 배포는 모듈의 배포와 조정돼야 한다. 애플리케이션 모듈 배포에 대한 조정의 필요성은 마이크로서비스를 통해 방지돼야 한다.

- 모듈은 서로를 호출할 수 있다. 호출이 구현되는 방법에 따라, 모듈의 변경(예를 들어, 인터페이스의 변경 때문에)은 다른 모듈의 변경도 수반할 수 있다. 모듈이 분리된 마이크로서비스에 속하는 경우, 이것은 방지돼야 하는 마이크로서비스들에 걸친 조정을 또 다시 강요한다.

SPA 모듈은 애플리케이션 사이의 링크보다 더욱 밀접한 조정이 필요하다. 다른 한편으로, SPA 모듈은 다른 마이크로서비스로부터의 UI 요소들이 사용자에게 계속 표시될 수 있는 장점을 제공한다. 그러나 이 방법은 UI 수준에서 마이크로서비스들을 밀접하게 결합시킨다. SPA 모듈은 다른 프로그래밍 언어에도 존재하는 모듈 개념과 관련된다. 그리고 계속되는 배포의 원인이 된다. 따라서 실제로 서로에게 독립적이어야 하는 마이크로서비스는 하나의 공유된 배포 산출물의 UI에서 결합된다. 즉 이러한 접근 방법은 마이크로서비스 기반 아키텍처의 가장 중요한 장점 중 하나인 독립적인 배포를 취소시킨다.

HTML 애플리케이션

사용자 인터페이스를 구현하는 또 다른 옵션은 HTML 기반의 사용자 인터페이스다. 모든 마이크로서비스는 서버에서 생성되는 하나 이상의 웹 페이지를 갖는다. 웹 페이지는 자바스크립트도 사용 가능하다. SPA와는 반대로, 웹 페이지 사이에 변경이 있는 경우 서버에 의해 새로운 HTML 웹 페이지와 애플리케이션이 반드시 로드돼야 할 필요는 없다.

ROCA

ROCA[Resource Oriented Client Architecture][7]는 HTML 사용자 인터페이스에서 자바스크립트의 처리와 동적 요소에 대한 배치 방법을 제공한다. ROCA는 그 자체로 SPA의 대안으로 본다. ROCA에서 자바스크립트의 역할은 웹 페이지의 사용성을 최적화하기 위해 제한된다. 자바스크립트는 웹 페이지의 사용을 용이하게 만들거나 HTML 웹 페이지에 대한 효과를 추

---

7 http://roca-style.org/

가할 수 있다. 그러나 애플리케이션은 자바스크립트 없이도 사용 가능하도록 유지돼야 한다. 실제로, 사용자가 자바스크립트 없이 웹 페이지를 사용하는 것은 ROCA의 목적이 아니니다. 애플리케이션은 HTML과 HTTP에 기반한 웹 아키텍처를 사용하는 것만이 지원된다. 특히 웹 애플리케이션이 마이크로서비스로 분리되는 경우, ROCA는 의존성을 감소시키고 분할을 단순화한다. 마이크로서비스 사이에서 UI의 결합은 링크에 의한 것일 수 있다. HTML 애플리케이션에서 링크는 웹 페이지 간의 내비게이션을 위한 일반적인 도구며, 자연적인 통합을 나타낸다. 이들은 SPA의 경우처럼 이물질$^{foreign\ body}$이 아니다.

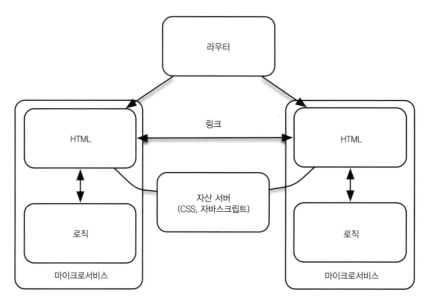

그림 40. HTML 사용자 인터페이스와 자산 서버

HTML 사용자 인터페이스의 통일성을 지원하기 위해, 마이크로서비스는 SPA처럼 공유 자산 서버를 이용할 수 있다(그림 40). 자산 서버는 모든 CSS와 자바스크립트 라이브러리를 포함한다. HTML 웹 페이지에 대한 추가적인 디자인 가이드라인을 정의하고 자산 서버에서 자산을 관리하는 경우, 다양한 마이크로서비스의 사용자 인터페이스는 거의 동일하다. 그러나 앞에서 설명한 것처럼, 이것은 마이크로서비스의 UI 간 코드 의존성을 유발한다.

쉬운 라우팅

외부에서 마이크로서비스는 단일 웹 애플리케이션처럼(이상적으로는 하나의 URL을 가진 것 처럼) 보여야 한다. 동일 기원 정책^{Same Origin Policy}을 위반하지 않으므로 자산을 공유해 사용하기가 용이하다. 그러나 외부에서의 사용자 요청은 올바른 마이크로서비스로 직접 연결돼야 한다. 이것은 라우터의 기능이다. 라우터는 HTTP 요청을 수신하고 이들을 마이크로서비스 중 하나로 전달할 수 있다. 이것은 URL에 기반해 수행될 수 있다. 개별 URL을 마이크로서비스에 매핑하는 방법은 규칙에 의해 결정되며, 이러한 규칙들은 복잡할 수도 있다. 예제 애플리케이션은 이러한 작업을 위해 Zuul을 사용한다(14.9절을 참고하라). 리버스 프록시^{Reverse Proxy}는 대안 중 하나다. 이들은 다른 서버로 요청을 보낼 수 있는 아파치 웹 서버^{Apache httpd}나 nginx 같은 웹 서버가 될 수 있다. 프로세스 내에서 요청들은 변경될 수 있다. 예를 들어 URL들이 다시 작성될 수 있다. 그러나 이러한 메커니즘은 자체 코드로 매우 쉽게 확장되는 Zuul만큼 유연하지 않다. 라우터 내의 로직이 매우 복잡한 경우에는 문제가 될 수 있다. 마이크로서비스의 새로운 버전 때문에 이러한 로직이 변경돼야 하는 경우, 고립된 배포는 더 이상 쉽지 않다. 이것은 마이크로서비스의 독립적인 개발과 독립적인 배포를 위험하게 만든다.

HTML과 자바스크립트의 정렬

일부의 경우에는 밀접한 통합이 필요하다. 이것은 다양한 마이크로서비스에서 유래되는 정보가 한 HTML 웹 페이지에 표시되는 경우에 발생한다. 예를 들어, 웹 페이지는 한 마이크로서비스로부터의 주문 데이터를 표시해야 하며, 주문된 항목에 관련된 데이터는 다른 마이크로서비스와 관련된다. 이 경우에 하나의 라우터로는 더 이상 충분하지 않다. 라우터는 마이크로서비스가 완전한 하나의 HTML 웹 페이지를 생성하는 것만 허용할 수 있다.

그림 40에 표현되는 아키텍처에서 사용되는 간단한 솔루션은 링크를 기반으로 한다. AJAX는 또 다른 마이크로서비스로부터 링크 내용을 로드 가능하게 한다. 그 이후, 링크는 수신된 HTML로 대체된다. 예제에서 항목에 대한 링크는 이러한 항목의 설명을 HTML로 변환할 수 있다. 전체 웹 페이지의 디자인은 또 다른 마이크로서비스에서 구현되는 반면, 한 마이크로서비스에서 제품을 표현하는 로직을 구현 가능하게 하는 것이다. 제품의 표현은 제품 마이크로서비스의 책임이 되는 반면, 전체 웹 페이지는 주문 마이크로서비스의 책임이

될 수 있다. 이것은 두 마이크로서비스가 지속적이면서 독립적으로 개발 가능하게 하며, 두 개의 컴포넌트를 표시한다. 항목의 표현이 변경되거나 새로운 제품에 개정된 표현이 필요한 경우, 이러한 변경 사항은 제품 마이크로서비스에서 구현될 수 있다. 주문 마이크로서비스의 전체 로직은 변경되지 않는다.

이러한 방법에 대한 또 다른 예제는 페이스북의 BigPipe[8]다. 이것은 로드 시간을 최적화할 뿐 아니라 페이지릿릿^{pagelets}에서 웹 페이지의 구성도 가능하게 한다. 맞춤형 구현은 다른 HTML에 의해 웹 페이지의 특정 요소를 대체하기 위해 자바 스크립트를 사용할 수 있다. 자바스크립트는 웹 페이지를 구성하는 데 사용되는 링크나 div 요소가 될 수 있다. 이러한 div 요소는 HTML 코드로 대체될 수 있다. 그러나 이러한 방법은 상대적으로 긴 로드 시간의 원인이 된다. 이것은 주로 웹 UI가 많은 자바스크립트를 사용하는 경우와 웹 페이지 사이의 전이가 많지 않은 경우에 유리하다.

프론트엔드 서버

그림 41은 강력한 통합을 위한 대안을 보여준다. 프론트엔드 서버는 마이크로서비스에서 생성된 각각의 HTML 코드 조각들$^{HTML\ snippets}$로부터 HTML 웹 페이지를 구성한다. CSS나 자바스크립트 라이브러리 같은 자산들도 프론트엔드 서버에 저장할 수 있다. ESI$^{Edge\ Side\ Includes}$[9]는 이러한 개념을 구현하기 위한 방법을 나타낸다. ESI는 다양한 소스로부터 HTML을 결합하기 위해 상대적으로 간단한 언어를 제공한다. ESI를 통해 캐시는 정적 콘텐츠(예를 들어, 웹 페이지의 골격)를 동적인 콘텐츠로 보완할 수 있다. 이러한 방법으로 웹 페이지가 동적인 콘텐츠를 포함하는 경우에도 캐시는 웹 페이지의 전달을 도울 수 있다. Varnish[10] 같은 프록시와 캐시는 ESI를 구현한다. 또 다른 대안은 SSI$^{Server\ Side\ Includes}$다. 이들은 ESI와 매우 유사하다. 그러나 이들은 캐시가 아닌 웹 서버에서 구현된다. SSI를 통해 웹 서버는 다른 서버에서 HTML 웹 페이지로 HTML 코드 조각들을 통합할 수 있다. 마이크로서비스는 서버에서 조립되는 웹 페이지에 대한 컴포넌트를 제공할 수 있다. 예를 들어, 아파치 웹

8 https://www.facebook.com/notes/facebook-engineering/bigpipe-pipelining-web-pages-for-high-performance/389414033919
9 https://en.wikipedia.org/wiki/Edge_Side_Includes를 참조하라. – 옮긴이
10 https://www.varnish-cache.org/]나 Squid[각주: http://www.squid-cache.org/

서버(Apache httpd)는 mode_include[11]를 통해 SSI를 지원한다. nginx sms SSI를 지원하기 위해 ngx_http_ssi_module[12]을 사용한다.

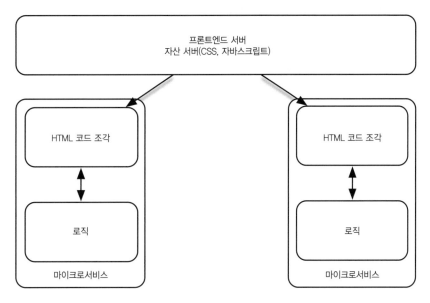

그림 41. 프론트엔드 서버를 이용한 통합

포털[Portal]은 하나의 웹 페이지에 다양한 소스로부터의 정보를 통합한다. 대부분의 제품은 자바 표준 JSR168(Portlet 1.0)과 JSR 286(Portlet 2.0)에 맞춰 자바 포틀릿[Java Portlet]을 이용한다. 포틀릿은 서로에 독립적으로 생산 환경에 적용 가능하다. 따라서 마이크로서비스 기반 아키텍처를 둘러싼 핵심적인 문제 중 하나를 해결한다. 실제로, 이러한 기술은 복잡한 솔루션에 자주 사용된다. 포틀릿은 일반적인 자바 애플리케이션과 비교할 때 기술적으로 매우 다르게 행동한다. 따라서 자바 환경에서 많은 기술을 사용하기가 어렵거나 불가능하다. 포틀릿은 사용자가 이전에 정의된 포틀릿으로 웹 페이지의 구성을 가능하게 만든다. 이러한 방법으로 사용자는 그들의 가장 중요한 정보를 하나의 웹 페이지에서 조합할 수 있다. 그러나 실제로 마이크로서비스를 위한 UI의 생성은 필요하지 않다. 추가적인 기능들은 복잡도를 더 높이기 마련이다. 따라서 실제로 포틀릿 기반의 포털 서버는 마이크로서비스의 웹 사용자 인터페이스에 대한 좋은 솔루션이 아니다. 추가로, 이들은 사용 가능한 웹 기술

---

11 http://httpd.apache.org/docs/2.2/mod/mod_include.html

12 http://nginx.org/en/docs/http/ngx_http_ssi_module.html

을 자바 분야로 한정한다.

모바일 클라이언트와 리치 클라이언트

웹 사용자 인터페이스는 클라이언트에 어떠한 소프트웨어도 설치할 것을 요구하지 않는다. 웹 브라우저는 모든 웹 애플리케이션을 위한 보편적인 클라이언트다. 서버 사이드에서 웹 사용자 인터페이스의 배포는 마이크로서비스의 배포와 더불어 쉽게 조정할 수 있다. 마이크로서비스는 UI의 일부를 구현한다. 그리고 HTTP를 통해 웹 사용자 인터페이스에 코드를 전달할 수 있다. 이것은 클라이언트 및 서버에 대해 상대적으로 조정이 쉬운 배포를 지원한다.

모바일 앱, 리치 클라이언트, 데스크톱 애플리케이션마다 상황이 다르다. 소프트웨어는 클라이언트에 설치돼야 한다. 이러한 클라이언트 애플리케이션은 모든 마이크로서비스에 대한 인터페이스를 제공해야 하는 배포 모놀리스다. 클라이언트 애플리케이션이 다양한 마이크로서비스의 기능을 포함하는 것을 지원하는 경우, 기술적으로 모듈화돼야 하며 관련된 마이크로서비스 같은 개별 모듈은 서로에 독립적으로 생산 환경에 적용돼야 한다. 그러나 클라이언트 애플리케이션은 배포 모놀리스이므로, 독립적인 배포가 불가능하다. SPA는 쉽게 배포 모놀리스로 전환될 수 있다. 때때로 SPA는 클라이언트와 서버에 대한 배포를 분리하는 데 사용된다. 마이크로서비스의 맥락에서 SPA의 사용은 바람직하지 않다.

클라이언트 애플리케이션의 변경을 요하는 새로운 기능이 마이크로서비스에 구현되는 경우, 이러한 변경은 마이크로서비스의 새로운 버전을 통해 단독으로 출시될 수 없다. 추가로, 클라이언트 애플리케이션의 새로운 버전이 전달돼야 한다. 그러나 기능에 대한 각각의 작은 변경이 있을 때마다 계속해서 클라이언트 애플리케이션을 전달하는 것은 비현실적이다. 클라이언트 애플리케이션이 모바일 운영체제의 앱스토어에서 이용 가능하다고 예상되는 경우, 각 버전에 대한 광범위한 검토가 필요하다. 다양한 변경 사항이 함께 전달되는 것이 지원되는 경우 변경은 조정돼야 한다. 그리고 클라이언트 애플리케이션의 새로운 버전은 마이크로서비스와 더불어 조정돼야 한다. 따라서 마이크로서비스의 새로운 버전은 적시에 준비돼야 한다. 이것은 결과적으로 마이크로서비스 간의 배포 의존성이 되며, 실제로는 방지돼야 한다.

조직 수준

때때로 조직 수준에서는 클라이언트 애플리케이션을 개발하도록 지정된 팀이 있다. 이러한 방법으로, 개별 모듈로의 분할은 조직 수준에서 구현된다. 특히 다양한 플랫폼이 지원되는 경우 각 플랫폼에 대한 각각의 마이크로서비스 팀마다 한 명의 개발자를 두는 것은 비현실적이다. 개발자들은 각 플랫폼에 대해 한 팀으로 구성될 것이다. 이러한 팀은 모바일 애플리케이션에 대해 마이크로서비스를 제공하는 모든 마이크로서비스 팀과 의사소통해야 한다. 이것은 많은 의사소통을 필요로 한다. 그러나 마이크로서비스는 과도한 통신 요구 사항을 방지하도록 설정해야 한다. 따라서 배포 모놀리스는 조직 수준에서 클라이언트 애플리케이션에 대한 도전 사항을 노출시킨다.

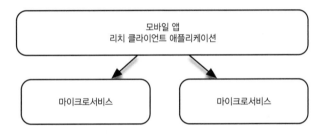

그림 42. 모바일 앱과 리치 클라이언트는 다수의 마이크로서비스를 통합하는 배포 모놀리스다.

한 가지 가능한 솔루션은 초기에 웹에 대한 새로운 기능을 개발하는 것이다. 각 마이크로서비스는 웹으로 직접 기능을 가져올 수 있다. 클라이언트 애플리케이션의 출시에 따라 이러한 기능들은 이용 가능하다. 그러나 이 경우 각각의 마이크로서비스는 웹 애플리케이션을 위한 특정 기능 세트에 대한 지원을 요한다. 그리고 필요한 경우 클라이언트 애플리케이션에 대한 또 다른 기능 세트가 필요하다. 그 대신에 이 방법은 웹 애플리케이션과 모바일 애플리케이션을 동일하게 유지할 수 있도록 한다. 이것은 도메인 기반 팀들이 마이크로서비스의 기능을 웹 사용자는 물론 모바일 사용자에게도 제공하는 방법을 지원한다. 모바일 애플리케이션과 웹 애플리케이션은 동일한 기능을 제공하는 두 개의 채널일 뿐이다.

개별 프론트엔드를 위한 백엔드

그러나 요구 사항이 완전히 다를 수도 있다. 예를 들어 가능하다면 모바일 애플리케이션은 마이크로서비스와 웹 사용자 인터페이스의 독립적인 추가 개발이 지원되는 거의 독립적인 애플리케이션이 돼야 한다. 때때로 모바일 애플리케이션의 유스케이스를 보면, 웹 애플리케이션의 유스케이스와 많이 다르고 기능의 차이 때문에 별도 개발이 필요하다.

이러한 경우 그림 43에 묘사된 방법이 합리적일 수 있다. 모바일 앱에 대한 개별 팀들이 있고, 리치 클라이언트는 특별한 백엔드를 구현하는 많은 개발자를 갖는다. 이것은 백엔드에서 모바일 앱의 기능을 독립적으로 개발 가능하게 한다. 적어도 마이크로서비스에 대한 요구 사항의 일부가 같은 팀의 개발자에 의해 구현되므로, 이 경우에는 백엔드 마이크로서비스에 속한 마이크로서비스에 모바일 앱에 대한 로직이 구현되는 일이 실제로 발생해서는 안 된다. 그러나 모바일 애플리케이션을 위한 백엔드는 다른 API들과 다르다. 모바일 클라이언트는 좁은 대역폭과 높은 지연 시간을 갖는다. 따라서 모바일 장치를 위한 API는 호출 횟수를 가능한 한 적게 하고, 실제로 중요한 데이터만 전송하도록 최적화된다. 이것은 리치 클라이언트에 대해서도 사실이다. 그러나 정확하게 같지는 않다. 모바일 애플리케이션의 특정 요구 사항에 대해 API를 적용하는 것은 프론트엔드 팀에 의해 구현되는 마이크로서비스에서 실현될 수 있다.

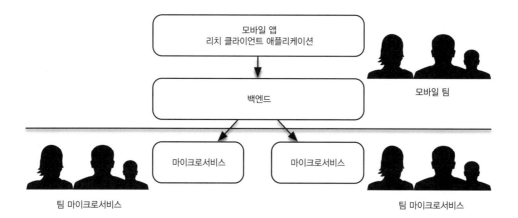

그림 43. 자체적인 백엔드를 갖는 모바일 앱, 또는 리치 클라이언트

모바일 앱에서 사용자의 상호작용은 빠르게 앱의 반응을 유도한다. 사용자 상호작용에 대한 반응으로 마이크로서비스의 호출이 필요한 경우, 이러한 목적과는 충돌이 발생할 수 있다. 다수의 호출이 있는 경우라면, 지연 시간은 더 증가할 것이다. 따라서 모바일 앱을 위한 API는 가능한 한 적은 횟수의 호출이 요구되는 데이터를 전달하기 위해 최적화돼야 한다. 또한 이러한 최적화는 모바일 앱을 위한 백엔드에 의해 구현돼야 한다.

최적화는 모바일 앱을 담당하는 팀에 의해 구현될 수 있다. 따라서 일반적으로 모바일 앱을 위한 팀이 스스로 자신들의 특별한 API를 조립할 수 있는 반면, 마이크로서비스는 유효한 인터페이스를 제공할 수 있다. 이 때문에 모바일 앱 팀들은 더 이상 마이크로서비스의 구현을 담당하는 팀에 대해 의존적이지 않다. 특히 웹 애플리케이션이 SPA가 아닌 HTML에 기반하고 있는 경우, 웹 애플리케이션의 모듈화는 모바일 앱의 모듈화보다 더 간단하다. 모바일 앱이나 리치 클라이언트 앱의 경우 이들은 개별 배포 단위로 구성되고 쉽게 분할되지 않으므로 모듈화가 훨씬 더 어렵다.

그림 43에 보이는 아키텍처는 다양한 클라이언트를 위해 마이크로서비스를 재사용 가능하게 만든다. 동시에 이것은 계층적 아키텍처^{layered architecture}의 항목이다. UI 계층은 마이크로서비스와 분리되며 다른 팀에 의해 구현된다. 이 경우 요구 사항은 여러 팀에 의해 구현돼야 한다. 마이크로서비스는 정확하게 이러한 문제를 방지하는 것을 의미한다. 또한 이 아키텍처에서는 클라이언트 애플리케이션을 위해 서비스 내에 구현되는 로직이 실제로는 마이크로서비스에 포함되는 위험을 수반한다. 따라서 이 솔루션은 장점이 전혀 없다.

시도 및 실험

이번 절에서는 웹 애플리케이션에 대한 대안으로 마이크로서비스별 SPA, 마이크로서비스마다 모듈을 갖는 SPA, 마이크로서비스별 HTML 애플리케이션, 그리고 HTML 코드 조각을 갖는 프론트엔드 서버를 설명했다. 이러한 방법 중 당신은 어떤 방법을 선택할 것인가? 그리고 그 이유는 무엇인가?

모바일 앱을 어떻게 처리할 것인가? 한 가지 선택 사항은 백엔드 개발자와 팀을 이루는 것이다. 아니면, 백엔드 개발자가 없는 팀을 선택하는 것이 더 마음에 드는가?

9.2 REST

마이크로서비스는 함께 로직을 구현하기 위해 서로 호출 가능해야 한다. 이러한 호출은 다양한 기술에 의해 지원된다.

REST^{Representational State Transfer}는 마이크로서비스 간의 통신을 지원하는 한 가지 선택 사항이다. REST는 WWW의 기본적인 접근 방법에 대한 용어다.

- URI를 통해 식별 가능한 다양한 자원들이 있다. URI는 범용 리소스 식별자^{Uniform Resource Identifier}를 의미한다. URI는 전역적으로 명확하게 리소스를 식별한다. 실질적으로 URL은 URI와 동일하다.

- 리소스는 고정된 메소드 세트를 통해 다룰 수 있다. 예를 들어 HTTP인 경우 자원의 요청을 위해서는 GET, 자원의 저장을 위해서는 PUT, 그리고 자원의 제거를 위해서는 DELETE라는 메소드가 있다. 이러한 메소드들의 의미는 엄격하게 정의된다.

- PDF나 HTML 같은 자원에 대한 다양한 표현들이 있을 수 있다. HTTP는 Accept 헤더를 통해 콘텐츠 협상^{Content Negotiation}을 지원한다. 이러한 방법으로, 클라이언트는 처리할 수 있는 데이터의 표현을 결정할 수 있다. 콘텐츠 협상은 리소스를 사람이 읽을 수 있는 방법으로 표현 가능하게 만든다. 그리고 동시에 기계가 읽을 수 있는 방법으로 동일한 URL을 머신에 제공한다. 클라이언트는 사람만 읽을 수 있는 HTML이나 JSON의 수락 여부를 Accept 헤더를 통해 통신할 수 있다.

- 리소스 사이의 관계는 링크^{link}를 통해 표현 가능하다. 링크는 다른 마이크로서비스를 가리킨다. 따라서 서로 다른 마이크로서비스의 로직을 통합할 수 있다.

- REST 시스템 내의 서버들은 '상태를 갖지 않는 것^{stateless}'을 지원해야 한다. 따라서 HTTP는 상태를 저장하지 않는 프로토콜을 구현한다.

제한된 어휘^{limited vocabulary}는 객체지향 시스템이 사용하는 것과 정확히 반대되는 의미를 가진다. 객체지향은 각 클래스에 대한 구체적인 메소드를 갖는 특정 어휘에 중점을 둔다. 마찬가지로, REST 어휘는 복잡한 로직을 실행할 수 있다. 데이터의 검증이 필요한 경우, 이것은 새로운 데이터의 POST나 PUT에서 검사될 수 있다. 복잡한 과정을 표현해야 하는 경우, POST는 프로세스를 시작할 수 있으며 상태가 계속 업데이트될 수 있다. 프로세스의 현재 상태는 GET을 통해 알려진 URL의 클라이언트에 의해 불려질 수 있다. 마찬가지로, POST나

PUT은 새로운 상태를 시작하기 위해 사용될 수 있다.

캐시와 로드 밸런서

RESTful HTTP 인터페이스는 캐시^{cache}를 통해 쉽게 보완될 수 있다. RESTful HTTP는 웹과 동일한 HTTP 프로토콜을 사용하기 때문에, 간단한 웹 캐시로 충분하다. 마찬가지로, 일반적인 HTTP 로드 밸런서 또한 RESTful HTTP에 사용될 수 있다. 이러한 개념의 위력은 WWW의 크기에 의해 강력하게 설명된다. 이러한 크기는 HTTP의 특성 때문에 가능하다. HTTP는 간단하고 유용한 보안 메커니즘을 가지고 있다(HTTPS를 통한 암호화뿐 아니라 HTTP 헤더를 통한 인증 메커니즘까지 가지고 있다).

HATEOAS

HATEOAS^{Hypermedia as the Engine of Application State}는 REST의 또 다른 핵심 컴포넌트다. 자원 사이의 관계는 링크에 의해 모델링된다. 따라서 클라이언트는 진입점^{entry point}만 알 수 있다. 클라이언트는 진입점부터 마음대로 탐색할 수 있고, 단계적인 방법으로 모든 데이터의 위치를 찾아낸다. 예를 들어, WWW에서는 구글에서 시작 가능하다. 그리고 실제로 구글에서부터 링크를 통해 모든 웹에 도달할 수 있다.

REST는 가장 큰 통합 컴퓨터 시스템으로 WWW의 아키텍처를 묘사한다. 그러나 REST는 다른 프로토콜로도 구현할 수 있다. REST는 다양한 기술로 구현 가능한 아키텍처다. HTTP를 통한 REST의 구현은 RESTful HTTP라 불린다. RESTful HTTP 서비스가 HTML 대신 JSON이나 XML 같은 데이터를 교환할 때, 이 방법은 웹 페이지의 접근뿐 아니라 데이터의 교환도 허용한다.

마이크로서비스는 HATEOAS로부터 혜택을 받을 수 있다. HATEOAS는 링크처럼 중앙의 조정을 갖지 않는다. 이것은 마이크로서비스는 가능한 한 중심(부서나 팀)을 통한 조정이 적어야 한다는 개념과 매우 잘 어울린다. REST의 경우, 클라이언트는 전체 시스템을 발견할 수 있는 기반이 되는 진입점만 알고 있다. 따라서 REST 기반 아키텍처에서 서비스는 클라이언트에 전송했던 방법으로 이동할 수 있다. 클라이언트는 단순히 새로운 링크만 갖는다. 마찬가지로, 이를 위한 중앙의 조정은 필요하지 않다. REST 서비스는 다른 링크를 반환해야 한다. 이상적인 경우, 클라이언트는 HATEOAS의 기본 사항을 이해해야 한다. 그리고 마이크로서비스 시스템 내의 모든 데이터에 대한 링크를 통해 탐색 가능하다. 다른 한편으로, 마이크로서비스 기반 시스템은 그들의 링크를 변경할 수 있다. 따라서 마이크로서비스 사이의 기능 분배가 변경될 수 있다. 광범위한 아키텍처 변경도 투명하게 유지돼야한다.

HAL

HATEOAS는 개념이다. HAL[13]은 HATEOAS를 구현 가능한 방법 중 하나며, JSON 문서 내에 포함돼야 하는 다른 문서에 대한 링크 방법을 설명하는 표준이다. 따라서 HATEOAS는 구현하기가 매우 쉽다. 특히 JSON/RESTful HTTP 서비스에서 구현하기가 쉽다. 링크는 실제 문서와는 구별된다. 이것은 세부 사항이나 독립적인 데이터 세트에 대한 링크를 구현 가능하게 한다.

XML

XML은 데이터 형식으로 오랜 역사를 갖고 있다. XML은 RESTful HTTP와 함께 사용하기 쉽다. XML 문서가 유효한지 판단하는 XML을 위한 다양한 종류의 시스템이 있다. XML은 인터페이스의 정의에 매우 유용하다. 예를 들어, 유효한 데이터 정의를 위한 언어들 중에는 XML 스키마XSD[14]와 RelaxNG[15]가 있다. 일부 프레임워크는 이러한 스키마에 관련된 XML 데이터를 관리하기 위해 코드의 생성을 허용한다. XLink[16]를 통해 XML 문서는 다른 문서에 대한 링크를 포함할 수 있다. 이것은 HATEOAS를 구현 가능하게 한다.

HTML

XML은 데이터와 문서를 전송하기 위해 고안됐다. 정보를 표시하는 것은 다른 소프트웨어의 작업이다. 반면에 HTML은 XML과 유사한 접근 방법을 갖는다. HTML은 오직 구조만

---

13 http://stateless.co/hal_specification.html

14 http://www.w3.org/XML/Schema

15 http://relaxng.org/

16 http://www.w3.org/TR/xlink11/

정의하고, CSS를 통해 표시한다. 현대 웹 애플리케이션 문서는 XML 같은 데이터만을 포함하고 있으므로, 프로세스 사이의 통신을 위해서는 HTML 문서로 충분할 수 있다. 마이크로서비스의 세계에서 이러한 방법은 사용자에 대한 통신과 마이크로서비스 사이의 통신이 동일한 형식을 사용하는 장점을 갖는다. 이것은 많은 노력을 감소시킨다. 따라서 UI와 다른 마이크로서비스에 대한 통신 옵션을 포함하는 마이크로서비스를 더 쉽게 구현할 수 있게 해준다.

JSON

JSON^{JavaScript Object Notation}은 자바스크립트에 더욱 최적화된 데이터 표현이다. 자바스크립트와 마찬가지로, 데이터는 동적으로 정해진다. 그러나 실제로 모든 프로그래밍 언어에는 적합한 JSON 라이브러리가 있다. 또한 적절한 검증을 통해 JSON을 보완하는 JSON 스키마[17] 같은 타입 시스템이 있다. JSON 스키마와 더불어, JSON은 이제 XML 같은 데이터 형식과 비교해도 부족한 점이 없다.

프로토콜 버퍼

테스트 기반 데이터 표현 대신에 프로토콜 버퍼^{Protocol Buffer} 같은 바이너리 프로토콜^{Binary protocol}이 사용될 수 있다. 이 기술은 데이터를 더 효율적으로 표현하고 더 높은 성능을 달성하기 위해 구글이 설계했다. 다양하고 많은 프로그래밍 언어에 대한 구현물이 있으므로 프로토콜 버퍼는 JSON이나 XML처럼 보편적으로 사용될 수 있다.

RESTful HTTP는 동기적이다

RESTful HTTP는 동기적^{synchronous}이다. 일반적으로 서비스는 프로그램 시퀀스를 계속 진행하기 위해 요청을 보내고, 그 이후에 분석되는 응답을 기다린다. 이것은 네트워크에서 지연 시간이 긴 경우 문제가 될 수 있다. 이것은 다른 서비스의 응답을 기다려야 하므로 요청에 대한 처리 시간을 길게 만들 수 있다. 또한 요청에 대한 응답을 전혀 받지 못할 가능성이 있으므로 임의의 대기 시간 이후의 요청은 중단돼야 한다. 요청에 대한 응답이 전혀

---

17 http://json-schema.org/

없을 수 있는 이유는 서비스가 해당 시점에 이용 가능하지 않거나 네트워크에 문제가 있을 수 있기 때문이다. 시간 제한을 올바르게 처리하면 시스템의 안정성이 증가된다(10.5절).

이러한 실패는 추가적인 서비스의 실패로 연결될 수 있다. 따라서 시간 제한을 통해 특정 시스템이 계속 응답하고 실패가 전파되지 않는다는 것을 보장해야 한다.

9.3 SOAP와 RPC

SOAP에 마이크로서비스 기반 아키텍처를 만들 수 있다. SOA는 REST처럼 HTTP를 사용한다. 그러나 서버로 데이터를 전송하기 위해 POST 메시지만 사용한다. 결국 SOAP는 서버에 있는 특정 객체에 대한 메소드를 호출한다. 따라서 SOAP는 다른 프로세스 내의 메소드를 호출하는 RPC^{Remote Procedure Call} 메커니즘이다. SOAP는 마이크로서비스 간의 관계에 대한 유연한 처리를 허용하는 HATEOAS 같은 메커니즘이 부족하다. 인터페이스는 서버에 의해 완전히 정의돼야 하고 클라이언트에 알려져야 한다.

유연한 전송

SOAP는 다양한 전송 메커니즘으로 메시지를 전달할 수 있다. 예를 들어, HTTP를 통해 메시지를 수신 가능하다. 그리고 그 이후 JMS를 통한 메시지나 SMTP/POP을 통해 이메일로 보낼 수 있다. SOAP 기반 기술은 요청에 대한 전달도 지원한다. 예를 들어, 보안 표준 WS-Security는 메시지의 일부를 암호화하거나 서명할 수 있다. 이후 해당 부분은 해독할 필요 없이 다른 서비스로 보내진다. 송신자는 일부분이 암호화된 메시지를 보낼 수 있다. 이 메시지는 다른 스테이션^{station18}을 통해 처리될 수 있다. 각 스테이션은 메시지의 일부를 처리하거나 다른 수신인에게로 보낼 수 있다. 마지막으로, 암호화된 부분은 최종 수신자에게 도착한다(그리고 거기에서만 해독되고 처리돼야 한다).

SOAP는 특별한 사용 상황에 대해 많은 확장 기능을 가지고 있다. 예를 들어 WS-* 환경은 웹 서비스에 대한 트랜잭션과 조정을 위한 다양한 확장 기능을 포함하고 있다. 이러한 방법으로 복잡한 프로토콜 스택이 생길 수 있다. 서로 다른 서비스나 솔루션 사이의 상호운

---

18 특정한 서비스가 제공되거나 이뤄지는 서버나 머신을 의미한다. - 옮긴이

용성^{interoperability}이 복잡도로 인해 어려워질 수 있다. 일부 기술들은 마이크로서비스에 대해 매우 부적합하다. 예를 들어, 다양한 마이크로서비스 사이의 조정은 문제가 되며, 결과적으로 조정 계층^{coordination layer}을 만들게 된다. 그리고 비즈니스 프로세스의 변경은 어쩌면 마이크로서비스의 조정과 관련되고 마이크로서비스 자체에도 관련된다. 조정 계층이 모든 마이크로서비스를 포함하는 경우, 각 마이크로서비스의 변경에 따라 변화해야 하는 모놀리스가 만들어진다. 이것은 독립적인 배포에 대한 마이크로서비스의 아이디어와는 상충된다. 오히려 WS-*은 SOA 같은 개념에 더 잘 맞는다.

스리프트

또 다른 통신 방법은 아파치 스리프트^{Apache Thrift19}다. 이것은 프로토콜 버퍼처럼 매우 효율적인 바이너리 인코딩을 사용한다. 게다가 스리프트는 한 프로세스에서 다른 프로세스로 네트워크를 통해 프로그래밍 언어를 이용해 요청을 전달할 수 있다. 스리프트를 위한 인터페이스는 인터페이스의 정의에 설명돼 있다. 이러한 정의에 기반해 서로 다른 클라이언트와 서버의 기술들이 통신할 수 있다.

9.4 메시징

마이크로서비스 사이의 통신을 위한 또 다른 선택 사항은 메시지와 메시징 시스템이다. 이름에서 알 수 있듯이, 이러한 시스템은 메시지 전송을 기반으로 한다. 메시지는 전송되는 메시지에 대한 응답으로 발생할 수 있다. 메시지는 하나, 또는 다수의 수신자에게 갈 수 있다.

분산 시스템의 경우, 메시지 솔루션은 다음과 같은 장점을 보여줄 수 있다.

* 네트워크 실패의 경우에도 여전히 메시지를 전송 가능하다. 메시징 시스템은 메시지를 버퍼링하고 네트워크가 다시 사용 가능한 경우 이들을 다시 전송한다.
* 더욱 강력한 보장이 가능하다. 메시징 시스템은 메시지의 올바른 전송을 보장할 뿐 아니라 메시지를 처리할 수도 있다. 메시지를 처리하는 동안에 문제가 발생하는 경우, 메시지를 다시 전송할 수도 있다. 일정 시간 이후 오류가 사라지면, 성공적인 처

---

19 https://thrift.apache.org/

리가 가능하다. 그렇지 않으면 메시지가 성공적으로 처리되지 않아, 마지막으로 메시지를 폐기할 때까지 메시지의 처리를 여러 번 시도한다.

- 메시지 아키텍처에서 응답은 비동기적으로 전송되고 처리된다. 이러한 아키텍처는 네트워크에서 높은 지연 시간이 발생하는 경우에 잘 조정된다. 응답 대기는 이러한 아키텍처에서 일반적인 경우다. 따라서 프로그래밍 모델은 항상 높은 대기 시간을 가정하고 동작한다.
- 또 다른 서비스의 호출은 더 많은 처리를 방해하지 않는다. 예를 들어, 응답이 수신되지 않는 경우에도 서비스는 계속 동작하고 추가적인 서비스를 호출할 수 있다.
- 송신자는 메시지의 수신자를 알 수 없다. 송신자는 메시지를 큐나 토픽topic에 보낸다. 그곳에 수신자가 등록한다. 따라서 송신자와 수신자는 분리된다. 심지어 송신자를 알지 못하는 다수의 수신자가 있을 수도 있다. 또한 메시지는 수신자가 자체적으로 수정할 수 있다. 예를 들어 데이터가 보충되거나 제거될 수 있다. 또한 메시지는 완전히 다른 사람에게도 전달될 수 있다.

메시징은 이벤트 소싱(10.3절)이나 이벤트 주도 아키텍처(8.6절) 같은 마이크로서비스 기반 시스템의 특정 아키텍처를 위한 좋은 기반이 될 수 있다.

메시지와 트랜잭션

메시지는 마이크로서비스를 갖는 트랜잭션 시스템에 대한 솔루션을 제공한다. 마이크로서비스 기반 시스템에서 마이크로서비스가 서로 호출하는 경우, 트랜잭션에 대한 보장은 확신하기 어렵다. 이 경우, 모든 마이크로서비스가 트랜잭션에 참여해야 할 수도 있다. 트랜잭션 내의 모든 마이크로서비스가 에러 없이 로직을 처리하는 경우, 마이크로서비스는 변경을 기록하는 것만 허용된다. 이것은 변경이 아주 오랫동안 일어나는 것을 의미하며, 데이터를 변경하지 않는 새로운 트랜잭션이 없으므로 성능에 나쁜 영향을 미친다. 또한 네트워크에서는 항상 트랜잭션에 참여한 마이크로서비스가 실패할 수 있다. 이 경우에는 트랜잭션이 매우 오랫동안 열려 있고, 심지어 끝나지 않을 수도 있다. 이것은 오랫동안 데이터의 변경을 방해한다. 이 문제는 시스템에 충돌이 발생하는 경우 일어난다.

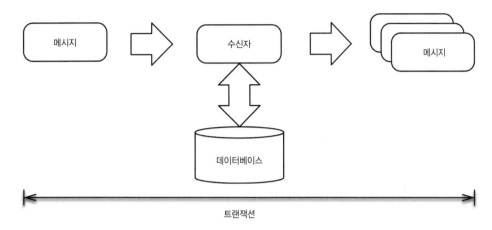

그림 44. 트랜잭션과 메시징

메시징 시스템에서 트랜잭션은 다르게 처리될 수 있다. 메시지를 보내고 받는 것(예를 들어, 데이터베이스에 데이터를 쓰고 읽는 것(그림 44))은 트랜잭션의 일부다. 메시지를 처리하는 동안 오류가 발생하는 경우, 모든 발신 메시지는 취소되고 데이터베이스의 변경은 롤백된다. 메시지의 처리가 성공적인 경우 모든 작업이 처리된다. 마찬가지로, 메시지의 수신자는 트랜잭션을 통해 보호될 수 있다. 이 경우 나가는 메시지의 처리는 동일한 트랜잭션의 보호 대상이다.

중요한 점은 메시지의 송신과 수신, 그리고 데이터베이스에 대한 트랜잭션이 한 트랜잭션으로 결합될 수 있다는 점이다. 조정은 인프라스트럭처에 의해 처리된다. 추가로, 여분의 코드를 작성할 필요가 없다. 메시지와 데이터베이스의 조정을 위해 2단계 확인[2PC, Two Phase Commit] 프로토콜이 사용된다. 이 프로토콜은 데이터베이스와 메시징 시스템 같은 트랜잭션 시스템을 조정하기 위한 일반적인 솔루션이다. 또 다른 대안은 Oralce AQ나 ActiveMQ 같은 제품이다. 이들은 메시지를 데이터베이스에 저장한다. 데이터베이스와 메시징 사이의 조정은 동일 데이터베이스 트랜잭션에서 데이터를 수정하고 메시지를 작성함으로써 간단히 이뤄질 수 있다. 결국 이러한 경우 메시징과 데이터베이스는 같은 시스템이다.

메시징은 전반적인 조정 없이도 트랜잭션을 구현 가능하게 한다. 각 마이크로서비스는 트랜잭션의 성격을 갖는다. 메시지의 트랜잭션적인 송신은 메시징 기술에 의해 보장된다. 그러나 메시지를 처리할 수 없는 경우(예를 들어 유효하지 않은 값 때문에) 이미 처리된 메시지를 다시 롤백할 수 있는 방법은 없다. 따라서 모든 상황에서 트랜잭션을 올바르게 처리할 수 있는 것은 아니다.

메시징 기술

메시징의 구현을 위해 사용되는 기술들은 다음과 같다.

- AMQP[Advanced Message Queuing Protocol20]는 표준이다. 이 표준은 유선으로 상호 간, 그리고 클라이언트와 통신할 수 있는 메시징 솔루션과 함께 프로토콜을 정의한다. 이 표준의 구현은 RabbitMQ[21]로 얼랭[Erlang]으로 작성됐으며 모질라 라이선스를 사용한다. 또 다른 구현의 예는 Apache Qpid다.

- 아파치 카프카[Apache Kafka22]는 많은 처리량, 복제, 그리고 실패에 대한 안전성에 중점을 둔다. 따라서 마이크로서비스 같은 분산 시스템에 적합하다. 특히 실패에 대한 안정성은 이러한 사용 맥락에 많은 도움이 된다.

- 0MQ[23](ZeroMQ 또는 ZMQ로도 불린다.)는 서버 없이 사용되며 매우 가볍다. 이것은 더 복잡한 시스템으로 조립될 수 있는 몇 가지 기본 단위를 갖는다. 0MQ는 LGPL 라이선스를 가지며 C++로 작성됐다.

- JMS[Java Messaging Service24]는 자바 애플리케이션에서 메시지를 받고 보내는 데 사용하는 API를 정의한다. AMQP와 달리, JMS 명세는 유선으로 메시지를 전송하는 방법에 대한 기술을 정의하지 않는다. JMS는 표준이므로 자바 EE 서버는 이 API를 구현한다. 잘 알려진 구현으로는 ActiveMQ[25]와 HornetQ[26]가 있다.

- 메시징을 위해 ATOM Feeds를 이용할 수도 있다. 일반적으로 이 기술은 블로그 콘텐츠를 전송하는 데 사용된다. 클라이언트는 상대적으로 쉽게 블로그의 새로운 항목을 요청할 수 있다. 같은 방법으로, 클라이언트는 새로운 메시지를 요청하는 데 ATOM을 사용할 수 있다. ATOM은 HTTP를 기반으로 한다. 따라서 REST 환

---

20 https://www.amqp.org/
21 https://www.rabbitmq.com/
22 http://kafka.apache.org/
23 http://zeromq.org/
24 https://jcp.org/en/jsr/detail?id=343
25 http://activemq.apache.org/
26 http://hornetq.jboss.org/

경에 잘 맞는다. 그러나 ATOM은 새로운 정보를 전달하는 한 가지 기능만 갖는다. ATOM은 트랜잭션과 같은 더 복잡한 기술을 지원하지 않는다.

많은 메시징 솔루션에 대해 메시징 서버와 추가적인 인프라스트럭처가 필요하다. 통신 실패는 전체 마이크로서비스 기반 시스템의 고장 원인이 되므로, 이러한 인프라스트럭처는 실패를 방지하는 방법으로 동작해야 한다. 그러나 메시징 솔루션은 대부분 높은 가용성을 달성하기 위해(예를 들어 클러스터링clustering을 통해) 설계된다.

메시징은 비동기 통신을 필요로 하므로 오히려 많은 개발자들은 메시징에 익숙하지 못하다. 이것은 메시징을 더 복잡한 것으로 표현하게 만든다. 대부분의 경우 다른 프로세스에서의 메소드 호출은 이해하기가 더 쉽다. 리액티브Reactive(10.6절을 참고하라) 같은 방법과 더불어 비동기적 기법에 대한 개발이 마이크로서비스에 도입된다. 또한 자바스크립트 개발에서 AJAX 모델은 메시지의 비동기적 처리와 유사하다. 따라서 더 많은 개발자가 비동기 모델에 익숙하다.

시도 및 실험

REST, SOAP/RPC, 메시징은 각각의 장단점을 가지고 있다. 각각의 장단점을 정리하고 어떤 대안을 사용 가능한지 판단해보라.

마이크로서비스 기반 시스템에는 다양한 유형의 통신이 있을 수 있다(그러나 하나의 지배적인 통신 유형이 있어야 한다). 당신은 어떤 유형을 선택할 것인가? 추가로 어떤 유형을 허용할 것인가? 어떤 상황에서 이러한 유형을 사용 가능한가?

9.5 데이터 복제

데이터베이스 수준에서 마이크로서비스는 데이터를 공유한다. 따라서 공통으로 데이터에 접근한다. 실제로 이러한 통합은 이미 오래 전부터 있었다. 데이터베이스가 여러 애플리케이션에 의해 사용되는 것은 드문 일이 아니다. 때때로 데이터베이스가 애플리케이션보다 오래돼, 애플리케이션의 요구에 초점을 맞추기보단 데이터베이스에 초점을 맞춘다. 공유 데이터베이스를 통한 통합은 광범위하게 사용되지만 심각한 단점이 따른다.

- 여러 애플리케이션이 데이터에 접근하므로 데이터의 표현이 쉽게 수정될 수 없다. 변화는 애플리케이션 중 하나에 문제가 생기는 원인이 될 수 있다. 따라서 변경은 모든 애플리케이션에 걸쳐 조정해야 한다.
- 데이터베이스의 변경을 수반하는 경우, 애플리케이션의 빠른 수정이 불가능하다. 그러나 빠른 변경 가능성^{changeability}은 마이크로서비스가 장점을 갖는 부분이다.
- 마지막으로, 스키마의 정리도 거의 불가능하다. 예를 들어, 어떤 시스템이 여전히 이러한 칼럼을 사용하는지 여부가 불분명하므로, 더 이상 필요하지 않은 칼럼을 제거하기가 불가능하다. 장기적으로, 데이터베이스가 더 복잡해지고 유지 보수가 어려워진다.

결국, 공유 데이터베이스의 사용은 중요한 아키텍처 규칙을 위반한다. 컴포넌트는 다른 컴포넌트에 영향을 주지 않고 자신들의 내부 데이터 표현을 변경 가능해야 한다. 데이터베이스 스키마는 내부 데이터 표현의 한 가지 예다. 여러 컴포넌트가 데이터베이스를 공유하는 경우, 데이터 표현의 변경은 더 이상 불가능하다. 따라서 마이크로서비스는 데이터의 저장을 엄격하게 분리하고 데이터베이스 스키마를 공유해서는 안 된다.

그러나 개별 마이크로서비스의 데이터 세트가 완전히 분리되는 경우, 데이터베이스 인스턴스가 여러 마이크로서비스에 대해 사용될 수 있다. 예를 들어, 각 마이크로서비스는 공유 데이터베이스 내에 자체적인 스키마를 사용할 수 있다. 그러나 이러한 경우 스키마 사이에는 어떠한 관계도 있을 수 없다.

복제

데이터 복제^{Replicating data}는 마이크로서비스의 통합을 위해 고려할 수 있는 대안 중 하나다. 그러나 데이터 복제가 백도어를 통한 데이터베이스 스키마에 대한 의존성을 도입해서는 안 된다. 데이터가 복제되고 동일한 스키마가 사용되는 경우, 데이터베이스의 공유 사용 같은 동일한 문제가 발생한다. 스키마 변경은 다른 마이크로서비스에도 영향을 준다. 따라서 결국에는 마이크로서비스가 결합된다. 이것은 피해야만 한다.

스키마와 마이크로서비스의 독립성을 보장하기 위해 데이터는 다른 스키마로 전송돼야 한다. 이러한 변환은 도메인에 기인한 경우가 대부분이다.

전통적인 IT에서 복제를 사용하는 전형적인 예는 데이터 웨어하우스^{Data Warehouse}다. 이들은 데이터를 복제하지만 다르게 저장한다. 데이터 웨어하우스에서 데이터의 접근은 매우 다른 요구 사항을 갖기 때문이다. 데이터 웨어하우스의 목표는 많은 양의 데이터를 분석하는 것이다. 데이터는 읽기 접근에 최적화된다. 그리고 때로는 통계를 위해 관련된 일부 단일 데이터 세트가 결합된다.

대부분의 경우, 제한 맥락 때문에 서로 다른 데이터에 대한 표현이나 서브셋이 다양한 마이크로서비스에 관련된다. 마이크로서비스 사이에서 데이터를 복제하는 경우, 이와 같은 이유로 데이터를 변환하거나 데이터의 서브셋만 복제해야 한다.

문제점: 중복성과 일관성

복제는 데이터의 중복 저장에 대한 원인이 되며, 데이터가 즉시 일치하지 않는다는 것을 의미한다. 모든 위치에 변경 사항이 복제될 때까지는 시간이 걸린다.

그러나 즉각적인 일관성은 불필요하다. 데이터 웨어하우스에서 분석 작업을 하는 경우, 분석은 지난 몇 분 동안의 주문을 포함하지 않아도 된다. 일관성이 중요하지 않은 또 다른 경우도 있다. 주문이 배송 마이크로서비스에 보이기까지 다소 시간이 걸리는 경우 이것은 (그 사이에) 아무도 데이터를 요청하지 않기 때문에 허용 가능하다.

일관성^{Consistency}은 시스템에 대한 요구 사항이며, 높은 일관성에 대한 요구 사항은 복제를 어렵게 만든다. 때때로 시스템 요구 사항이 결정되는 경우, 실제로 데이터가 어느 정도 수준의 일관성을 가져야 하는지 불명확하다. 이러한 제한은 데이터 복제에 대한 가능성을 제한한다.

복제에 대해 현재 데이터를 포함하는 선행 시스템이 있어야 하며, 나른 모든 복제는 이 시스템으로부터 데이터를 획득해야 한다. 그러면 항상 데이터가 최신이라는 것을 실제로 명확해질 수 있다. 데이터의 수정은 다른 시스템에 의해 트리거될 수 없다. 이것은 쉬운 충돌과 매우 복잡한 구현의 원인이 된다. 단지 한 소스에 대한 변경이 있는 경우, 이러한 충돌은 제외된다.

구현

일부 데이터베이스는 복제 기능을 제공한다. 그러나 마이크로서비스의 스키마는 달라야 하므로 마이크로서비스 간 데이터 복제에는 도움이 되지 않는다. 복제는 자체적으로 구현돼야 한다. 이러한 목적으로, 사용자 정의 인터페이스가 구현될 수 있다. 이러한 인터페이스는 대규모 데이터 세트에 대해서도 높은 성능을 가져야 한다. 필요한 성능을 달성하기 위해, 대상 스키마에 대해 직접 인터페이스를 작성할 수도 있다. 인터페이스는 REST 같은 프로토콜을 사용하지 않아도 되지만, 더 빠른 대안 프로토콜을 사용해야 한다. 이를 위해 일반적으로 마이크로서비스에 의해 사용되는 통신 메커니즘이 아닌, 또 다른 통신 메커니즘을 사용해야 한다.

일괄 처리

복제는 일괄 처리batch에 의해 활성화될 수 있다. 이 경우에 전체 데이터나 최소한 긴 시간 간격을 지닌 변경 사항들이 전달될 수 있다. 먼저 시간이 오래 걸리는 대량의 데이터에 대해 복제를 실행한다. 매번 모든 데이터를 전송하는 것이 적절하다. 이것은 마지막 복제가 수행되는 동안에 발생한 실수를 수정할 수 있게 해준다. 각 데이터 세트에 대한 버전 할당은 쉽게 구현된다. 버전에 기반해 변경된 데이터 세트가 구체적으로 선택되고 복제된다. 프로세스는 자체적으로 상태를 유지하지 못하므로, 이러한 방법은 복제가 중단되는 경우 쉽게 다시 시작할 수 있다. 그 대신, 상태는 데이터 자체에 저장된다.

이벤트

대안 중 하나는 특정 이벤트인 경우에만 복제를 시작하는 것이다. 예를 들어 데이터 세트가 새로 생성되는 경우, 데이터는 즉시 복제를 통해 복사될 수 있다. 이러한 접근 방법은 메시징을 통해 매우 쉽게 구현된다(9.4절). 데이터 복제는 대규모 데이터에 대한 고성능 접근을 위해서는 매우 좋은 선택이다. 많은 마이크로서비스 기반 시스템은 데이터를 복제하지 않고 운영된다. 이러한 시스템이 데이터 복제를 사용하는 경우 다른 통합 메커니즘이 사용된다.

시도 및 실험

 당신은 마이크로서비스 기반 시스템에서 데이터 복제를 사용할 것인가? 어떤 부분에 사용할 것인가? 그리고 어떻게 데이터 복제를 구현할 것인가?

9.6 인터페이스: 외부 인터페이스와 내부 인터페이스

마이크로서비스 기반 시스템은 다양한 타입의 인터페이스를 갖는다.

- 각 마이크로서비스는 다른 마이크로서비스를 위한 하나 이상의 인터페이스를 가질 수 있다. 인터페이스에 대한 변경은 다른 마이크로서비스 팀과의 조정을 요한다.
- 같은 팀에 의해 개발되는 마이크로서비스 간의 인터페이스는 특별한 경우다. 인터페이스에 대한 변경이 쉽도록 팀원들은 긴밀히 함께 작업할 수 있다.
- 또한 마이크로서비스 기반 시스템은 조직 외부의 개발자들이 사용할 수 있는 외부 시스템에 대한 인터페이스를 제공할 수 있다. 시스템이 인터넷에서 공용 인터페이스를 제공하는 경우처럼, 극단적인 경우 모든 인터넷 사용자가 잠재적인 사용자가 될 수 있다.

이러한 인터페이스들은 변경하기가 쉽다. 같은 팀의 동료에게 변경을 요청하는 것은 매우 쉽다. 어떤 경우에 이러한 동료들은 같은 방에 있다.

다른 팀의 마이크로서비스에 대한 인터페이스를 변경하는 것은 더 어렵다. 변경은 또 다른 변경과 새로운 기능에 우선해야 한다. 변경이 다른 팀과 조정돼야 하는 경우, 추가적인 비용이 발생한다.

마이크로서비스 간의 인터페이스 변경은 적절한 테스트에 의해 보호될 수 있다(11.7절의 '소비자 주도 계약 테스트'를 참고하라). 이러한 테스트는 인터페이스가 인터페이스 사용자들의 기대를 여전히 만족시키는지 확인한다.

외부 인터페이스

외부 인터페이스의 경우 사용자와의 조정은 더 복잡하다. 외부 인터페이스의 경우 많은 사용자가 있을 수 있다. 공용 인터페이스인 경우에는 사용자를 모를 수도 있다. 따라서 소비자 주도 계약 테스트 같은 기법은 이러한 시나리오에서 구현하기가 어렵다. 그러나 특정 버전의 인터페이스가 얼마나 오랫동안 지원될지 결정하는 것 같은 외부 인터페이스 관련 규칙은 정의 가능하다. 공용 인터페이스와 관련해서는 하위 호환성에 집중하는 것이 합리적일 수 있다.

외부에 대한 인터페이스인 경우, 모든 사용자에게 변경을 강요하지 않기 위해 다양한 버전의 인터페이스를 지원해야 한다. 마이크로서비스 사이에 분리된 배포에 대해서만 다양한 버전을 허용하는 것을 목표로 해야 한다. 마이크로서비스가 인터페이스를 변경하는 경우, 여전히 이전 인터페이스를 지원해야 한다. 이 경우, 이전 인터페이스에 의존하는 마이크로서비스는 곧바로 새롭게 배포하지 않아도 된다. 그러나 다음 배포에서는 새로운 인터페이스를 사용해야 한다. 그 후 이전 인터페이스가 제거될 수 있다. 이것은 지원해야 하는 인터페이스의 수를 감소시키며, 이에 따라 시스템의 복잡도가 낮아진다.

인터페이스 분리

인터페이스는 쉽게 변경할 수 있는 정도가 다르므로 각각 구현돼야 한다. 마이크로서비스의 인터페이스가 외부에서 사용되는 것을 가정하는 경우, 인터페이스의 변경이 외부 사용자들과 조정되는 경우에만 계속 인터페이스를 변경할 수 있다. 그러나 내부 사용을 위한 새로운 인터페이스는 분할 가능하다. 이 경우 외부에 노출되는 인터페이스는 더 쉽게 변경될 수 있는 분리된 내부 인터페이스에 대한 시작점이다.

또한 동일 인터페이스의 여러 버전이 내부적으로 함께 구현될 수 있다. 이러한 방법으로, 이전 인터페이스에 대한 호출인 경우 새로운 버전의 신규 파라미터로 쉽게 기본값을 설정할 수 있다. 따라서 두 인터페이스는 내부적으로 동일한 구현을 사용할 수 있다.

외부 인터페이스 구현

마이크로서비스 기반 시스템은 다양한 방법으로 외부에 인터페이스를 제공할 수 있다. 사용자를 위한 웹 인터페이스와 별개로, 외부에서 접근 가능한 API를 고려해볼 수 있다. 웹 인터페이스와 관련해, 9.1절에서 모든 마이크로서비스가 UI의 일부로 구현되는 것을 허용하는 방법으로 마이크로서비스가 통합되는 형태를 보여줬다.

시스템이 외부에 REST 인터페이스를 제공하는 경우, 외부로부터의 호출은 라우터의 도움을 통해 마이크로서비스로 전달될 수 있다. 예제 애플리케이션에서는 Zuul 라우터가 이를 위해 사용된다(14.9절). Zuul은 매우 유연하며 아주 상세한 규칙을 기반으로 다양한 마이크로서비스에 대한 요청을 전달할 수 있다. 그러나 HATEOAS는 자원을 이동하는 자유로움을 제공한다. 이 경우 라우팅은 불필요하다. 마이크로서비스는 URL을 통해 외부에서 접근 가능하지만 아무 때나 이동할 수 있다. 결국 URL은 HATEOAS에 의해 동적으로 결정된다.

또한 외부 호출이 마이크로서비스에 도달하기 전에 수정하는 외부 인터페이스를 위한 어댑터를 제공할 수 있다. 그러나 이와 같은 경우 마이크로서비스에 대한 로직의 변경은 항상 제한할 수 없지만 어댑터에 영향을 미칠 수 있다.

시맨틱 버전 관리

인터페이스에 대한 변경을 나타내기 위해 버전 번호가 사용될 수 있다. 시맨틱 버전 관리Semantic Versioning[27]는 버전 번호가 의미를 갖도록 정의한다. 버전 번호는 MAJOR.MINOR.PATCH로 나뉜다. 각 구성 요소는 다음과 같은 의미를 갖는다.

- MAJOR의 변경은 하위 호환성이 깨지는 새로운 버전을 의미한다. 클라이언트는 새로운 버전으로 조정돼야 한다.
- MINOR 버전은 인터페이스가 새로운 기능을 제공하는 경우에 변경된다. 그러나 이

---

27 http://semver.org/

러한 변경은 하위 버전과 호환돼야 한다. 클라이언트의 변경은 이들이 새로운 기능
을 사용하고자 하는 경우에만 필요하다.

* PATCH는 버그가 수정되는 경우에 증가한다. 이러한 변경은 완전하게 하위 호환성
을 가져야 하며 클라이언트에 어떠한 변경도 요구해서는 안 된다.

REST의 경우 URL의 버전을 표현하는 데 민감하지 않다는 것을 알고 있어야 한다. URL은
(호출되는 API의 버전과는 독립적으로) 자원을 나타내야 한다. 따라서 요청에 대한 Accept 헤
더에 버전이 정의될 수 있다.

포스텔의 법칙, 또는 견고성의 원리

인터페이스의 정의에 대한 또 한 가지 중요한 기반은 견고성의 원리[Robustness Principle]로 알려
진 포스텔의 법칙[Postel's Law28]이다. 포스텔의 법칙은 컴포넌트가 그들이 전달하는 것에 대해
서는 엄격해야 하고 다른 컴포넌트로부터 받는 것에는 자유로워야 한다고 말한다. 달리 말
해, 각 컴포넌트는 다른 컴포넌트를 사용하는 경우 정의된 인터페이스에 가능한 한 충실해야
한다. 그러나 자체적인 인터페이스를 사용하는 동안 발생하는 에러는 보정 가능해야 한다.

각 컴포넌트들이 견고성의 원리에 따라 행동하는 경우 상호운용성[interoperability]이 향상될 것이
다. 실제로, 각 컴포넌트들이 정의된 인터페이스를 정확하게 준수하는 경우에 상호운용
성은 이미 확보돼 있어야 한다. 그럼에도 불구하고 편차가 발생하면 사용되는 컴포넌트는
이에 대한 보정을 시도할 것이다. 따라서 상호운용성을 '유지'하려고 시도한다. 이러한 개
념은 '관대한 독자[Tolerant Reader '29]로 알려져 있다.

실제로, 호출되는 서비스는 이러한 것이 가능한 경우에 호출을 받아들여야 한다. 이를 달
성하는 한 가지 방법은 필요한 경우 호출로부터 이러한 파라미터들을 판독하는 것이다. 어
떠한 경우라도, 공식적인 인터페이스 명세를 준수하지 않는다면 호출은 거부돼야 한다. 그
러나 들어오는 호출은 검증돼야 한다. 이러한 방법은 마이크로서비스 같은 분산 시스템에
서 원활한 통신을 더 쉽게 보장한다.

---

28 http://tools.ietf.org/html/rfc793#section-2.10

29 http://martinfowler.com/bliki/TolerantReader.html

9.7 결론

마이크로서비스의 통합은 다양한 수준에서 발생할 수 있다.

클라이언트

통합이 가능한 수준 중 하나는 웹 인터페이스다(9.1절).

- 각 마이크로서비스는 자체적인 단일 페이지 앱$^{SPA, Single Page App}$이 될 수 있다. SPA는 독립적으로 개발 가능하다. 그러나 마이크로서비스 사이의 전이^{transition}는 완전히 새로운 SPA를 시작한다.

- 전체 시스템은 하나의 SPA가 될 수 있다. 각 마이크로서비스는 SPA를 위한 하나의 모듈을 제공한다. 따라서 SPA에서 마이크로서비스 간 전이는 매우 간단하다. 그러나 마이크로서비스는 매우 강하게 통합돼 배포에 대한 조정이 필요하다.

- 각 마이크로서비스는 HTML 애플리케이션이 될 수 있다. 통합은 링크를 통해 이뤄진다. 이 방법은 구현하기가 쉬우며 웹 애플리케이션의 모듈화를 가능하게 한다.

- 자바스크립트는 HTML을 로드^{load}할 수 있고, 다양한 마이크로서비스에 의해 HTML이 제공될 수 있다. 따라서 각 마이크로서비스는 자신에 대한 데이터 표현을 제공할 수 있다. 이 방법으로 또 다른 마이크로서비스로부터 제품의 표현을 주문에 로드할 수 있다.

- 스켈레톤^{skeleton}은 개별 HTML 코드 조각으로 조립될 수 있다. 이에 따라 전자상거래 방문 페이지는 한 마이크로서비스로부터의 마지막 주문과 또 다른 마이크로서비스로부터의 추천 사항을 표시할 수 있다. 이를 위해 ESI$^{Edge Side Includes}$나 SSI$^{Server Side Includes}$가 유용하다.

리치 클라이언트나 모바일 앱의 경우 클라이언트 애플리케이션이 배포 모놀리스이므로 통합이 어렵다. 실제로, 다양한 마이크로서비스에 대한 변경은 함께 배포될 수 있다. 개발 팀은 마이크로서비스를 변경하고 새로운 클라이언트 애플리케이션을 특정 분량의 UI 변경에 맞춰 함께 출시할 수 있다. 각 클라이언트 애플리케이션에 팀을 할당함으로써 마이크로서비스의 새로운 기능을 클라이언트 애플리케이션에 적용할 수 있다. 조직적인 측면에서 클라이언트 애플리케이션에 대한 팀의 사용자 정의 서비스를 개발하는 개발자가 있을 수 있다. 또한 이러한 서비스는 높은 성능으로 클라이언트 애플리케이션을 사용 가능하도록 인터페이스를 구현할 수 있디.

로직 계층

REST는 로직 계층의 통신을 위한 옵션이다(9.2절). REST는 서비스 간 통신이 가능하도록 WWW 메커니즘을 사용한다. HATEOAS는 시스템 사이의 관계를 링크로 표시하는 것을 의미한다. 클라이언트는 항목 URL만 알고 있다. 모든 다른 URL들은 클라이언트에 의해 바로 연결되지 않지만, 항목 URL은 시작되는 링크를 통해 발견되므로 변경 가능하다. HAL은 링크가 표현되는 방법을 정의하고 REST의 구현을 지원한다. REST를 위해 고려 가능한 또 다른 데이터 형식은 XML, JSON, HTML, 프로토콜 버퍼다.

SOAP나 RPC 같은 고전적인 프로토콜(9.3절)도 마이크로서비스 간 통신을 위해 사용할 수 있다. SOAP는 다른 마이크로서비스로 메시지를 전달하는 방법을 제공한다. 스리프트는 효율적인 바이너리 프로토콜이며, 마찬가지로 프로세스 간 호출을 전달할 수 있다.

메시징(9.4절)은 네트워크 문제와 긴 지연 시간을 잘 처리하는 장점을 갖는다. 또한 메시징은 트랜잭션을 매우 잘 지원한다.

데이터 복제

데이터베이스 수준에서 공유 스키마는 권장되지 않는다(9.5절). 이것은 공유된 내부 데이터 표현을 가지므로 마이크로서비스를 매우 강력하게 결합시킨다. 데이터는 또 다른 스키마로 복제돼야 한다. 각 마이크로서비스에 대한 스키마는 요구 사항과 일치해야 한다. 마이크로서비스는 제한 맥락이기 때문에, 마이크로서비스가 동일한 데이터 모델을 사용하기는 매우 어렵다.

인터페이스와 버전

마지막으로, 인터페이스는 통신과 통합을 위한 기본적인 핵심 요소다. 모든 인터페이스의 변경은 동일한 수준으로 용이하지 않다. 너무 많은 시스템들이 공용 인터페이스에 의존하고 있기 때문에, 실질적으로 공용 인터페이스는 변경할 수 없다. 내부 인터페이스는 더 쉽게 변경될 수 있다. 가장 간단한 경우, 공용 인터페이스는 특정 기능을 적절한 마이크로서비스로 라우팅만 한다. 시맨틱 버전 관리는 버전 번호에 의미를 주는 데 유용하다. 높은 수준의 호환성을 보장하기 위해서는 견고성의 원리가 도움이 된다.

이번 절에서는 마이크로서비스가 단지 RESTful HTTP를 사용하는 서비스가 아니라는 사실을 보여줬다. 이것은 마이크로서비스 간 통신을 위한 선택 사항 중 하나다.

핵심 포인트

- UI 수준에서 HTML 사용자 인터페이스와의 통합은 더 간단하다. SPA, 데스크톱 애플리케이션이나 모바일 앱들은 배포 모놀리스다. 따라서 마이크로서비스의 사용자 인터페이스에 대한 변경은 다른 변경 사항과 긴밀하게 조정돼야 한다.

- 비록 로직 수준에서 REST나 RPC 접근 방법은 간단한 프로그래밍 모델을 제공하지만, 메시징은 느슨한 결합과 네트워크를 통한 분산 통신 문제를 더 잘 극복할 수 있도록 한다.

- 데이터 복제는 대용량 데이터에 대해 고성능 접근이 이뤄질 수 있게 해준다. 마이크로서비스들이 데이터에 대해 동일한 스키마를 쓰는 경우, 내부 데이터 표현은 더 이상 변경될 수 없으므로 마이크로서비스의 데이터에 대해 동일한 스키마를 사용할 수 없다.

10장

개별 마이크로서비스의 구조

마이크로서비스를 구현하는 경우에는 많은 부분에 주의를 기울여야 한다. 이번 장에서는 먼저 마이크로서비스에 대한 도메인 아키텍처domain architecture(10.1절)를 설명한다. 마이크로서비스 기반 시스템인 CQRS의 구현(10.2절)은 흥미로운 내용이다. 이 방법은 데이터를 읽는 것과 쓰는 것을 분리한다. 이벤트 소싱Event Sourcing(10.2절)은 이벤트를 모델링의 중심에 위치시킨다. 마이크로서비스의 구조는 논리 커널과 어댑터로 기능을 세분화하는 헥사고날 아키텍처Hexagonal Architecture(10.4절)와 연관시킬 수 있다. 10.5절은 마이크로서비스에 대한 기본적인 요구 사항으로 탄력성resilience과 안전성stability에 중점을 둔다. 리액티브Reactive 같은 마이크로서비스의 구현에 대한 기술적인 방법은 10.6절에서 논의된다.

10.1 도메인 아키텍처

마이크로서비스의 도메인 아키텍처는 도메인 기반 기능을 마이크로서비스가 구현하는 방법을 정의한다. 마이크로서비스 기반 아키텍처는 모든 마이크로서비스에 대해 이러한 결정을 미리 하지 않는 것을 목적으로 한다. 따라서 마이크로서비스의 내부 구조는 독립적으로 결정할 수 있다. 이것은 팀들이 서로에 대해 거의 독립적으로 동작 가능하게 한다. 마이크로서비스를 이해하기 쉽게 유지하고, 유지 보수를 간단하게 만들며, 교체 가능하도록 만들어진 규칙을 준수하는 것은 확실히 현명한 일이다. 그러나 이 수준에서의 규제에 대한 필요성은 제한되지 않는다.

이번 절에서는 마이크로서비스의 도메인 아키텍처에 대한 잠재적인 문제를 식별하는 방법을 보여준다. 실제로 문제가 있는지 여부와 문제를 해결할 수 있는지 여부는 (마이크로서비스) 담당 팀이 답해야만 한다.

응집도

전체적인 시스템의 도메인 아키텍처는 개별 마이크로서비스의 도메인 아키텍처에 영향을 미친다. 8.1절에서 설명한 것처럼, 마이크로서비스는 서로 느슨하게 결합loosely coupled돼야 한다. 또한 마이크로서비스는 높은 내부 응집도internal cohesion를 가지고 있어야 한다. 마이크로서비스는 도메인에 대해 오직 하나의 책임만 가지고 있어야 한다. 결과적으로 마이크로서비스의 여러 부분은 느슨하게 결합돼야 하고, 마이크로서비스는 높은 응집도를 가져야 한다. 그런 경우가 아니라면, 한 마이크로서비스는 하나 이상의 책임을 담당할 것이다. 마이크로서비스 내의 응집도가 충분히 높지 않은 경우, 마이크로서비스는 여러 개의 마이크로서비스로 나뉠 수 있다. 분할로 인해 마이크로서비스는 작은 상태로 남아있게 되며, 이에 따라 마이크로서비스를 이해하고 유지 보수하고 교체하기가 더 쉬워진다.

캡슐화

캡슐화Encapsulation는 아키텍처가 내부 정보(특히 모든 내부 데이터 구조)를 외부에 숨기는 것을 의미한다. 그 대신 내부에 대한 접근은 인터페이스를 통해 지원된다. 따라서 소프트웨어는 쉽게 변경할 수 있도록 유지된다. 내부 구조는 시스템의 다른 부분에 영향을 주지 않고 변경될 수 있다. 이와 같은 이유로, 다른 마이크로서비스들이 한 마이크로서비스의 내부 데이터 구조에 접근하는 경우는 생기지 않는다. 그렇지 않으면, 이러한 데이터 구조는 더 이상 수정될 수 없다. 또한 이 방법을 통해 모든 마이크로서비스는 다른 마이크로서비스의 인터페이스만 이해하면 된다. 이것은 시스템의 구조structure와 명료함intelligibility을 향상시킨다.

도메인 주도 설계

도메인 주도 설계$^{DDD, Domain-Driven Design}$는 마이크로서비스를 내부적으로 구조화하는 방법이다. 각 마이크로서비스는 DDD 도메인 모델을 가질 수 있다. 도메인 주도 설계에서 필요한 패턴은 이미 4.3절에서 소개됐다. 특히 도메인 주도 설계와 전략적 설계$^{Strategic Design}$가 전반적인 시스템의 구조를 정의하는 경우(8.1절), 마이크로서비스는 이러한 방법을 사용해야 한다. 전체 시스템을 배포하는 동안, 전략적 설계는 어떠한 도메인 모델이 있는지, 그리고 이들이 마이크로서비스에 걸쳐 어떻게 분산돼 있는지 결정한다.

트랜잭션

트랜잭션^{Transaction}은 여러 작업을 묶어 이들이 모두 실행되거나 전혀 실행되지 않도록 한다. 트랜잭션은 대부분 하나 이상의 마이크로서비스를 포함하지 않는다. 메시징^{messaging}만 여러 마이크로서비스에 걸쳐 트랜잭션을 지원할 수 있다(9.4절을 참조하라). 마이크로서비스 내의 도메인 기반 설계는 인터페이스에서 각 동작들이 한 트랜잭션에 관련되는 것을 보장한다. 이러한 방법으로 하나의 트랜잭션에 여러 마이크로서비스가 참여하는 것을 방지할 수 있다. 이 방법은 기술적으로 구현하기가 매우 어렵다.

10.2 CQRS

일반적으로 시스템은 상태를 저장하고, (시스템의) 동작^{Operation}은 데이터를 변경하거나 읽을 수 있다. 이러한 동작은 두 종류로 분리될 수 있다. 데이터를 변경하고 이에 따라 부작용을 갖는 동작(명령)은 단지 데이터를 읽는 동작(쿼리)과 구별돼야 한다. 이 동작은 상태 변경과 데이터의 반환을 동시에 하지 않을 수 있다. 이러한 구별은 시스템을 이해하기 쉽게 만든다. 동작이 값을 반환하는 경우는 쿼리^{query}며, 어떠한 값도 변경하지 않는다. 이것은 추가적인 장점을 수반한다. 예를 들어 쿼리는 캐시를 제공받을 수 있다. 읽기 동작이 데이터를 변경하는 경우, 부작용을 갖는 동작은 캐시가 있음에도 여전히 실행되므로 캐시의 추가가 쉽지 않다. 쿼리와 명령 사이의 분리는 CQS$^{Command Query Separation}$로 불린다. 이 원칙은 마이크로서비스로 제한되지 않고 일반적으로 적용 가능하다. 예를 들어, 객체지향 시스템 내의 클래스는 동일한 방법으로 동작을 분할 가능하다.

CQRS

CQRS^{Command Query Responsibility Segregation1}는 CQS보다 더욱 과감하다. 그리고 쿼리와 명령 처리를 완전히 분리한다.

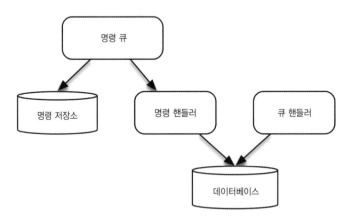

그림 45. CQRS 개요

그림 45는 CQRS 시스템의 구조를 보여준다. 각 명령은 명령어 저장소^{Command Store}에 저장돼 있다. 추가로, 명령 핸들러가 있을 수 있다. 예제에서 명령 핸들러는 현재 상태에 대한 데이터를 데이터베이스에 저장하기 위해 명령들을 사용한다. 쿼리 핸들러는 쿼리를 처리하기 위해 이 데이터베이스를 이용한다. 데이터베이스는 쿼리 핸들러의 요구를 조정할 수 있다. 예를 들어, 주문 처리 분석을 위한 데이터베이스는 고객이 그들의 자체적인 주문 처리를 표시하는 데 사용하는 데이터베이스에서 완전히 다르게 보일 수 있다. 그리고 데이터베이스 쿼리를 위해 완전히 다른 기술이 사용될 수 있다. 예를 들어, 서버 실패 시, 데이터를 잃어버리는 인메모리 캐시^{In-Memory Cache}를 사용 가능하다. 정보의 지속성^{information persistency}은 명령어 저장소에 의해 보장된다. 긴급 상황에서 캐시의 내용은 명령어 저장소에 의해 복원할 수 있다.

---

1 https://speakerdeck.com/owolf/cqrs-for-great-good-2

마이크로서비스와 CQRS

CQRS는 마이크로서비스를 통해 구현 가능하다.

- 통신 인프라스트럭처^{communication infrastructure}는 메시징 솔루션이 사용되는 경우에 명령 큐를 구현할 수 있다. REST 같은 접근 방법의 경우, 마이크로서비스는 관심을 갖는 모든 명령 핸들러에게 명령을 전달한다. 그리고 이 방식으로 명령 큐를 구현한다.
- 각 명령 핸들러는 마이크로서비스로 분리될 수 있다. 마이크로서비스는 자체적인 로직으로 명령어를 처리할 수 있다. 따라서 로직은 여러 마이크로서비스로 매우 쉽게 분배 가능하다.
- 마찬가지로, 큐 핸들러는 마이크로서비스로 분리될 수 있다. 큐 핸들러가 사용하는 데이터의 변경은 동일한 마이크로서비스의 명령 핸들러에 의해서도 가능하다. 그러나 명령 핸들러도 마이크로서비스로 분리될 수 있다. 이 경우, 쿼리 핸들러는 명령 핸들러가 데이터를 수정할 수 있도록 데이터베이스 접근을 위한 적절한 인터페이스를 제공해야 한다.

장점

CQRS는 마이크로서비스와의 상호작용에서 더욱 많은 장점을 갖는다.

- 개별 마이크로서비스로의 데이터 읽기와 데이터 쓰기가 분리될 수 있다. 이것은 더 작은 마이크로서비스를 가능하게 한다. 단일 마이크로서비스에 대해 쓰기와 읽기가 복잡한 경우, 마이크로서비스가 너무 커지고 이해하기 어려워질 수 있다. 분리는 매우 합리적일 수 있다.
- 마찬가지로, 또 다른 모델이 쓰기와 읽기에 사용될 수 있다. 마이크로서비스는 각 경계 맥락을 표현할 수 있다. 따라서 서로 다른 데이터 모델을 사용한다. 예를 들어, 통계 평가는 각 구매에 대해 오직 일부 데이터만 읽은 반면, 전자상거래 상점에서는 온라인 구매에 대한 많은 데이터가 작성된다. 기술적인 관점에서 데이터는 특정 쿼리에 대한 비정규화^{denormalization}나 다른 방법을 통해 읽기 동작에 최적화될 수 있다.
- 쓰기와 읽기는 서로 다른 수의 쿼리 핸들러 마이크로서비스와 명령 핸들러 마이크로서비스로 시작해 개별적으로 확장 가능하다. 이것은 마이크로서비스의 고른 확장

성을 지원한다.

- 명령 큐는 쓰기 동안에 최대 부하에 대한 처리를 용이하게 만든다. 큐는 변경 사항을 버퍼링하고 나중에 처리한다. 그러나 이 경우 데이터에 대한 변경은 쿼리에 의해 바로 처리가 고려되지는 않는다.

- 동시에 명령 핸들러의 다양한 버전을 실행하기가 쉽다. 이것은 새로운 버전의 마이크로서비스를 배포하기 용이하게 만든다.

심지어 CQRS는 실제로 동작과 데이터가 매우 밀접하게 연결돼 있는 경우, 마이크로서비스가 더 작아질 수 있게 해준다. 각 마이크로서비스는 독립적으로 결정하거나 CQRS에 대해 결정할 수 있다. 데이터를 변경하고 읽는 동작을 제공하는 인터페이스를 위한 다양한 구현 방법이 있다. CQRS는 단지 하나의 선택 사항일 뿐이다. (읽고 쓰는) 두 가지 측면은 CQRS 없이 하나의 마이크로서비스로도 구현 가능하다. 다양한 방법을 사용할 수 있는 자유는 마이크로서비스 기반 아키텍처의 주된 장점 중 하나다.

문제점

CQRS는 일부 문제의 원인이 된다.

- 읽기와 쓰기 동작을 포함하는 트랜잭션을 구현하기는 어렵다. 각 동작은 서로 다른 마이크로서비스로 구현 가능하다. 이 경우 일반적으로 마이크로서비스에 걸친 트랜잭션은 불가능하기 때문에 하나의 트랜잭션으로 동작을 결합하는 것이 거의 불가능하다.

- 서로 다른 시스템에 걸쳐 데이터의 일관성을 보장하기가 어렵다. 이벤트의 처리는 비동기적이다. 따라서 서로 다른 노드들은 서로 다른 시간에 처리가 끝날 수 있다.

- 개발과 인프라스트럭처에 대한 비용이 높다. 더 많은 시스템 컴포넌트와 더 복잡한 통신 기술들이 요구된다.

CQRS로 모든 마이크로서비스를 구현하는 것은 합리적이지 않다. 그러나 이 방법은 여러 환경에서 마이크로서비스 기반 아키텍처에 대한 훌륭한 보완 방법을 의미한다.

10.3 이벤트 소싱

이벤트 소싱[Event Sourcing2]은 CQRS와 유사한 방법이다. 그러나 이벤트 소싱에서의 이벤트는 CQRS에서의 명령과 다르며 구체적이다. 이들은 객체에서 무엇이 변경돼야 하는지 명확하게 정의한다. 이벤트는 무엇인가 발생한 것에 대한 정보를 포함한다. 두 방법은 결합 가능하다. 명령은 데이터를 변경할 수 있다. 이것은 결과적으로 시스템의 다른 컴포넌트가 반응할 수 있는 이벤트가 된다.

상태[state] 대신에 이벤트 소싱은 현재 상태를 유도하는 이벤트를 저장한다. 상태 그 자체는 저장하지 않는 반면, 이벤트로부터 상태를 다시 구성할 수 있다.

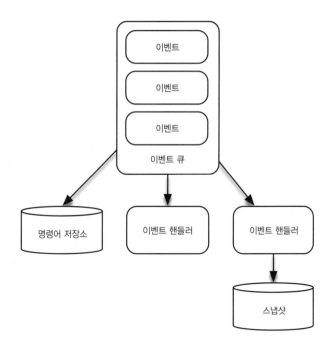

그림 46. 이벤트 소싱 개요

그림 46은 이벤트 소싱의 전체적인 개요를 보여준다.

- 이벤트 큐[Event Queue]는 다양한 수신자에게 모든 이벤트를 보낸다. 예를 들어, 이것은 메시징 미들웨어[messaging middleware]를 통해 구현될 수 있다.

---

2 http://slideshare.net/mploed/event-sourcing-introduction-challenges

- 명령어 저장소^{Event Store}는 모든 이벤트를 저장한다. 따라서 이벤트 체인과 이벤트 자체를 항상 재구성할 수 있다.
- 이벤트 핸들러^{Event Handler}는 이벤트에 반응한다. 이벤트 핸들러는 이벤트에 반응하는 비즈니스 로직을 포함할 수 있다.
- 이와 같은 시스템에서는 이벤트가 쉽게 추적된다. 시스템의 현재 상태를 끝까지 추적하기는 쉽지 않다. 따라서 현재 상태를 포함하는 스냅샷^{Snapshot}을 유지하는 것이 합리적이다. 각 이벤트나 특정 시간 이후, 스냅샷에서의 데이터는 새로운 이벤트에 따라 변경된다. 스냅샷은 선택 사항이다. 이벤트를 통해 상태를 추가적인 상태로 재구성할 수 있다.

이벤트는 이후에 변경되지 않을 수 있다. 문제 있는 이벤트는 새로운 이벤트에 의해 수정돼야 한다.

이벤트 소싱은 도메인 주도 설계를 기반으로 한다(4.3절을 참조하라). 따라서 유비쿼터스 언어^{Ubiquitous Language}에 맞춰, 비즈니스 맥락에서 이벤트는 타당한 이름을 가져야 한다. 일부 도메인에서 이벤트 기반 모델은 도메인 관점에서 더 합리적이다. 예를 들어, 계정에 대한 예약^{booking}은 이벤트로 고려될 수 있다. 감사와 같은 요구 사항은 이벤트 소싱으로 매우 쉽게 구현된다. 예약이 이벤트로 모델링됐으므로 누가 예약을 수행했는지 쉽게 추적할 수 있다. 추가로, 시스템과 데이터의 이전 버전에 대한 이력 상태를 구성하기가 상대적으로 쉽다. 이벤트 소싱은 도메인 관점에서 좋은 선택 사항이 될 수 있다. 일반적으로, 이벤트 소싱 같은 방법은 도메인 주도 설계의 혜택을 갖는 복잡한 도메인에 대해 합리적이다.

이벤트 소싱은 CQRS와 유사한 장단점을 갖는다. 그리고 두 접근 방법은 쉽게 결합할 수 있다. 이벤트 소싱은 전체 시스템이 이벤트 주도 아키텍처(8.6절)로 작동하는 경우에 더욱 합리적이다. 이 경우 마이크로서비스는 상태 변경에 관련된 이벤트를 처리하며, 마이크로서비스에서 이러한 접근 방법을 사용하는 것은 합리적이다.

실험 및 시도

당신이 알고 있는 프로젝트를 선택하라.

 어떤 경우에 이벤트 소싱이 합리적인가? 그 이유는 무엇인가? 일부 경우에 이벤트 소싱은 고립된 방법으로 사용 가능한가? 또는 전체 시스템을 이벤트 기반으로 변경할 수 있는가?

 어떤 곳에 CQRS가 유용한가? 그 이유는?

 인터페이스가 CQR 규칙을 준수하는가? 이 경우에 읽기와 쓰기 동작은 모든 인터페이스에서 분리돼야 하는가?

10.4 헥사고날 아키텍처

헥사고날 아키텍처[Hexagonal Architecture3]는 애플리케이션의 로직에 중점을 둔다(그림 47). 로직은 비즈니스 기능만을 포함하고, 헥사고날 아키텍처는 육각형의 각 면에 표현되는 서로 다른 인터페이스를 갖는다. 예제에는 사용자와 상호작용하는 인터페이스와 관리자를 위한 인터페이스가 있다. 사용자는 HTTP 어댑터에 의해 구현된 웹 인터페이스를 통해 이러한 인터페이스를 이용할 수 있다. 테스트를 위한 특별한 어댑터도 있다. 이들은 사용자를 시뮬레이션하는 테스트를 할 수 있다. 마지막으로, REST를 통해 접근 가능한 로직을 만드는 어댑터가 있다. 이것은 다른 마이크로서비스가 로직을 호출 가능하게 해준다.

인터페이스가 단지 다른 시스템으로부터 요청만 받는 것은 아니다. 또한 다른 시스템도 이러한 인터페이스를 통해 접근할 수 있다. 실제로, 해당 데이터베이스는 DB 어댑터를 통해 데이터베이스를 사용할 수 있다. 대안은 테스트 데이터를 위한 어댑터다. 마지막으로, 다른

---

3 http://alistair.cockburn.us/Hexagonal+architecture

애플리케이션은 REST 어댑터를 통해 접근 가능하다. 이러한 어댑터 대신에 테스트 시스템은 사용되는 시스템을 시뮬레이션하는 데 사용될 수 있다.

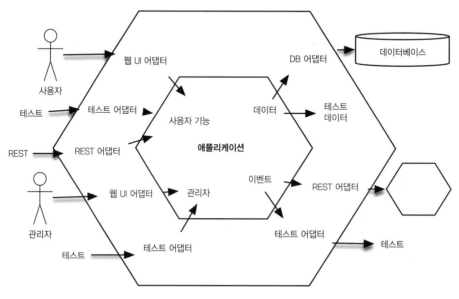

그림 47. 헥사고날 아키텍처 개요

헥사고날 아키텍처의 또 다른 명칭은 '포트와 어댑터$^{\text{Ports and Adapters}}$'다. 사용자, 관리자, 데이터, 이벤트와 같은 애플리케이션의 각 면은 포트^{port}다. 어댑터^{adaptor}는 REST나 웹 사용자 인터페이스 같은 기술에 기반해 포트를 구현한다. 육각형 오른쪽의 포트를 통해 애플리케이션은 데이터를 가져온다. 반면, 왼쪽 포트를 통해 사용자와 다른 시스템을 위한 기능과 데이터가 제공된다.

헥사고날 아키텍처는 시스템을 로직 커널과 어댑터로 나눈다. 오직 어댑터만이 외부에 대해 통신할 수 있다.

헥사곤, 또는 레이어

헥사고날 아키텍처는 계층화 아키텍처$^{\text{layered architecture}}$의 대안이다. 계층화 아키텍처에는 UI가 구현되는 계층과 영속성이 구현되는 계층이 있다. 헥사고날 아키텍처는 포트를 통해 로직에 연결되는 어댑터들이 있다. 헥사고날 아키텍처는 영속성과 UI보다 많은 포트들이 있음을 명확하게 보여준다. 또한 '어댑터'라는 용어는 로직과 포트가 구체적인 프로토콜과 어댑터의 구현으로부터 분리돼 있는 것을 보여준다.

헥사고날 아키텍처와 마이크로서비스

헥사고날 아키텍처가 REST 인터페이스를 통해 로직을 다른 마이크로서비스에 제공할 뿐아니라, 웹 UI를 통해 로직을 사용자에게 제공하는 것은 매우 자연스러운 일이다. 정확히, 이 아이디어는 마이크로서비스의 기초를 이룬다. 이들은 다른 마이크로서비스에 로직을 제공할 뿐 아니라 UI를 통해 사용자에 대한 직접적인 상호작용을 지원한다.

개별 테스트는 모든 포트에 대해 구현 가능하므로 마이크로서비스의 고립된 테스트는 헥사고날 아키텍처에서 더 쉬워진다. 이를 위해 실제 구현 대신에 테스트 어댑터가 사용돼야 한다. 특히 개별 마이크로서비스의 독립적인 테스트는 독립적인 구현과 마이크로서비스의 독립적인 배포를 위한 중요한 전제 조건이다.

탄력성^{resilience}과 안정성^{stability}(10.5절을 참고하라), 또는 로드 밸런싱(8.10절)에 필요한 로직은 어댑터로 구현될 수 있다.

마찬가지로, 어댑터와 실제 로직을 개별 마이크로서비스로 분배하는 것은 상상 가능하다. 결과적으로, 이것은 더 많은 분산 통신을 발생시키고 오버헤드를 유발한다. 그러나 다른 한편으로, 어댑터와 커널의 구현은 여러 팀들로 분산될 수 있다. 예를 들어, 모바일 클라이언트를 개발하는 팀은 모바일 애플리케이션의 대역폭 제한에 적용되는 특정 어댑터를 구현할 수 있다.

한 가지 예제

주문^{Order}을 위한 마이크로서비스는 헥사고날 아키텍처에 대한 예제 같은 역할을 수행할 수 있다. 사용자는 주문을 위해 웹 UI로 마이크로서비스의 기능을 이용할 수 있다. 마찬가지로, 다른 마이크로서비스나 외부 클라이언트가 '사용자 기능$^{user\ functionalities}$'을 사용할 수 있는 REST 인터페이스가 있다. 웹 UI, REST 인터페이스, 테스트 어댑터는 마이크로서비스의 '사용자 기능'에 대한 세 개의 어댑터다.

세 가지 어댑터의 구현은 REST와 웹 UI는 동일한 기능을 사용하기 위한 단 두 개의 옵션임을 강조한다. 또한 이러한 방법으로 마이크로서비스는 UI와 REST의 통합을 구현한다.

기술적으로, 어댑터는 여전히 분리된 마이크로서비스로 구현될 수 있다.

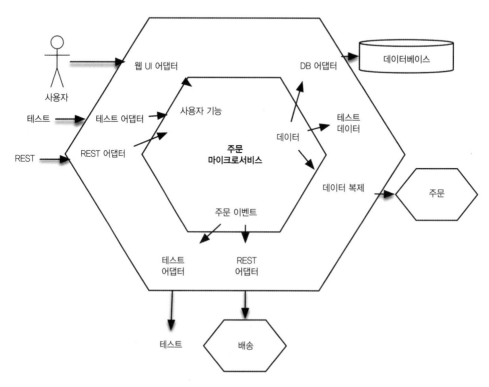

그림 48. 헥사고날 아키텍처에 대한 예제로서의 주문 마이크로서비스

또 다른 인터페이스는 주문 이벤트다. 이들은 새로운 주문이 도착하는 경우, 주문이 배달될 수 있도록 '배송^{Delivery}' 마이크로서비스에게 알려준다. 이러한 인터페이스를 통해 주문이 전달됐거나 주문에 대한 지연이 발생한 경우에도 '배송' 마이크로서비스에 알려준다. 또한 이 인터페이스는 테스트를 위한 어댑터로 동작한다. 따라서 '배송' 마이크로서비스에 대한 인터페이스는 단순히 데이터를 기록하지 않고 주문에 대한 변경을 알려줄 수 있다. 이것은 인터페이스가 다른 마이크로서비스를 사용할 뿐 아니라 스스로 변경할 수 있다는 것을 의미한다.

헥사고날 아키텍처는 사용자 기능과 주문 이벤트에 대한 인터페이스를 도메인 기반으로 분배한다. 따라서 이 아키텍처는 도메인 기반 설계를 강조한다.

주문의 상태는 데이터베이스에 저장된다. 이 경우, 테스트 데이터가 있는 인터페이스가 데이터베이스 대신 테스트를 위해 사용될 수 있다. 이 인터페이스는 고전적인 아키텍처의 영속성 계층에 해당된다.

마지막으로, 주문에 대한 보고를 위해 데이터 복제를 통해 정보를 전송하는 인터페이스가 있다. 여기에서 주문에 대한 통계가 생성될 수 있다. 보고는 영속성 인터페이스로 나타나야 하지만 실제로는 그 이상이다. 데이터는 저장과 더불어 통계를 빠르게 생성 가능하도록 변경된다.

예제에서 볼 수 있듯이, 헥사고날 아키텍처는 적절한 도메인 기반으로 다양한 도메인 기반 인터페이스들을 분할한다. 각각의 도메인 기반 인터페이스와 어댑터는 별도의 마이크로서비스로 구현 가능하다. 필요한 경우, 이것은 애플리케이션을 다양한 마이크로서비스로 분리 가능하게 만든다.

시도 및 실험

당신이 알고 있는 프로젝트 하나를 선택하라.

그곳에는 개별적인 헥사곤들이 있는가?

헥사곤들은 어떤 포트와 어댑터를 가지고 있는가?

헥사고날 아키텍처가 제공하는 장점은 무엇인가?

구현물은 어떻게 보일 것인가?

10.5 탄력성과 안정성

마이크로서비스의 실패는 가능하면 다른 마이크로서비스의 가용성에 적은 영향을 미쳐야한다. 마이크로서비스 기반 시스템은 분산 시스템이므로 기본적으로 실패의 위험이 크다. 네트워크와 서버는 신뢰성이 없다. 마이크로서비스는 여러 서버에 분산되기 때문에 시스템마다 많은 수의 서버가 있으며, 이에 따라 실패 가능성이 높다. 결과적으로 한 마이크로서비스가 실패하는 경우, 추가적인 마이크로서비스들이 실패하게 된다. 결국 단계적으로 전체 시스템이 망가지게 된다. 이것은 방지돼야만 한다.

이러한 이유로, 마이크로서비스는 다른 마이크로서비스의 실패로부터 보호돼야 한다. 이러한 특성을 탄력성^{resilience}이라 말한다. 탄력성을 달성하기 위해 필요한 조치들은 마이크로서비스의 일부분이 돼야 한다. 안정성^{stability}은 높은 소프트웨어 가용성을 의미하는 더 광범위한 용어다. 『릴리스 잇$^{Release It}$』[4]에서 이러한 주제에 대한 다양한 패턴들을 확인할 수 있다.

타임아웃

타임아웃^{Timeout}은 또 다른 시스템과 통신하는 경우, 비가용성^{unavailability}의 감지를 돕는다. 타임아웃 이후 응답이 없는 경우, 시스템은 이용할 수 없다고 간주된다. 불행하게도 많은 API들은 타임아웃을 정의하는 방법을 가지고 있지 않으며, 일부 API는 매우 높은 값으로 기본 타임아웃을 지정한다. 예를 들어, 운영체제 수준에서 기본 TCP 타임아웃은 5분이 될수 있다. 서비스가 다른 마이크로서비스에 대해 대기하고 있으므로 이 시간 동안 마이크로서비스가 호출자에게 응답하지 않는다. 따라서 이 마이크로서비스는 실패한 것처럼 보일수 있다. 또한 요청은 이 시간 동안에 스레드를 차단할 수 있다. 어느 시점에는 모든 스레드가 차단된다. 그리고 마이크로서비스는 어떠한 추가적인 요청도 더 이상 받을 수 없다. 이러한 도미노 효과는 확실히 방지돼야 한다. API가 다른 시스템이나 데이터베이스에 접근하는 시간을 제한하고자 하는 경우, 이러한 타임아웃이 설정돼야 한다. 또 다른 옵션은 외부 시스템이나 데이터베이스에 대한 모든 요청은 추가적인 스레드에서 일어날 수 있도록 허용하고 타임아웃 이후에 해당 스레드를 종료하는 것이다.

---

4 Michael T. Nygard: Release It!: Design and Deploy Production-Ready Software, Pragmatic Programmers, 2007, ISBN 978-0-97873-921-8

회로 차단기

회로 차단기^{Circuit Breaker}는 전기 회로에서의 안전 조치다. 회로가 단락되는 경우, 회로 차단기는 과열이나 화재 같은 위험한 결과를 방지하기 위해 전기의 흐름을 끊는다. 이러한 아이디어는 소프트웨어에도 잘 적용된다. 다른 시스템이 더 이상 이용 가능하지 않거나 오류만 반환하는 경우, 회로 차단기는 그 시스템에 대한 호출을 막는다. 어쨌든, 이 시나리오에서 호출은 의미가 없다.

일반적으로, 회로 차단기가 폐쇄되면 호출은 다른 시스템으로 전달된다. 오류가 발생하는 경우, 에러의 빈도에 따라 회로 차단기가 열린다. 이 경우, 호출은 다른 시스템으로 보내지지 않고 즉시 오류로 처리된다.

이것은 다른 시스템의 부하를 줄인다. 또한 오류가 순간적이기 때문에 타임아웃이 필요하지 않다. 얼마 후, 회로 차단기는 다시 폐쇄될 것이다. 이제 들어오는 호출은 다시 다른 시스템으로 전달될 것이다. 에러가 영구적이라면 회로 차단기가 다시 열린다.

회로 차단기는 타임아웃과 결합될 수 있다. 타임아웃은 회로 차단기를 열 수 있다. 회로 차단기의 상태는 현재 시스템에서 어느 부분의 동작에 문제가 있는지 보여준다. 회로 차단기의 오픈 상태는 마이크로서비스가 다른 마이크로서비스와 더 이상 통신할 수 없다는 것을 의미한다. 따라서 회로 차단기의 상태는 운영을 위해 모니터링에 표시돼야 한다.

회로 차단기가 열릴 때, 반드시 에러가 발생해야 할 필요는 없다. 이는 단지 기능 저하만으로도 가능하다. 응답 가능한 시스템이 연결되지 않아 자동 현금 인출기^{ATM}에서 고객의 인출 요청을 처리할 만한 충분한 돈이 고객 계정에 있는지 확인할 수 없다고 가정해보자. 그럼에도 불구하고, 고객이 불만을 갖지 않도록 현금 인출은 특정 한도까지 허용될 수 있다. 또한 모든 현금 인출이 금지되는 경우, 은행은 인출에 관련된 수수료를 얻을 수 없으므로 이익이 감소할 수 있다. 현금 인출 제한을 계속 허용할지 여부는 비즈니스적인 결정이다. 가능한 피해는 잠재적인 이익에 대해 균형을 이뤄야 한다. 다른 시스템이 실패하는 경우, 또 다른 규칙이 적용될 수 있다. 예를 들어, 호출은 캐시에서 응답을 받을 수 있다. 기술적인 가능성보다 더 중요한 것은 시스템의 실패에 대한 적절한 처리를 결정하기 위한 도메인 기반 요구 사항이다.

벌크헤드

벌크헤드^{Bulkhead}는 물이 새지 않는^{watertight} 방식으로 닫힐 수 있는 선박의 특별한 문이다. 벌크헤드는 배를 여러 부분으로 나눈다. 배에 물이 들어가는 경우, 벌크헤드 덕분에 배의 일부분만 영향을 받으므로 배가 가라앉지 않는다.

유사한 접근 방법을 소프트웨어에도 적용할 수 있다. 전체 시스템은 개별적인 영역들로 분할된다. 한 부분이 고장 나거나 문제를 가진 경우, 다른 부분에 영향을 미치지 않는다. 예를 들어, 다양한 클라이언트를 위한 마이크로서비스의 여러 인스턴스들이 있을 수 있다. 클라이언트가 마이크로서비스에 과부하를 주는 경우, 다른 클라이언트는 부정적인 영향을 받지 않을 것이다. 데이터베이스 연결이나 스레드 같은 자원에 대해서도 동일한 사실이다. 마이크로서비스의 다른 부분들이 이러한 자원의 다른 풀을 사용하는 경우, 한 부분이 모든 자원을 사용한다고 해도 다른 부분이 방해받지 않는다.

마이크로서비스 기반 아키텍처에서 마이크로서비스들은 자체적으로 별도의 영역을 형성한다. 각 마이크로서비스가 자체적인 가상 머신을 갖는 경우다. 마이크로서비스가 전체 가상 머신의 고장이나 과부하의 원인이 되더라도, 다른 마이크로서비스는 거의 영향을 받지 않는다. 이들은 다른 가상 머신에서 실행되므로 분리돼 있다.

안정 상태

안정 상태^{Steady State}라는 용어는 시스템이 자신의 영구적인 작동을 허용하는 방법으로 만들어져야 한다는 사실을 의미한다. 예를 들어, 이것은 시스템이 증가하는 데이터를 모두 저장해서는 안 된다는 사실을 의미한다. 그렇지 않으면, 시스템은 어느 시점에 전체 용량을 사용하게 될 것이므로 문제가 발생하게 된다. 예를 들어, 로그 파일들은 어느 시점에 삭제돼야 한다. 일반적으로, 로그 파일은 특정 시간 동안만 관심을 받는다. 또 다른 예는 캐싱이다. 캐시가 항상 증가하는 경우, 어느 시점에는 모든 저장 공간이 채워지게 된다. 따라서 영구적인 증가로부터 캐시를 보호하기 위해, 어느 시점에 (캐시 내의) 값들은 캐시에서 삭제돼야 한다.

빠른 실패

타임아웃은 다른 시스템이 응답하는 데 오랜 시간이 걸리기 때문에 필요하다. 빠른 실패Fail Fast의 배경 아이디어는 문제를 다른 측면에서 해결하기 위한 것이다. 각 시스템은 가능한 한 빨리 에러를 인식하고 바로 표시하는 것으로 가정된다. 호출이 특정 서비스를 필요로 하지만 한동안 이 서비스를 사용할 수 없는 경우, 호출은 곧바로 에러 메시지를 응답으로 받을 수 있다. 다른 자원을 사용할 수 없는 경우에도 마찬가지다. 더욱이 호출은 시작 시에 검증될 수 있다. 에러를 포함하는 경우, 이를 처리해 얻는 것은 아무것도 없다. 따라서 에러 메시지가 바로 반환될 수 있다. 빠른 실패의 장점은 타임아웃에 의해 제공되는 장점과 동일하다. 신속한 실패는 더 적은 자원을 사용한다. 따라서 결과적으로 더 안정된 시스템을 만든다.

핸드셰이킹

프로토콜에서 핸드셰이킹Handshaking은 통신을 초기화하는 역할을 한다. 이렇게 함으로써 과부하의 경우 프로토콜은 서버가 추가적인 호출에 대해 거부하는 것을 허용한다. 이것은 추가적인 과부하나 고장, 또는 너무 느린 응답을 방지한다. 불행하게도, HTTP 같은 프로토콜은 핸드셰이킹을 지원하지 않는다. 따라서 애플리케이션은 상태 점검Health Check 같은 기능을 모방해야 한다. 애플리케이션은 도달 가능한 방법으로 신호를 보낼 수 있지만, 곧바로 너무 많은 부하를 갖는다. 따라서 너무 많은 호출의 전송은 합리적이지 않다. 소켓을 연결하는 프로토콜은 이러한 방식으로 자체적으로 구현 가능하다.

테스트 하네스

테스트 하네스Test Harness는 애플리케이션이 특정 에러 상황에서 어떻게 행동하는지 발견하는 데 사용될 수 있다. HTTP 헤더는 포함하지만 HTTP 본체가 없는 경우, TCP/IP 수준이나 다른 시스템의 응답에 대해 문제가 될 수 있다. 실제로, 운영체제나 네트워크 스택에서 이런 문제를 처리해야 하므로 이런 경우는 발생하지 말아야 한다. 그럼에도 불구하고, 이런 오류는 실제로 발생하며 애플리케이션이 이러한 오류를 처리하기 위한 모든 준비를 해두지 않았기 때문에 극단적인 결과를 나타낼 수 있다. 테스트 하네스는 11.8절에서 논의하는 테스트의 연장이 될 수 있다.

미들웨어를 통한 분리

한 프로그램에서의 호출은 동일한 프로세스 내에 있는 동일한 호스트에서 동시에 직동한
다. 동기적 분산 통신(예를 들어, REST)은 다른 호스트와 다른 프로세스 사이에서 동시에 통
신할 수 있게 해준다. 메시징 시스템(9.4절) 같은 비동기 통신도 시간이 지나면서 분리될
수 있다. 시스템은 비동기 처리에 대한 응답을 기다려서는 안 된다. 시스템은 응답을 기다
리는 대신 다른 작업에 대해서는 계속 작업해야 한다. 비동기 통신의 경우, 한 시스템에서
발생하는 에러는 이후 도미노 스톤$^{domino\ stone}$처럼 다른 시스템을 망가뜨릴 가능성이 훨씬
적다. 비동기 통신은 긴 응답 시간을 초래할 수 있기 때문에, 시스템은 오랜 응답 시간의
처리를 강제화해야 한다.

안정성과 마이크로서비스

벌크헤드와 같은 안정성 패턴들은 하나의 단위로 실패를 제한한다. 마이크로서비스는 명
백한 선택의 단위다. 이들은 분리된 가상 머신에서 실행되며, 대부분의 문제에 대해 이미
분리돼 있다. 따라서 벌크헤드 패턴은 마이크로서비스 기반 아키텍처에서 아주 자연스럽
게 생겨난다. 그림 49는 전체적인 개요를 보여준다. 마이크로서비스는 벌크헤드, 회로 차
단기, 타임아웃을 통해 다른 마이크로서비스가 한 마이크로서비스를 사용하는 것을 보호
할 수 있다. 사용된 마이크로서비스는 추가적으로 빠른 실패를 구현할 수 있다. 보호 방법
은 마이크로서비스가 다른 마이크로서비스와의 통신을 담당하는 부분에서 패턴을 통해 구
현될 수 있다. 이에 따라 이러한 측면들은 코드의 한 부분에만 구현되고 전체 코드에 걸쳐
분산되지 않는다.

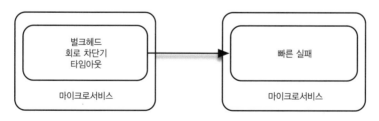

그림 49. 마이크로서비스의 안정성

기술적인 수준에서 패턴들은 서로 다르게 구현 가능하다. 마이크로서비스에 대해 다음과
같은 선택 사항들이 있다.

- 타임아웃을 쉽게 구현할 수 있다. 다른 시스템의 접근에 대해 시작한 개별 스레드는 타임아웃 이후 종료된다.
- 처음에 보면, 회로 차단기는 매우 복잡해 보이지 않으며 자체적인 코드로 개발 가능하다. 그러나 구현은 높은 부하에서도 작동해야 하며, 모니터링 가능하도록 운영하기 위해 인터페이스를 제공해야 한다. 이것은 간단하지 않다. 따라서 자체적인 구현은 그다지 합리적이지 않다.
- 많은 경우에 문제는 한 마이크로서비스로 제한되기 때문에 마이크로서비스별로 벌크헤드를 가진다. 예를 들어, 메모리 누수는 오직 한 마이크로서비스가 실패하는 원인이 될 수 있다.
- 안정 상태, 빠른 실패, 핸드셰이킹, 테스트 하네스는 각각의 마이크로서비스에 의해 구현돼야 한다.
- 미들웨어를 통한 분리는 마이크로서비스의 공유 통신에 대한 선택 사항이다.

탄력성 및 반응

리액티브 선언Reactive Manifesto5에서는 리액티브 애플리케이션Reactive application의 본질적인 특성으로 탄력성resilience을 나열한다. 탄력성은 호출을 비동기적으로 처리함으로써 애플리케이션 내에서 구현 가능하다. 애플리케이션의 각 부분은 모니터링돼야 하는 ('액터actor') 메시지를 처리한다. 액터가 더 이상 반응하지 않는 경우, 애플리케이션은 다시 시작할 수 있다. 이것은 에러의 처리와 애플리케이션의 개발을 더욱 탄력적으로 만든다.

Hystrix

Hystrix6는 타임아웃과 회로 차단기를 구현한다. 이러한 목적으로, 개발자는 명령어를 통해 호출을 캡슐화한다. 이에 대한 대안으로, 자바 애노테이션annotation이 사용된다. 호출은 개별 스레드 풀에서 발생하고, 여러 개의 스레드 풀이 생성될 수 있다. 호출되는 마이크로서비스마다 하나의 스레드 풀이 있는 경우, 문제를 갖는 한 마이크로서비스의 다른 마이크로서비스에 대한 사용에 영향을 미치지 않는 방법으로 마이크로서비스의 호출이 분리

---

5 http://www.reactivemanifesto.org/
6 https://github.com/Netflix/Hystrix/

될 수 있다. 이것은 벌크헤드 아이디어와 일치한다. Hystrix는 자바 라이브러리로서 아파치 라이선스를 사용하며 넷플릭스 스택^{Netflix stack}으로부터 유래됐다. 예제 애플리케이션은 Hystrix와 스프링 클라우드^{Spring Cloud}를 함께 사용한다(14.10절을 참고하라). 사이트카^{Sidecar}와 조합해, Hystrix는 자바로 작성되지 않은 애플리케이션에 사용될 수 있다(8.7절을 참고하라). Hystrix는 스레드 풀의 상태에 대한 정보를 제공하며, 회로 차단기는 모니터링과 운영을 위한 정보를 제공한다. 이러한 정보는 특별한 모니터링 도구(Hystrix dashboard)에서 표시될 수 있다. 내부적으로, Hystrix는 자바에 대한 리액티브 확장 기능(RxJava)을 이용한다. Hystrix는 탄력성 관련 부분에 가장 널리 사용되는 라이브러리다.

시도 및 실험

 이번 장에서는 안정성을 위한 여덟 가지 패턴들을 소개했다. 이러한 패턴들에 대한 우선순위를 정하라. 어떤 속성들이 필수적인가? 어떤 속성들이 중요한가? 어떤 속성들이 중요하지 않은가?

 마이크로서비스가 실제로 이런 패턴들을 구현하는지 검증할 수 있는 방법은 무엇인가?

10.6 기술 아키텍처

마이크로서비스의 기술 아키텍처는 개별적으로 설계될 수 있으며, 프레임워크나 프로그래밍 언어는 모든 마이크로서비스에 대해 동일하지 않아도 상관없다. 따라서 각 마이크로서비스는 다양한 플랫폼을 이용할 수 있다. 그러나 특정 기술 인프라스트럭처는 다른 것보다 마이크로서비스에 더 잘 맞는다.

프로세스 엔진

일반적으로, SOA(7.1절)에서 서비스를 조율하는 역할을 하는 프로세스 엔진이 비즈니스 프로세스의 모델링을 위해 마이크로서비스에서 사용될 수 있다. 중요한 점은 한 마이크로서비스는 하나의 도메인(예를 들어, 하나의 제한 맥락)만 구현할 수 있다는 점이다. 마이크로서비스는 자체적인 로직 없이 다른 마이크로서비스의 순수한 통합이나 조율로 끝나지 않는다. 그렇지 않으면, 변경은 한 마이크로서비스에 대한 수정뿐 아니라 통합된 마이크로서비스의 수정도 필요로 한다. 그러나 마이크로서비스 기반 아키텍처의 중심 목표는 가능한 한 변경을 하나의 마이크로서비스로 제한하는 것이다. 여러 비즈니스 프로세스를 구현해야 하는 경우, 이를 위해 다양한 마이크로서비스가 사용돼야 한다. 이러한 각각의 마이크로서비스는 모두 함께 종속적인 서비스와 더불어 하나의 비즈니스 프로세스를 위해 구현돼야 한다. 물론 비즈니스 프로세스를 구현하기 위해 다른 마이크로서비스와의 통합을 항상 방지할 수는 없다. 그러나 마이크로서비스가 단지 통합만 의미하는 것도 타당하지는 않다.

상태 비보존

상태를 저장하지 않은 마이크로서비스는 많은 장점이 있다. 더욱 명확하게 말해보자. 마이크로서비스는 그들의 로직 계층에 어떠한 상태도 저장해서는 안 된다. 데이터베이스나 클라이언트에 대한 상태 저장은 허용할 수 있다. 이러한 접근 방법을 사용하는 경우, 개별 인스턴스의 실패는 커다란 영향을 미치지 않는다. 인스턴스는 새로운 인스턴스로 대체될 수 있다. 또한 어떤 인스턴스가 사용자의 이전 호출을 처리했는지에 대한 고려 없이 부하는 여러 개의 인스턴스로 분산될 수 있다. 그리고 마지막으로, 상태를 이전하지 않아도 이전 버전을 중단하고 교체할 수 있으므로 새로운 버전을 배포하기가 더욱 쉽다.

리액티브

리액티브Reactive[7] 기술로 마이크로서비스를 구현하는 것은 특히 유용하다. 이러한 접근 방법은 얼랭Erlang과 비교할 수 있다(15.7절을 참고하라). 애플리케이션은 액터들로 구성된다. 얼랭에서는 이들을 프로세스라 부른다. 각 액터에서의 작업은 순차적이다. 그러나 다른 액

---

7 http://www.reactivemanifesto.org/

터들은 다른 메시지로 동시에 작업할 수 있다. 이것은 작업의 병렬 처리를 가능하게 한다. 결국 액터는 다른 액터에게, 다시 말해 이러한 액터들의 메일함^{mailbox}으로 메시지를 보낼 수 있다. I/O 동작은 리액티브 애플리케이션에서 차단되지 않으며, 데이터에 대한 요청이 발송된다. 데이터가 있는 경우 액터가 호출되고 데이터를 처리할 수 있다. 그동안 액터들은 다른 작업을 할 수 있다.

필수 속성들은 리액티브 선언에 따른다.

- 반응성^{responsive}은 시스템이 요청에 대해 가능한 한 빠르게 반응해야 함을 의미한다. 이것은 빠른 실패와 안정성에 대한 다른 장점들 사이에 있다(10.5절을 참고하라). 메일함이 미리 정의된 임의의 수준으로 채워지면, 액터는 추가적인 메시지의 수락을 거부할 수 있다. 이에 따라 송신자는 둔화되고, 시스템에 과부하가 걸리지 않는다. 다른 요청들은 여전히 처리 가능하다. 반응성의 목표는 I/O 동작에 대한 차단을 포기하는 것에 의해서도 지원된다.
- 탄력성^{resilience}과 리액티브 애플리케이션의 관계는 이미 10.5절에서 논의됐다.
- 탄력적^{elastic}은 새로운 시스템을 실행하는 경우 부하를 공유할 수 있다는 의미다. 이를 위해 시스템은 확장 가능해야 하며, 실행 시 다양한 노드로 부하를 분산시키는 방법으로 변경 가능해야 한다.
- 메시지 주도^{message driven}는 개별 컴포넌트가 메시지를 통해 서로 통신할 수 있음을 의미한다. 9.4절에서 설명된 것처럼, 이러한 통신은 마이크로서비스에 잘 맞는다.

리액티브 애플리케이션은 애플리케이션 자체에도 매우 간단한 접근 방법을 사용한다. 특히 리액티브 영역은 마이크로서비스에 매우 잘 맞는다는 사상 때문에, 리액티브는 마이크로서비스를 쉽게 구현할 수 있다. 그러나 유사한 좋은 결과는 고전적인 기술을 사용해도 달성될 수 있다.

예를 들어, 리액티브 분야에서의 기술은 다음과 같다.

- 스칼라^{Scala8} 프로그래밍 언어와 이를 기반으로 하는 Akka[9] 리액티브 프레임워크, 그

---

8 http://www.scala-lang.org/

9 http://akka.io/

리고 Play[10] 웹 프레임워크가 있다. 이러한 프레임워크는 자바를 사용할 수 있다.

- 실제로, 모든 인기 있는 프로그래밍 언어를 위한 리액티브 확장 기능[11]
이 있다. 이러한 확장 기능에는 자바를 위한 RxJava[12]와 자바스크립트를 위한 RxJS[13]
가 있다.

- 유사한 접근 방법은 Vert.x[14]에 의해서도 지원된다(15.6절을 참고하라). 비록 이 프레임워크가 JVM을 기반으로 해도 자바[Java], 그루비[Groovy], 스칼라[Scala], 자바스크립트[JavaScript], 클로저[Clojure], 루비[Ruby], 파이썬[Python] 등의 다양한 프로그래밍 언어를 지원한다.

리액티브 없는 마이크로서비스?

리액티브는 마이크로서비스를 가지고 시스템을 구현하기 위한 한 가지 선택 사항일 뿐이다. 마찬가지로, 액터 없는 I/O 블로킹을 갖고 동기적인 호출 방법을 갖는 고전적인 프로그래밍 모델은 이러한 타입의 시스템에 적합하다. 앞에서 논의했듯이, 탄력성은 라이브러리를 통해 구현될 수 있다. 탄력성은 가상 머신이나 도커 컨테이너 같은 마이크로서비스의 새로운 인스턴스를 시작해서도 성취할 수 있다. 그리고 고전적인 애플리케이션도 메시지를 통해 서로 통신할 수 있다. 그러나 이 경우 동작이 실제로 차단되지 않는다는 것을 보장해야 한다. 일반적으로 I/O 동작의 경우 리액티브 솔루션은 이를 보장한다. 그러나 복잡한 연산의 경우 시스템은 차단될 수 있다. 따라서 메시지를 더 이상 처리할 수 없는 경우, 전체 시스템이 차단된다. 마이크로서비스가 리액티브 기술로 구현될 필요는 없지만, 리액티브 기술은 흥미로운 대안이 될 수 있다.

---

10 https://www.playframework.com/
11 http://reactivex.io/
12 https://github.com/ReactiveX/RxJava
13 https://github.com/Reactive-Extensions/RxJS
14 http://vertx.io/

시도 및 실험

리액티브와 마이크로서비스에 대한 더 많은 정보를 찾아보라.

정확히 어떤 방법으로 장점들이 구현되는가?

당신이 선호하는 프로그래밍 언어를 위한 리액티브의 확장 기능이 있는가? 어떤 기능들이 제공되는가? 마이크로서비스를 구현하는 데 어떻게 도움이 되는가?

10.7 결론

특정 마이크로서비스를 구현하는 팀은 마이크로서비스의 도메인 기반 아키텍처에 대해서도 책임을 갖는다. 팀의 독립성이 보장되도록 팀의 의사결정을 제한하는 몇 가지 지침이 있어야 한다.

낮은 응집도는 마이크로서비스의 도메인 기반 설계가 갖는 문제에 대한 표시자가 될 수 있다. 도메인 주도 설계^{DDD}는 마이크로서비스를 구성하는 흥미로운 옵션이다. 마찬가지로, 트랜잭션은 합리적인 도메인 기반 분할을 위한 단서를 제공한다. 관련된 마이크로서비스들의 동작은 하나의 트랜잭션으로 처리돼야 한다(10.1절).

명령 쿼리 분리^{CQS}는 마이크로서비스나 클래스의 동작을 읽기 동작(쿼리)과 쓰기 동작(명령)으로 분리한다. 명령 쿼리 책임 분리^{CQRS}(10.2절)는 명령어를 통해 요청을 처리할 수 있는 쿼리 처리기로부터 데이터 변경을 분리한다. 이에 따라 읽기 접근이나 쓰기 접근만을 구현할 수 있는 마이크로서비스나 클래스들이 생성된다. 이벤트 소싱(10.3절)은 이벤트를 저장하며, 이벤트의 현재 상태에 중점을 두지 않고 모든 이벤트의 이력에 중점을 둔다. 이러한 방법들은 오직 읽기나 쓰기 동작만 구현하는 더 작은 마이크로서비스를 생성할 수 있게 해주므로 마이크로서비스를 구축할 때 유용하다. 이것은 독립적인 확장과 두 가지 유형의 동작에 대한 최적화를 가능하게 한다.

핵사고날 아키텍처(10.4절)는 각 마이크로서비스의 중심으로 UI나 API에 의해 어댑터를 통해 호출되는 커널에 초점을 맞춘다. 마찬가지로, 어댑터들은 다른 마이크로서비스나 데이터베이스의 사용을 활성화할 수 있다. 마이크로서비스에서 이것은 UI와 REST 인터페이스를 지원하는 아키텍처를 가져온다.

10.5절에서는 탄력성과 안정성에 대한 일부 패턴들을 제시하고 있다. 이러한 패턴들 중 가장 중요한 것은 회로 차단기, 타임아웃, 벌크헤드다. 가장 인기 있는 구현물은 Hystrix다.

10.6절에서는 마이크로서비스를 위한 특정 기술 관련 선택 사항을 소개했다. 예를 들어, 프로세스 엔진의 사용은 마이크로서비스를 위한 선택 사항이다. 상태 비보존^{Statelessness}은 장점을 가진다. 그리고 마지막으로, 리액티브 접근 방법은 마이크로서비스를 구현하기 위한 좋은 기반이 된다.

요약하면, 이번 장에서는 개별 마이크로서비스의 구현을 위한 기본적인 요소들을 설명했다.

핵심 포인트

- 마이크로서비스 기반 시스템 내의 마이크로서비스들은 다양한 도메인 기반 아키텍처를 가질 수 있다.
- 마이크로서비스는 내부적으로 이벤트 소싱, CQRS, 핵사고날 아키텍처로 구현될 수 있다.
- 안정성 같은 기술적인 속성들은 각 마이크로서비스에 의해 개별적으로 구현될 수 있다.

11장

마이크로서비스와
마이크로서비스 기반 시스템의 테스트

시스템을 마이크로서비스로 분리하는 것은 테스트에서 중요하다. 11.1절에서는 소프트웨어 테스트의 동기를 설명한다. 11.2절에서는 마이크로서비스뿐 아니라 테스트에 대한 기본적인 접근 방법을 논의한다. 11.3절에서는 마이크로서비스를 테스트할 때 왜 다른 시스템에는 없는 특별한 문제들이 존재하는지 설명한다. 한 가지 예로, 마이크로서비스 기반 시스템에서는 모든 마이크로서비스를 포함하는 시스템 전체가 테스트돼야 한다(11.4절). 다수의 마이크로서비스가 있을 수 있으므로 이것은 힘든 일이다. 11.5절에서는 마이크로서비스에 의해 교체될 것으로 예상되는 레거시 애플리케이션의 특별한 경우를 설명한다. 이 경우, 마이크로서비스와 레거시 애플리케이션의 통합은 테스트돼야 한다. 마이크로서비스의 테스트만으로는 충분하지 않다. 마이크로서비스 간 인터페이스를 보호하기 위한 또 다른 방법은 소비자 주도 계약 테스트다(11.7절). 이 테스트는 전체 시스템의 테스트 비용을 감소시킨다. 물론, 개별 마이크로서비스도 잘 테스트돼야 한다. 이러한 맥락에서 개별 마이크로서비스가 다른 마이크로서비스 없이 독립적으로 실행되는 방법에 대한 의문이 발생한다. 마이크로서비스는 기술적인 자유를 제공한다. 그럼에도 불구하고, 특정 기준이 있을 수 있다. 따라서 테스트는 아키텍처에 정의돼 있는 기술적인 표준(11.8절)을 포함할 수 있다.

11.1 왜 테스트하는가

소프트웨어 테스트는 모든 소프트웨어 개발 프로젝트에서 필수적인 부분이다. 그럼에도 불구하고, 테스트의 목적을 묻는 질문은 거의 요구되지 않는다. 결국 테스트는 위험 관리risk management다. 테스트는 생산 환경에서 오류가 발생해 사용자에게 알려지는 위험을 최소화하는 것을 가정한다.

이러한 답변은 많은 중요성을 포함한다.

- 각각의 테스트는 어떠한 위험을 최소화하는가에 기반해 평가돼야 한다. 결국 테스트는 생산 환경에서 발생할 수 있는 구체적인 에러 시나리오를 방지하는 데 도움이 되는 경우에만 의미가 있다.
- 테스트는 위험을 다루는 선택 사항 중 하나만 나타낸다. 생산 환경에서 에러가 발생한 데 따른 결과는 다양한 방법으로 최소화할 수 있다. 중요한 점은 생산 환경에서 특정 에러가 수정되기까지 얼마나 오랜 시간이 걸리는가 하는 점이다. 일반적으로, 생산 환경에서 에러가 오래 지속될수록 결과가 더 엄청나다. 서비스의 수정 버전을 생산 환경에 적용하는 데 얼마나 오래 걸리는가는 배포 방법에 따라 다르다. 즉 테스트와 배포 전략 사이에는 관련성이 있다.
- 마찬가지로, 생산 환경에서 에러가 발견될 때까지 얼마나 오래 걸리는가는 매우 중요한 사항이다. 이것은 모니터링과 로깅의 품질에 의존한다.

결국 생산 환경에서 에러를 처리하기 위해 많은 조치가 취해진다. 고객에게 높은 품질의 소프트웨어를 제공하기 원한다면, 테스트에 중점을 두는 것만으로는 충분하지 않다.

테스트는 비용을 최소화한다

테스트는 위험을 최소화하는 것보다 더 많은 일을 할 수 있다. 테스트는 비용을 최소화하거나 발생하지 않도록 하는 데 도움이 될 수 있다. 생산 환경에서 발생한 오류는 높은 비용을 발생시킨다. 오류는 고객 서비스에 영향을 줄 수 있으며, 추가적인 비용의 원인이 될 수도 있다. 일반적으로, 생산 환경에서 오류를 식별하고 수정하는 것은 테스트 동안에 하는 것보다 힘들다. 때때로 생산 환경에서는 시스템에 대한 접근이 제한된다. 또한 개발자들은 그동안 다른 기능을 구현해야 한다. 따라서 개발자들은 문제 있는 코드에 다시 익숙해져야 한다.

또한 테스트에 대한 접근 방법은 비용을 회피하거나 감소하는 데 도움이 될 수 있다. 처음 보기에, 테스트 자동화는 힘들어 보인다. 테스트가 잘 정의되고 결과를 재현할 수 있는 경우, 완전한 정형화와 자동화는 엄청나지 않다. 이 경우, 테스트 실행을 위한 비용은 무시할 수 있다. 이것은 테스트를 더 자주 수행할 수 있게 해주며, 품질을 향상시킨다.

테스트 = 문서

테스트는 코드가 무엇을 해야 할지 정의한다. 따라서 테스트는 일종의 문서화를 의미한다. 단위 테스트$^{Unit test}$는 어떻게 생산 코드가 사용되는지, 예외적인 경우와 경계에서 어떻게 동작해야 하는지를 정의한다. 승인 테스트$^{Acceptance test}$는 고객의 요구 사항을 반영한다. 문서와 비교해 테스트가 지닌 장점은 실행된다는 점이다. 실제로, 이것은 테스트가 현재의 동작에 영향을 주는 것을 보장한다. 그리고 이전 상태나 미래에 도달할 수 없는 상태에 있지 않다는 것도 보장한다.

테스트 주도 개발

테스트 주도 개발$^{Test-driven development}$은 테스트가 요구 사항을 나타낸다는 사실을 이용한다. 이 방법에서 개발자는 먼저 테스트를 작성하고 그 이후에 기능을 구현한다. 이것은 전체 코드가 테스트에 의해 보호되는 것을 보장한다. 또한 이 경우 테스트 케이스가 작성될 때 코드가 존재하지 않으므로, 테스트는 코드에 대한 지식에 영향을 받지 않는다. 테스트가 나중에 구현되는 경우, 개발자는 구현에 대한 그들의 지식 때문에 잠재적인 특정 문제에 대해 테스트하지 못할 수 있다. 테스트 주도 개발의 경우, 이러한 상황은 거의 발생하지 않는다. 따라서 테스트는 개발 프로세스의 중요한 기반으로 변해야 한다. 테스트는 개발을 촉진시킨다. 개별적인 변경을 하기 전에 동작하지 않는 테스트(실패한 테스트)가 있어야 한다. 코드는 테스트가 성공한 경우에만 조정 가능하다. 이것은 이전에 작성된 단위 테스트에 의해 보호되는 개별 클래스의 수준에서만이 아니라, 이전에 작성된 승인 테스트에 의해 보장되는 요구 사항의 수준에서도 맞는 사실이다.

11.2 어떻게 테스트하는가

다양한 위험을 다루기 위한 여러 가지 유형의 테스트들이 있다.

단위 테스트

단위 테스트^{Unit test}는 (이름이 암시하듯이) 시스템의 구성 단위를 시험한다. 이들은 각 단위가 오류를 포함하는 위험을 최소화한다. 특히 단위 테스트는 작은 단위(개별 메소드나 기능)를 검사한다. 이러한 목적을 위해 모든 의존성이 대체돼야 한다. 그렇지 않으면, 개별 단위뿐 아니라 의존성을 갖는 단위들도 테스트해야 하기 때문이다. 의존성을 대체하기 위한 두 가지 방법이 있다.

- 모의 객체^{Mock}는 특정 결과를 갖는 임의의 호출에 대해 시뮬레이션한다. 호출 후, 테스트는 예상된 호출이 실제로 발생했는지 여부를 확인할 수 있다. 예를 들어, 테스트는 특정 고객 번호로 정의된 고객을 반환하는 모의 객체를 정의한다. 테스트 후, 고객이 실제로 코드에 의해 판독됐는지 여부를 평가할 수 있다. 또 다른 테스트 시나리오에서 모의 객체는 고객이 요청하는 경우에 대한 오류를 시뮬레이션할 수 있다. 즉 단위 테스트는 달리 재현하기 어려운 에러 상황을 시뮬레이션할 수 있다.
- 다른 한편으로, 스텁^{Stub}은 전체 마이크로서비스(그러나 제한된 기능을 갖는)를 시뮬레이션한다. 예를 들어, 스텁은 상수 값을 반환할 수 있다. 따라서 테스트가 실제로 의존하는 마이크로서비스 없이도 수행될 수 있다. 예를 들어, 스텁을 통해 특정 고객 번호를 반환하는 (각각의 특정 속성을 갖는) 테스트 고객을 구현할 수 있다.

단위 테스트는 개발자가 담당한다. 인기 있는 모든 프로그래밍 언어를 위한 단위 테스트 프레임워크가 있다. 단위 테스트는 테스트 단위의 내부 구조에 대한 지식을 이용한다. 예를 들어, 이들은 가상 객체나 스텁에 의해 의존성을 대체한다. 또한 코드 브랜치에 대한 모든 패스를 테스트하기 위해 해당 지식을 이용할 수 있다. 이러한 테스트들은 테스트 단위의 구조에 대한 지식을 이용하기 때문에 화이트박스 테스트^{White Box Test}다. 실제로 화이트박스 테스트는 '투명 박스'라는 용어를 빌려야 의미적으로 더 정확한 표현이지만, 이 테스트 방식을 가리킬 때 '화이트박스'가 더 일반적으로 사용된다.

단위 테스트의 장점은 이들의 (테스트) 속도다. 복잡한 프로젝트라도 단위 테스트는 몇 분

내에 완료될 수 있다. 따라서 문자 그대로 각각의 코드 변경은 단위 테스트에 의해 보호될 수 있다.

통합 테스트

통합 테스트^{Integration test}는 컴포넌트들의 상호작용을 검사한다. 다시 말해, 통합 테스트는 컴포넌트의 통합이 오류를 포함하는 위험을 최소화한다. 통합 테스트는 스텁이나 가상 객체를 사용하지 않는다. 컴포넌트는 UI나 특별한 테스트 프레임워크를 통해 애플리케이션으로 테스트될 수 있다. 최소한 통합 테스트는 개별 부분이 서로 통신 가능한지 판단한다. 더욱이 통합 테스트는 비즈니스 프로세스에 기반한 로직을 테스트할 수 있다.

통합 테스트가 비즈니스 프로세스를 테스트하는 경우, 통합 테스트는 고객의 요구 사항을 검사하는 승인 테스트와 유사하다. 이러한 분야는 BDD^{Behavior-Driven Design}와 ATDD^{Acceptance Test-Driven Design}를 위한 도구에 의해 처리된다. 이러한 도구들은 먼저 테스트를 작성하고 (심지어 통합과 승인 테스트에 대해서도), 이후 구현하는 테스트 주도 접근 방법을 가능하게 만든다.

통합 테스트는 테스트돼야 하는 시스템에 대한 정보를 이용하지 않는다. 통합 테스트는 시스템의 내부 구조에 대한 정보를 이용하지 않으므로 블랙박스 테스트^{Black Box Test}로 불린다.

UI 테스트

UI 테스트^{UI test}는 사용자 인터페이스를 통해 애플리케이션을 검사한다. 원칙적으로, UI 테스트는 사용자 인터페이스가 올바르게 작동하는지 여부만 테스트해야 한다. 사용자 인터페이스를 테스트하기 위한 많은 프레임워크와 도구가 있다. 이러한 도구에는 웹 UI를 위한 도구뿐 아니라 데스크톱과 모바일 애플리케이션을 위한 도구도 있다. 이러한 테스트는 블랙박스 테스트다. UI 테스트는 사용자 인터페이스를 테스트하기 때문에 깨어지기 쉽다. 사용자 인터페이스에 대한 변경은 로직이 그대로 유지되는 경우에도 문제가 될 수 있다. 또한 UI 테스트는 시스템의 완전한 설정을 요구하기 때문에, 일반적으로 테스트 속도가 느리다.

수동 테스트

마지막으로, 수동 테스트^{manual test}가 있다. 수동 테스트는 새로운 기능이나 보안, 성능, 또는 이전에 품질 문제를 노출했던 기능 등 특정 측면에 대한 위험을 최소화할 수 있다. 수동 테스트는 탐색적이어야 한다. 이들은 애플리케이션의 특정 영역에 관련된 문제를 찾아야 한다. 특정 오류가 다시 보이는지 확인하기 위한 테스트(회귀 테스트)는 절대로 수동으로 수행하면 안 된다. 이러한 오류는 자동 테스트가 더 쉬우며, 더욱 비용 효율적이면서 재현 가능한 방법으로 찾을 수 있기 때문이다. 수동 테스트는 탐색적 테스트^{explorative test}로 제한된다.

부하 테스트

부하 테스트^{Load test}는 과부하 상태에서의 애플리케이션 행동을 분석한다. 다른 한편으로 성능 테스트는 속도를 확인하고, 용량 테스트는 많은 사용자나 시스템의 요청을 처리 가능한지 검사한다. 이러한 테스트들은 모두 애플리케이션의 효율성을 평가한다. 따라서 이들은 응답 시간을 측정하고 부하를 생성하기 위해 유사한 도구를 사용한다. 또한 이러한 테스트들은 자원의 사용이나 특정 부하 아래에서 오류의 발생 여부를 모니터링할 수 있다. 시스템이 장기적으로 높은 부하에 대응할 수 있는지 여부를 조사하는 테스트는 내구성 시험^{endurance test}으로 불린다.

테스트 피라미드

테스트 피라미드^{Test Pyramid}를 통해 테스트에 대한 분포가 묘사돼 있다(그림 50). 피라미드의 넓은 기초 부분에는 많은 단위 테스트가 있음을 보여준다. 단위 테스트는 빠르게 수행될 수 있고, 대부분의 오류는 이 수준에서 감지할 수 있다. 통합 테스트는 더 많은 노력이 들고 더 오랜 시간이 걸리므로 더 적은 수의 테스트를 가진다. 그리고 일반적으로 부분의 통합에는 잠재적인 오류가 그다지 많지 않다. 로직 그 자체도 단위 테스트에 의해 보호된다. UI 테스트는 그래픽 사용자 인터페이스의 정확성만 검증한다. UI의 자동화는 복잡하고 완전한 환경이 필요하므로, 오히려 UI 테스트에 더 많은 노력이 필요하다. 수동 테스트는 가끔씩만 필요하다.

일반적으로, 테스트 주도 개발은 테스트 피라미드의 결과다. 각 요구 사항에 대해 통합 테스트가 작성되고, 클래스의 각 변경에 대한 단위 테스트가 필요하다. 이에 따라 자동으로 많은 통합 테스트가 생성되고, 더 많은 단위 테스트가 생성된다.

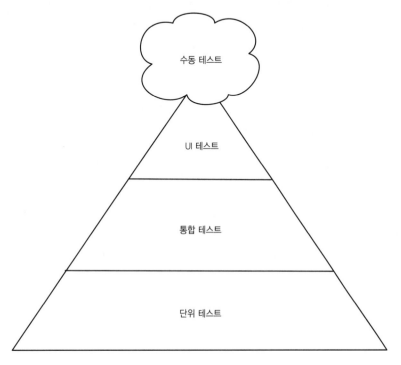

그림 50. 이상적인 테스트 피라미드

테스트 피라미드는 낮은 비용으로 높은 품질을 달성한다. 테스트는 가능한 한 자동화된다. 각각의 위험은 가능한 한 간단한 테스트로 처리된다. 로직은 간단하고 빠른 단위 테스트에 의해 테스트된다. 더 힘든 테스트는 더 적은 노력으로 테스트할 수 없는 분야로 한정된다.

많은 프로젝트들은 테스트 피라미드의 이상과는 멀리 떨어져 있다. 불행하게도, 때때로 현실에서 테스트는 피라미드보다는 아이스크림 콘 같은 모양을 갖는다. 이 경우, 다음과 같은 문제가 있다.

- 매우 간단한 포괄적인 수동 테스트^{comprehensive manual test}가 있다. 또한 많은 테스터들은 테스트 자동화에 대한 충분한 경험을 가지고 있지 않다. 특히 테스터들이 유지 가능한 테스트 코드를 작성할 수 없는 경우, 테스트 자동화가 거의 불가능하다.

- 사용자 인터페이스를 통한 테스트는 수동 테스트와 매우 유사하기 때문에 자동화가 가장 쉬운 유형의 테스트다. 테스트가 자동화된 경우, 거의 대부분이 UI 테스트다. 불행하게도, 자동화된 UI 테스트는 깨어지기 쉽다. 때때로, 그래픽 사용자 인터페이스에 대한 변경은 이미 문제의 원인이 돼 있다. UI 테스트는 전체 시스템에 대한 테스트이므로 테스트가 느리다. 테스트가 동시에 진행되는 경우, 시스템에 너무 많은 부하가 걸리므로 때때로 테스트가 실패한다.

- 더 적은 통합 테스트가 있다. 때때로, 이러한 테스트는 테스트가 부족한 시스템과 자동화 기법에 대한 포괄적인 지식을 필요로 한다.

- 실제로, 스키마에 표시된 것보다 더 많은 단위 테스트가 있을 수 있다. 그러나 경우에 따라 개발자들에게 단위 테스트를 작성하는 데 필요한 경험이 부족하므로 테스트의 품질이 나쁘다.

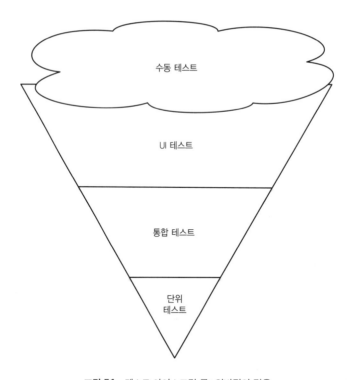

그림 51. 테스트 아이스크림 콘: 일반적인 경우

또한 때로는 불필요하게 복잡한 테스트가 특정 오류의 소스로 사용된다. UI 테스트나 수동 테스트는 로직을 테스트하는 데 사용된다. 그러나 이를 위해서는 단위 테스트로 충분하고, 단위 테스트가 훨씬 더 빠르다. 테스트할 때 개발자는 이러한 문제와 아이스크림 콘 구조를 해결하기 위해 노력해야 하며, 테스트 피라미드를 구현하기 위해 노력해야 한다.

또한 테스트 개념은 각 소프트웨어의 위험을 조정하고 올바른 속성에 대한 테스트를 제공해야 한다. 예를 들어, 성능에 기반해 평가되는 프로젝트는 부하 테스트나 용량 테스트를 자동화해야만 한다. 이 시나리오에서는 기능 테스트가 그리 중요하지 않을 수 있다.

시도 및 실험

당신의 현재 프로젝트에서 어떤 부분이 테스트 피라미드에는 관련되지 않지만 테스트 아이스크림 콘에는 관련되는가?

- 수동 테스트는 어디에 사용되는가? 최소한 가장 중요한 테스트들이 자동화됐는가?
- UI에 대한 통합과 단위 테스트는 어떤 관계인가?
- 다양한 테스트에 대한 품질은 어떤가?
- 테스트 주도 개발이 사용됐는가? 개별 클래스에 대해서인가? 또는 요구 사항에 대해서인가?

지속적인 전달 파이프라인

지속적인 전달 파이프라인(5.1절의 그림 11)은 다양한 테스트 단계를 정의한다. 따라서 지속적인 전달 파이프라인은 배포만큼은 아니지만 마이크로서비스의 테스트에 대해 관심을 갖는다. 테스트 피라미드에서 단위 테스트는 커밋 단계에서 실행된다. UI 테스트는 승인 테스트의 일부가 될 수 있으며, 마찬가지로 커밋 단계에서 실행돼야 한다. 용량 테스트는 완전한 시스템을 사용한다. 따라서 테스트 피라미드에서 통합 테스트로 간주될 수 있다. 탐색적 테스트는 테스트 피라미드에서 수동 테스트다.

마이크로서비스와 관련해, 테스트 자동화는 다른 소프트웨어 아키텍처보다 더 중요하다. 마이크로서비스 기반 아키텍처의 주된 목표는 독립적이면서 빈번한 소프트웨어의 배포다. 이것은 마이크로서비스의 품질이 테스트에 의해 보호되는 경우에만 구현 가능하다. 그렇지 않으면, 생산 환경으로의 배포는 너무 위험하다.

11.3 배포 위험 완화

마이크로서비스의 중요한 장점은 배포 가능한 단위의 크기가 작은 덕분에 신속한 배포가 이뤄진다는 것이다. 또한 탄력성^{resilience}은 개별 마이크로서비스의 실패가 다른 마이크로서비스나 전체 시스템의 실패 원인이 되는 것을 방지한다. 이에 따라 테스트에도 불구하고 생산 환경에서 오류가 발생하는 경우라도 위험이 낮아진다. 그러나 마이크로서비스가 배포의 위험을 최소화하는 것에 대한 다음과 같은 추가적인 이유가 있다.

- 오직 하나의 마이크로서비스만 새로 배포되므로 에러의 수정이 훨씬 더 빠르다. 한 마이크로서비스의 배포는 배포 모놀리스의 배포보다 훨씬 더 빠르고 쉽다.

- 블루/그린 배포$^{Blue/Green\ Deployment}$나 카나리아 출시$^{Canary\ Releasing}$(12.4절) 같은 방법은 배포와 관련된 위험을 더 감소시킨다. 이러한 기법을 사용해, 버그를 품은 마이크로서비스는 비용과 시간 손실을 적게 유발하며 생산 환경에서 제거될 수 있다. 이러한 방법의 경우 필요로 하는 환경을 제공하는 데 전체적인 배포 모놀리스보다 마이크로서비스가 더 적은 노력이 들어가므로, 마이크로서비스를 통한 구현이 더 쉽다.

- 서비스는 실제 작업을 수행하지 않고 생산 환경에 참여할 수 있다. 비록 생산 환경에서는 특정 버전처럼 동일한 요청을 받는다. 하지만 생산 환경에서 데이터에 대한 모든 변경은 서비스로부터의 데이터에 대해 실제로 수행되지 않고, 변경에 대한 비교만 하는 새로운 서비스를 트리거할 수 있다. 예를 들어, 이것은 데이터베이스 드라이버에 의한 처리나 데이터베이스 자체적으로 달성될 수 있다. 서비스는 데이터베이스의 복사본도 사용 가능하다. 주된 요점은 이 단계에서 마이크로서비스는 생산 환경에 대한 변경을 하지 않는다는 것이다. 또한 마이크로서비스가 외부로 보내는 메시지는 실제로 수신자에게 보내지는 대신, 생산 환경 내 마이크로서비스의 메시지와 비교될 수 있다. 이러한 방법으로, 마이크로서비스는 최적의 테스트가 모든 사항을 다루지 못하는 경우에도 생산 환경 내 특별한 데이터와 연관된 특별한 모든 경우에 대해 실행할 수 있다. 비록 성능이 완전히 비교될 만한 데이터의 작성은 일어나지 않지만, 이러한 절차는 성능 관점에서 더 신뢰성 있는 정보를 제공할 수 있

다. 전체 배포 모놀리스는 생산 환경에서 또 다른 인스턴스로 실행하기가 사실상 불가능하므로, 이 방법은 배포 모놀리스에서는 거의 구현할 수 없다. 배포 모놀리스는 많은 위치의 데이터에 대한 변경을 가져올 수 있으므로, 이것은 많은 자원과 아주 복잡한 구성을 필요로 할 수 있다. 마이크로서비스에도 소프트웨어와 배포에 대한 포괄적인 지원이 필요하므로 이 방법은 여전히 복잡하다. 이전 버전과 새로운 버전의 호출, 그리고 두 버전의 변경 사항과 발신 메시지들을 비교하기 위해서는 추가적인 코드가 작성돼야 한다. 그러나 적어도 이 방법은 실현 가능하다.

- 마지막으로, 문제를 빠르게 인식하고 해결하기 위해 모니터링을 통한 서비스가 상세하게 시험될 수 있다. 이것은 문제를 인식하고 처리하기까지의 시간을 단축시킨다. 모니터링은 어느 정도까지는 부하 테스트의 판정 기준으로 동작한다. 또한 부하 테스트에 실패한 코드는 생산 환경에서 모니터링 동안에 경고를 생성해야만 한다. 따라서 모니터링과 테스트 사이의 긴밀한 조정은 타당하다.

결국 이러한 방법의 배경 아이디어는 테스트에 의해 위험을 해결하는 것 대신에 생산 환경에서 마이크로서비스를 적용하는 것과 관련된 위험을 감소시키는 것이다. 마이크로서비스의 새로운 버전이 어떠한 데이터도 변경할 수 없는 경우, 새로운 마이크로서비스의 배포는 실질적으로 위험으로부터 자유롭다. 배포 모놀리스에서는 배포 프로세스가 훨씬 더 힘들고 더 많은 시간을 소모하며 더 많은 자원을 요하므로 이것은 거의 불가능하다. 따라서 배포가 빠르게 수행될 수 없다. 마찬가지로, 오류가 발생하는 경우에도 배포는 쉽게 롤백될 수 없다.

또한 이 방법은 대부분 테스트에 의해 약간의 위험도 제거할 수 없으므로 흥미롭다. 예를 들어, 부하 테스트와 성능 테스트는 생산 환경에서 애플리케이션의 행위에 대한 표시자indicator가 될 수 있다. 그러나 이러한 테스트는 데이터의 양과 사용자의 행동이 생산 환경과 다르고 하드웨어의 규모도 상당히 다르므로 완전한 신뢰성을 갖지 못한다. 한 테스트 환경에서 이러한 모든 측면을 다루는 것은 실현하기가 어렵다. 또한 생산 환경에서는 데이터의 세트에서만 발생하는 오류가 있을 수 있다. 이들은 테스트로 시뮬레이션하기 어렵다. 실제로, 마이크로서비스 환경에서의 모니터링과 빠른 배포는 테스트에 대한 대안이 될 수 있으며, 조치 유형(테스트나 배포 파이프라인의 최적화)에 따라 위험이 감소할 수 있다고 생각하는 것이 중요하다.

11.4 전체 시스템의 테스트

개별 마이크로서비스의 테스트 외에 전체 시스템도 테스트돼야 한다. 따라서 다양한 테스트 피라미드(개별 마이크로서비스에 대한 테스트 피라미드와 전체 시스템에 대한 테스트 피라미드)가 있다. 완전한 시스템을 위해서는 마이크로서비스의 통합 테스트, 전체 애플리케이션의 UI 테스트, 매뉴얼 테스트가 있다. 마이크로서비스는 전체 시스템 단위이므로, 이 수준에서의 단위 테스트는 마이크로서비스의 테스트다. 이러한 테스트는 개별 마이크로서비스의 완전한 테스트 피라미드로 구성된다.

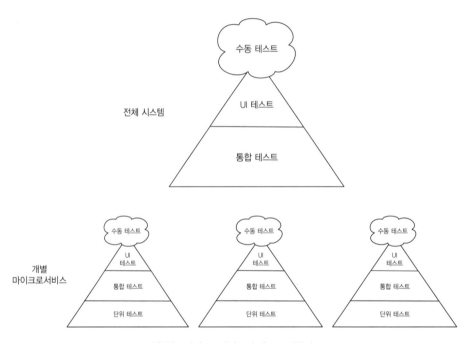

그림 52. 마이크로서비스의 테스트 피라미드

전체 시스템에 대한 테스트는 다양한 마이크로서비스의 상호작용에서 발생하는 문제를 식별하는 책임을 가진다. 마이크로서비스는 분산 시스템이다. 호출은 사용자에게 결과를 반환하기 위해 다양한 마이크로서비스의 상호작용을 필요로 할 수 있다. 이것은 테스트 문제다. 분산 시스템은 오류에 대한 더 많은 소스를 갖는다. 전체 시스템의 테스트는 이러한 위험을 처리해야 한다. 그러나 마이크로서비스를 테스트하는 경우, 또 다른 접근 방법이 선택된다. 탄력성으로 인해, 개별 마이크로서비스는 다른 마이크로서비스에 문제가 있는 경우에도 동작해야 한다. 기능 테스트는 스텁이나 다른 마이크로서비스의 모의 객체를 가지고 수행 가능하다. 이러한 방법으로, 마이크로서비스는 가능한 모든 오류 시나리오에 대해 복잡한 분산 시스템을 구축하지 않고도 테스트될 수 있어야 한다.

공유 통합 테스트

여전히 각 마이크로서비스는 생산 환경으로 배포되기 전에 다른 마이크로서비스와의 통합 측면에서 테스트돼야 한다. 이것은 5.1절에 설명된 것처럼, 지속적인 전달 파이프라인의 변경을 필요로 한다. 배포 파이프라인의 마지막 부분에서 각 마이크로서비스는 다른 마이크로서비스들과 함께 테스트돼야 한다. 각 마이크로서비스는 자체적으로 이 단계를 수행해야 한다. 이 단계에서 여러 마이크로서비스들의 새로운 버전이 함께 테스트되는 경우, 어떤 마이크로서비스가 테스트 실패의 원인이 되는지 명확하지 않을 수 있다. 어떤 마이크로서비스가 실패의 원인인지가 명백한 경우에만 이 단계에서 여러 마이크로서비스를 함께 테스트할 수 있다. 그러나 실제로 이러한 최적화는 구현이 매우 어렵다.

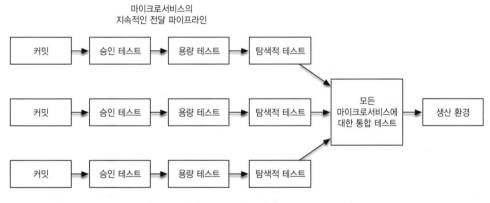

그림 53. 지속적인 전달 파이프라인의 마지막 부분에서 수행되는 통합 테스트

이것이 그림 53에서 보여주는 절차를 유도하는 이유다. 마이크로서비스의 지속적인 전달 파이프라인은 각 마이크로서비스가 개별적으로 들어오는 공통적인 통합 테스트로 끝난다. 마이크로서비스가 통합 테스트 단계에 있는 경우, 다른 마이크로서비스는 통합 테스트가 끝날 때까지 기다려야 한다. 실제로 한 시점에는 오직 한 마이크로서비스만 통합 테스트를 실행하는 것을 보장하기 위해 테스트는 추가적인 환경에서 수행 가능하다. 이 경우, 오직 하나의 마이크로서비스만이 주어진 시점에 이 환경으로 새로운 버전을 전달할 수 있다. 테

스트 환경은 마이크로서비스에 대한 통합 테스트의 연속된 처리를 강제화한다.

이러한 동기화는 배포를 느리게 한다. 따라서 전체 프로세스가 느려진다. 예를 들어, 통합 테스트가 한 시간이 걸리는 경우, 여덟 개의 마이크로서비스를 통합 테스트에 넣을 수 있으며, 하루 8시간마다 생산 환경으로 마이크로서비스를 보낼 수 있다. 프로젝트에 여덟 개의 팀이 있는 경우, 정확하게 하루마다 각 팀은 마이크로서비스를 배포할 수 있다. 이것은 생산 환경에서 오류 수정 작업을 빠르게 처리하는 데 충분하지 않다. 게다가 마이크로서비스의 본질적인 장점을 약하게 만든다. 마이크로서비스는 독립적인 배포가 가능해야 한다. 원칙적으로, 이것이 가능하다고 해도 배포에 너무 오랜 시간이 걸린다. 더욱이 이제는 마이크로서비스가 통합 테스트 때문에 서로 간에 의존성을 갖는다(코드 수준이 아닌 배포 파이프라인에서의 의존성을 갖는다). 또한 지속적인 전달에 한 시간을 필요로 하는 마지막 단계의 통합 테스트가 없는 경우에는 테스트들이 균형을 잡을 수 없으며, 생산 환경으로 하루에 한 번이 아닌 여러 번의 출시는 여전히 불가능하다.

전체 시스템에 대한 통합 테스트의 방지

이 문제는 테스트 피라미드에 의해 해결할 수 있다. 테스트 피라미드는 전체 시스템의 통합 테스트에서 개별 마이크로서비스와 단위 테스트의 통합 테스트로 초점을 이동시킨다. 전체 시스템에 대한 몇 개의 통합 테스트가 있는 경우, 이러한 테스트에는 그리 많은 시간이 걸리지 않는다. 또한 더 적은 동기화가 필요하며, 생산 환경으로의 배포는 더 빠르다. 통합 테스트는 마이크로서비스 간의 상호작용만 의미한다. 이것은 각 마이크로서비스가 의존하는 모든 마이크로서비스에 도달하는 경우에만 충분하다. 모든 다른 위험은 이러한 최종 테스트 전에 처리 가능하다. 소비자 주도 계약 테스트(11.7절)를 통해 마이크로서비스를 함께 테스트하지 않고도 마이크로서비스 사이의 통신에서 오류를 제외할 수 있다. 이러한 모든 조치는 통합 테스트의 개수를 줄이는 데 도움이 된다. 따라서 전체 통합 테스트 기간이 줄어든다. 그러나 전체 테스트는 줄어들지 않는다(단지 테스트가 다른 단계로 이동할 뿐이다). 개별 마이크로서비스의 테스트와 단위 테스트로 이동하는 것이다.

전체 시스템의 테스트는 모든 팀이 함께 개발할 수 있다. 지속적으로 팀들이 시스템에 대한 관심을 가지고 개별 팀이 시스템에 대한 책임을 가질 수 없으므로, 이들은 매크로 아키텍처의 일부를 형성한다(13.3절을 참조하라).

완전한 시스템은 수동으로도 테스트될 수 있다. 그러나 각 마이크로서비스의 새로운 버전이 다른 마이크서비스와 함께 수동 테스트를 거친 후 생산 환경에 적용되는 것은 실현 불가능하다. 이 경우 너무나 큰 지연이 생긴다. 예를 들어, 이러한 시스템의 수동 테스트는 생산 환경에서 아직 활성화되지 않은 기능을 처리할 수 있다. 그렇지 않으면, 보안 같은 특정 측면은 해당 분야에서 이전에 문제가 발생한 경우에만 이와 같은 방법으로 테스트할 수 있다.

11.5 레거시 애플리케이션과 마이크로서비스의 테스트

때때로, 마이크로서비스는 레거시 애플리케이션을 대체하는 데 사용된다. 일반적으로, 레거시 애플리케이션은 배포 모놀리스다. 따라서 레거시 애플리케이션의 지속적인 전달 파이프라인은 마이크로서비스로 분할돼야 하는 많은 기능을 테스트한다. 많은 기능 때문에 배포 모놀리스에 대한 지속적인 전달 파이프라인의 테스트 단계는 매우 오래 걸린다. 따라서 생산 환경으로의 배포는 매우 복잡하고 오래 걸린다. 이러한 조건하에서, 레거시 애플리케이션에 대한 각각의 작은 코드 변경 사항을 생산 환경으로 보내는 것은 비현실적이다. 때때로, 14일간의 스프린트 마지막 날에 배포하거나 분기마다 한 번씩 출시해야 한다. 야간 테스트^{Nightly test}는 시스템의 현재 상태를 검사한다. 테스트는 지속적인 전달 파이프라인에서 야간 테스트로 이동될 수 있다. 지속적인 전달 파이프라인은 더 빨라지지만, 특정 오류들은 야간 테스트 동안에만 인식된다. 따라서 전날의 어떤 변경 사항이 에러를 발생시켰는지에 대한 의문이 생긴다.

레거시 애플리케이션의 테스트 재배치

레거시 애플리케이션에서 마이크로서비스로 이전하는 경우에는 테스트가 더 중요하다. 레거시 애플리케이션에 대한 테스트를 사용하면, 이들은 그동안 마이크로서비스로 이동된 수많은 기능을 테스트할 것이다. 이 경우, 테스트는 각 마이크로서비스의 출시 시점에 수행돼야 한다(이러한 테스트는 너무 오래 걸린다). 그리고 테스트는 재배치돼야 한다. 이들은 마이크로서비스에 대한 통합 테스트로 전환할 수 있다(그림 54). 그러나 마이크로서비스의 통합 테스트는 빠르게 수행돼야 한다. 이 단계에서, 한 마이크로서비스에 있는 기능에 대한 테스트는 필요하지 않다. 따라서 레거시 애플리케이션의 테스트는 개별 마이크로서비스의 통합 테스트나 단위 테스트로 전환돼야 한다. 이 경우, 테스트가 더욱 빨라진다. 그리고 이들은 단일 마이크로서비스에 대한 테스트로 실행된다. 따라서 마이크로서비스에 대한 공유 테스트는 느려지지 않는다.

레거시 애플리케이션은 이전돼야 할 뿐 아니라 테스트돼야 한다. 그렇지 않으면, 레거시 애플리케이션의 이전에도 불구하고 빠른 배포는 불가능하다.

마이크로서비스로 이전된 기능에 대한 테스트는 레거시 애플리케이션의 테스트에서 제거될 수 있다. 이것은 단계적으로 레거시 애플리케이션의 배포 속도를 높인다. 결과적으로, 레거시 애플리케이션에 대한 변경이 점점 더 쉬워진다.

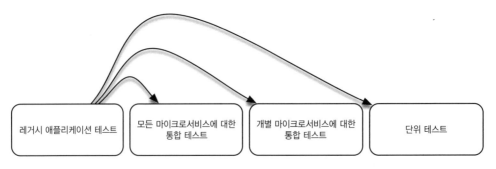

그림 54. 레거시 애플리케이션의 테스트 재배치

통합 테스트: 레거시 애플리케이션과 마이크로서비스

레거시 애플리케이션은 마이크로서비스와도 함께 테스트돼야 한다. 마이크로서비스는 생산 환경에 있는 기존 버전의 제품과 함께 테스트돼야 한다. 이것은 마이크로서비스가 생산 환경에서 레거시 애플리케이션과 함께 동작하는 것을 보장한다. 이러한 목적으로, 생산 환경에서 실행 중인 레거시 애플리케이션의 버전은 마이크로서비스에 대한 통합 테스트로 통합될 수 있다. 이 버전과 더불어 어떠한 오류 없이 테스트를 통과하는 것은 각 마이크로서비스의 책임이다.

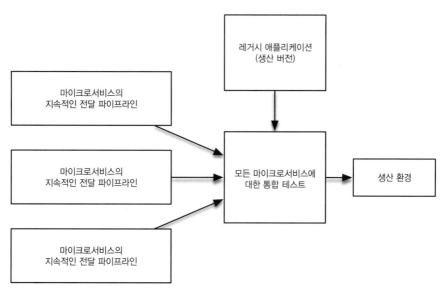

그림 55. 지속적인 전달 파이프라인 내의 레거시 애플리케이션

레거시 애플리케이션의 배포 사이클이 며칠이나 몇 주인 경우, 레거시 애플리케이션의 새로운 버전은 동시에 개발할 수 있다. 마이크로서비스는 이와 같은 버전들로 테스트돼야 한다. 이것은 새로운 레거시 애플리케이션의 출시에 따라 갑자기 오류가 발생하지 않음을 보장한다. 현재 개발 중인 레거시 애플리케이션의 버전은 자체적인 배포 파이프라인의 일부로서 현재 마이크로서비스들과 더불어 통합 테스트를 수행한다(그림 56). 이를 위해 생산 환경에 있는 마이크로서비스의 버전들이 사용돼야 한다.

마이크로서비스의 버전들은 레거시 애플리케이션의 버전보다 훨씬 더 자주 변경된다. 마이크로서비스의 새로운 버전은 레거시 애플리케이션의 지속적인 전달 파이프라인을 망가뜨릴 수 있다. 레거시 애플리케이션 팀은 마이크로서비스의 코드를 알 수 없으므로 이러한 문제를 해결할 수 없다. 그렇지만 마이크로서비스의 새 버전이 이미 생산 환경에 있을 수 있다. 이 경우, 마이크로서비스의 새로운 버전은 오류를 제거하고 전달돼야 한다. 비록 마이크로서비스의 지속적인 전달 파이프라인이 성공적으로 실행됐다고 해도 말이다.

그림 56. 레거시 애플리케이션의 지속적인 전달 파이프라인 내의 마이크로서비스

현재 개발 중에 있는 레거시 애플리케이션의 버전과 함께 통합 테스트를 통해 마이크로서비스를 내보내는 것이 한 가지 대안이 될 수 있다. 그러나 이것은 마이크로서비스의 중요한 통합 테스트를 연장시킨다. 따라서 마이크로서비스의 개발을 더 복잡하게 만든다. 이 문제는 소비자 주도 계약 테스트에 의해 해결될 수 있다(11.7절).

마이크로서비스에 대한 레거시 애플리케이션의 기대치와 레거시 애플리케이션에 대한 마이크로서비스의 기대치는 소비자 주도 테스트에 의해 정의될 수 있다. 따라서 통합 테스트는 최소한으로 감소될 수 있다.

또한 레거시 애플리케이션은 마이크로서비스의 스텁을 통해 테스트돼야 한다. 이러한 테스트는 레거시 애플리케이션만 테스트하기 때문에 통합 테스트가 없다. 이것은 중요한 통합 테스트의 개수를 감소시킬 수 있다. 이 개념은 마이크로서비스의 테스트를 예제로 이용해 11.6절에서 설명됐다. 그러나 이것은 레거시 애플리케이션의 테스트가 조정돼야 함을 의미한다.

11.6 개별 마이크로서비스의 테스트

개별 마이크로서비스에 대한 테스트는 각 마이크로서비스를 책임지고 있는 팀의 의무다. 팀은 자신들의 자체적이며 지속적인 전달 파이프라인의 일부로 단위 테스트, 부하 테스트, 승인 테스트 같은 다양한 테스트를 구현해야 한다.

그러나 마이크로서비스는 다른 마이크로서비스의 일부 기능에 대해 접근해야 한다. 이것은 테스트에 대한 문제를 노출시킨다. 각 마이크로서비스에 대한 각각의 테스트를 위해, 모든 마이크로서비스를 위한 완전한 환경을 제공하는 것은 합리적이지 않다. 다른 한편으로, 이것은 너무 많은 자원을 사용한다. 더불어, 최신 소프트웨어를 갖는 모든 환경을 제공하기는 어렵다. 기술적으로, 적어도 도커^{Docker} 같은 경량 가상화 방법은 자원 관점에서 비용을 감소시킨다. 그러나 50개, 또는 100개의 마이크로서비스에 대해 이러한 방법은 더 이상 충분하지 않다.

참조 환경

마이크로서비스의 현재 버전에서 참조 환경reference environment은 마이크로서비스가 이용 가능한 좋은 솔루션 중 하나다. 다양한 마이크로서비스의 테스트는 이러한 환경에서 마이크로서비스를 이용할 수 있게 해준다. 그러나 참조 환경에서 여러 팀이 다양한 마이크로서비스를 동시에 테스트하는 경우에는 오류가 발생할 수 있다. 테스트는 서로 영향을 미칠 수 있으며, 오류가 발생할 수 있다. 그리고 참조 환경을 이용할 수 있어야 한다. 참조 환경의 일부가 테스트 때문에 망가지면, 극단적인 경우에는 모든 팀의 테스트가 불가능할 수 있다. 마이크로서비스는 참조 환경에서 그들의 현재 버전을 이용할 수 있어야 한다. 이것은 추가적인 비용을 발생시킨다. 따라서 참조 환경은 고립된 마이크로서비스의 테스트를 위해 좋은 솔루션이 아니다.

스텁

또 다른 방법은 사용되는 마이크로서비스의 시뮬레이션이다. 테스트에 필요한 시스템 일부의 시뮬레이션을 위해 11.2절에서 설명한 스텁Stub과 가상 객체Mock라 불리는 두 가지 다른 선택 사항이 있다. 스텁은 마이크로서비스의 대체를 위해 더 좋은 선택이다. 스텁은 다양한 테스트 시나리오를 지원할 수 있다. 단일 스텁의 구현은 모든 종속적인 마이크로서비스의 개발을 지원할 수 있다.

스텁이 사용되는 경우, 팀은 그들의 마이크로서비스를 위한 스텁을 제공해야 한다. 이것은 마이크로서비스와 스텁이 실제로 동일하게 행동하는 것을 보장한다. 소비자 주도 계약 테스트가 스텁을 검사하는 경우(11.7절을 참조하라), 스텁에 의한 마이크로서비스의 올바른 시뮬레이션을 보장한다.

스텁은 같은 기술로 구현돼야 한다. 마이크로서비스를 사용하는 모든 팀은 테스트를 위해 스텁을 사용해야 한다. 스텁의 처리는 같은 기술에 의해 용이해진다. 그렇지 않으면, 여러 마이크로서비스를 사용하는 팀은 테스트를 위해 많은 기술을 마스터해야만 한다.

그러나 스텁은 마이크로서비스보다 더 적은 자원을 사용한다. 따라서 간단한 기술 스택을 사용하는 경우에는 스텁이 더 좋다. 14.13절의 예제는 관련된 마이크로서비스들에 대한 스텁을 위해 같은 기술을 사용한다. 그러나 스텁은 상수 값만 제공하고, 스텁을 사용하는 마이크로서비스처럼 같은 프로세스에서 실행된다. 따라서 스텁은 더 적은 자원을 사용한다.

스텁을 구현하는 데 특화된 기술들이 있다. 때때로, 소비자 주도 계약 테스트를 위한 도구들은 스텁을 생성한다(11.7절을 참고하라).

- mountebank[1]는 Node.js와 자바스크립트로 작성됐다. 이것은 TCP, HTTP, HTTPS, SMTP에 대한 스텁을 제공한다. 새로운 스텁은 실행 시에 생성 가능하다. 스텁의 정의는 JSON 파일에 저장된다. 이것은 시험 조건하에서 스텁에 의한 반환을 가정하는 응답들을 정의한다. 마찬가지로, 자바스크립트의 확장도 가능하다. mountebank는 프록시 역할도 할 수 있다. 이 경우에는 서비스에 대한 요청을 전달한다(그렇지 않으면, 첫 번째 요청만 전달되고 응답이 기록된다). 모든 후속 요청에 대해서는 기록된 응답을 갖고 있는 mountebank가 응답한다. 스텁뿐만 아니라 mountebank도 모의 객체를 지원한다.

- WireMock[2]은 자바로 작성됐으며, 아파치 2.0$^{Apache 2.0}$ 라이선스를 갖는다. 이 프레임워크는 특정 요청에 대한 특정 데이터의 반환을 매우 쉽게 만든다. 이러한 행동은 자바 코드에 의해 결정된다. WireMock은 HTTP와 HTTPS를 지원한다. 스텁은 별개의 프로세스나 서블릿 컨테이너, JUnit 테스트에서 직접 실행 가능하다.

- 마찬가지로, Moco[3]도 자바로 작성됐으며, MIT 라이선스를 갖는다. 스텁의 행동은 자바 코드나 JSON 파일로 표현 가능하다. Moco는 HTTP, HTTPS, 간단한 소켓 프로토콜을 지원한다. 스텁은 자바 프로그램이나 독립 서버에서 시작 가능하다.

- stubby4j[4]는 자바로 작성됐으며 MIT 라이선스를 갖는다. 이것은 스텁의 행동을 정의하기 위해 YAML을 이용한다. HTTP에 더해 HTTPS 프로토콜이 지원된다. 그리고 데이터는 YAML이나 JSON으로 정의된다. 서버와의 상호작용이나 자바를 통한 스텁의 동작을 프로그래밍할 수 있다. 요청 정보 외의 것들은 응답으로 복사 가능하다.

1 http://www.mbtest.org/
2 http://wiremock.org/
3 https://github.com/dreamhead/moco
4 https://github.com/azagniotov/stubby4j

시도 및 실험

14장에 설명된 예제를 바탕으로 당신이 선택한 스텁 프레임워크를 통해 스텁을 보완하라.
예제 애플리케이션은 application-test.properties 구성 파일을 사용한다. 이 구성 내에서
테스트를 위해 사용되는 스텁이 정의된다.

11.7 소비자 주도 계약 테스트

궁극적으로, 컴포넌트의 각 인터페이스는 계약 사항이다. 호출자^{caller}는 인터페이스를 사용
할 때 특정 부작용이나 값의 반환을 기대한다. 일반적으로, 이 계약은 공식적으로 정의되
지 않는다. 마이크로서비스가 기대를 위반하는 경우, 이것은 생산 환경이나 통합 테스트에
서 인지 가능한 오류로 나타난다. 계약이 명시적으로 만들어지고 독립적으로 테스트되는
경우, 통합 테스트는 생산 동안에 더 큰 오류의 위험을 발생시키지 않고 계약 사항을 테
스트해야 하는 의무에서 해방될 수 있다. 또한 이것은 다른 마이크로서비스를 사용하는
변경 사항이 문제의 원인이 되는 것을 더 쉽게 예측하므로 마이크로서비스의 수정이 더
쉬워진다.

때때로, 특정 컴포넌트에 대한 다른 컴포넌트들의 사용 여부와 사용 방법이 명확하지 않으
므로 시스템 컴포넌트에 대한 변경이 수행되지 않는다. 다른 마이크로서비스가 동작하는
동안에는 오류의 위험이 있으며, 너무 늦게 오류를 발견할 우려가 있다. 마이크로서비스가
사용되는 방법이 명확한 경우, 변경의 실행과 보호는 더 쉬워진다.

계약의 구성 요소

마이크로서비스의 계약[5]은 다음과 같은 관점을 갖는다.

- 데이터 형식$^{data\ format}$은 다른 마이크로서비스가 예상하는 정보 형식과 이들이 마이
  크로서비스에 전달되는 방법을 정의한다.
- 인터페이스는 동작들을 이용 가능한지 결정한다.
- 절차나 프로토콜은 동작이 일련의 결과들로 수행될 수 있는지를 정의한다.

---

5 http://martinfowler.com/articles/consumerDrivenContracts.html

- 마지막으로, 사용자 인증을 포함할 수 있는 호출과 관련된 메타 정보들이 있다.
- 추가로, 지연 시간이나 특정 처리량 같은 비기능적인 특정 측면이 있다.

계약

서비스의 소비자와 공급자 사이에는 다양한 계약이 존재한다.

- 공급자 계약^{Provider Contract}은 서비스 공급자가 제공하는 모든 사항을 포함한다. 서비스 공급자마다 이러한 계약이 있다. 공급자 계약은 전체 서비스를 모두 정의한다. 예를 들어, 이것은 서비스 버전을 갖는 변경 사항이 될 수 있다(9.6절을 참고하라).
- 소비자 계약^{Consumer Contract}은 서비스 사용자가 실제로 이용할 수 있는 모든 기능을 포함한다. 이들은 서비스마다 여러 개가 있을 수 있다(적어도 각 사용자마다 하나씩 있다). 이 계약은 사용자가 실제 사용하는 서비스의 일부만을 포함한다. 이것은 서비스 소비자에 대한 수정을 통해 변경할 수 있다.
- 소비자 주도 계약^{CDC, Consumer-Driven Contract}은 모든 사용자 계약을 포함한다. 따라서 소비자 주도 계약은 소비자가 사용하는 모든 서비스의 모든 기능을 포함한다. 이러한 계약은 서비스마다 하나만 있다. 이것은 사용자 계약에 의존하기 때문에, 서비스 소비자가 서비스 공급자에게 새로운 요청을 추가하거나 호출에 대한 새로운 요구 사항이 있는 경우 변경될 수 있다.

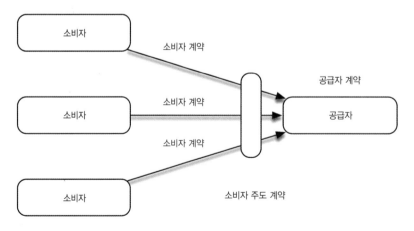

그림 57. 소비자 계약과 공급자 계약의 차이점

소비자 주도 계약은 공급자 계약의 어떤 컴포넌트가 실제로 사용되는지 명확하게 만든다. 이것은 마이크로서비스 인터페이스의 어떤 부분이 여전히 변경 가능하며, 마이크로서비스의 어떤 컴포넌트가 사용되지 않는지 명확하게 해준다.

구현

이상적으로, 소비자 주도 계약은 서비스 공급자가 수행할 수 있는 소비자 주도 계약 테스트consumer-driven contract test로 바뀐다. 서비스 소비자를 위해 이러한 테스트들은 변경 가능해야 한다. 이들은 서비스 공급자의 마이크로서비스와 함께 버전 관리 시스템에 저장돼야 한다. 이 경우, 서비스 소비자는 서비스 공급자의 버전 관리 시스템에 대한 접근 권한을 얻을 수 있어야 한다. 그렇지 않으면, 테스트는 서비스 소비자의 버전 관리 시스템에 저장될 수도 있다. 이 경우, 서비스 공급자는 버전 관리 시스템에서 테스트를 가져와 각 소프트웨어 버전으로 테스트를 실행한다. 그러나 이 경우 테스트되는 소프트웨어는 버전 관리 시스템에서 두 개의 분리된 프로젝트로 있으므로, 테스트되는 소프트웨어와 함께 테스트에 대한 버전을 주는 것은 불가능하다.

전체 테스트는 모두 소비자 주도 계약을 의미한다. 각 팀의 테스트들은 각 팀의 소비자 계약과 관련된다. 소비자 주도 계약 테스트는 마이크로서비스의 일부 테스트로 수행될 수 있다. 이들이 성공적인 경우, 모든 서비스 소비자들은 마이크로서비스를 이용해 함께 작업 가능해야 한다. 테스트 오류는 통합 테스트 동안에만 발견되지 않는다. 또한 인터페이스에 대한 요구 사항이 알려져 있고 특별한 비용 없이도 수행 가능하므로, 마이크로서비스에 대한 수정이 더 쉬워진다. 따라서 변경과 관련된 위험은 통합 테스트와 생산 이전에 문제점들이 발견될 수 있으므로 인터페이스에 더 적은 영향을 미친다.

도구

소비자 주도 계약 테스트를 작성하기 위해서는 기술이 정의돼야 한다. 마이크로서비스는 여러 개의 다른 마이크로서비스를 사용할 수 있으므로 기술은 모든 프로젝트에 대해 동일해야 한다. 이 경우, 팀은 다양한 다른 마이크로서비스에 대한 테스트를 작성해야 한다. 동일한 기술을 사용하는 경우, 이것은 더 쉬워진다. 그렇지 않으면, 팀은 서로 다른 다양한 기술을 알아야 한다. 테스트를 위한 기술은 구현을 위해 사용되는 기술과 다를 수 있다.

- 임의의 테스트 프레임워크는 소비자 주도 계약 테스트를 구현하기 위한 선택 사항이다. 부하 테스트를 위해 추가 도구들이 정의될 수 있다. 기능 요구 사항에 더해, 부하가 있는 경우의 동작에 대한 요구 사항이 있을 수 있다. 그러나 테스트를 위해 마이크로서비스를 제공하는 방법은 명확히 정의돼야 한다. 예를 들어 테스트 머신의 특정 포트를 제공 가능하다. 이러한 방법으로 테스트는 인터페이스를 통해 다른 마이크로서비스의 사용을 위한 접근이 이뤄질 수 있다.

- 예제 애플리케이션(14.13절)에서는 간단한 JUnit 테스트들이 마이크로서비스의 테스트와 요구된 기능을 지원하는지 검증하는 데 이용된다. 데이터 형식에 대해 호환되지 않는 변경 사항이 실행됐거나 인터페이스가 호환되지 않는 방법으로 수정된 경우라면 테스트는 실패한다.

- 소비자 주도 계약 테스트의 구현을 위해 특별히 고안된 도구들이 있다. 한 가지 예는 Pacto[6]다. Pacto는 루비Ruby로 작성됐으며, MIT 라이선스를 갖는다. Pacto는 REST/HTTP 계약을 통해 이러한 인터페이스를 보완하고, 테스트 구조로 통합 가능하다. 이 경우, Pacto는 예상되는 값을 갖는 헤더와 JSON 스키마를 본체 내의 JSON 데이터 구조와 비교한다. 이러한 정보는 계약을 의미한다. 계약은 클라이언트와 서버 사이에 기록된 상호작용에서 발생할 수도 있다. 계약을 기반으로, Pacto는 호출과 시스템 응답을 검증할 수 있다. Pacto는 간단한 스텁을 통해 이러한 정보를 생성할 수 있다. 더욱이, Pacto는 루비로 테스트를 작성하기 위해 RSpec을 사용할 수 있다. 루비가 아닌 다른 언어로 작성된 테스트 시스템에서도 이 방법으로 테스트할 수 있다. RSpec 없이, Pacto는 서버를 수행하는 방법을 제공한다. 즉 루비 시스템의 외부에서도 Pacto를 사용 가능하다.

- 마찬가지로, Pact[7]는 루비로 작성됐으며 MIT 라이선스를 갖는다. 서비스 소비자는 서비스를 위한 스텁을 작성하고, 스텁을 통한 상호작용을 기록하기 위해 Pact를 사용할 수 있다. Pact 파일에서 이러한 결과는 계약을 의미한다. 또한 이것은 실제 서비스가 올바르게 계약 사항을 구현했는지 여부를 테스트하는 데도 사용할 수 있다. Pact는 루비에 대해 특히 유용하지만, pactjvm[8]은 스칼라, 자바, 그루비, 클로저 같

---

6 http://thoughtworks.github.io/pacto/

7 https://github.com/realestate-com-au/pact

8 https://github.com/DiUS/pact-jvm

은 다양한 JVM 언어에 대한 유사한 접근 방법을 지원한다.

시도 및 실험

 14장에 설명된 예제를 이용해 당신이 선택한 프레임워크를 소비자 주도 계약을 통해 보완하라. 예제 애플리케이션은 application-test.properties 구성 파일을 사용한다. 이 구성 파일 내에 테스트를 위해 사용되는 스텁이 정의된다. 생산 환경에서 계약 사항을 확인하라.

11.8 테스트 기술 표준

마이크로서비스는 특정한 기술적 요구 사항을 만족시켜야 한다. 예를 들어, 마이크로서비스는 자신을 서비스 검색에 등록시켜야 하고 다른 마이크로서비스가 고장 나더라도 기능을 유지해야 한다. 테스트는 이러한 특성을 검증할 수 있어야 한다. 이것은 다양한 장점을 수반한다.

- 테스트에 의해 가이드라인이 명료하게 정의된다. 따라서 가이드라인이 의미하는 바가 정확히 무엇인지 논의할 필요는 없다.
- 마이크로서비스들은 자동화된 방법으로 테스트될 수 있다. 따라서 어느 시점에 마이크로서비스가 규칙을 만족하는지 명확히 파악할 수 있다.
- 새로운 팀은 그들이 규칙을 준수하는지에 대해 새로운 컴포넌트를 테스트할 수 있다.
- 마이크로서비스가 일반적인 기술 스택을 사용하지 않는 경우에도 여전히 테스트들이 기술적인 관점에서 올바르게 행동하는지 보장할 수 있다.

이들 중 테스트 가능한 것은 다음과 같다.

- 마이크로서비스는 서비스 검색에 등록돼야 한다(8.9절). 테스트는 컴포넌트가 서비스 레지스트리에 등록됐는지 여부를 시작 시에 확인할 수 있다.
- 또한 구성과 조정을 위한 공유 메커니즘이 사용돼야 한다(8.8절). 테스트는 중앙 구성에서 특정 값들에 대한 판독 여부를 통제할 수 있다. 이를 위해 개별 테스트 인터

페이스가 구현될 수 있다.

- 공유 보안 인프라스트럭처는 특정 토큰을 통한 마이크로서비스의 사용을 테스트함으로써 확인돼야 한다.
- 문서화와 메타데이터(8.13절)의 측면에서 정의된 경로를 통해 테스트가 문서에 접근할 수 있는지 테스트할 수 있다.
- 모니터링(12.3절)과 로깅(12.2절)의 측면에서 마이크로서비스가 모니터링 인터페이스에 데이터를 제공하기 시작하고 resp. log 항목에 값을 전달하는지 시험할 수 있다.
- 배포(12.4절) 측면에서는 마이크로서비스를 서버에 배포하고 시작하는 것으로 충분하다. 마찬가지로, 이를 위해 정의된 표준이 사용되는 경우 이와 같은 측면은 올바르게 구현된다.
- 통제(12.5절)에 대한 테스트로서, 마이크로서비스가 간단히 재시작될 수 있다.
- 간단한 시나리오에서 탄력성(10.5절)을 테스트하기 위해, 적어도 마이크로서비스가 종속적인 마이크로서비스가 없는 상태에서 시작되고 모니터링에 오류를 표시할 수 있는지 여부는 확인될 수 있다. 마이크로서비스가 올바르게 기능하는지에 따라, 다른 마이크로서비스의 가용성이 테스트에 의해 보장된다. 그러나 마이크로서비스가 다른 서비스에 도달하지 못하는 시나리오라면 정상적인 테스트에서 가용성이 해결되지 않는다.

가장 쉬운 경우, 기술적인 테스트는 마이크로서비스를 시작하고 배포할 수 있다. 이에 따라 배포와 통제는 테스트된다. 이를 위해 종속적인 마이크로서비스가 있어서는 안 된다. 탄력성 때문에 다른 마이크로서비스에 대한 의존 없이도 마이크로서비스를 시작할 수 있어야 한다. 따라서 마이크로서비스를 다시 시작하는 경우 동작해야 하는 로깅과 모니터링, 오류의 포함 여부에 대해 검사할 수 있다. 마지막으로 서비스 검색, 구성, 조정, 보안 같은 공유 기술 서비스에서의 통합이 검사돼야 한다.

이러한 테스트를 작성하는 것은 어려운 일이 아니다. 그리고 불필요한 가이드라인의 정확한 해석에 대해 충분히 논의할 수 있다. 따라서 이와 같은 테스트는 매우 유용하다. 그리고 이것은 일반적으로 자동화된 테스트에서 다루지 않는 시나리오(예를 들어 의존 시스템의 고장 같은)를 테스트한다

이 테스트는 마이크로서비스가 모든 규칙을 준수해야 하는 완벽한 보안을 제공하지 않아

도 된다. 그러나 적어도 기본적인 메커니즘의 작동 여부는 검사해야 한다.

기술 표준^{Technical standard}은 스크립트를 통해 쉽게 테스트할 수 있다. 스크립트는 정의된 방법으로 마이크로서비스를 가상 머신에 설치하고 시작할 수 있어야 한다. 예를 들어, 로깅과 모니터링의 측면에서 이후 동작이 테스트될 수 있다. 기술적인 표준이 각 프로젝트에 대해 특화되기 때문에, 동일한 방법은 거의 불가능하다. 특정 조건하에서는 Serverspec[9] 같은 도구가 유용하다. 이것은 서버에 문제가 발생하는 사태를 검사하는 역할을 한다. 따라서 특정 포트가 사용되는지 또는 특정 서비스가 활성화 상태인지를 쉽게 결정할 수 있다.

11.9 결론

테스트를 수행하는 이유는 생산 환경에서만 확인 가능한 문제에 대한 위험을 인식하는 것이며, 다른 한편으로는 테스트가 시스템의 정확한 명세서 역할을 한다는 점도 포함될 수 있다(11.1절).

테스트 피라미드의 개념을 이용해 11.2절에서는 테스트가 어떻게 구성돼야 하는지 설명했다. 그 핵심은 빠르고 자동화된 단위 테스트들에 있다. 이들은 로직상에 있는 오류의 위험을 처리한다. 통합 테스트와 UI는 마이크로서비스와 다른 마이크로서비스의 통합, 그리고 UI와 마이크로서비스의 올바른 통합을 보장한다.

11.3절에서 보듯, 마이크로서비스는 다양한 추가적인 방법으로 생산 환경에서의 오류 위험을 처리할 수 있다. 마이크로서비스는 시스템의 작은 부분에만 영향을 주고, 생산 환경에서는 아무것도 모른 채 실행할 수 있으므로 마이크로서비스의 배포가 더 빨라진다. 따라서 배포의 위험이 감소한다. 모든 실질적인 목적을 위해서는 포괄적인 테스트 대신 생산 환경으로의 배포 확장을 최적화하는 것이 더 합리적이다. 또한 이 절에서는 마이크로서비스 기반 시스템에 대한 테스트 피라미드의 두 가지 유형을 논의했다. 한 가지 유형은 마이크로서비스에 대한 것이고, 다른 하나는 전체 시스템에 대한 것이다.

전체 시스템의 테스트는 마이크로서비스의 각 변경에 대해 테스트를 수행해야 하는 문제

---

9 http://serverspec.org/

를 수반한다. 따라서 전체 시스템에 대한 테스트는 매우 빨라야 하며, 그렇지 않으면 병목 지점이 될 수도 있다. 마이크로서비스를 테스트할 때 한 가지 목표는 모든 마이크로서비스에 대한 통합 테스트의 수를 감소시키는 것이다(11.4절).

레거시 애플리케이션들을 교체하는 경우, 이들의 기능은 마이크로서비스로 이전할 수 있으며, 기능에 대한 테스트도 마이크로서비스의 테스트로 이동돼야 한다(11.5절). 또한 마이크로서비스에 대한 각각의 변경은 생산 환경에서 사용되는 레거시 애플리케이션의 버전과 함께 통합해서 테스트돼야 한다. 일반적으로, 레거시 애플리케이션은 마이크로서비스보다 출시 주기가 훨씬 더 느리다. 따라서 해당 시점에 개발 중인 레거시 애플리케이션의 버전은 마이크로서비스와 함께 테스트돼야 한다.

개별 마이크로서비스의 테스트인 경우, 다른 마이크로서비스는 스텁으로 대체돼야 한다. 이것은 개별 마이크로서비스의 테스트들을 서로 분리 가능하게 해준다. 11.6절에서는 스텁의 생성을 위한 다양한 구체적 기술들을 소개했다.

11.7절에서는 소비자 주도 계약 테스트를 설명했다. 이러한 방법을 통해 마이크로서비스 사이의 계약이 명시적으로 이뤄진다. 이것은 마이크로서비스가 다른 마이크로서비스의 요구 사항을 만족하는지 검사(통합 테스트의 필요성 없이)할 수 있게 해준다. 또한 이러한 분야를 위한 많은 도구들을 이용할 수 있다.

마지막으로, 11.8절에서는 마이크로서비스에 대한 기술적인 요구 사항도 자동화된 방법으로 테스트될 수 있다는 사실을 살펴봤다. 이것은 마이크로서비스가 모든 기술 표준을 만족하는지 확실하게 설정하도록 한다.

핵심 포인트

- 테스트 피라미드 같은 기존 모범 사례는 마이크로서비스에 대해서도 적용된다.
- 모든 마이크로서비스에 대한 일반적인 테스트는 병목 지점이 될 수 있다. 따라서 일례로 더 많은 소비자 주도 계약 테스트를 수행하는 경우에는 전체 테스트의 수행을 감소시켜야 한다.
- 적절한 도구를 통해 스텁은 마이크로서비스에서 생성 가능하다.

12장

운영과 마이크로서비스의
지속적인 전달

배포와 운영은 지속적인 배포 파이프라인의 추가적인 구성 요소다(11.1절을 참조하라). 소프트웨어가 파이프라인의 환경에서 테스트되고 나면, 마이크로서비스는 생산 환경으로 보내진다. 생산 환경에서 모니터링^{monitoring}과 로깅^{logging}은 마이크로서비스의 추가적인 개발을 위해 사용 가능한 정보를 수집한다.

마이크로서비스 기반 시스템의 운영은 배포 모놀리스의 운영보다 더 힘들다. 마이크로서비스 기반 시스템의 운영에는 관리돼야 하는 더 많은 배포 가능한 산출물들이 있다. 12.1절에서는 마이크로서비스 기반 시스템의 운영과 관련된 전형적인 문제점을 상세히 다룬다. 12.2절의 주제는 로깅이다. 12.3절에서는 마이크로서비스의 모니터링에 중점을 둔다. 배포는 12.4절에서 다룬다. 12.5절에서는 외부에서 마이크로서비스를 감독하기 위해 필요한 측정치들을 보여준다. 그리고 마지막으로 12.6절에서는 마이크로서비스의 운영에 적합한 인프라스트럭처를 설명한다.

운영과 관련된 문제들은 과소 평가하면 안 된다. 운영은 마이크로서비스의 사용과 관련해 빈번하게 발생하는 가장 복잡한 문제들이 있는 영역이다.

12.1 마이크로서비스 운영과 관련된 문제들

도전 사항: 많은 산출물

지금까지 배포 모놀리스만 운영한 팀들은 마이크로서비스 기반 시스템에는 배포 가능한 아주 많은 추가 산출물이 있다는 문제에 직면하고 있다. 각 마이크로서비스는 생산 환경에 독립적으로 적용되므로 별도의 배포 가능한 산출물을 갖는다. 확실히 50개, 100개, 또는 그 이상의 마이크로서비스들은 현실적인 개수다. 구체적인 수는 프로젝트의 크기와 마이크로서비스의 크기에 따라 다르다. 이렇게 배포 가능한 산출물의 수는 마이크로서비스 기반 아키텍처 외에서는 거의 볼 수 없다. 생산 환경에서 현재 실행되는 코드에 대해 추적할 수 있어야 하므로 이와 같은 모든 산출물은 독립적인 버전을 갖는다. 또한 이것은 독립적인 방법으로 각 마이크로서비스의 새로운 버전을 생산 환경에 대해 적용 가능하게 만든다.

많은 산출물이 있는 경우 관련된 많은 수의 지속적인 전달 파이프라인이 있어야 한다. 이들은 생산 환경으로의 배포뿐 아니라 다양한 테스트 단계도 포함한다. 또한 생산 환경에서 더 많은 산출물을 로깅과 모니터링을 통해 감시해야 한다. 이것은 모든 프로세스가 대부분 자동화돼 있는 경우에만 가능하다. 산출물의 개수가 적은 경우, 여전히 수동으로 조정 가능하다. 이 방법은 단순하지만, 마이크로서비스 기반 아키텍처 내에 포함된 엄청난 수의 산출물에 대해서는 더 이상 가능하지 않다.

분명히, 배포와 인프라스트럭처 분야에서의 문제들은 마이크로서비스를 도입할 때 마주치는 가장 어려운 문제들이다. 다른 아키텍처 접근 방법에서 자동화는 많은 장점을 가지며 이미 일상적인 것이 됐지만, 아직 많은 조직들은 자동화에 충분히 능숙하지 못하다.

필요한 자동화를 달성하기 위한 다양한 방법이 있다.

팀으로의 위임

가장 쉬운 선택 사항은 마이크로서비스의 개발에 대한 책임을 가진 팀에게 문제를 위임하는 것이다. 이 경우, 각 팀은 마이크로서비스의 개발뿐 아니라 운영에 대해서도 책임을 갖는다. 각 팀들은 이를 위해 적절한 자동화나 다른 팀으로부터의 자동화 방법 적용에 대한 선택권을 갖는다.

팀이 모든 분야를 처리해야 할 필요는 없다. 안정적인 운영을 하기 위해 로그 데이터에 대한 평가가 필요하지 않은 경우, 팀은 로그 데이터를 평가하는 시스템을 구현하지 않기로 결정할 수 있다. 그러나 로그 출력을 감시하지 않는 안정적인 운영은 거의 불가능하다. 이러한 위험은 각 팀의 책임 내에 있다.

이러한 방법은 운영에 대한 많은 지식을 가지고 있는 경우에만 작동한다. 또 다른 문제는 여러 팀에 의해 '바퀴가 계속해서 다시 발명되고 있다The wheel is invented over and over1'는 점이다. 각 팀은 독립적으로 자동화를 구현하고 자동화를 위해 다른 도구를 사용할 수 있다. 이 접근 방법의 경우 여러 팀이 서로 다른 방식의 접근 방법을 사용하기 때문에 마이크로서비스의 운영이 더 힘들어지는 위험을 수반한다. 팀이 이러한 작업을 하는 것은 새로운 기능에 대한 빠른 구현을 방해한다. 그러나 기술의 사용에 대해 분산된 결정은 팀의 독립성을 증가시킨다.

도구의 통일

높은 효율성 때문에 단일화는 배포를 위한 합리적인 접근 방법이 될 수 있다. 통일된 도구를 획득하는 가장 쉬운 방법은 각 분야(배포, 테스트, 모니터링, 배포 파이프라인)에 대해 하나의 도구를 규정하는 것이다. 또한 불변 서버immutable server나 빌드 환경의 분리, 그리고 배포 환경 같은 가이드라인과 모범 사례가 있을 수 있다. 팀들은 각 분야마다 오직 하나의 도구에만 익숙해지면 되므로, 이것은 모든 마이크로서비스에 대해 동일한 구현을 가능하게 하며 운영을 용이하게 만든다.

행위 지정

또 다른 선택 사항은 시스템의 행위를 지정하는 것이다. 한 가지 예로, 로그 출력이 서비스들에 걸쳐 동일한 방식으로 평가되는 것을 가정하는 경우에는 같은 로그 형식을 정의하는 것만으로 충분하다. 따라서 로그 프레임워크를 규정해야 할 필요가 없다. 물론 동일한 출력 형식을 생성하도록 설정한 최소한 하나의 로그 프레임워크를 제공하는 것이 합리적이다. 이것은 로그 프레임워크를 사용하기 위한 팀의 동기를 증가시킨다. 이러한 방법으로,

---

1 동일한 중복 작업이 반복된다는 의미다. – 옮긴이

팀은 자신들의 노력을 최소화하고자 할 것이므로 동일성은 강제화되지 않지만 자체적으로 나타나게 된다. 더 많은 장점으로 인해, 팀이 또 다른 로그 프레임워크나 다른 로그 프레임 워크를 필요로 하는 프로그래밍 언어의 사용을 고려하는 경우에도 여전히 이러한 기술을 사용 가능하다.

로그 출력에 대한 단일 형식의 정의는 추가적인 장점을 갖는다. 정보가 로그 파일을 다르게 처리하는 다양한 도구로 전달될 수 있다. 이것은 비즈니스 이해당사자가 통계를 생성하는 동안에 운영이 에러에 대한 로그 파일을 선별 가능하게 만든다. 운영과 비즈니스 이해당사자는 공유 기반으로 동일한 형식을 사용하는 다른 도구들을 사용할 수 있다.

이와 유사하게, 배포, 모니터링, 배포 파이프라인 등 운영의 다른 영역에 대해서도 행동이 정의될 수 있다.

마이크로 아키텍처와 매크로 아키텍처

어떤 결정은 팀에 의해 내려질 수 있으며, 어떤 결정은 아키텍처를 마이크로 아키텍처^{micro} architecture와 매크로 아키텍처^{macro architecture}로 나누는 것에 관련된 전체 프로젝트에 대해 내려질 필요가 있다(13.3절을 참고하라). 팀이 내릴 수 있는 결정은 마이크로 아키텍처에 속한다. 반면, 전체 프로젝트에 대해 모든 팀에 걸쳐 내려야 하는 결정은 매크로 아키텍처의 일부다. 로깅에 대한 기술과 원하는 동작은 마이크로 아키텍처나 매크로 아키텍처의 일부가 될 수 있다.

템플릿

템플릿^{Template}은 이러한 분야에서 마이크로서비스를 통합하고 팀의 생산성을 증가시킬 수 있는 옵션을 제공한다. 템플릿은 아주 간단한 마이크로서비스를 기반으로 기술이 사용될 수 있는 방법과 마이크로서비스가 운영 인프라스트럭처로 통합되는 방법을 보여준다. 여기에서 말하려는 요점이 도메인 로직은 아니므로, 예제에서는 간단한 상수 값으로 요청에 응답한다.

템플릿은 팀이 새로운 마이크로서비스를 더욱 쉽고 빠르게 구현하도록 만든다. 동시에, 각 팀은 표준 기술 스택을 쉽게 사용할 수 있다. 따라서 동일한 기술 솔루션이 팀에 가장 매력적이다. 템플릿은 사용되는 기술을 규정하지 않아도 마이크로서비스 사이에서 상당한 정도의 기술적 동일성을 달성한다. 또한 템플릿이 올바른 사용을 알려주는 경우, 기술 스택의 잘못된 사용을 방지할 수 있다.

템플릿은 예시된 마이크로서비스에 대한 코드 외에도 완전한 인프라스트럭처를 포함해야한다. 이것은 지속적인 전달 파이프라인, 빌드, 지속적인 통합 플랫폼, 생산 환경으로의 배포, 그리고 마이크로서비스를 실행하는 데 필요한 자원들을 말한다. 특히 빌드와 지속적인전달 파이프라인은 중요하다. 많은 수의 마이크로서비스 배포는 이러한 부분들이 자동화됐을 경우에만 가능하기 때문이다.

실제로 완전한 인프라스트럭처를 포함하는 경우에는 개별 마이크로서비스가 간단하다고해도 템플릿은 매우 복잡해질 수 있다. 한 번에 완전하고 완벽한 솔루션을 제공해야 할 필요는 없다. 템플릿은 단계적인 방법으로 만들어질 수 있다.

템플릿은 각 프로젝트로 복사될 수 있다. 이것은 템플릿에 대한 변경이 기존 마이크로서비스로는 전파되지 않는 문제를 수반한다. 한편으로, 이러한 방법은 변경을 적용하는 것이자동화된 방법보다 구현하기가 더 쉽다. 또한 이 방법은 실제로 템플릿과 모든 마이크로서비스 간의 의존성을 만들 수 있다. 마이크로서비스에서는 이러한 의존성을 피해야 한다.

템플릿은 근본적으로 새로운 마이크로서비스의 생성을 용이하게 만든다. 이에 따라 팀들은 새로운 마이크로서비스를 생성할 가능성이 더 높아진다. 즉 팀들은 더 쉽게 마이크로서비스들을 다수의 더 작은 마이크로서비스로 분배할 수 있다. 따라서 템플릿은 마이크로서비스가 작은 상태를 유지하도록 돕는다. 마이크로서비스가 더 작아지는 경우, 마이크로서비스 기반 아키텍처의 장점을 더 잘 활용할 수 있다.

12.2 로깅

로깅Logging을 통해 애플리케이션은 어떤 이벤트가 발생했는지에 대한 정보를 쉽게 제공할수 있다. 이러한 이벤트에는 오류뿐 아니라 통계를 위해 다수가 관심을 갖는 새로운 사용자 등록 등이 포함될 수 있다. 마지막으로, 로그 데이터는 상세한 정보를 제공해 개발자가오류를 찾는 것을 도울 수 있다.

일반적인 시스템에서 로그는 엄청난 노력 없이 쉽게 기록되며 데이터가 지속될 수 있는 장점을 갖는다. 또한 로그 파일은 사람이 읽을 수 있으며 쉽게 검색 가능하다.

마이크로서비스의 로깅

대부분의 마이크로서비스는 로그 파일을 기록하고 분석하는 것으로 충분하다.

- 많은 요청들은 여러 마이크로서비스의 상호작용에 의해서만 처리될 수 있다. 이 경우, 단일 마이크로서비스의 로그 파일은 이벤트의 전체적인 시퀀스를 이해하기에는 충분하지 않다.
- 때때로, 부하는 한 마이크로서비스의 여러 인스턴스에 걸쳐 분산된다. 따라서 개별 인스턴스에 대한 로그 파일에 포함된 정보가 아주 유용하지는 않다.
- 마지막으로, 증가된 부하, 새로운 출시, 충돌 등으로 인해 마이크로서비스의 새로운 인스턴스가 계속해서 시작된다. 가상 머신이 종료되고, 이후 하드디스크에서 삭제되는 경우에는 로그 파일의 데이터도 손실될 수 있다.

정보는 마이크로서비스에서 분석할 수 없으므로, 로그를 자체적인 파일시스템에 기록하는 마이크로서비스는 필요하지 않다. 확실히 중앙의 로그 서버에 기록해야 한다. 이것은 마이크로서비스가 더 적은 로컬 저장소를 활용하는 장점도 갖는다.

일반적으로, 애플리케이션은 텍스트 문자열을 로그에 남긴다. 중앙 로그 시스템은 문자열의 구문을 분석한다. 구문 분석 동안에 타임스탬프나 서버 이름 같은 관련 정보들이 추출된다. 때때로, 구문 분석은 일반적인 사항 이상으로 텍스트를 더욱 상세하게 조사한다. 예를 들어 로그로부터 현재 사용자의 신원을 결정 가능한 경우, 사용자에 대한 모든 정보는 마이크로서비스의 로그 데이터로부터 선택할 수 있다. 나중에 로그 시스템이 별도로 다시 선택하는 문자열에서 마이크로서비스는 관련된 정보를 어느 정도 숨긴다. 구문 분석이 용이하도록, 로그 데이터는 JSON 같은 데이터 형식으로 변환될 수 있다. 이 경우, 데이터는 로깅 동안에 구조화 가능하다. 데이터가 처음에 문자열로 패키징되지 않으면, 힘든 구문 분석 과정을 거쳐야 한다. 마찬가지로, 동일한 표준을 갖는 것이 합리적이다. 마이크로서비스가 오류로 무엇인가를 기록하는 경우에는 실제로 오류가 발생했어야 한다. 또한 다른 로그 수준에 대한 의미는 전체 마이크로서비스에 걸쳐 동일해야 한다.

네트워크를 통한 로깅 기술

마이크로서비스는 네트워크를 통해 로그 데이터를 직접 전송함으로써 중앙에서의 로깅을 지원할 수 있다. 대부분의 로그 라이브러리는 이와 같은 방법을 지원한다. 이를 위해, GELF[Graylog Extended Log Format2] 같은 특별한 프로토콜을 사용 가능하다. 또는 유닉스[UNIX] 시스템에서 로깅의 기반이 되는 syslog 같은 오랫동안 쓰인 프로토콜이 사용될 수도 있다. logstash-forwarder[3], Beaver[4], Woodchuck[5] 같은 도구들은 네트워크를 통해 로컬 파일을 중앙 로그 서버로 보내기 위한 수단이다. 이러한 도구들은 로그 데이터가 파일로 로컬에 저장되는 것을 가정하는 경우에도 적절하다.

중앙 집중적 로깅을 위한 ELK

Logstash, Elasticsearch, Kibana는 중앙 서버에서 로그를 수집하고 처리하기 위한 도구로 역할할 수 있다.

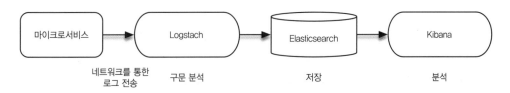

그림 58. 로그 분석을 위한 ELK 인프라스트럭처

- Logstash[6]의 도움을 통해, 로그 파일은 서버에 의해 네트워크에서 분석되고 수집될 수 있다. Logstash는 매우 강력한 도구다. 이 도구는 소스로부터 데이터를 읽고, 데이터를 수정하거나 필터링하며, 마지막으로 데이터 수신 장치에 쓸 수 있다. Elasticsearch가 네트워크와 저장소로부터 로그를 가져오는 것과 달리, Logstash는 다양한 여러 데이터 소스와 데이터 수신 장치를 지원한다. 예를 들어, 메시지 큐나 데이터베이스에서 데이터를 읽을 수 있으며, 메시지 큐나 데이터베이스로 데이터를

---

2 https://www.graylog.org/

3 https://github.com/elastic/logstash-forwarder

4 https://github.com/josegonzalez/beaver

5 https://github.com/danryan/woodchuck

6 http://logstash.net/

쓸 수도 있다. 마지막으로, Logstash는 데이터를 분석하고 보완할 수도 있다(예를 들어, 타임스탬프를 각 로그 항목에 추가하거나, 개별 필드를 빼내 추가적으로 처리할 수 있다).

- Elasticsearch[7]는 로그 데이터를 저장하고, 이들을 분석에 사용할 수 있게 해준다. Elasticsearch는 완전 문장 검색full text search으로· 데이터를 검색할 뿐 아니라, 구조화된 데이터의 개별 필드로도 검색 가능하다. 그리고 데이터베이스처럼 데이터를 영구적으로 저장한다. 마지막으로, Elasticsearch는 통계 기능을 제공하며, 이러한 기능을 데이터의 분석에 이용할 수 있다. 검색엔진으로서, Elasticsearch는 빠른 응답 시간에 최적화돼 있다. 따라서 데이터는 준 대화식quasi interactively으로 분석 가능하다.

- Kibana[8]는 Elasticsearch의 데이터를 분석 가능하게 해주는 웹 사용자 인터페이스다. 간단한 쿼리 외에 통계 평가, 시각화 기능, 다이어그램을 생성할 수 있다.

이러한 도구는 ELK 스택(Elasticsearch, Logstash, Kibana)을 형성한다. 세 가지 도구 모두 오픈소스 프로젝트며, 아파치 2.0Apache 2.0 라이선스를 갖는다.

ELK 확장

로그 데이터는 마이크로서비스의 경우 매우 큰 규모로 축적된다. 따라서 마이크로서비스 아키텍처에서 로그를 집중 처리하기 위한 시스템은 높은 확장성scalability을 가져야 한다. 좋은 확장성은 ELK 스택의 장점 중 하나다.

- Elasticsearch는 샤드shard[9]에 인덱스를 배포할 수 있다. 각 데이터 세트는 단일 샤드에 저장된다. 샤드는 여러 서버에 위치할 수 있으므로, 로드 밸런싱이 가능하다. 또한 샤드는 실패에 대한 안전성을 향상시키기 위해 여러 서버에 걸쳐 복제 가능하다. 그리고 읽기에 대한 접근은 임의의 데이터 복제본으로 보내질 수 있다. 따라서 복제본은 읽기에 대한 접근을 확장하는 역할을 할 수 있다.

- Logstash는 다양한 인덱스에 관련된 로그를 기록할 수 있다. 추가적인 구성 없이, Logstash는 다양한 인덱스에 관련된 데이터를 매일 기록할 수 있다. 일반적으로 현재 데이터가 더 빈번하게 읽히므로, 이것은 일반적인 요청에 대해 검색되는 데이터

---

7 https://www.elastic.co/products/elasticsearch
8 https://www.elastic.co/products/kibana
9 데이터 검색을 위해 구분되는 최소 단위를 의미한다. – 옮긴이

의 양을 감소시키고 이에 따라 성능이 향상된다. 여전히 사용자의 지리적인 위치에 따라 데이터를 인덱스들로 분배하기 위한 여러 가지 방법들이 있다. 이것은 검색해야 하는 데이터 양에 대한 최적화를 촉진시킨다.

- 로그 데이터는 Logstash에 의해 처리되기 전에 브로커Broker로 버퍼링될 수 있다. 브로커는 버퍼 역할을 하며, 즉시 처리하지 못하는 메시지들이 너무 많은 경우에 메시지를 저장한다. 때때로 Redis[10](빠른 메모리 데이터베이스다.)는 브로커처럼 사용된다.

Graylog

ELK 스택이 로그 파일 분석을 위한 유일한 솔루션은 아니다. Graylog[11]도 오픈소스 솔루션이며, Elasticsearch와 마찬가지로 로그 데이터의 저장에 사용된다. 또한 Graylog는 메타데이터를 위해 MongoDB를 이용한다. Graylog는 로그 메시지를 위한 자체 형식을 정의한다. 이미 언급된 GELFGraylog Extended Log Format는 네트워크를 통해 전송되는 데이터를 표준화한다. 많은 로그 라이브러리와 프로그래밍 언어에는 GELF를 위한 확장 기능이 있다. 마찬가지로, 각각의 정보는 로그 데이터에서 추출되거나 유닉스 도구인 syslog로 조사할 수 있다. Logstash도 입출력 형식으로 GELF를 지원하기 때문에, Logstash는 Graylog와 결합 가능하다. Graylog는 로그로부터 정보에 대한 분석을 가능하게 만드는 웹 인터페이스를 갖는다.

Splunk

Splunk는 이미 오랫동안 시장에 있어왔던 상용 솔루션이다. Splunk는 자체적으로 솔루션을 의미하며, 로그 파일뿐 아니라 머신 데이터와 빅데이터도 분석할 수 있다. Splunk는 로그를 처리하기 위해 Forwarder를 통해 데이터를 수집하고, 검색을 위한 Indexer를 통해 데이터를 준비한다. 그리고 Search Heads는 검색 요청들의 처리를 넘겨받는다. 이러한 과정은 보안 개념이 강조된 엔터프라이즈 솔루션의 역할을 하는 데 그 의도가 있다. 사용자 정의에 의한 분석을 수행할 뿐 아니라 특정 문제인 경우에는 경고할 수도 있다. Splunk는 수많은 플러그인을 통해 확장 가능하다. 또한 마이크로소프트 윈도우 서버 같은 특정 인프

10 http://redis.io/
11 https://www.graylog.org/

라스트럭처에 대해 미리 준비된 솔루션을 제공하는 앱들이 있다. 이러한 소프트웨어는 당신의 컴퓨팅 센터에 설치될 필요가 없으며, 클라우드 솔루션으로 이용 가능하다.

로그에 대한 이해당사자

로깅과 관련된 다양한 이해당사자가 있다. 그러나 일반적인 로그 서버의 분석 옵션은 유연하며, 하나의 도구로 충분할 정도로 분석 방법이 유사하다. 이해당사자들은 그들에 관련된 정보를 가진 자체적인 대시보드를 생성할 수 있다. 특정 요구 사항을 위해, 로그 데이터는 평가를 목적으로 다른 시스템으로 넘겨질 수 있다.

상관관계 ID

때때로 여러 마이크로서비스들은 하나의 요청에 대해 함께 작업한다. 요청이 마이크로서비스를 통과하는 경로는 분석을 위해 추적 가능해야 한다. 특정 고객이나 특정 요청에 대한 모든 로그 항목을 필터링하기 위해 상관관계 ID$^{correlation ID}$가 사용된다. 이 ID는 전체 시스템에 대한 요청을 명확하게 식별하고, 마이크로서비스 사이의 모든 통신이 이뤄지는 동안에 전달된다. 이러한 방법으로, 모든 시스템에 대한 단일 요청의 로그 항목은 특정 로그 시스템에서 쉽게 발견할 수 있으며, 요청에 대한 처리는 모든 마이크로서비스에 걸쳐 추적할 수 있다.

이러한 접근 방법은 헤더^{header}나 페이로드^{payload} 내의 각 메시지에 대한 요청 ID를 전송함으로써 구현 가능하다. 많은 프로젝트에서는 프레임워크를 사용하지 않고 그들의 코드 내에 자체적으로 전송을 구현한다. 자바의 경우 ID 전송을 구현한 tracee[12] 라이브러리가 있다. 일부 로그 프레임워크는 각 로그 메시지를 함께 기록하는 컨텍스트를 지원한다. 메시지를 수신하는 경우, 컨텍스트에 상관관계 ID를 넣어야 한다. 이것은 메소드에서 메소드로 상관관계 ID를 전달해야 할 필요성을 없애준다. 상관관계 ID가 스레드에 결합되는 경우, 요청의 처리에 여러 스레드를 포함하게 되면 문제가 발생할 수 있다. 컨텍스트 내에 상관관계 ID를 설정하면 모든 로그 메시지가 상관관계 ID를 포함하는 것을 보장한다. ID를 기록하는 방법은 모든 마이크로서비스에 걸쳐 동일해야 한다. 따라서 로그에서 요청에 대한

---

12 https://github.com/tracee/tracee

검색은 모든 마이크로서비스를 위해 동작한다.

Zipkin: 분산 추적

성능 측면에서도 마이크로서비스에 걸친 평가가 이뤄져야 한다. 요청에 대한 완전한 경로를 추적 가능한 경우, 어떤 마이크로서비스가 병목 지점이며 요청의 처리에 더 오랜 시간이 필요한지 결정할 수 있다. 분산 추적을 이용해 어떤 마이크로서비스가 요청에 대해 응답하는 데 얼마나 많은 시간이 필요한지, 그리고 어디에서 최적화를 시작해야 하는지 결정할 수 있다. Zipkin[13]은 정확하게 이러한 유형의 조사[14]를 수행 가능하게 만든다. Zipkin은 다양한 네트워크 프로토콜에 대한 지원을 포함한다. 따라서 요청 ID는 이러한 프로토콜을 통해 자동으로 전달된다. 상관관계 ID와 달리 Zipkin의 목적은 로그 항목에 관련되지 않는다. 마이크로서비스의 시간적인 행위를 분석하는 것이 목적이며, 이러한 목적을 위해 Zipkin은 적절한 분석 도구를 제공한다.

시도 및 실험

마이크로서비스 기반 아키텍처의 로깅 구현을 가능하게 만드는 기술 스택을 정의하라.

- 로그 메시지는 어떻게 형식화돼야 하는가?
- 필요한 경우, 로깅 프레임워크를 정의하라.
- 로그의 수집과 평가를 위한 기술을 결정하라.

이번 절에서는 다양한 분야의 여러 도구들을 나열했다. 어떤 속성이 더 중요한가? 이번 절의 목표는 제품에 대한 평가가 아니며, 장점과 단점에 대한 일반적인 평가다.

14장에서는 마이크로서비스 기반 아키텍처에 대한 예제를 보여준다. 그리고 14.14절에서는 아키텍처가 로그 분석을 통해 보완되는 방법을 제안한다.

당신의 현재 프로젝트는 어떻게 로깅을 처리하는가? 이러한 방법과 기술의 일부를 당신의 프로젝트에서 구현 가능한가?

13 https://github.com/twitter/zipkin
14 https://blog.twitter.com/2012/distributed-systems-tracing-with-zipkin

12.3 모니터링

모니터링은 마이크로서비스의 메트릭을 감시하고, 로깅 이외의 다른 정보 소스를 이용한다. 대부분의 모니터링은 애플리케이션의 현재 상태에 대한 정보를 제공하고, 시간이 지나면서 이러한 상태가 어떻게 변화되는지 나타내는 수치를 사용한다. 이러한 값들은 특정 시간 이후 처리된 호출의 개수, 호출을 처리하는 데 필요한 시간, CPU나 메모리의 활용 같은 시스템 값을 표시할 수 있다. 특정 임계치^{threshold}를 초과하거나 임계치에 도달하지 못한 경우, 이러한 값은 문제를 의미하며 누군가 문제를 해결하도록 알람을 트리거할 수 있다. 문제가 자동으로 해결되면 더 좋다. 예를 들어, 과부하는 추가적인 인스턴스를 시작함으로써 해결 가능하다.

모니터링은 운영에 관련된 사항뿐 아니라 생산 환경으로부터의 시스템 개발자나 사용자에 관련한 피드백을 제공한다. 모니터링 정보를 기반으로, 시스템은 더 잘 이해할 수 있다. 따라서 시스템을 어떻게 추가적으로 개발해야 하는지에 대한 정보를 갖고 결정해야 한다.

기본 정보

기본 모니터링 정보는 모든 마이크로서비스에 대해 필수적이어야 한다. 이것은 시스템의 전반적인 상태를 더 쉽게 얻도록 만든다. 모든 마이크로서비스는 같은 형식으로 필요한 정보를 제공해야 한다. 마찬가지로, 마이크로서비스 시스템의 컴포넌트는 이러한 값을 이용할 수 있다. 예를 들어, 로드 밸런싱은 호출을 처리할 수 없는 마이크로서비스에 접근하는 것을 방지하기 위해 상태 점검$^{health\ check}$을 이용할 수 있다.

제공돼야 하는 모든 마이크로서비스의 기본값에는 다음과 같은 값들이 포함될 수 있다.

- 마이크로서비스의 가용성을 나타내는 값이어야 한다. 이 방법으로, 모든 마이크로서비스는 호출을 처리할 수 있는지 알려주는 신호(`"alive"`)를 보낸다.
- 또 다른 중요한 메트릭은 마이크로서비스의 가용성에 대한 상세 정보다. 관련된 정보 중 하나는 사용되는 모든 마이크로서비스에 대해 접근 가능한지 여부와 다른 모든 자원이 이용 가능한지 여부(`"health"`)다. 이러한 정보는 마이크로서비스의 기능뿐 아니라 마이크로서비스의 일부가 현재 사용 가능한지, 그리고 왜 실패하는지에 대한 힌트도 제공한다. 중요한 사항은 마이크로서비스의 사용 가능 여부가 다른 마

이크로서비스의 실패 때문인지, 마이크로서비스의 자체적인 문제 때문인지 명확해
진다는 점이다.

- 다른 산출물과 더불어, 마이크로서비스의 버전 관련 정보와 계약 파트너나 사용된
라이브러리, 그리고 이들의 버전 같은 추가적인 메타 정보가 메트릭으로 제공될 수
있다. 이것은 문서화의 일부로 처리할 수 있다(8.13절을 참고하라). 그렇지 않으면, 현
재의 생산 환경에 있는 마이크로서비스의 버전이 확인될 수 있다. 이것은 오류에 대한
검색을 용이하게 만든다. 또한 단순히 이러한 값의 이상을 살펴보는 마이크로서비스와
사용되는 소프트웨어에 대해 자동화된 지속적인 재고 목록을 생성할 수 있다.

추가 메트릭

마찬가지로, 추가적인 메트릭이 모니터링에 의해 기록될 수 있다. 기록이 가능한 값들에는
응답 시간, 특정 오류의 빈도, 호출 횟수가 있다. 일반적으로 이러한 값들은 마이크로서비스
에 특화되므로 모든 마이크로서비스에 제공돼야 할 필요는 없다. 특정 임계치에 도달하는 경
우에는 알람이 트리거될 수 있다. 이러한 임계치의 값은 각 마이크로서비스마다 다르다.

그럼에도 불구하고, 모든 마이크로서비스에 같은 모니터링 도구를 사용하도록 지원하는
경우에는 메트릭 값에 접근하기 위한 동일한 인터페이스를 사용하는 것이 합리적이다. 이
분야에서의 동일성은 비용을 엄청나게 감소시킨다.

이해당사자

모니터링 정보에 대한 다양한 이해당사자가 존재한다.

- 운영Operation은 마이크로서비스의 원활한 작동이 가능하도록 적시에 문제에 대한 정
보를 받기 원한다. 심각한 문제나 실패의 경우에는 (낮이나 밤, 언제든지) 호출기나
SMS 같은 다양한 수단을 통해 알람을 받기 원한다. 상세한 정보는 오류가 더 자세
히 분석돼야 하는 경우(때때로, 개발자와 함께 분석해야 한다.)에만 필요하다. 운영은 마
이크로서비스로부터 오는 값들에 관심을 가질 뿐 아니라 운영체제, 하드웨어, 네트
워크에 대한 모니터링 값에도 관심을 갖는다.
- 개발자Developer는 애플리케이션에서 오는 정보에 중점을 둔다. 이들은 애플리케이
션이 생산 환경에서 동작하는 방법과 사용자들이 애플리케이션을 사용하는 방법을

이해하기 원한다. 이러한 정보로부터 개발자들은 최적화 방법(특히 기술적인 수준에서의 최적화)을 추론한다. 따라서 이들은 매우 구체적인 정보를 필요로 한다. 예를 들어 애플리케이션이 특정 유형의 호출에 대해 응답이 너무 느린 경우, 시스템은 해당 유형의 호출에 대해 최적화돼야 한다. 이를 위해서는 정확하게 해당 유형의 호출에 대해 가능한 한 많은 정보가 수집돼야 한다. 다른 종류의 호출에 대해서는 관심이 없다. 개발자들은 이러한 정보를 상세하게 평가한다. 개발자들은 단지 한 명의 특정 사용자나 특정 사용자 그룹에 대한 호출을 분석하는 데 관심을 가질 수도 있다.

- 비즈니스 이해당사자^{business stakeholder}는 비즈니스의 성공과 그 결과로 오는 비즈니스 관련 숫자에 관심을 갖는다. 이러한 정보는 비즈니스 이해당사자를 위해 애플리케이션이 특별하게 제공할 수 있다. 그러면 비즈니스 이해당사자는 이러한 정보에 기반해 통계치를 생성하고 비즈니스적인 결정을 준비한다. 다른 한편으로, 일반적인 비즈니스 이해당사자는 기술적인 세부 사항에 관심을 갖지 않는다.

다양한 이해당사자들이 다양한 값에 관심을 가질 뿐 아니라 이러한 값을 다양한 방법으로 분석한다. 그럼에도 불구하고, 다양한 도구를 지원하고 모든 이해당사자가 모든 데이터에 접근 가능하도록 데이터 형식을 표준화하는 것이 좋다.

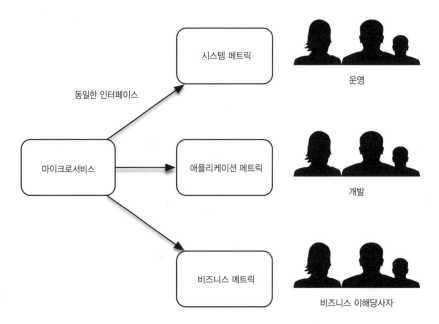

그림 59. 이해당사자와 모니터링 데이터

그림 59는 마이크로서비스 기반 시스템의 모니터링에 대해 가능한 전체적인 개요를 보여준다. 마이크로서비스는 동일한 인터페이스를 통해 데이터를 제공한다. 예를 들어, 운영은 임계치를 감시하기 위해 모니터링을 이용한다. 개발자는 애플리케이션 내의 처리 과정을 이해하기 위해 상세 모니터링을 이용한다. 그리고 비즈니스 이해당사자는 비즈니스 데이터를 살펴본다. 개별적인 이해당사자는 유사한 접근 방법을 더 많이, 또는 더 적게 이용할 수 있다. 예를 들어, 이해당사자는 다양한 대시보드를 갖는 동일한 모니터링 소프트웨어나 완전히 다른 소프트웨어를 이용할 수 있다.

이벤트와 연관 짓기

추가적으로, 모니터링을 새로운 출시 같은 이벤트에 연관 짓는 것이 합리적일 수 있다. 이것은 모니터링으로 넘겨져야 하는 이벤트에 대한 정보를 필요로 한다. 새로운 출시는 수익이 급격히 늘거나 더 긴 응답 시간이 발생하는 결정적인 원인이 될 수 있다. 확실히 이것은 흥미로운 사실이다.

모니터링 = 테스트?

어떤 의미에서 모니터링은 테스트의 또 다른 버전이다(11.4절을 참고하라). 테스트는 테스트하는 환경에서 새롭게 출시된 기능이 올바른지 확인하지만, 모니터링은 생산 환경에서 애플리케이션의 동작을 살펴본다. 통합 테스트는 모니터링에 반영돼야 한다. 임의의 문제가 통합 테스트에 실패하게 만드는 원인인 경우, 모니터링에 관련된 알람이 있을 수 있다. 또한 기존의 테스트에서 확인된 문제를 정확히 파악하기 위해 모니터링은 테스트 환경에 대해서도 활성화돼야 한다. 배포에 관련된 위험이 적절한 조치에 의해 감소되는 경우(12.4절을 참고하라), 모니터링은 테스트의 일부를 담당할 수 있다.

동적 환경

마이크로서비스 기반 아키텍처로 작업하는 경우의 또 다른 문제는 마이크로서비스가 잠깐 있다가 사라진다는 점이다. 새로운 출시에 대한 배포 동안에는 인스턴스가 중지되고 새로운 버전의 소프트웨어로 다시 시작할 수 있다. 서버가 실패하는 경우, 인스턴스는 종료되고 새로운 인스턴스가 시작된다. 이러한 이유로, 모니터링은 마이크로서비스와는 별개로 실행돼야 한다. 그렇지 않으면, 마이크로서비스의 정지는 모니터링 인프라스트럭처에 영향을 미치거나 실패의 원인이 될 수 있다. 또한 마이크로서비스는 분산 시스템이다. 단일 인스턴스의 값은 그 자체로 (시스템에 대해) 이야기하지 않는다. 다양한 인스턴스 값들을 수집해야만 관련된 모니터링 정보가 모인다.

구체적인 기술들

다양한 기술들이 마이크로서비스 모니터링을 위해 사용되고 있다.

- Graphite[15]는 수치 데이터를 저장할 수 있으며, 시계열 데이터의 처리를 최적화한다. 시계열 데이터는 모니터링 동안에 자주 발생한다. 시계열 데이터는 웹 애플리케이션에서 분석 가능하다. Graphite는 데이터를 자체 데이터베이스에 저장한다. 일정 시간 후 데이터는 자동으로 삭제된다. Graphite는 소켓 인터페이스를 통해 아주 단순한 형식으로 모니터링되는 값을 받는다.
- Grafana[16]는 대안적인 대시보드와 다른 그래픽 요소를 통해 Graphite를 확장한다.
- Seyren[17]은 알람을 트리거하는 기능을 통해 Graphite를 확장한다.
- Nagios[18]는 포괄적인 모니터링 솔루션이며 Graphite의 대안이 될 수 있다.
- Icinga[19]는 Nagios에서 분기됐으며, 매우 유사한 유스케이스를 다룬다.
- Riemann[20]은 이벤트 스트림의 처리에 중점을 둔다. Riemann은 특정 이벤트에 대해 반응하는 로직을 정의하기 위해 함수형 프로그래밍 언어를 사용한다. 이러한 목적을 위해 적절한 대시보드가 설정될 수 있다. 메시지는 SMS나 이메일을 통해 보낼 수 있다.
- Packetbeat[21]은 모니터링돼야 하는 컴퓨터에 대한 네트워크 트래픽을 기록하는 에이전트를 사용한다. 에이전트를 사용하면, Packetbeat의 요청 처리가 얼마나 오래 걸리고 어떤 노드들이 서로 통신할 것인지 최소 노력으로 결정할 수 있다.

---

15 http://graphite.wikidot.com/
16 http://grafana.org/
17 https://github.com/scobal/seyren
18 http://www.nagios.org/
19 https://www.icinga.org/
20 http://riemann.io/
21 http://packetbeat.com/

Packetbeat은 이러한 데이터의 저장을 위해 Elasticsearch를, 그리고 분석을 위해 Kibana를 이용한다. 이것은 매우 흥미로운 사실이다. 이러한 도구들은 로그 데이터의 분석을 위해서도 널리 사용된다(12.2절을 참조하라). 저장과 더불어, 로그와 모니터링의 분석을 위한 단 하나의 스택을 갖는 것은 환경의 복잡도를 감소시킨다.

- 이에 더해 다양한 상용 도구들 있다. 이러한 도구들에는 HP Operations Manager[22], IBM Tivoli[23], CA Opscenter[24], BMC Remedy[25]가 있다. 이러한 도구들은 매우 포괄적이며, 오랜 시간 동안 시장에 있어왔다. 그리고 다양한 소프트웨어 및 하드웨어 제품을 지원한다. 때때로 이러한 플랫폼은 전사적으로 사용되며, 일반적으로 매우 복잡한 프로젝트에서 이러한 도구들을 조직에 도입한다. 이러한 솔루션 중 일부는 로그 파일을 분석하고 모니터링할 수 있다. 이러한 도구들의 많은 수와 환경에 대한 높은 동역학 때문에 이미 전사적인 표준이 존재하는 경우라도 마이크로서비스에 대한 자체적인 모니터링 도구를 생성하는 것은 합리적이다. 기존의 프로세스와 도구를 관리하기 위해 높은 수동 비용이 필요한 경우, 많은 수의 마이크로서비스와 마이크로서비스의 동역학에 직면하면 이 비용은 더 이상 실행 가능하지 않을 수 있다.
- 모니터링은 클라우드로도 이동 가능하다. 이 방법에서는 여분의 인프라스트럭처를 설치할 수 없다. 클라우드에서의 모니터링은 도구의 도입과 애플리케이션의 모니터링을 용이하게 만든다. 이러한 예로는 NewRelic[26]이 있다.

무엇보다도, 이러한 도구들은 운영자와 개발자에게 유용하다. 비즈니스 모니터링은 다양한 도구로 수행 가능하다. 이러한 모니터링은 현재의 트렌드와 데이터뿐 아니라 기존의 이력 데이터 값도 기반으로 한다. 따라서 데이터의 양은 운영이나 개발에서보다 현저히 더 많다. 해당 데이터는 별도의 데이터베이스로 내보내거나 빅데이터 솔루션을 통해 조사할 수 있다. 실제로, 웹 서버에서 데이터의 분석은 빅데이터 솔루션이 처음으로 사용된 영역 중 하나다.

22 http://www8.hp.com/us/en/software-solutions/operations-manager-infrastructure-monitoring/
23 http://www-01.ibm.com/software/tivoli/
24 http://www.ca.com/us/opscenter.aspx
25 http://www.bmc.com/it-solutions/remedy-itsm.html
26 http://newrelic.com/

마이크로서비스 내에서 모니터링 활성화

마이크로서비스는 모니터링 솔루션에서 표시되는 데이터를 제공해야 한다. HTTP 같은 간단한 인터페이스를 통해 JSON 같은 데이터 형식으로 데이터를 제공 가능하다. 따라서 모니터링 도구는 이러한 데이터를 읽고 가져올 수 있다. 이를 위해 개발자들은 스크립트를 이용해 어댑터를 작성할 수 있다. 이것은 동일한 인터페이스를 통해 데이터를 다양한 도구에 제공할 수 있게 해준다.

메트릭스

자바에서는 메트릭스[Metrics27] 프레임워크를 사용할 수 있다. 메트릭스 프레임워크는 사용자 정의 값을 기록하고 이들을 모니터링 도구로 보내는 기능을 제공한다. 이것은 애플리케이션에서 메트릭을 기록하고, 이러한 메트릭을 모니터링 도구로 보낼 수 있게 해준다.

StatsD

StatsD[28]는 다양한 소스에서 값을 수집하고 계산을 수행하며, 그 결과를 모니터링 도구로 넘겨준다. 이것은 모니터링 도구의 부하를 감소시키기 위해 데이터가 모니터링 도구로 전달되기 전에 데이터를 압축 가능하다. StatsD로의 데이터 전송을 용이하게 만드는, StatsD를 위한 다양한 클라이언트 라이브러리가 있다.

collectd

collectd[29]는 시스템에 대한 통계치(예를 들어, CPU 사용률 등)를 수집한다. 이러한 데이터는 프론트엔드에서 분석되거나 모니터링 도구에 저장될 수 있다. collectd는 HTTP JSON 데이터 소스로부터 데이터를 수집할 수 있으며, 모니터링 도구로 수집된 데이터를 전송할 수 있다. 다양한 플러그인을 통해 collectd는 운영체제와 기본 프로세스에서 데이터를 수집할 수 있다.

---

27 https://github.com/dropwizard/metrics
28 https://github.com/etsy/statsd
29 https://collectd.org/

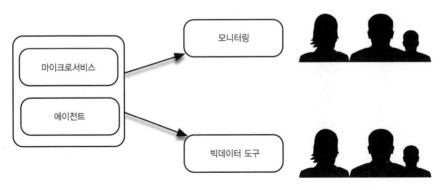

그림 60. 모니터링 시스템의 일부분

모니터링을 위한 기술 스택

모니터링을 위한 기술 스택은 다양한 컴포넌트로 구성된다(그림 60).

- 마이크로서비스 자체적으로 데이터를 기록하고 모니터링에 제공해야 한다. 이를 위해 모니터링 도구에 직접 연결되는 라이브러리가 사용될 수 있다. 그렇지 않으면, 데이터는 동일한 인터페이스(예를 들어, HTTP를 통한 JSON)를 통해 제공될 수 있다. 그리고 다른 도구가 데이터를 수집하고 이들을 모니터링 도구로 전송한다.
- 필요한 경우, 운영체제와 하드웨어에서 오는 데이터를 기록하고 이들을 모니터링으로 전달하기 위한 에이전트가 있을 수 있다.
- 모니터링 도구는 데이터를 저장하고 시각화한다. 그리고 필요한 경우, 알람을 트리거한다. 다양한 모니터링 애플리케이션들에 의해 여러 측면이 다뤄질 수 있다.
- 이력 데이터나 복잡한 알고리즘의 분석을 위해 빅데이터 도구에 기반한 솔루션이 동시에 생성될 수 있다.

개별 마이크로서비스에 대한 영향

마이크로서비스는 인프라스트럭처에 통합돼야 한다. 마이크로서비스는 모니터링 인프라스트럭처로 모니터링 데이터를 넘겨야 하며, 필수적인 일부 데이터를 제공해야 한다. 이것은 마이크로서비스에 대한 적절한 템플릿과 테스트에 의해 보장 가능하다.

시도 및 실험

기술 스택의 정의는 마이크로서비스 기반 아키텍처에서 모니터링을 구현할 수 있게 해준다. 따라서 이해당사자와 이들에 관련된 데이터를 정의 가능하다. 각 이해당사자는 그들에게 관련된 데이터를 분석하는 도구를 가져야 한다. 마지막으로, 어떤 데이터가 기록돼야 하고 이들이 저장되는 방법이 도구와 더불어 정의돼야 한다. 이번 절에서는 다양한 분야의 많은 도구들을 제시했다. 따라서 추가적인 연구와 더불어, 개별 프로젝트에 적합한 기술 스택을 조립할 수 있다.

14장에서는 마이크로서비스 기반 아키텍처의 예를 보여준다. 그리고 14.14절에서는 모니터링에 의해 아키텍처가 확장되는 방법을 제안하기도 한다.

당신의 현재 프로젝트는 어떻게 모니터링을 처리하는가? 이번 절에서 설명된 일부 기술이 당신의 프로젝트에 유용한가? 어떤 기술이 유용한가? 그 이유는 무엇인가?

12.4 배포

독립적인 배포^{Independent deployment}는 마이크로서비스의 중요한 목표다. 또한 수동 배포나 수동으로 인한 수정이라도 많은 수의 마이크로서비스에 대해 실행할 수 없으므로 배포는 자동화돼야 한다.

배포 자동화

배포 자동화를 위한 다양한 방법이 있다.

- 컴퓨터에 소프트웨어를 설치하는 경우에는 설치 스크립트^{Installation script}가 사용될 수 있다. 이러한 스크립트는 셸 스크립트로 구현 가능하다. 이들은 필요한 소프트웨어 패키지를 설치할 수 있고, 구성 파일과 사용자 계정을 생성할 수 있다. 이러한 스크립트는 반복적으로 호출되는 경우에 문제가 될 수 있다. 이 경우, 설치는 기존에 소프트웨어가 설치된 컴퓨터를 찾는다. 그러나 업데이트는 새로 설치하는 것과 다르다. 이러한 상황에서 사용자 계정이나 구성 파일은 이미 존재하고 있으며, 이들을

쉽게 덮어쓸 수 없으므로 스크립트의 실행이 실패할 수 있다. 스크립트가 업데이트의 처리를 지원하는 경우, 스크립트의 개발과 테스트는 더욱 고된 작업이 된다.

- 불변 서버Immutable Server는 이러한 문제를 처리하기 위한 옵션이다. 서버상의 소프트웨어를 업데이트하는 대신, 서버는 완전히 새로 배치된다. 이것은 배포 자동화를 촉진시킬 뿐 아니라 서버에 정확한 소프트웨어의 복사본을 설치한다. 이것은 충분히 새로운 설치fresh installation를 고려한다. 새로운 설치는 업데이트보다 복제하기가 더 쉬우며, 여러 가지 다양한 구성 상태에서도 시작 가능하다. 그리고 그중 하나에서 동일한 상태를 유도할 수 있다. 도커Docker30와 같은 방법은 소프트웨어의 설치 비용을 현저히 줄일 수 있게 해준다. 도커는 경량 가상화light-weight virtualization의 일종이다. 이것은 가상 하드디스크에 대한 처리를 최적화한다. 이미 올바른 데이터를 가진 가상의 하드디스크가 있다면, 소프트웨어를 다시 설치하는 대신에 가상 하드디스크가 재활용된다. 자바 같은 패키지를 설치하는 경우, 먼저 가상 하드디스크는 이러한 설치가 이미 수행됐는지를 확인한다. 기존의 설치가 존재하지 않는 경우에만 실제로 설치가 수행된다. 불변 서버의 구 버전이 새로운 버전으로 가는 경우, 구성 파일이 변경돼야 하며, 도커는 은밀히 이전 가상 하드디스크를 재활용한다. 그리고 새로운 구성 파일만 보완한다. 이것은 하드디스크 공간의 소비를 줄일 뿐 아니라 서버의 설치 속도를 크게 향상시킨다. 도커는 가상의 팀이 부팅을 위해 필요로 하는 시간을 감소시킨다. 이러한 최적화는 도커와 함께 불변 서버를 흥미로운 선택 사항으로 만든다. 서버의 새로운 배포는 도커를 사용해 매우 빠르게 되고, 새로운 서버는 빠르게 부팅 가능하다.

- 또 다른 사용 가능한 도구는 Puppet[31], Chef[32], Ansible[33], Salt[34]다. 이들은 특화된 설치 소프트웨어다. 이러한 도구를 위한 스크립트는 시스템이 설치 후에 어떻게 보여지는가를 기술한다. 설치 동안, 도구는 시스템을 원하는 상태로 넘기기 위해 필요로 하는 단계들을 수행한다. 새로운 설치의 첫 번째 수행 동안에 도구는 소프트웨어를 완전히 설치한다. 곧바로 두 번째 설치가 실행되는 경우, 이미 원하는 시스템 상

---

30 https://www.docker.com/
31 http://puppetlabs.com/
32 https://www.chef.io/
33 http://www.ansible.com/
34 http://www.saltstack.com/

태에 있으므로 더 이상 시스템을 변경하지 않을 것이다. 게다가 이러한 도구는 많은 수의 서버에 자동화된 동일한 방법으로 설치한다. 그리고 다수의 서버에 대해서도 변경 사항을 적용할 수 있다.

- 리눅스 영역에서의 운영체제는 rpm(레드헷), dpkg(데비안, 우분투), zypper(수세^{SuSE}) 같은 패키지 관리자$^{package\ manager}$를 가지고 있다. 이들은 많은 수의 서버에 대해 중앙에서 소프트웨어를 확산시킬 수 있게 해준다. 사용되는 파일 형식이 매우 간단한 덕분에 적합한 형식으로 패키지를 생성하는 것도 매우 쉽다. 또한 이를 통해 소프트웨어의 구성은 문제를 노출시킨다. 일반적으로 패키지 관리자는 설치 동안에 실행되는 스크립트를 지원한다. 이러한 스크립트는 필요한 구성 파일을 생성할 수 있다. 그러나 각 호스트에 대해 개별적인 구성을 갖는 추가 패키지가 있을 수 있다. 실제 소프트웨어를 설치하기 위해 설치 도구는 마지막 주요 항목으로 패키지 관리자를 사용할 수 있다. 따라서 이들은 스스로 구성 파일을 생성할 수 있다.

설치 및 구성

이미 8.8절에서 마이크로서비스의 구성을 위해 사용 가능한 도구를 설명했다. 일반적으로 소프트웨어 구성에서 설치를 분리하기는 어렵다. 설치는 구성과 관련 내용을 생성해야 한다. 따라서 Puppet, Chef, Ansible, Salt 같은 많은 도구들은 구성 내용을 생성하고 다른 서버로 확산시킬 수 있다. 이러한 솔루션들은 마이크로서비스에 특화된 구성 솔루션의 대안이다.

마이크로서비스의 배포와 관련된 위험

마이크로서비스는 쉽고 독립적인 배포를 허용해야 한다. 그럼에도 불구하고, 생산 환경에서 발생하는 문제를 배제하면 안 된다. 마이크로서비스 기반 아키텍처는 그 자체로 위험을 감소시키는 데 도움이 된다. 새로운 버전이 가진 문제의 결과로 마이크로서비스가 실패하는 경우, 이 실패는 해당 마이크로서비스의 기능에 의해 제한돼야 한다. 이와는 별개로 시스템은 계속 작동해야 한다. 이것은 10.5절에 설명된 안정성 패턴과 탄력성에 의해 가능해진다. 이미 이러한 이유로, 마이크로서비스의 배포는 모놀리스의 배포보다 덜 위험하다. 모놀리스의 경우, 특정 기능에 대한 실패를 제한하기가 훨씬 더 어렵다. 배포 모놀리스의 새로운 버전에 메모리 누수가 있는 경우, 이것은 전체 프로세스를 망가뜨리는 원인이 돼 전체 모놀리스를 더 이상 사용하지 못하게 한다. 마이크로서비스의 메모리 누수는 해당 마이크로서비스에만 영향을 미친다. 여기에는 마이크로서비스가 (해결에) 도움이 되지 않는 다양한 문제들이 있다. 때때로 관계형 데이터베이스 내의 스키마 변경은 오래 걸리고 실패할 수 있으므로 문제가 된다(특히 데이터베이스가 이미 많은 데이터를 가지고 있는 경우에는 더 큰 문제가 된다). 마이크로서비스가 자체적인 데이터 저장소를 갖는 경우, 스키마의 이전은 항상 하나의 마이크로서비스로 제한된다.

배포 전략

마이크로서비스의 배포와 관련된 위험을 더 감소시키는 다양한 전략들이 있다.

- 롤백Rollback은 생산 환경에 이전 버전의 마이크로서비스를 다시 적용한다. 데이터베이스의 처리는 문제가 될 수 있다. 때때로, 마이크로서비스의 이전 버전은 새로운 버전에 의해 생성된 데이터베이스 스키마에서 더 이상 작동하지 않는다. 이미 데이터베이스에 새로운 버전이 사용하는 데이터가 있다면, 새로운 데이터를 잃어버리지 않고 이전 상태를 다시 생성하는 것은 매우 어려울 수 있다. 그리고 롤백은 테스트하기 어렵다.

- 롤 포워드Roll Forward는 생산 환경에 더 이상 오류를 포함하지 않는 마이크로서비스의 새로운 버전을 적용한다. 이 절차는 다른 마이크로서비스의 새 버전을 배포하는 절차와 동일하다. 따라서 특별한 조치는 필요 없다. 오히려 변경 사항이 작기 때문에 배포와 지속적인 전달 파이프라인의 통과가 빨라져야 한다.

- 지속적인 배포Continuous Deployment는 더 급진적이다. 마이크로서비스의 각 변경 사항은 지속적인 전달 파이프라인을 성공적으로 통과하는 경우 생산 환경에 적용된다. 이것은 오류 수정에 필요한 시간을 더 감소시킨다. 또한 이것은 출시마다 위험을 더 감소시키는 더 적은 변경 사항만 가지며, 문제의 원인이 되는 코드 변경에 대한 추적을 더 쉽게 만든다. 배포 프로세스가 잘 작동해 생산 환경으로 가는 것이 형식화되는 경우, 지속적인 배포는 논리적인 결과다. 더욱이 실제로 각 변경 사항이 생산에 적용되는 경우, 팀은 그들의 코드 품질에 대해 주의를 기울인다.

- 블루/그린 배포Blue/Green Deployment는 마이크로서비스의 새로운 버전으로 완전히 새

로운 환경을 구축한다. 팀은 새로운 버전을 완전히 테스트한 후, 생산 환경에 적용할 수 있다. 문제가 발생하면, 다시 사용할 목적으로 유지되던 이전 버전이 사용될 수 있다. 이 시나리오에서는 데이터베이스 스키마가 변경되는 경우와 관련된 문제를 가진다. 마이크로서비스의 한 버전에서 다른 버전으로 전환하는 경우, 데이터베이스도 전환돼야 한다. 새로운 환경의 구축과 전환 간에 이전 데이터베이스에서 작성된 데이터는 새로운 데이터베이스로 전송돼야 한다.

- 카나리아 출시^{Canary Releasing}는 초기에 클러스터에서 단 하나의 서버에 대해서만 새로운 버전을 배포하는 아이디어를 기반으로 한다. 새로운 버전이 한 서버에서 아무런 문제없이 수행되는 경우, 해당 버전은 다른 서버로 배포될 수 있다. 데이터베이스는 마이크로서비스의 이전 버전과 새로운 버전을 동시에 지원해야 한다.

- 마이크로서비스는 생산 환경에서 맹목적으로 수행할 수 있다. 이 경우에 이들은 모든 요청을 받을 수 있지만, 데이터를 변경하지 않으며 이들이 보내는 호출은 전달되지 않을 수 있다. 모니터링, 로그 분석, 그리고 이전 버전과의 비교를 통해 새로운 서비스가 올바르게 구현됐는지 여부를 결정할 수 있다.

이론적으로, 이러한 절차는 배포 모놀리스에서도 구현 가능하지만, 실제로는 매우 어렵다. 그러나 마이크로서비스는 더 작은 배포 단위이므로 더 쉽다. 마이크로서비스는 더 적은 포괄적인 테스트들을 필요로 한다. 마이크로서비스의 설치와 시작은 훨씬 더 빠르다. 따라서 마이크로서비스는 지속적인 전달 파이프라인을 통해 생산 환경으로 더 빠르게 전달 가능하다. 이것은 문제의 수정에 필요한 시간을 줄여주므로, 롤 포워드와 롤백에 대한 긍정적인 효과를 갖는다. 마이크로서비스는 운영에 더 적은 자원을 필요로 한다. 새로운 환경이 구축돼야 하므로, 이것은 카나리아 출시와 블루/그린 배포에 도움이 된다. 만약 더 적은 자원으로 이러한 것이 가능하다면, 이 방법은 구현이 더 쉽다. 배포 모놀리스에서 전체 환경을 구축하기는 매우 어렵다.

| 기 고 문 | 통합 배포, 또는 분리 배포 |

예르크 뮬러 / Hypoport AG

때때로, 다양한 서비스를 함께 출시할지 아니면 상호 독립적으로 출시할지 묻는 질문은 미심쩍다기보단 많은 관련이 있다. 이것은 약 5년 전에 우리가 시작한 프로젝트 환경에서의 경험이다.

마이크로서비스라는 용어는 아직 우리 산업에서 중요하지 않았다. 그러나 좋은 모듈화를 이루는 것은 처음부터 우리의 목표였다. 초기에 전체 애플리케이션은 자바 웹 애플리케이션 아카이브WAR의 형태를 갖는 다수의 웹 모듈로 구성돼 있었다. 실제로 이들은 기술적인 기준은 물론, 도메인에 기반해 분리된 다양한 모듈로 구성됐다. 모듈화 이외에, 우리는 애플리케이션의 출시를 위한 방법으로 시작부터 지속적인 배포에 의존했다. 각각의 커밋은 생산 환경에 바로 적용됐다.

초기에, 전체 애플리케이션을 위한 통합 배포 파이프라인을 구축하는 것은 명백한 선택 사항으로 보였다. 이것은 모든 컴포넌트에 걸친 통합 테스트를 가능하게 만들었다. 전체 애플리케이션의 단일 버전은 통제된 행동을 가능하게 만들었다. 심지어 애플리케이션의 여러 컴포넌트가 동시에 변경되는 경우에도 통제된 행동을 가능하게 만들었다. 마지막으로, 파이프라인 자체는 구현하기가 쉬웠다. 그 당시에는 지속적인 배포를 위한 도구가 상대적으로 적었기 때문에, 우리는 대부분의 도구를 스스로 만들어야 했다. 이것이 파이프라인의 구현이 쉬운 중요한 이유였다.

그러나 얼마 후 우리의 접근 방법이 지닌 단점이 분명해졌다. 그 첫 번째는 배포 파이프라인의 길고 긴 실행 시간이었다. 구축, 테스트, 롤아웃돼야 하는 컴포넌트의 수가 많아질수록 처리에 더 많은 시간이 걸렸다. 파이프라인의 실행 시간이 길어지는 경우에는 지속적인 배포의 장점이 빠르게 감소했다. 이에 대한 첫 번째 대응 방법은 변경된 컴포넌트만 빌드하고 테스트하는 최적화였다. 그러나 이것은 배포 파이프라인의 복잡도를 엄청나게 증가시켰다. 동시에 중앙 컴포넌트의 변경을 위한 실행 시간이나 산출물의 크기 같은 다른 문제들은 이 방법으로 개선할 수 없었다.

그러나 더 미묘한 문제도 있었다. 통합 테스트와 결합된 롤아웃은 더 강력한 보안 네트워크를 제공했다. 여러 모듈에 걸친 리팩토링을 수행하기는 쉬웠지만, 종종 모듈 사이의 인터페이스 변경이 너무 쉬웠기 때문에 이것은 인터페이스를 변경했다. 원칙적으로 이러한 작업은 좋은 일이다. 그러나 결과적으로 매우 자주 전체 시스템을 다시 시작해야만 했다. 특히 개발자 머신에서 작업하는 경우에 이러한 재시작은 부담이 됐다. 하드웨어에 대한 요구 사항은 매우 높아졌고, 소요 시간도 상당히 길어졌다.

이 통합 파이프라인을 통해 하나 이상의 팀이 작업하는 경우, 이 방법은 더 복잡해졌다. 하나의 파이프라인에서 더 많은 컴포넌트가 테스트되면 더 자주 오류가 발견됐다. 먼저 오류를 수정해야 하므로 오류의 수정은 파이프라인의 진행을 막았다. 오직 한 팀이 파이프라인에 의존하는 경우, 누가 문제에 대한 책임을 가지고 그 문제를 해결해야 하는지 쉽게 찾을 수 있었다. 여러 팀이 있는 경우, 이러한 책임은 더 이상 명확하지 않았다. 이것은 파이프라인 내에서 오류가 오랜 시간 동안 유지되도록 했다. 동시에, 기술의 다양성이 증가했다. 다시 복잡도가 증가했다. 이제 이 파이프라인은 매우 특화된 솔루션을 필요로 하게 됐다. 따라서 유지 보수 비용이 증가했다. 그리고 안정성이 감소했다. 지속적인 배포에 대한 가치를 실행하기가 점점 어려워졌다.

이 시점에서, 하나의 파이프라인에서의 통합 배포^{combined deployment}는 더 이상 계속될 수 없다는 점이 분명해졌다. 이제 모든 새로운 서비스는 마이크로서비스인지, 더 큰 모듈인지 여부에 상관없이 자체적인 파이프라인을 갖게 됐다. 그러나 공유 배포에 기반한 이전 파이프라인을 여러 파이프라인으로 분리하는 것은 많은 비용이 발생하는 원인이 됐다.

새로운 프로젝트에서는 통합 배포로 시작하는 것이 올바른 결정이 될 수 있다. 특히 이것은 개별 서비스 사이의 경계와 그들의 인터페이스가 잘 알려지지 않은 경우에 더욱 잘 맞는다. 이 경우, 좋은 통합 테스트와 간단한 리팩토링이 매우 유용할 수 있다. 그러나 특정 크기로 시작하는 경우, 독립적인 배포는 당연히 해야 할 일이다. 이에 대한 지시자^{indication}는 모듈이나 서비스의 개수, 배포 파일의 라인 실행 시간과 안정성이다. 그리고 마지막으로 중요한 것은 전체 시스템에 대해 얼마나 많은 팀이 작업하는지 여부다. 이러한 지시자를 간과하고 배포를 분리하기 위한 적절한 시점을 놓친다면, 많은 수의 작은 마이크로서비스로 구성된 모놀리스를 구축하는 일이 쉽게 일어날 수 있다.

12.5 통제

마이크로서비스를 실행할 때 마이크로서비스에 대한 개입이 필요할 수 있다. 예를 들어, 개별적인 마이크로서비스 문제는 재시작이 필요할 수 있다. 마찬가지로, 마이크로서비스를 시작하거나 중지해야 할 수도 있다. 문제가 발생한 경우에 개입하는 운영 방법, 또는 더 이상 요청을 처리하지 못하는 인스턴스를 종료하거나 로드 밸런서를 운영하는 방법이 있다.

통제를 위해 다양한 조치들이 사용될 수 있다.

- 마이크로서비스가 가상 머신에서 수행되는 경우, 가상 머신이 종료되거나 재시작할 수 있다. 이 경우, 마이크로서비스는 특별한 준비가 필요 없다.
- 운영체제는 운영체제와 함께 시작되는 서비스를 지원한다. 일반적으로, 서비스는 운영체제에 의해 중단, 시작, 재시작할 수 있다. 이 경우에 설치는 마이크로서비스를 서비스로 등록할 수 있다. 서비스를 통한 작업은 운영에서는 흔히 있는 일이며, 이 방법으로 충분하다.
- 마지막으로, 재시작이나 종료를 가능하게 하는 REST를 통한 인터페이스가 사용될 수 있다. 이러한 인터페이스는 마이크로서비스 자체적으로 구현돼야 한다. 이것은 마이크로서비스 영역에서 여러 라이브러리에 의해 지원된다(예를 들어, 14장의 예제에서는 구현을 위해 스프링 부트$^{Spring\ Boot}$가 사용된다). 이러한 인터페이스는 curl 같은 간단한 HTTP 도구를 통해 호출 가능하다.

기술적으로, 통제 메커니즘의 구현은 커다란 문제가 아니다. 그러나 이들은 마이크로서비스의 운영을 위해 존재해야 한다. 통제 메커니즘이 모든 마이크로서비스에 대해 동일하게 구현되는 경우, 운영체제의 비용을 감소시킬 수 있다.

12.6 인프라스트럭처

마이크로서비스는 적절한 플랫폼에서 실행돼야 한다. 각 마이크로서비스는 분리된 가상 머신^{VM}에서 실행되는 것이 가장 좋다. 그렇지 않으면, 개별 마이크로서비스의 독립적인 배포는 보장하기가 어렵다.

다양한 마이크로서비스가 하나의 가상 머신에서 실행되는 경우, 한 마이크로서비스의 배포는 다른 마이크로서비스에 영향을 줄 수 있다. 배포는 높은 부하를 생성하거나 가상 머신에서 실행되는 다른 마이크로서비스에 관련된 변경을 가상 머신으로 가져올 수 있다.

또한 마이크로서비스는 더 나은 안정성과 탄력성을 위해 서로 분리돼야 한다. 여러 마이크로서비스가 한 가상 머신에서 실행되는 경우, 한 마이크로서비스가 높은 부하를 생성해 다른 마이크로서비스들이 실패할 수 있다. 그러나 이것은 명백하게 방지돼야 한다. 한 마이크로서비스가 실패하는 경우, 이러한 실패는 해당 마이크로서비스로 제한돼야 하며, 추가적으로 다른 마이크로서비스에 영향을 줘서는 안 된다. 가상 머신들의 분리는 한 마이크로서비스의 실패나 부하를 제한하는 데 도움이 된다.

마찬가지로, 마이크로서비스의 확장은 각 마이크로서비스가 개별 가상 머신에서 실행되는 경우 더 쉬워진다. 부하가 너무 큰 경우, 새로운 가상 머신을 시작하고 로드 밸런서에 새로운 가상 머신을 등록하는 것만으로 충분하다.

문제가 발생한 경우, 가상 머신에 대한 모든 프로세스들이 하나의 마이크로서비스에 속하면 오류를 분석하기가 더 쉬워진다. 따라서 시스템에 대한 각 메트릭은 명확하게 해당 마이크로서비스에 속한다.

마지막으로, 각 마이크로서비스가 자체적인 가상 머신에서 수행되는 경우 마이크로서비스는 하드디스크 이미지로 전달 가능하다. 이러한 배포는 전체 가상 머신 환경에서 마이크로서비스의 요구 사항에 정확히 일치하는 장점을 갖는다. 그리고 마이크로서비스는 자신의 운영체제에 대해 자체적인 기술 스택을 올릴 수 있다.

가상화와 클라우드

새로운 마이크로서비스를 배포할 때마다 새로운 하드웨어를 설치하는 것은 거의 불가능하다. 또한 마이크로서비스는 인프라스트럭처를 더 유연하게 만들기 때문에 가상화나 클라우드로부터 혜택을 받을 수 있다. 확장이나 테스트 환경을 위한 새로운 가상 머신은 쉽게 제공할 수 있다. 지속적인 전달 파이프라인에서 마이크로서비스는 끊임없이 다양한 테스트 수행을 시작해야 한다. 더욱이 생산 환경에서는 부하에 따라 새로운 인스턴스가 시작돼야 한다.

따라서 완전하게 자동화된 방법으로 새로운 가상 머신을 시작 가능해야 한다. 정확히, 간단한 API의 호출로 새로운 인스턴스를 시작하는 것은 클라우드가 제공한다. 실제로, 클라우드 인프라스트럭처는 마이크로서비스 기반 아키텍처를 구현 가능하도록 이용할 수 있어야 한다. 수동 프로세스를 통해 운영에 의해 제공되는 가상 머신들로는 충분하지 않다. 그리고 이것은 마이크로서비스가 현대적인 인프라스트럭처 없이는 거의 실행될 수 없음을 보여준다.

도커

각 마이크로서비스에 대해 개별 가상 머신이 있는 경우, 모든 마이크로서비스를 포함하는 테스트 환경을 생성하는 것은 고된 작업이다. 상대적으로 적은 마이크로서비스를 갖는 환경을 생성하는 것조차 개발자 머신에서는 문제가 될 수 있다. 이러한 환경에서는 RAM과 CPU의 사용률이 매우 높다. 실제로, 하나의 마이크로서비스를 위해 전체 가상 머신을 사용하는 것은 합리적이지 않다. 결국 마이크로서비스가 실행돼야 하고, 로깅과 모니터링에 통합돼야 한다. 따라서 도커Docker 같은 솔루션이 유용하다. 일반적으로 도커는 운영체제의 공통적인 기능 대부분을 포함하지 않는다.

그 대신에 도커[35]는 아주 경량의 가상화를 제공한다. 이러한 목적을 위해 도커는 다양한 기술을 사용한다.

- 완전한 가상화 대신, 도커는 리눅스 컨테이너LXC, LinuX Container를 사용한다. 마이크로소프트 윈도우에서도 유사한 메커니즘의 지원이 발표됐다. 이것은 가상 머신에 대한 경량의 대안을 구현 가능하게 한다. 모든 컨테이너는 동일한 커널을 사용한다. 메모리에는 오직 하나의 커널 인스턴스만 있다. 프로세스, 네트워크, 데이터 시스템, 그리고 사용자들은 서로 분리된다. 때때로, 자체적인 커널을 갖는 가상 머신과 많은 운영체제 서비스에 비해 컨테이너는 상당히 낮은 오버헤드를 갖는다. 간편한 노트북에서 수백 개의 리눅스 컨테이너를 손쉽게 실행할 수 있다. 또한 컨테이너는 자체 커널과 완전한 운영체제를 갖는 가상 머신보다 훨씬 더 빠르게 시작한다. 컨테이너는 전체 운영체제를 부팅하지 않아도 된다. 컨테이너는 단지 새로운 프로세스만 시

---

35 https://www.docker.com/

작한다. 컨테이너는 운영체제 자원에 대한 사용자 구성만 필요하므로, 자체적으로 많은 오버헤드를 추가하지 않는다.

- 또한 파일시스템이 최적화된다. 기본적인 읽기 전용 파일시스템이 사용된다. 이와 동시에 쓰기를 허용하는 추가적인 파일시스템이 컨테이너에 추가된다. 하나의 파일시스템을 또 다른 파일시스템의 상단에 넣을 수 있다. 예를 들어, 운영체제를 포함하는 기본적인 파일시스템을 생성 가능하다. 실행되는 컨테이너에 소프트웨어가 설치되거나 파일이 수정되는 경우, 컨테이너는 이러한 추가적인 파일들을 소규모 컨테이너 특화 파일시스템에 저장할 수 있다. 이러한 방법으로, 하드디스크에 대한 컨테이너의 메모리 요구 사항은 상당히 감소된다.

또한 추가적이며 흥미로운 방법이 있다. 예를 들어, 기본 파일시스템은 운영체제와 함께 시작할 수 있다. 그리고 계속해서 소프트웨어를 설치할 수 있다. 이미 언급한 바와 같이, 소프트웨어의 설치에 따라 도입되는 파일시스템의 변경 사항만 저장된다. 이러한 변화량^{delta}에 기반해, 파일시스템을 생성할 수 있다. 그리고 컨테이너가 운영체제를 포함하는 기본 파일시스템의 상단을 이러한 변화량을 갖는 파일시스템으로 시작 가능하다(그리고 이후에 추가적인 소프트웨어가 또 다른 계층에 설치될 수 있다). 이러한 방법으로, 파일시스템의 각 '계층^{layer}'은 특정 변경 사항을 포함할 수 있다. 실행 시 실제 파일시스템은 이러한 다수의 계층으로 구성될 수 있다. 이것은 소프트웨어의 설치를 매우 효율적으로 재활용하도록 한다.

그림 61은 실행되는 컨테이너의 파일시스템에 대한 한 가지 예다. 가장 하위 수준은 우분투^{Ubuntu} 리눅스 설치판이다. 상단에 자바를 설치해 도입된 변경 사항이 있고, 그 위에 애플리케이션이 있다. 실행을 위해 컨테이너가 변경 사항을 기록할 수 있도록 상위의 컨테이너가 파일을 작성하는 파일시스템이 있다. 컨테이너가 파일을 읽기 원하는 경우에는 데이터를 발견할 때까지 상단의 파일시스템에서 하단의 파일시스템으로 계층을 통해 이동한다.

그림 61. 도커의 파일시스템

도커 컨테이너 vs. 가상화

도커 컨테이너$^{Docker\ Container}$는 가상화에 대한 매우 효율적인 대안을 제공한다. 각 컨테이너는 분리된 자원, 자체 메모리, 자체 파일시스템을 갖지만, 하나의 커널에 모든 것을 공유하기 때문에 '실제' 가상화는 없다. 따라서 이 방법에는 일부 단점이 있다. 도커 컨테이너는 리눅스와 호스트 운영체제 같은 동일 커널에서만 사용 가능하다(결과적으로, 윈도우 애플리케이션은 이와 같은 방법으로 리눅스 머신에서 실행시킬 수 없다). 컨테이너의 분리는 실제 가상머신의 경우처럼 엄격하지 않다. 예를 들어, 커널에서의 오류는 모든 컨테이너에 영향을 미친다. 더욱이 도커는 맥 OS X나 윈도우에서 실행시킬 수 없다. 그럼에도 불구하고, 도커는 이러한 플랫폼에 직접 설치 가능하다. 내부적으로, 리눅스 가상 머신이 사용되기 때문이다. 마이크로소프트는 윈도우 컨테이너를 실행시킬 수 있는 윈도우 버전을 발표했다.

도커 컨테이너 간의 통신

도커 컨테이너는 서로 통신해야만 한다. 예를 들어, 웹 애플리케이션은 컨테이너의 데이터베이스와 통신한다. 이를 위해, 컨테이너는 다른 컨테이너들이 사용하는 네트워크 포트를 내보낸다^{export}. 또한 파일시스템도 함께 사용 가능하다. 컨테이너들이 이 파일시스템에 쓰는 데이터는 또 다른 컨테이너들이 읽을 수 있다.

도커 레지스트리

도키 이미지들은 가상 하드디스크의 데이터를 포함한다. 도커 레지스트리^{Docker Registry}는 도커 이미지를 저장하고 다운로드할 수 있다. 이것은 빌드 프로세스의 결과로 도커 이미지를 저장 가능하게 만든다. 그리고 계속해서 이들을 서버들로 전파한다. 이미지들의 효율적인 저장 덕분에 성능 기준에 맞는 방법으로 복잡한 설치를 쉽게 분배할 수 있다. 또한 많은 클라우드 솔루션은 도커 컨테이너를 직접 실행할 수 있다.

도커와 마이크로서비스

도커는 마이크로서비스를 위한 이상적인 실행 환경을 구성한다. 모든 유형의 리눅스 소프트웨어가 도커 컨테이너에서 실행될 수 있으므로, 도커는 사용되는 기술을 거의 제한하지 않는다. 도커 레지스트리는 쉽게 도커 컨테이너를 배포할 수 있다. 동시에, 도커 컨테이너의 오버헤드는 일반적인 프로세스와 비교해 무시할 수 있다. 마이크로서비스는 다수의 가상 머신을 필요로 하므로, 이러한 최적화는 매우 가치가 있다. 한편으로는 도커가 매우 효율적이며, 다른 한편으로는 기술적인 자유를 제한하지 않는다.

시도 및 실험

 도커의 온라인 튜토리얼은 http://www.docker.com/tryit/³⁶에서 찾을 수 있다. 이것(완전한 튜토리얼)은 도커의 기본적인 동작을 보여준다. 이 튜토리얼은 빠르게 마칠 수 있다.

도커와 서버

서버를 위해 도커를 사용하는 다양한 방법이 있다.

- 리눅스 서버에 도커를 설치할 수 있다. 그리고 이후에 하나 이상의 도커 컨테이너를 실행할 수 있다. 그러면 도커는 소프트웨어의 프로비저닝^{provisioning}을 위한 솔루션으로 역할을 한다. 클러스터로 새로운 서버들이 시작되고, 다시 도커 컨테이너들이 설

---

36 http://www.docker.com/tryit/

치된다. 도커는 서버에 대해 소프트웨어 설치를 수행하는 역할만 한다.

- 도커 컨테이너들은 클러스터에서 직접 실행된다. 특정 도커가 어떤 물리적인 컴퓨터에 위치할지는 클러스터 관리를 위한 소프트웨어에 의해 결정된다. 이러한 접근 방법은 스케줄러인 Apache Mesos[37]에 의해 지원된다. Apache Mesos는 서버의 클러스터를 관리하며, 개별 서버에 대한 작업을 지시한다. Mesosphere[38]는 Mesos 스케줄러의 도움으로 도커 컨테이너를 실행할 수 있다. 또한 Mesos는 많은 추가적인 종류의 작업을 지원한다.

- 마찬가지로, Kubernetes[39]는 클러스터에서 도커 컨테이너의 실행을 지원한다. 그러나 사용된 접근 방법은 Mesos와는 다르다. Kubernetes는 클러스터에서 포드[pod]를 배포하는 서비스를 제공한다. 포드는 물리적인 서버에서의 실행을 지원하는 도커 컨테이너와 관련 있다. 기본적으로, Kubernetes는 간단한 운영체제의 설치만 필요로 한다(Kubernetes는 클러스터 관리를 구현한다).

- CoreOS[40]는 매우 경량의 서버 운영체제며, etcd를 통해 구성의 클러스터 전반에 대한 분배를 지원한다. fleetd는 클러스터에서 서비스를 배포 가능하게 만든다(중복 설치, 실패 보안, 노드에 대한 의존성과 공유 배포까지도 가능하다). 모든 서비스는 도커 컨테이너로 배포돼야 하는 반면, 운영체제는 본질적으로 변하지 않은 상태로 남아있어야 한다.

- 도커 머신[Docker Machine41]은 다른 가상화 및 클라우드 시스템에 도커의 설치를 가능하게 한다. 또한 도커 머신은 도커 명령행 도구를 시스템과 통신하는 방법으로 설정할 수 있다. 도커 컴포즈[Docker Compose42]와 함께 다양한 도커 컨테이너는 전체 시스템에 결합될 수 있다. 예제 애플리케이션은 이러한 방법을 사용한다(14.6절과 14.7절을 참조하라). 도커 스웜[Docker Swarm43]은 구성 방법을 추가하고 이러한 도구 스택과 더불어 클러스터를 실행한다. 개별 서버는 도커 머신에 설치될 수 있으며, 도커 스웜과 클

37 http://mesos.apache.org/
38 http://mesosphere.com/
39 http://kubernetes.io/
40 http://coreos.com/
41 https://docs.docker.com/machine/
42 http://docs.docker.com/compose/
43 http://docs.docker.com/swarm/

러스터로 결합된다. 도커 컴포즈는 클러스터 내 특정 머신상의 각 도커 컨테이너에서 실행할 수 있다.

물론 Kubernetes, CoreOS, 도커 컴포즈, 도커 머신, 도커 스웜, Mesos는 소프트웨어의 실행에 영향을 미친다. 따라서 솔루션은 가상화에 대한 운영 절차의 변경을 필요로 한다. 이러한 기술은 이전에 서버 클러스터를 관리하기 위해 가상화 솔루션에 의해 개별적으로 처리됐던 문제를 해결한다. 가상 머신들은 클러스터로 분배 가능하다.

PaaS

PaaS^{Platform as a Service}는 기본적으로 다른 접근 방법을 기반으로 한다. 애플리케이션의 배포는 버전 관리 시스템에서 애플리케이션의 업데이트를 통해 간단하게 이뤄질 수 있다. PaaS는 (버전 관리 시스템에) 변경을 적용하고, 애플리케이션을 빌드하고, 서버에 적용한다. 이러한 서버들은 PaaS에 의해 설치된 표준 환경을 나타낸다. 실제 인프라스트럭처(예를 들어 가상 머신)는 애플리케이션에 대해 감춰진다. PaaS는 애플리케이션의 표준 환경을 제공한다. 또한 환경은 확장을 처리하고, 데이터베이스와 메시징 시스템 같은 서비스를 제공할 수 있다. 동일 플랫폼이기 때문에 PaaS 시스템은 일반적인 마이크로서비스의 장점인 기술적인 자유를 제한한다. 오직 PaaS에서 지원되는 기술들만 사용 가능하다. 다른 한편으로는 배포와 확장을 더 용이하게 해준다.

마이크로서비스는 인프라스트럭처에 많은 요구 사항을 부과한다. 자동화는 수많은 마이크로서비스를 운영하기 위한 필수적인 전제 조건이다. PaaS는 자동화를 상당히 촉진하기 때문에 이를 위한 훌륭한 기반을 제공한다. PaaS의 사용은 자체적인 자동화 개발이 너무 어렵거나 필요한 인프라스트럭처를 구축하는 방법에 대한 충분한 지식이 없는 경우에 더 합리적인 방안이 될 수 있다. 그러나 마이크로서비스는 PaaS에 의해 제공되는 기능을 스스로 제한해야 한다. PaaS에 대한 마이크로서비스가 초기부터 개발되는 경우, 이것은 그다지 힘든 작업은 아니다. 그러나 이들을 포팅해야 하는 경우에는 상당한 비용이 뒤따를 수 있다.

나노서비스(15장)는 기술의 선택을 더 제한하는 다양한 운영 환경을 갖는다. 다른 한편으로, 이들은 운영이 더 쉬우며 자원 활용 측면에서 훨씬 효율적이다.

12.7 결론

마이크로서비스 기반 시스템의 운영은 마이크로서비스로 작업하는 경우와 관련된 핵심 문제 중 하나다(12.1절). 마이크로서비스 기반 시스템은 엄청나게 많은 수의 마이크로서비스를 포함하며, 이에 따라 다수의 시스템 프로세스를 운영한다.

50개, 혹은 100개의 가상 머신은 드문 일이 아니며, 운영의 책임이 팀으로 위임될 수 있다. 그러나 이러한 방법은 전체적으로 더 많은 비용이 든다. 따라서 운영의 표준화가 더 합리적인 전략이다. 템플릿은 압력을 가하지 않으면서 동일성을 달성하는 방법 중 하나다. 템플릿은 가장 쉬운 방법으로 동일한 접근 방법을 만든다.

로깅(12.2절)을 위해, 모든 마이크로서비스로부터 로그를 수집하는 중심적인 인프라스트럭처가 제공돼야 한다. 이를 위해 이용 가능한 다양한 기술이 있다. 다양한 마이크로서비스에 걸친 호출을 추적하기 위해, 호출을 명확하게 정의하는 상관관계 ID가 사용된다.

모니터링(12.3절)은 최소한 마이크로서비스의 사용성 같은 기본적인 정보를 제공해야 한다. 추가적인 메트릭이 전체 시스템의 개요를 제공하거나 로드 밸런싱을 위해 이용될 수 있다. 메트릭은 각 마이크로서비스에 대해 개별적으로 정의돼야 한다. 모니터링을 위한 다양한 이해당사자가 있다(운영, 개발자, 그리고 비즈니스 이해당사자). 이들은 서로 다른 값에 관심을 갖고 있으며, 마이크로서비스의 데이터를 평가하기 위해 필요한 자체 도구를 이용한다. 각 마이크로서비스는 애플리케이션으로부터 값을 가져올 수 있는 다양한 도구에 인터페이스를 제공한다. 인터페이스는 모든 마이크로서비스에 대해 동일해야 한다.

마이크로서비스의 배포(12.4절)는 자동화돼야 한다. 특히 불변 서버와 관련해 간단한 스크립트, 특별한 배포 도구, 패키지 관리자가 자동화를 목적으로 사용될 수 있다

마이크로서비스는 작은 배포 단위다. 이들은 다른 마이크로서비스의 실패 시에 안정성과 탄력성에 의해 보호돼야 한다. 따라서 배포와 관련된 위험은 마이크로서비스 기반 아키텍처 자체에 의해 감소된다. 롤백, 롤포워드, 지속적인 배포, 블루/그린 배포, 생산 환경의 블라인드 이동은 위험을 더욱 감소시킬 수 있다. 이러한 전략은 배포 단위가 작고 마이크로서비스의 자원 소비가 낮기 때문에 마이크로서비스로 구현하는 것이 더 쉽다. 따라서 배포가 더 빨라지고, 블루/그린 배포를 위한 환경이나 카나리아 출시를 제공하기가 더 쉬워진다.

통제(12.5절)는 마이크로서비스의 시작, 중단, 재시작 같은 간단한 개입 옵션을 포함한다.

가상화나 클라우드는 마이크로서비스를 위한 인프라스트럭처와 관련해 훌륭한 선택 사항이다(12.6절). 더 나은 격리, 안정성, 확장을 달성하기 위해 각 가상 머신[VM]에는 단 하나의 마이크로서비스만 실행돼야 한다. 도커 컨테이너에 의한 자원의 소비는 한 가상 머신의 자원 소비보다 훨씬 더 적기 때문에 도커는 특히 흥미롭다. 도커는 마이크로서비스의 개수가 많은 경우에도 각 마이크로서비스에 자체적인 도커 컨테이너를 제공할 수 있게 해준다. 마찬가지로, PaaS도 흥미롭다. 이것은 매우 단순한 자동화를 가능하게 해준다. 그러나 이들은 기술의 선택을 제한한다.

이번 절에서는 지속적인 전달[Continuous Delivery]의 세부 사항과 마이크로서비스 환경의 운영에만 초점을 맞췄다. 지속적인 전달은 마이크로서비스를 도입하는 가장 중요한 이유 중 하나다. 동시에, 지속적인 전달의 운영은 가장 큰 문제를 노출시킨다.

핵심 포인트

- 운영과 지속적인 전달은 마이크로서비스의 핵심적인 도전 사항이다.
- 마이크로서비스는 모니터링, 로깅, 배포를 동일한 방법으로 처리해야 한다. 이것이 합리적인 노력을 유지하는 유일한 방법이다.
- 가상화, 클라우드, PaaS, 도커는 마이크로서비스를 위한 흥미로운 대안 인프라스트럭처다.

13장

마이크로서비스 기반
아키텍처의 조직적인 효과

각 마이크로서비스를 한 팀이 담당하는 것은 마이크로서비스 기반 접근 방법의 기본적인 특징이다. 따라서 마이크로서비스에 대한 작업을 하는 경우, 아키텍처뿐 아니라 팀의 조직 구성과 개별 마이크로서비스에 대한 책임도 살펴봐야 한다. 이번 장에서는 마이크로서비스의 조직적인 효과에 대해 논의한다.

13.1절에서는 마이크로서비스의 조직적인 장점들을 설명한다. 13.2절에서는 콘웨이의 법칙^{Conway's Law}에 따라 팀을 설계하는 것에 대한 대안을 의미하는 집단적 코드 소유권^{collective code ownership}을 보여준다. 팀의 독립성은 마이크로서비스의 중요한 결과다. 13.3절에서는 마이크로 아키텍처와 매크로 아키텍처를 정의한다. 그리고 이러한 방법들이 팀에게 높은 자율성을 제공하고, 팀이 독립적으로 결정을 내리도록 하는 방법을 보여준다. 이와 밀접하게 관련된 것은 기술적 리더십의 역할에 대한 질문이다(13.4절). 데브옵스^{DevOps}는 개발^{Dev}와 운영^{Ops}을 결합하는 조직적인 방법이다(13.5절). 데브옵스는 마이크로서비스와 시너지를 낸다. 마이크로서비스는 도메인 측면에서 독립적인 개발에 중점을 두기 때문에, 제품 책임자^{product owner}와 비즈니스 이해당사자^{business stakeholder}(예를 들어, 소프트웨어를 사용하는 비즈니스 부서)에게 영향을 미친다. 13.6절에서는 이러한 그룹들이 마이크로서비스를 처리하는 방법을 설명한다. 재사용 가능한 코드는 13.7절에서 설명하는 것처럼 조직적인 방법을 통해 마이크로서비스 시스템에서만 달성할 수 있다. 마지막으로, 13.8절에서는 조직을 변경하지 않고 마이크로서비스를 도입 가능한지 묻는 질문이 뒤따른다.

13.1 마이크로서비스의 조직적인 혜택

마이크로서비스는 작은 팀들이 큰 프로젝트를 해결하기 위한 접근 방법이다. 팀들은 서로 에게 독립적이므로 팀 사이의 조정이 덜 필요하다. 특히 의사소통에 대한 오버헤드는 큰 규모의 팀 작업을 비효율적으로 만든다. 마이크로서비스는 이러한 문제를 해결하기 위한 아키텍처 수준의 접근 방법이다. 아키텍처는 의사소통의 필요성을 감소시키는 것을 도우 며, 하나의 대규모 팀 대신 많은 소규모 팀들로 프로젝트에서 작업할 수 있게 해준다. 각 도메인 기반의 팀은 이상적인 크기를 가질 수 있다. 스크럼 가이드Scrum guide[1]에서는 3~9명 의 팀원을 권장한다.

또한 현대적인 기업들은 자기 조직화self organization와 시장에서 직접 활동하는 팀을 강조한 다. 각 서비스는 콘웨이의 법칙(4.2절)과 일치하는 개별 팀이 담당하기 때문에 마이크로서 비스는 이러한 방법을 지원한다. 따라서 마이크로서비스는 자기 조직화에 잘 맞는다. 각 팀은 새로운 기능을 다른 팀에 독립적으로 구현할 수 있다. 그리고 스스로 시장에서 성공 여부를 평가할 수 있다.

다른 한편으로, 독립성independence과 표준화standardization 간의 충돌이 있다. 팀들의 자체적인 작업을 가정하는 경우, 이들은 독립적이어야 한다. 표준화는 독립성을 제한한다. 예를 들 어, 표준화는 사용되는 기술에 대한 결정과 관련된다. 프로젝트가 특정 기술 스택에 대해 표준화되는 경우, 팀은 더 이상 그들이 사용하기 원하는 기술을 독립적으로 결정할 수 없 다. 또한 독립성은 중복을 방지하고자 하는 바람과 충돌한다. 시스템에 중복이 없기를 바 라는 경우, 중복을 식별하고 제거하기 위해 팀들 사이의 조정이 있어야 한다. 실제로, 이것 은 팀에 대한 독립성을 제한한다.

기술적 독립성

중요한 측면은 기술적으로 분리된다. 마이크로서비스들은 서로 다른 기술을 사용하고 내 부적으로 전혀 다른 구조를 가질 수 있다. 이것은 개발자가 조정의 필요성을 더 적게 갖는 것을 의미한다. 오직 기본적인 결정들만 함께 내려져야 한다. 다른 기술적인 결정들은 팀 에 의해 내려질 수 있다.

---

1 http://www.scrumguides.org/scrum-guide.html#team

분리된 배포

각 마이크로서비스는 다른 마이크로서비스에 대해 독립적으로 생산 환경에 적용할 수 있다. 또한 팀들에 걸쳐 출시 날짜나 테스트 단계를 조정할 필요가 없다. 각 팀은 자체적인 개발 속도와 출시 날짜를 선택할 수 있다. 한 팀의 지연된 출시 날짜는 다른 팀에 영향을 주지 않는다.

분리된 요구 사항 스트림

팀은 스토리와 요구 사항을 각자 독립적으로 구현해야 한다. 이것은 각 팀이 자체적인 비즈니스 목표에 대해 추구할 수 있도록 만든다.

독립성의 세 가지 수준

마이크로서비스는 세 가지 수준에서의 독립성을 가능하게 만든다.

- 독립적인 출시를 통한 분리: 각 팀은 하나, 또는 여러 개의 마이크로서비스를 담당한다. 팀은 마이크로서비스를 다른 팀과 다른 마이크로서비스에 대해 독립적으로 생산 환경에 적용한다.
- 기술적인 분리: 특정 팀에 의한 기술적인 결정은 무엇보다도 다른 마이크로서비스가 아닌 자신들의 마이크로서비스에 관심을 갖는다.
- 도메인 기반 분리: 분리된 컴포넌트에서 도메인에 대한 분배는 각 팀마다 자체적인 요구 사항을 구현 가능하게 만든다.

이와 반대로, 배포 모놀리스의 경우 기술적인 조정과 배포는 모놀리스 전체에 관련된다(그림 62). 이것은 개발자 사이의 긴밀한 조정을 필요로 한다. 그리고 결국에는 모든 개발자가 한 팀처럼 모놀리스에 대해 작업하게 된다.

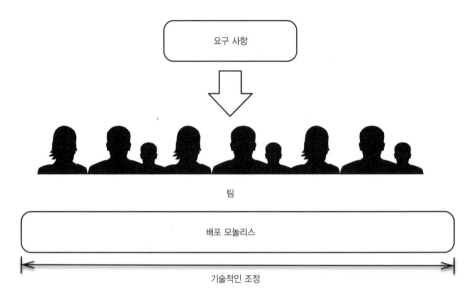

그림 62. 배포 모놀리스

마이크로서비스 팀의 독립성을 위한 전제 조건은 실제로 아키텍처가 마이크로서비스의 필요한 독립성을 제공하는 것이다. 이것은 무엇보다도 좋은 도메인 아키텍처를 필요로 한다. 이 아키텍처는 각 팀에 대한 독립적인 요구 사항의 흐름도 가능하게 한다.

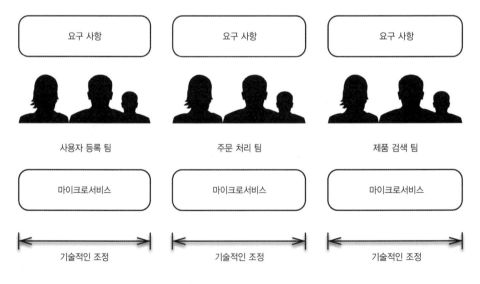

그림 63. 마이크로서비스로의 분리

그림 63의 예제에는 다음과 같은 팀들이 있다.

- '사용자 등록^{user registration}' 팀은 전자상거래 상점에서 사용자가 등록할 수 있는 방법을 담당한다. 가능한 비즈니스 목표는 높은 등록 수의 달성이다. 새로운 기능들은 이러한 수치의 최적화를 목표로 한다. 팀의 컴포넌트들은 등록과 UI 요소에 대해 필요한 과정이다. 어찌됐든 팀은 이들을 변경하고 최적화할 수 있다.
- '주문 처리^{order process}' 팀은 쇼핑 카트를 주문으로 변환하는 방법을 담당한다. 여기에서 목표는 가능한 한 많은 쇼핑 카트를 주문으로 변환하는 것이다. 전체 과정은 팀에 의해 구현된다.
- '제품 검색^{product search}' 팀은 제품에 대한 검색을 향상시킨다. 이 팀의 성공은 검색 프로세스가 얼마나 많은 항목을 쇼핑 카트에 추가하는 것으로 이어지는지에 의존한다.

물론 다른 목표를 갖는 추가적인 팀이 있을 수 있다. 전반적으로, 이러한 방법은 전자상거래 상점의 개발 작업 모두를 자체적인 목표를 갖는 여러 팀으로 분배한다. 시스템 아키텍처는 (더 많은 조정의 필요 없이) 각 팀이 독립적으로 개발할 수 있는 마이크로서비스로 분배되므로 대부분의 팀은 그들의 목표를 독립적으로 추구한다.

또한 작은 프로젝트는 더 많은 장점을 갖는다.

- 더 적은 노력으로 더 쉽게 추정치를 만들기 때문에 추정치가 더 정확하다.
- 작은 프로젝트는 계획하기가 더 쉽다.
- 더욱 정확한 추정과 더 나은 신뢰성 예측 때문에 위험이 줄어든다.
- 여전히 문제가 있는 경우에도 프로젝트가 더 작기 때문에 그 영향도 더 적다.

추가적으로, 마이크로서비스는 더 많은 유연성을 제공한다. 이것은 위험이 더 적고 변경을 더 빠르게 구현할 수 있기 때문에 결정을 더 빠르고 쉽게 만든다. 이상적으로, 이것은 유연성에 의존하는 애자일 소프트웨어 개발을 지원한다.

13.2 콘웨이의 법칙에 대한 대안적인 접근 방법

4.2절에서는 콘웨이의 법칙^{Conway's Law}을 소개했다. 이 법칙에 따르면, 조직은 조직 내 의사소통 구조를 따르는 아키텍처를 생성한다. 마이크로서비스 기반 아키텍처에서 팀들은 마이크로서비스를 따라 만들어진다. 각 팀은 하나, 또는 여러 개의 마이크로서비스를 개발한다. 따라서 각 마이크로서비스는 정확히 한 팀에 의해서만 개발된다. 이것은 도메인 아키텍처가 마이크로서비스의 분배를 통해 구현될 뿐 아니라 조직적인 분배에 의해서도 지원되는 것을 보장하며, 아키텍처에 대한 위반을 실제로 불가능하게 만든다. 게다가 기능이 하나의 마이크로서비스에 제한되는 경우, 팀은 기능을 독립적으로 개발할 수 있다. 이것이 작동하려면, 마이크로서비스 간의 도메인 분배가 아주 높은 품질을 가져야만 한다.

콘웨이의 법칙과 관련된 도전 사항

그러나 이러한 방법도 단점을 갖는다.

- 장기적으로, 팀들은 안정한 상태를 유지해야 한다. 특히 마이크로서비스들이 서로 다른 기술을 사용하는 경우, 개별 마이크로서비스에 대해 투자하는 시간이 매우 길다. 개발자들은 팀 간에 쉽게 전환 가능하다. 특히 외부 컨설턴트를 포함하는 팀은 장기적인 안정성을 보장하는 것이 때때로 어렵다. 마이크로서비스에 대한 작업을 하는 경우, 직원의 일반적인 변동은 문제가 될 수 있다. 최악의 경우, 특정 마이크로서비스의 유지 보수를 위해 (담당하는 개발자가) 아무도 없다면 다시 마이크로서비스를 작성할 수 있다. 마이크로서비스는 제한된 크기 때문에 대체하기가 쉽다. 물론 이것은 어느 정도의 비용을 수반한다.
- 오직 한 팀만 컴포넌트를 이해한다. 팀원이 그만두는 경우, 하나 이상의 마이크로서비스에 대한 지식을 잃을 수 있다. 이 경우 마이크로서비스는 더 이상 수정하기가 어렵다. 이러한 '지식의 열도^{islands of knowledge}'는 방지해야 할 필요가 있다. 이런 경우에 마이크로서비스를 대체하려면 도메인에 대한 정확한 지식이 필요하므로, 이를 위한 선택 사항이 없게 된다.
- 여러 팀의 조정 작업이 필요한 경우, 마이크로서비스를 변경하기가 어렵다. 팀이 자신의 마이크로서비스에서 기능에 대한 모든 변경 사항을 구현할 수 있는 경우, 아키텍처와 배포의 확장은 잘 작동한다. 그러나 기능이 또 다른 마이크로서비스와 관련

돼 다른 팀들에 연관되면, 다른 팀들은 각 마이크로서비스에 대해 변경 사항을 구현해야 한다. 이것은 의사소통을 필요로 할 뿐 아니라, 필요한 변경 사항과 팀의 다른 요구 사항에 대한 우선순위화를 요한다. 팀이 스프린트로 작업하는 경우, 팀은 요구되는 변경 사항을 완전하지 않은 상태로 현재의 스프린트에서 일찍 끝내지 않고 다음 스프린트에서 전달할 수 있다(이것은 현저한 지연이 발생하는 원인이 된다). 2주 길이의 스프린트인 경우에는 2주가 지연될 수 있다. 팀이 변경 사항에 대해 충분히 높은 우선순위를 둔다면, 변경은 다음 스프린트에서 처리될 것이다. 그렇지 않다면, 지연은 더 길어질 것이 분명하다.

코드 공동 소유권

항상 마이크로서비스에 대해 변경할 수 있는 팀이 하나만 있는 경우, 설명한 것처럼 많은 문제가 발생할 수 있다. 따라서 이에 대한 대안을 고려하는 것은 가치 있는 일이다. 애자일 프로세스는 '코드 공동 소유권Collective Code Ownership' 개념을 주도해왔다. 여기에서 각 개발자는 모든 코드에 대한 변경 권리뿐 아니라 의무도 갖는다. 예를 들어, 어디서든 개발자는 불충분한 코드 품질에 대해 생각한다. 따라서 모든 개발자는 코드 품질에 대한 책임을 갖는다. 또한 더 많은 개발자들이 코드를 읽고 변경하는 것이므로, 그리고 그들이 기술적인 결정을 이해하고 있으므로, 기술적인 결정에 대해 더 많은 의사소통이 이뤄진다. 이것은 결정에 대한 중요한 질문을 유도하기 때문에 시스템의 전반적인 품질이 향상된다.

코드 공동 소유권은 팀과 팀의 마이크로서비스에 관련된다. 따라서 팀은 그들의 조직에서 상대적으로 자유로워지고, 이러한 접근 방법은 많은 조정이 없어도 가능하다.

코드 공동 소유권의 장점

원칙적으로, 팀은 다른 팀에 속해 있는 마이크로서비스를 수정할 수도 있다. 논의되는 문제를 다루기 위해 일부 마이크로서비스 프로젝트에서는 코드 공동 소유권이 사용되며, 이 방법은 많은 장점을 수반한다.

- 다른 팀의 마이크로서비스에 대한 변경이 빠르게, 그리고 더 쉽게 구현될 수 있다. 변경이 필요한 경우, 변경이 다른 팀에 의해 수행되면 안 된다. 그 대신에 변경을 요

구하는 팀 스스로 변경 사항을 구현할 수 있다. 컴포넌트에 대해 더 이상 다른 변경 사항의 관점에서 변경을 우선순위화할 필요는 없다.

- 모든 팀이 더 유연하게 함께할 수 있다. 코드의 더 많은 부분에 대해 개발자들이 익숙해진다(최소한 코드에 도입되는 변경에 대해 피상적으로라도 알고 있다). 이것은 팀원, 혹은 전체 팀의 교체(또는 팀의 확대)를 더 쉽게 만든다. 개발자는 아주 기초부터 배울 필요가 없다. 여전히 안정된 팀이 최선의 방법이다(그러나 때때로 안정된 팀은 달성하기가 어렵다).

- 마이크로서비스에 대한 분배를 변경하기 쉽다. 개발자의 폭넓은 지식으로 인해, 마이크로서비스에 대한 담당을 다른 팀으로 이동시키는 것이 더 쉽다. 이것은 마이크로서비스가 서로 많은 의존성을 갖지만, 다양한 팀이 마이크로서비스에 대한 책임을 가지고 있어 긴밀하고 힘든 조정을 해야 하는 경우에 합리적인 방법이다. 마이크로서비스에 대한 책임이 변경돼 같은 팀이 밀접하게 결합된 마이크로서비스를 모두 담당하는 경우, 두 팀이 해당 마이크로서비스에 대해 작업하는 경우보다는 조정이 더 쉬워진다. 때때로, 한 팀의 팀원들은 같은 사무실에 자리잡고 있다. 따라서 이들은 서로 쉽게, 그리고 직접적으로 의사소통할 수 있다.

코드 공동 소유권의 단점

그러나 이러한 방법에 관련된 단점도 있다.

- 코드 공동 소유권은 기술적인 자유와는 반대다. 각 팀이 다른 기술을 사용하는 경우, 팀의 외부 개발자가 각 마이크로서비스에 대해 변경하는 것은 어렵다. 개발자들은 마이크로서비스에 사용된 기술에 대해 알지 못하는 경우도 있다.

- 팀은 그들의 초점을 잃을 수 있다. 개발자는 전체 시스템에 대한 더 큰 개요를 얻는다. 그러나 개발자는 시스템에 대한 전체 개요를 얻는 것보다 자신의 마이크로서비스에 집중하는 것이 더 좋다.

- 아키텍처가 더 이상 견고하지 않다. 다른 컴포넌트의 코드를 알면, 개발자들은 내부 사항을 이용할 수 있다. 따라서 아키텍처에서 의도하지 않은 의존성이 빠르게 생성된다. 마지막으로, 콘웨이의 법칙에 따른 팀 사이의 배분은 도메인 컴포넌트 사이의 인터페이스를 팀 사이의 인터페이스로 변경함으로써 아키텍처를 지원한다. 그러나

모든 팀의 코드를 누구나 고칠 수 있는 경우라면, 팀 사이의 인터페이스는 중요하지 않다.

조정에 대한 당김 요청

팀 사이의 의사소통은 여전히 필요하다. 결국 각 마이크로서비스에 대한 책임을 담당하는 팀이 해당 마이크로서비스에 대해 가장 많은 지식을 갖는다. 따라서 변경은 각 팀과 더불어 조정돼야 한다. 이것은 기술적으로도 보호돼야 한다. 외부 팀의 변경 사항은 초기에 다른 변경과 분리해서 도입될 수 있다. 그리고 계속해서 당김 요청^{pull request}을 통해 담당 팀에 보내져야 하다. 당김 요청은 소스 코드에 변경 사항들을 엮는다. 특히 오픈소스 커뮤니티에서, 당김 요청은 프로젝트에 대한 통제를 포기하지 않고 외부 컨트리뷰터^{contributor}를 허용하는 인기 있는 접근 방법이다. 담당 팀은 당김 요청이나 수정 요구를 받아들일 수 있다. 이것은 담당 팀이 각 변경에 대해 리뷰한다는 의미다. 이것은 마이크로서비스의 아키텍처와 설계가 건전한 상태로 유지되도록 담당 팀이 보장할 수 있게 해준다.

여전히 팀 사이의 의사소통이 필요하기 때문에 콘웨이의 법칙은 이러한 방법에 위배되지 않는다. 이것은 단지 게임을 하는 다른 방법일 뿐이다. 마이크로서비스 기반 아키텍처에서 팀 사이의 분할이 나쁜 경우, 모든 옵션들은 엄청난 단점에 관련된다. 8.4절에 논의된 것처럼, 마이크로서비스에 걸친 더 넓은 범위의 변경이 어렵기 때문에 분배 문제의 해결은 어렵다. 적절하지 않은 분배로 인해, 팀 서로 간에 많은 의사소통을 강요받게 된다. 따라서 생산성이 손실된다. 현 상태의 분배를 수정하는 옵션은 없다. 코드 공동 소유권은 의사소통에 대한 필요성을 제한하는 데 사용 가능하다. 팀들은 다른 팀들의 코드에 대한 요구 사항을 직접 구현한다. 이것은 의사소통의 필요성을 더 적게 만들고, 생산성을 높이는 원인이 된다. 이를 위해 기술적인 자유가 제한돼야 한다. 여전히 마이크로서비스에 대한 변경도 조정돼야 한다(확실히 최소한 리뷰는 필요하다). 그러나 시작 시부터 아키텍처가 적절하게 설정되지 않는다면, 이러한 조치는 해결책으로 전혀 필요하지 않다.

시도 및 실험

당신의 프로젝트에서는 이미 코드에 대한 공동 소유권이 발생했는가? 이를 통해 당신은 어떤 경험을 했는가?

한 개발자가 같은 팀의 다른 개발자나 다른 팀의 개발자가 작성한 일부 코드를 수정하는 경우에 당신의 현재 프로젝트에서는 어떤 제한이 있는가? 다른 팀의 코드에 대한 변경이 발생하지 않는가? 이 경우, 필요한 변경을 구현하는 방법이 있는가? 이러한 행동 과정과 관련된 문제는 무엇인가?

13.3 마이크로 아키텍처와 매크로 아키텍처

마이크로서비스는 어느 정도 과도한 아키텍처 결정을 방지할 수 있다. 각 팀은 자신들의 마이크로서비스에 대한 최적의 아키텍처 유형을 선택할 수 있다.

이를 위한 기반은 마이크로서비스 아키텍처다. 이것은 상당한 정도의 기술적인 자유를 허용한다. 일반적인 기술적 근거로 동일 기술이 필수지만, 마이크로서비스는 이러한 제한을 갖지 않는다. 그러나 동일성을 위한 다른 근거가 있을 수 있다. 문제는 어떤 결정이 누구에 의해 만들어지는가다. 여기에는 의사결정을 위한 두 가지 계층이 있다.

- 매크로 아키텍처^{Macro architecture}는 전체 시스템과 관련된 결정을 포함한다. 최소한의 이러한 결정에 대해 통신 프로토콜(9장)과 더불어 8장에서는 모든 마이크로서비스에서 사용돼야 하는 도메인 아키텍처와 기본 기술에 대해 설명하고 있다. 개별 마이크로서비스의 특성과 기술은 미리 설정 가능하다(10장). 그러나 이것이 전례가 될 필요는 없다. 개별 마이크로서비스에 대한 내부 결정은 매크로 아키텍처에서 결정될 필요가 없다.
- 마이크로 아키텍처^{Micro architecture}는 각 팀이 개별적으로 처리할 수 있다. 마이크로 아키텍처는 개별 팀이 마이크로서비스를 개발하는 것과 관련된 주제만 처리해야 한다. 10장에 설명된 모든 측면은 매크로 아키텍처의 일부로 정의되지 않는 한, 마

이크로 아키텍처의 주제 중 일부가 될 수 있다.

매크로 아키텍처는 모든 사항에 대해 한 번에 정의될 수 없고 지속적으로 개발돼야 한다. 새로운 기능은 서로 다른 도메인 아키텍처나 새로운 기술을 필요로 할 수 있다. 매크로 아키텍처의 최적화는 영구적인 과정이다.

의사결정 = 책임

문제는 누가 매크로 아키텍처와 마이크로 아키텍처를 정의하고, 이들의 최적화를 처리할지 여부다. 각 결정은 책임과 연결돼 있다는 사실을 생각하는 것이 중요하다. 결정을 내리는 사람은 누구나 그 결과가 좋든 나쁘든 결과에 대한 책임을 진다. 다시 말해, 마이크로서비스에 대한 책임은 마이크로서비스 아키텍처에 대한 결정을 내리는 필요성을 수반한다. 매크로 아키텍처가 특정 기술 스택을 정의하는 경우, 이 스택에 대한 책임은 매크로 아키텍처를 담당하는 사람에게 있다. 마이크로서비스에서는 기술 스택을 이용하는 팀에 책임이 있지 않으므로 나중에 이러한 기술 스택 관련 문제가 있을 수 있다. 따라서 때때로 매크로 아키텍처에 의한 개별 마이크로서비스의 기술적인 자유에 대한 강력한 제한은 도움이 되지 않는다. 이것은 개별 마이크로서비스와 그다지 상관없는 의사결정과 책임의 수준을 이동시키며, 실제 요구 사항에 기반하지 않은 '현실과 동떨어진 아키텍처^{ivory tower architecture}'를 유도할 수 있다. 최선의 경우에는 이러한 사항이 무시되며, 최악의 경우에는 애플리케이션에서 심각한 문제의 원인이 된다. 마이크로서비스는 이와 같이 현실과 거리가 있는 아키텍처를 방지하기 위해 매크로 아키텍처에 관련된 결정 없이도 대부분 수행 가능하다.

누가 매크로 아키텍처를 생성하는가

매크로 아키텍처를 정의하기 위해 의사결정 사항은 모든 마이크로서비스에 영향을 줘야 한다. 각 팀은 그들의 개별 마이크로서비스에 대해서만 책임을 지므로, 이러한 결정은 한 팀에 의해서만 내려질 수 없다. 매크로 아키텍처의 결정은 개별 마이크로서비스에 대한 결정 그 이상이 된다.

매크로 아키텍처는 각 개별 팀의 멤버로 구성된 팀에 의해 정의될 수 있다. 이러한 방법은 언뜻 보기에는 명확해 보인다. 이것은 모든 팀이 자신의 관점을 표명 가능하게 해준다. 누구도 특정 방법을 지시하지 않는다. 팀은 의사결정 과정에서 제외되지 않는다. 이러한 방법을 사용하는 많은 성공적인 마이크로서비스 프로젝트가 있다.

그러나 이 방법도 단점을 갖는다.

- 매크로 아키텍처 수준을 결정하기 위해서는 전체 시스템의 개요가 필요하며 전체 시스템에 대한 관심 사항이 개발돼야 한다. 때때로 개별 팀의 팀원은 자신들의 마이크로서비스에 강하게 초점을 맞춘다. 물론 이러한 마이크로서비스의 개발이 그들의 주된 작업이므로 이것은 매우 타당하다. 그러나 마이크로서비스는 다양한 측면을 요구하기 때문에 중요한 결정을 내리기가 어려워질 수 있다.

- 그룹이 너무 클 수 있다. 일반적으로, 효과적인 팀은 다섯에서 최대 열 명까지의 팀원을 갖는다. 많은 팀이 있고, 각 팀에서 적어도 한 명의 팀원이 참여한다고 가정하면 매크로 아키텍처 팀이 너무 커져서 더 이상 효과적인 작업을 할 수 없다. 대규모 팀이 매크로 아키텍처를 정의하고 유지하는 것은 거의 불가능하다.

이에 대한 대안은 배타적으로 매크로 구조를 담당하는 책임을 갖는 한 명의 아키텍트나 아키텍처 팀을 갖는 것이다. 더 큰 프로젝트에서 이러한 작업은 해당 작업을 하는 데 전체적인 아키텍처 팀이 필요하다는 사실을 확실히 보여준다. 이 아키텍처 팀은 전체적인 프로젝트 관점을 갖는다. 그러나 아키텍처 팀이 다른 팀의 실제 작업에서 너무 먼 거리에 있는 위험이 있다. 그리고 결과적으로 현실과 떨어진 아키텍처나 실제로 팀들이 가지지 않은 문제들을 처리한다. 따라서 아키텍처 팀은 주로 의사결정 과정을 완화하고, 다양한 팀의 관점 모두를 고려하고 있는지 확인해야 한다. 아키텍처 팀은 자체적으로 특정 방향을 설정하지 말아야 한다. 결국 다양한 마이크로서비스 팀들은 아키텍처 팀의 결정 결과를 따라야 한다.

매크로 아키텍처의 범위

아키텍처를 마이크로 아키텍처와 매크로 아키텍처로 나누는 유일한 방법은 없다. 회사의 문화, 자기 조직화 정도, 조직 기준이 이를 위한 눈에 띄는 역할을 한다. 높은 수준의 계층화 조직은 팀에게 더 많은 자유를 주지 않는다. 가능한 한 많은 결정이 마이크로 아키텍처 수준에서 내려지는 경우, 팀은 더 많은 책임을 얻게 된다. 팀이 실제로 책임감을 느끼고 이에 따라 행동하기 때문에, 이것은 때때로 긍정적인 효과를 갖는다.

예를 들어, NUMMI^{New United Motor Manufacturing, Inc} 차 공장[2]은 미국에서 약물 남용과 태업으로 악명 높은 매우 비생산적인 공장이었다. 그러나 팀워크와 신뢰에 초점을 두는 것으로 같은 노동자들이 매우 생산적인 노동력으로 전환됐다. 이처럼 팀이 스스로 더 많은 결정을 내리고 선택의 자유를 가지는 경우, 생산성뿐 아니라 작업 분위기에도 많은 도움이 된다.

또한 팀에게 의사결정을 위임해 조정에 더 적은 시간을 보냄으로써, 팀은 더 생산적으로 작업할 수 있다. 팀과 마이크로 아키텍처에 더 많은 의사결정을 위임함으로써 의사소통의 필요성을 방지하는 것은 아키텍처 확장을 위한 필수사항이다.

그러나 팀이 그들의 선택에서 매우 제한되는 경우, 마이크로서비스의 주된 장점 중 하나가 실현되지 않는다. 마이크로서비스는 시스템의 복잡도를 증가시킨다. 이것은 마이크로서비스의 장점이 실제로 잘 활용되는 경우에만 의미가 있다. 따라서 마이크로서비스를 위한 결정이 이뤄지는 경우, 가능한 한 많은 마이크로서비스 아키텍처에 대한 결정과 가능한 한 적은 매크로 아키텍처에 대한 결정이 있어야 한다. 더 많거나 적은 매크로 아키텍처에 대한 결정은 각 분야마다 다르게 내려질 수 있다.

기술: 매크로/마이크로 아키텍처

기술적으로, 다음 결정들은 매크로 아키텍처 대 마이크로 아키텍처에 관련될 수 있다.

- 동일한 보안(8.12절), 서비스 검색(8.9절), 통신 프로토콜(9장)은 마이크로서비스 간의 통신 활성화에 필요하다. 따라서 이러한 분야의 결정은 명백하게 매크로 아키텍처에 속한다. 이러한 사항들 중에는 마이크로서비스의 독립적인 배포를 위해 필요한 하위 호환 인터페이스의 사용과 세부 사항에 관련된 결정도 있다.

2 http://en.wikipedia.org/wiki/NUMMI#Background

- 구성 및 조정(8.8절)은 완전한 프로젝트를 위해 전역적으로 결정돼야 할 필요가 없다. 각 마이크로서비스가 개별 팀에 의해 운영되는 경우, 팀은 마이크로서비스의 구성을 설정하고 자체적으로 도구를 선택할 수 있다. 그러나 모든 마이크로서비스를 위한 통일된 도구를 가지면 명백한 장점이 따른다. 또한 각 팀이 서로 다른 메커니즘을 사용해야 하는 어떠한 합리적인 이유도 없다.

- 탄력성(10.5절)이나 로드 밸런싱(8.10절)의 사용은 매크로 아키텍처에서 정의될 수 있다. 매크로 아키텍처는 특정 표준 기술을 정의하거나 마이크로서비스를 구현하는 동안에 처리돼야 하는 항목을 강제화할 수 있다. 예를 들어, 이러한 사항은 테스트에 의해 보장 가능하다(11.8절). 테스트는 의존하는 마이크로서비스가 실패한 후, 마이크로서비스가 여전히 이용 가능한지 확인할 수 있다. 또한 테스트는 부하가 여러 마이크로서비스로 분산되는지도 확인할 수 있다. 이론적으로 탄력성이나 로드 밸런싱의 사용을 결정하는 것은 팀에 남겨질 수 있다. 팀이 그들의 서비스에 대한 가용성과 성능을 책임지는 경우, 팀은 자신들이 사용하는 기술을 선택하기 위한 자유를 가져야 한다. 탄력성과 로드 밸런싱 없이도 팀의 마이크로서비스를 충분히 사용할 수 있다면 팀의 전략은 허용 가능하다. 그러나 이러한 시나리오는 현실에서 상상하기 어렵다.

- 플랫폼과 프로그래밍 언어 관점에서의 의사결정은 매크로 아키텍처나 마이크로 아키텍처 수준에서 내려질 수 있다. 이러한 결정은 운영이 기술을 이해하고 실패를 처리해야 할 필요가 있기 때문에 개발 팀뿐만 아니라 운영에도 영향을 미칠 수 있다. 반드시 프로그래밍 언어를 규정해야 할 필요는 없다. 그렇지 않으면, 기술이 제한될 수 있다. 이러한 예로는 많은 프로그래밍 언어를 지원하는 JVM(자바 가상 머신)을 꼽을 수 있다. 플랫폼 관점에서의 잠재적인 손실은 운영에서 제공하는 특정 데이터베이스로 팀이 이용 가능하지만, 다른 팀이 데이터베이스를 조작할 수 있다. 매크로 아키텍처가 플랫폼을 정의하는지 여부와 개발자가 의존하는 프로그래밍 언어는 팀 사이에서 변경될 수 있어야 한다. 공유 플랫폼은 한 팀에서 다른 팀으로 마이크로서비스에 대한 책임의 전이를 용이하게 만든다.

그림 64는 어떤 결정들이 매크로 아키텍처의 일부인지 보여준다(이들은 오른쪽에 있다). 마이크로 아키텍처 부분은 왼쪽에 있다. 중간 영역은 매크로 아키텍처도, 마이크로 아키텍처

도 될 수 있다. 각 프로젝트는 각 결정을 다르게 처리할 수 있다.

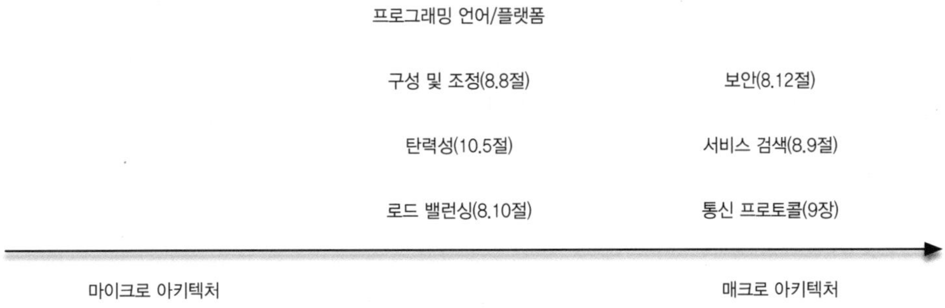

프로그래밍 언어/플랫폼

구성 및 조정(8.8절)   보안(8.12절)

탄력성(10.5절)   서비스 검색(8.9절)

로드 밸런싱(8.10절)   통신 프로토콜(9장)

마이크로 아키텍처   매크로 아키텍처

그림 64. 기술: 매크로 아키텍처와 마이크로 아키텍처

운영

운영 영역에는 통제(12.5절), 모니터링(12.3절), 로깅(12.2절), 배포(12.4절)가 있다. 환경의 복잡성을 감소시키고 동일한 운영 솔루션을 활성화하려면, 이러한 영역이 매크로 아키텍처에서 정의돼야 한다. 플랫폼과 프로그래밍 언어에 대해서도 동일하다. 그러나 표준화는 의무 사항이 아니다. 이론적으로, 마이크로서비스의 전체 작업을 여러 팀이 책임지는 경우, 각 팀은 언급된 영역의 각각에 대해 서로 다른 기술을 사용할 수 있다. 그러나 이 시나리오는 장점이 적은 반면, 엄청난 기술적 복잡성을 가져온다. 그렇지만 팀은 특정 작업을 위해 그들의 자체 솔루션을 사용 가능하다. 예를 들어, 비즈니스 이해당사자를 위해 수익이 다른 방법으로 모니터링에 전송될 것으로 예상되는 경우, 자체적인 솔루션을 사용할 수 있다.

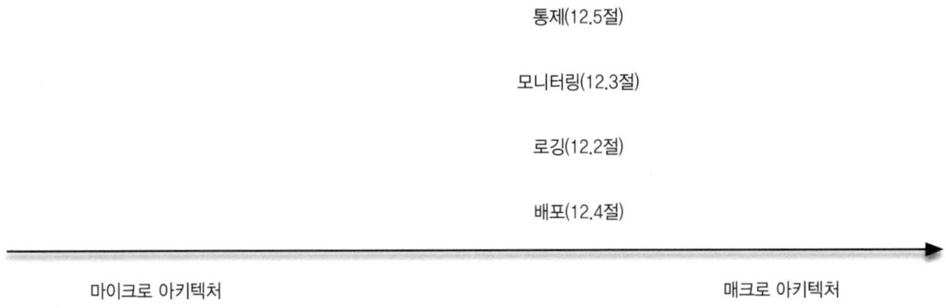

통제(12.5절)

모니터링(12.3절)

로깅(12.2절)

배포(12.4절)

마이크로 아키텍처   매크로 아키텍처

그림 65. 운영: 매크로 아키텍처와 마이크로 아키텍처

도메인 아키텍처

도메인 아기텍처의 맥락에서 팀에 대한 도메인의 분배는 매크로 아키텍처의 일부다(8.1절). 이것은 아키텍처에 영향을 줄 뿐만 아니라 어떤 팀이 어떤 도메인에 대한 책임을 갖는지도 결정한다. 따라서 이러한 작업은 마이크로서비스 아키텍처로 옮겨질 수 없다. 그러나 개별 마이크로서비스의 도메인 아키텍처에 대한 책임은 팀에 남겨져야 한다(10.1절, 10.2절, 10.3절, 10.4절). 전체 아키텍처는 중앙에서 조정되므로, 팀에게 개별 마이크로서비스의 도메인 아키텍처를 지시하는 것은 조직 수준에서 마이크로서비스를 모놀리스처럼 다루는 것과 동일하다. 이 경우 팀은 배포 모놀리스를 개발하지만 기술적으로는 이 방법이 더 쉽다. 그러나 이러한 결정은 이치에 맞지 않는다.

| 개별 서비스의 도메인 아키텍처
(10.1절/10.2절/10.3절) | 전체 도메인 아키텍처
(8.1절) |

마이크로 아키텍처   매크로 아키텍처

그림 66. 아키텍처: 매크로 아키텍처와 마이크로 아키텍처

테스트

테스트 영역에서 통합 테스트(11.4절)는 매크로 아키텍처에 속한다. 실제로, 특정 도메인에 대한 통합 테스트가 있어야 하는지와 누가 구현할 것인지가 결정돼야 한다. 통합 테스트는 팀들에 걸쳐 있는 기능에 대해 관심이 있는 경우에만 의미가 있다. 각 팀은 자체적으로 모든 다양한 기능을 테스트할 수 있다. 따라서 통합 테스트는 전반적으로 팀 사이에서 조정돼야 한다. 기술적인 테스트(11.8절)는 매크로 아키텍처를 통해 팀들에 지시할 수 있다. 이들은 전반적인 표준과 매크로 아키텍처의 기술적인 분야를 강제화하고 통제하기 좋은 옵션이다. 소비자 주도 계약 테스트[CDC](11.7절)와 스텁(11.6절)은 팀들 사이에서 자체적으로 조정 가능하다. 매크로 아키텍처의 일부로 공유된 기술적인 기반은 개발을 확실하게 촉진시킬 수 있다. 특히 팀은 CDC와 다른 팀의 스텁을 사용해야 하므로, 테스트 분야에서 기술의 통일은 합리적이다. 오직 한 가지 기술만 사용되는 경우, 작업은 눈에 띄게 쉬워진다. 그러나 매크로 아키텍처에 의해 기술을 엄격하게 규정하는 것은 필수 사항이 아니다.

개별 마이크로서비스를 테스트하는 방법은 각 팀이 마이크로서비스의 품질에 대해 책임을 지고 있으므로 각 팀에서 결정해야 하는 사항이다.

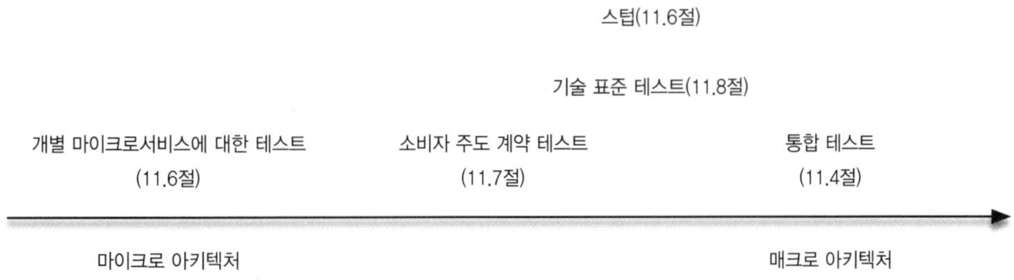

스텁(11.6절)

기술 표준 테스트(11.8절)

개별 마이크로서비스에 대한 테스트 (11.6절)	소비자 주도 계약 테스트 (11.7절)	통합 테스트 (11.4절)

마이크로 아키텍처   매크로 아키텍처

그림 67. 테스트: 매크로 아키텍처와 마이크로 아키텍처

많은 부분에서의 결정은 매크로 아키텍처 수준이나 마이크로 아키텍처 수준에서 이뤄질 수 있다. 개별 팀에 가능한 한 많은 독립성을 주는 것이 마이크로서비스 기반 아키텍처의 중심 목표다. 따라서 가능한 한 많은 결정이 마이크로 아키텍처 수준에서 개별 팀에 의해 내려져야 한다. 그러나 운영의 측면에서 팀이 그들만의 특징적인 도구를 사용하는 자유로부터 실제로 혜택을 받고 있는지에 대한 의문이 생긴다. 이것은 실질적인 장점 없이, 단지 기술 동물원$^{technology zoo}$을 더 크게 만들 가능성이 있다. 이러한 분야는 데브옵스^{DevOps}(13.5절)와 관련된다. 개발자와 운영자 사이의 협동 정도에 따라, 다양한 수준의 자유가 있을 수 있다. 개발과 운영 사이의 명확한 구별이 있는 경우, 운영은 매크로 아키텍처에 대해 많은 표준 사항을 정의할 것이다. 결국 운영은 생산 환경에서 마이크로서비스를 다뤄야 한다. 모든 마이크로서비스가 동일한 기술을 사용하는 경우라면 이러한 작업은 더 쉬워진다.

마찬가지로, 프로그래밍 언어와 플랫폼을 정의하는 경우에는 전체 시스템에 대해 특화된 기술 스택이 가진 장점과 비교해 혼합 기술이 가진 단점을 따져봐야 한다. 환경에 따라, 기술 스택을 규정하는 결정은 개별 팀에 기술 선택을 남겨두는 결정만큼이나 타당할 수 있다. 동일한 기술 스택은 운영을 용이하게 만들고, 마이크로서비스와 팀 사이에서 개발자의 전환을 더 쉽게 만든다. 특화된 기술 스택은 특별한 문제의 처리를 더 쉽게 만들고, 직원들이 첨단 기술을 사용하기 위한 방법을 갖도록 동기를 부여한다.

마이크로서비스가 매크로 아키텍처를 실제로 준수하는지 여부는 테스트를 통해 확인할 수 있다(11.8절을 참조하라). 마찬가지로, 이러한 테스트들은 매크로 아키텍처의 일부로서 산출물이 될 수 있다. 매크로 아키텍처에 대한 책임을 갖는 그룹은 매크로 아키텍처를 명확하게 정의하기 위해 이러한 산출물을 이용할 수 있다. 이러한 테스트들은 모든 마이크로서비스에 대해 매크로 아키텍처와 일치하는지 여부를 검사 가능하게 해준다.

13.4 기술 리더십

마이크로 아키텍처와 매크로 아키텍처의 구분은 기술 리더십 팀을 완전히 변경한다. 이것은 곧 마이크로서비스의 기본적인 장점이다. 매크로 아키텍처는 기술적인 의무와 자유를 정의한다. 선택의 자유는 개별 결정에 대한 책임도 수반한다.

예를 들어, 데이터베이스는 규정 가능하다. 이 경우, 팀은 데이터베이스에 대한 책임을 기술 리더십 팀에 위임할 수 있다. 데이터베이스에 관한 결정이 마이크로서비스 아키텍처의 일부가 아니라면, 데이터베이스는 기술에 대한 결정이 내려진 후 팀에 의해 실행 가능하다. 다른 어떤 팀도 이러한 결정의 잠재적인 결과를 처리할 필요가 없다(8.7절을 참조하라). 누가 결정을 내리든 간에 그 결정에 대한 책임을 갖는다. 기술 리더십 팀은 이러한 결정을 내릴 뿐 아니라, 이렇게 함으로써 마이크로서비스 팀으로부터 책임을 가져가고 독립성을 갖는다.

더 많은 자유는 더 큰 책임을 수반한다. 팀이 더 많은 것을 다루기 위해서는 더 많은 자유를 원해야 한다. 하지만 불행하게도, 항상 그렇지는 못하다. 더 많은 매크로 아키텍처나 조직 개선에 대한 주장은 결국에는 더 많은 자기 조직화self-organization를 유도하고, 따라서 매크로 아키텍처가 더 줄어든다. 더 적은 매크로 아키텍처를 가능하게 하고 더 많은 자기 조직화를 유도하는 것은 기술 리더십 팀의 목표 중 하나다.

개발자 아나키

개발자 아나키Developer Anarchy[3][4][5] 방법은 팀의 자유도 측면에서 더 극단적이다. 이 방법은 개발자에게 전적인 책임을 부여한다. 이들은 기술을 자유롭게 선택할 수 있을 뿐 아니라, 필요하다고 생각하는 경우 코드를 다시 작성할 수도 있다. 또한 이들은 이해당사자와 직접 의사소통한다. 이러한 방법은 매우 빠르게 성장하는 기업에서 사용됐고, 해당 분야에서는

매우 잘 작동한다. 이 아이디어의 배경에는 다양한 회사에서 40년 이상의 작업 경험을 수집한 프레드 조지[Fred George]가 있다. 이 모델에서는 개발자들이 최선이라고 생각하는 것을 할 수 있도록 매크로 아키텍처와 배포 모놀리스가 폐지된다. 이 방법은 매우 급진적이고 아이디어가 얼마나 확장 가능한지 보여준다.

시도 및 실험

> 그림 64, 그림 65, 그림 66, 그림 67에 표시된 분야들은 마이크로 아키텍처나 매크로 아키텍처에 속할 수 있다. 이들은 각 그림의 중앙에 표시돼 있다. 이러한 요소들을 살펴보고, 당신은 이들을 마이크로 아키텍처나 매크로 아키텍처에 배치시킬지 결정하라. 가장 중요한 것은 하나 또는 다른 대안에 대한 당신의 추론이다. 마이크로 아키텍처 수준에서 결정하는 것이 독립적인 팀에 대한 마이크로서비스의 아이디어와 더 관련돼 있음을 고려하라.

13.5 데브옵스

데브옵스는 개발[Dev]과 운영[Ops]이 한 팀[DevOps]으로 합쳐지는 것을 의미한다. 이것은 조직적인 변화다. 각 팀은 개발자와 운영 전문가를 갖는다. 이들은 마이크로서비스를 개발하고 운영하기 위해 함께 작업한다. 일반적으로 운영 관련 작업을 하는 사람은 프로젝트에서 작업하기보다는 프로젝트에 독립적으로 시스템을 운영하는 반면, 때때로 운영과 관련된 주제는 개발자에게 익숙하지 않으므로 데브옵스는 다양한 사고방식을 필요로 한다. 궁극적으로, 기술적인 능력은 매우 유사해진다. 운영은 더 많은 자동화와 관련된 적절한 테스트에 더 많은 작업을 한다(그리고 이것은 결국 소프트웨어 개발이 된다). 동시에, 모니터링, 로그 분석, 배포는 더욱더 개발자를 위한 주제로 바뀌게 된다.

데브옵스와 마이크로서비스

이상적으로, 데브옵스와 마이크로서비스는 서로를 보완한다.

- 팀은 개발을 다룰 뿐 아니라 마이크로서비스의 운영도 처리한다. 이것은 팀이 운영과 개발 분야의 지식을 모두 가질 것을 요구한다.

- 기능과 마이크로서비스에 맞춰, 팀이 지향하는 것은 운영과 개발 부분에 대한 합리적이며 조직적인 대안을 의미한다.

- 두 분야의 팀원이 한 팀에서 함께 작업하는 경우, 운영과 개발 간의 의사소통이 더 쉬워진다. 팀 내의 의사소통은 팀 간의 의사소통보다 더 쉽다. 이것은 조정과 의사소통의 필요성을 줄이려는 마이크로서비스의 목적과도 일치한다.

데브옵스와 마이크로서비스는 서로 잘 어울린다. 사실, 팀이 생산 환경에 마이크로서비스를 배포하고 생산 환경에서 마이크로서비스를 관리하는 목표는 데브옵스 팀에 의해서만 달성할 수 있다. 이것은 두 분야에 대해 팀이 필요한 지식을 가지고 있는지 보장하는 유일한 방법이다.

마이크로서비스는 데브옵스를 필요로 하는가

데브옵스는 많은 기업들이 여전히 이러한 단계의 수행을 꺼려 하는 조직 내의 상당한 변화다. 따라서 마이크로서비스를 데브옵스의 도입 없이 구현할 수 있는지 묻는 질문이 발생한다. 실제로, 데브옵스 없이도 마이크로서비스를 구현 가능하다.

- 매크로 아키텍처와 마이크로 아키텍처의 분할을 통해 운영은 표준을 정의할 수 있다. 로깅, 모니터링, 배포와 같은 기술적인 요소들은 매크로 아키텍처에 속한다. 이러한 표준을 준수하는 경우, 운영은 소프트웨어를 가져와 표준 운영 프로세스의 일부로 만들 수 있다.

- 또한 플랫폼과 프로그래밍 언어는 운영이 필요한 정도에 따라 정의할 수 있다. 운영이 톰캣^{Tomcat6}에서 자바 애플리케이션의 실행을 만족시키는 경우, 톰캣은 매크로 아키텍처에서 플랫폼으로 규정될 수 있다. 이러한 상황은 데이터베이스나 메시징 시스템 같은 인프라스트럭처 요소에서도 동일하다.

- 더욱이 조직적인 요구 사항도 있을 수 있다. 예를 들어 운영은 생산에서 문제가 발생하는 경우 팀에 요청할 수 있도록, 마이크로서비스 팀의 팀원들을 임의의 시간에 활용 가능하게 요청할 수 있다. 구체적으로 말하면, 누군가 자체적인 배포를 원하는 경우 전화번호를 제공해 문제가 있을 때 밤에도 전화 통화를 할 수 있어야 한다. 전

---

6 http://tomcat.apache.org/index.html – 옮긴이

화에 응답하지 않는 경우, 관리자는 다음 사람을 호출할 수 있다. 이것은 이러한 호출에 대해 개발자가 실제로 응답할 가능성을 높인다.

이러한 상황에서, 팀은 더 이상 마이크로서비스를 생산 환경에 적용하는 모든 책임을 지지 않는다. 접근과 책임은 운영에 있다. 마이크로서비스가 운영으로 전달되고 생산 환경에 확산되는 지속적인 전달 파이프라인에 중점을 둬야 한다. 이러한 점에서, 마이크로서비스는 운영으로 그들의 마이크로서비스에 대한 개별 팀의 조정 책임을 넘긴다. 운영으로 전송되는 일반적인 시점은 탐색적 테스트에 앞선 테스트 단계 직후다. 운영은 최소한 마지막 단계(예를 들어, 생산 환경에 적용)에 대한 책임을 갖는다. 많은 수의 수정된 마이크로서비스가 생산 환경에 적용돼야 하는 경우, 운영은 병목 지점이 될 수 있다.

전체적으로, 데브옵스와 마이크로서비스는 시너지를 갖는다(그러나 마이크로서비스를 위한 결정 시, 반드시 데브옵스를 도입할 필요는 없다).

> **기고문** | # 마이크로서비스와 고전적인 IT 조직이 만나는 경우
> 알렉산더 허징필드(Alexander Heusingfeld) / innoQ

'마이크로서비스'라는 주제는 많은 IT 부서에서 사용되고 있으며, 다른 한편으로는 활발히 논의되고 있다. 흥미롭게도, 마이크로서비스를 도입하기 위한 전략은 때때로 중간 관리자에 의해 시작된다. 그러나 마이크로서비스 아키텍처가 기업의 IT 조직에 대해 갖는 효과를 거의 고려하지 않는 경우가 흔하다. 이 때문에 나는 이와 같은 아키텍처 접근 방법을 도입하는 동안, 경험했던 많은 '놀라움'에 대해 이야기하고자 한다.

애완동물 vs. 소

'애완동물 vs. 소[Pets vs. Cattle][7]'는 데브옵스 운동의 초기에 어느 정도 명성을 얻은 슬로건이다. 이 슬로건의 기본적인 메시지는 클라우드와 가상화의 시대에 서버는 애완동물처럼 다루지 말고, 소 무리처럼 다뤄야 한다는 것이다. 애완동물이 아픈 경우에 주인은 다시 건강

---

7 http://www.slideshare.net/randybias/architectures-for-open-and-scalable-clouds

을 되찾도록 애완동물을 간호한다. 그러나 아픈 소는 다른 소들의 건강을 위협하지 않도록 비로 도살 처분될 것이다.

다시 말해, 서버의 의인화(예를 들어, 서버에 레비아탄, 폴룩스, 베를린, 로르슈와 같은 이름을 주는 것)를 방지하는 것이 중요하다. 서버에 '애완동물' 이름을 지정하는 경우, 이들을 애완동물 처럼 보살피는 경향이 생기고, 이들에게 개별적인 업데이트, 스크립트, 조정, 다른 특별한 변경 사항을 제공하게 된다. 그러나 이것은 설치와 서버 상태의 재현성에 부정적인 결과를 갖는 것으로 알려져 있다. 특히 오토 스케일링과 장애 조치에 따른 특성을 고려할 때, 이들 은 마이크로서비스 기반 아키텍처가 필요한 경우에 K.O 상태를 만들 수 있는 기준이다.

나의 프로젝트 중 하나는 매우 흥미로운 방법으로 이러한 문제를 해결했다. 서버와 가상 머신들은 여전히 이름을 가지고 있다. 그러나 이 시스템의 관리는 Puppet을 통해 완전히 자동화됐다. Puppet은 SVN 저장소로부터 개별 스크립트를 다운로드했다. 저장소에는 각 서버를 위한 개별 스크립트들이 보관돼 있었다. 이 시나리오는 '자동화된 애완동물 관리를 위한 Puppet'이라 불릴 수 있다. 이 방법의 장점은 망가진 서버를 정확한 복사본에 의해 빠르게 대체할 수 있다는 것이다.

그러나 레비아탄으로 명명된 '애완동물 서버'의 인스턴스 하나가 항상 있기 때문에, 확장 성을 위한 요구 사항은 전혀 고려되지 않았다. 한 가지 대안은 매개변수화된 스크립트로 전환하고 '앱 XYZ를 위한 생산 VM' 같은 템플릿을 사용하는 것이다. 동시에, 이것은 블루/ 그린 배포처럼 더 유연한 배포 시나리오도 고려 가능하다. 이 경우 가상 머신 app-xyz-prod08.zone1.company.com이나 app-xyzprod045.zone1.company.com이 작업을 완 료했는지 여부는 더 이상 상관없다. 유일하게 관련된 점은 이 서비스에 대한 여덟 개의 인 스턴스가 계속해서 이용 가능하고 높은 부하 시에 추가적인 인스턴스가 시작될 수 있다는 점이다. 이러한 인스턴스들이 어떻게 명명되는지는 문제가 아니다.

우리 vs. 그들

"알람Alarming은 우리의 관심사다!"

"당신은 그것에 대해 신경 쓰면 안 된다!'"

"그것은 당신과 상관없는 우리의 영역이다!"

불행하게도, 나는 교차 기능 팀^{cross functional team}이라 불리는 조직에서 이와 같은 문장을 자주 듣는다. 교차 기능 팀은 아키텍트, 개발자, 테스터, 관리자로 구성된다. 특히 팀원들이 이전에 다른 곳(같은 회사 내의 순수한 기능 팀)에서 작업한 경우, 길고 오래된 대립^{trench war}과 편견이 새로운 팀으로 들어온다(때로는 무의식적으로도 들어온다). 따라서 처음부터 사회적인 측면을 인식하고 이에 능동적으로 대처하는 것이 중요하다. 예를 들어, 나의 경험상 팀을 새롭게 셋업하기 위해 처음 2주에서 4주 동안 같은 사무실에서 작업하는 것은 매우 긍정적인 효과가 있다. 이것은 새로운 팀의 동료들이 다른 사람의 인간적인 면모를 알게 되고 동료의 신체 언어, 특성, 유머를 직접 경험하도록 한다. 이것은 이후 프로젝트 과정 동안의 의사소통을 현저히 촉진하고 오해를 방지한다.

또한 첫 주 동안의 팀 빌딩은 팀원들이 서로에게 의존할 것을 요구하고, 어색한 분위기를 깬 후 개별 팀원의 강점과 약점에 대한 아이디어를 얻으며, 팀 내에 신뢰를 쌓아 팀워크를 강화하는 데 도움이 될 수 있다. 이러한 것을 무시하는 경우, 프로젝트 실행 동안 눈에 띄게 좋지 않은 결과가 있을 것이다. 서로 좋아하지 않는 사람이나 서로를 신뢰하지 않는 사람들은 (심지어 무의식적으로도) 서로에게 의존하지 않는다. 그리고 이것은 그들이 팀으로 완전하게 동작할 수 없음을 의미한다.

개발 vs. 테스트 vs. 운영: 관점의 변화

관점을 변화시키기 위한 다양한 활동들이 많은 회사들 내에 존재한다. 예를 들어, 판매 부서 직원들은 구매 부서에서 그곳의 사람들과 프로세스를 알기 위해 하루 동안 작업할 수 있다. 이를 통해 직원들이 그들의 동료에 대해 좀 더 잘 이해하게 될 것으로 기대해볼 수 있다. 그리고 이것은 그들의 일상 업무 중 일부가 돼, 부서 간에 걸친 프로세스가 더 잘 조화되도록 할 수 있다. 모토는 다음과 같다. '다른 측면에서도, 새로운 관점을 얻는다!'

이러한 관점의 변화는 IT에서 도움이 될 수 있다. 예를 들어, 개발자는 유스케이스나 테스트 케이스에 관련된 새로운 관점을 얻을 수 있다. 이것은 개발자에게 더 쉬운 테스트를 위해, 개발 동안에 모듈화의 적용을 강화하도록 동기를 줄 수 있다. 또한 그들은 생산 환경에서 소프트웨어의 더 나은 모니터링이나 더 쉬운 오류 발견을 위해 어떤 특성이 나중에 필요할지 개발 초기에 고려할 수 있다. 애플리케이션 내부 프로세스에 대한 깊은 통찰력은 관리자가 더 구체적이고 효과적인 모니터링을 구현할 수 있도록 더 충분히 이해하는 데 도움이 될 수 있다. 자신의 관점에서 벗어난 각 관점은 애플리케이션 수명 주기에서 이전에 고려하지 않은 문제를 발생시킬 수 있다. 그리고 이러한 질문은 팀이 하나로 발전하고 더 나은 소프트웨어를 전달하는 데 도움이 된다.

운영에는 '완전한 그린 필드'가 절대로 없다

마이크로서비스는 화제의 대상이며 새로운 기술, 개념, 조직적 변경을 가져온다. 그러나 마이크로서비스를 도입하는 기업은 아무것도 없는 상태에서 시작하지 않는다는 점을 항상 고려해야 한다. 마이크로서비스의 도입에는 항상 어떤 형태로든 레거시 시스템이나 전체 IT 환경이 있으며, 빅뱅Big Bang 방식으로 대체되지 않는다. 일반적으로 이러한 레거시 시스템은 마이크로서비스의 멋진 신세계로 통합돼야 한다.

이러한 이유로, 마이크로서비스 기반 아키텍처를 계획하는 경우에는 IT 비용에 관해 이러한 시스템을 고려하는 것이 중요하다. 실제로 마이크로서비스를 위해 기존 하드웨어 인프라스트럭처에 대해 재구성 가능하고, 실제로 이러한 인프라스트럭처에 의존하는 레거시 시스템이 있는가? 때때로 이러한 것들은 인프라스트럭처 팀이나 운영 팀(회사 내에 이러한 단위 조직이 있는 경우)에서 나오는 질문들이다. 그렇지 않으면, 시스템 테스트나 생산 환경으로의 배포가 완료되는 것으로 예상되는 경우에 이러한 질문들이 나올 수 있다. 특히 이러한 질문을 초기에 인식하기 위해서는 개편되는 프로젝트에서 배포 파이프라인을 가능한 한 빨리 처리할 것을 권장한다. 팀의 첫 번째 비즈니스 기능을 구현하기 전에 배포 파이프라인이 준비돼야 한다. 때때로, 전체 팀의 결합된 힘에 의해 생산 환경으로 옮겨지는 것은 간단한 'Hello World'로 충분하다. 최악의 경우, 그동안 팀은 시스템 설계에 영향을 미치는 열린 질문에 항상 마주치게 될 것이다. 그러나 이 단계에서 많이 구현되지 않으므로 프로젝트 초기에 이러한 변경은 구현에 비해 여전히 비용 효율적이다.

결론

마이크로서비스의 도입이 동반하는 조직적인 변경('콘웨이의 법칙')은 지금까지도 때때로 과소평가를 받고 있다. 이것은 오래된 습관, 편견, 대립에 깊은 뿌리를 두고 있다. 특히 새로운 팀 동료들이 전에 서로 다른 부서에 있었던 경우 더 그렇다. 그러나 '하나의 팀'은 화두 그 이상이 돼야 한다. 팀 관리자들이 그들의 편견을 묻어버리고 서로 다른 경험을 잘 활용한다면, 모두가 함께 발전할 수 있다. 모두가 모두를 이해하고 작업과 책임을 공유하면, 이것은 생산 환경으로 고객을 위한 안정된 소프트웨어를 가져온다. 모두가 이러한 전제에 따라 행동하는 경우, 다른 사람의 경험은 모두에게 이익이 될 수 있다. '모두가 자신의 근심 사항을 말하면 우리는 함께 그 문제를 해결한다.'

13.6 고객에 대한 인터페이스

개발 사항이 실제로 여러 팀과 다양한 마이크로서비스로 확장 가능하다는 것을 보장하기 위해, 각 팀은 자신들의 제품 책임자Product Owner를 가져야 한다. 스크럼 방식처럼, 제품 책임자는 마이크로서비스의 추가 개발에 대한 책임을 갖는다. 이러한 목적으로, 제품 책임자는 마이크로서비스에서 구현되는 스토리들을 정의한다. 제품 책임자는 모든 요구 사항의 소스며, 요구 사항을 우선순위화한다. 이것은 비즈니스 수준에서 마이크로서비스가 한 부서의 책임 내에 있는 기능들을 포함하는 경우에는 더 쉽다. 일반적으로, 이러한 목표는 조직 내의 부서들에 대한 마이크로서비스와 팀들의 조정을 통해 달성된다. 각 부서는 '자체적인' 제품 책임자를 갖고, 따라서 '자체적인' 팀과 '자체적인' 마이크로서비스를 갖는다.

마이크로서비스가 좋은 도메인 아키텍처를 가지고 있는 경우, 이들은 독립적으로 개발 가능하다. 궁극적으로, 각 도메인은 하나, 또는 여러 개의 마이크로서비스로 구현돼야 한다. 그리고 해당 도메인은 오직 한 부서의 관심 사항이어야 한다. 도메인을 마이크로서비스로 분배하는 경우, 아키텍처는 조직 내의 부서들을 고려 사항에 넣어야 한다. 이것은 각 부서가 다른 도메인이나 다른 부서와 공유하지 않는 자신만의 마이크로서비스를 갖는 것을 보장한다.

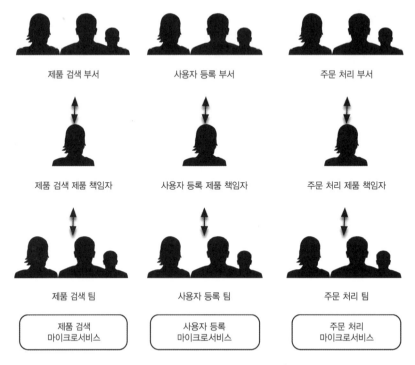

그림 68. 부서, 제품 책임자, 그리고 마이크로서비스

불행하게도, 때때로 아키텍처는 완벽하지 않다. 그리고 마이크로서비스는 인터페이스를 갖는다(이것은 기능이 여러 마이크로서비스에 관련될 수 있다는 표시다). 다양한 기능이 하나의 마이크로서비스에서 여러 부서와 관련돼 마이크로서비스의 개발에 영향을 주길 바라는 경우, 제품 책임자는 다양한 부서에 대한 조정을 통해 우선순위를 확실히 정해야 한다. 부서들은 서로 다른 우선순위를 가질 수 있으므로, 이러한 우선순위는 문제가 될 수 있다. 이 경우, 제품 책임자는 관련된 부서 사이에서 조정을 수행해야 한다.

전자상거래 상점에서 판매 캠페인을 담당하는 부서가 있다고 가정해보자. 주문이 배송 비용에 대한 리베이트를 받는 특정 항목을 포함하는 경우 캠페인이 시작된다. 이것은 주문 팀에 대해 캠페인과 관련된 수정 사항을 필요로 하며, 주문에서 특정 항목을 포함하고 있는지 알 수 있어야 한다. 이 정보는 배송을 위해 비용을 계산해야 하는 배송 담당 마이크로서비스로 전송돼야 한다. 따라서 이 두 팀의 제품 책임자는 배송과 주문을 담당하는 부서가 원하는 변경 사항과 캠페인 관련 변경 사항에 대한 우선순위를 설정해야만 한다. 불행하게도, 때때로 이러한 판매 캠페인의 많은 부분은 우선순위화가 필요한 다른 기능들과 결합한다. 판매 캠페인을 담당하는 부서는 자신들이 담당하는 마이크로서비스를 가지고 있지 않은 반면, 주문과 배송을 위한 부서는 자신들이 담당하는 마이크로서비스를 가지고 있다. 그 대신에 판매 캠페인을 담당하는 부서는 다른 마이크로서비스에 자신들이 원하는 기능을 도입해야 한다.

아키텍처는 부서들의 구조를 유도한다

마이크로서비스 아키텍처는 회사의 부서 조직에 대한 직접적인 결과물일 수도 있다. 그러나 IT 시스템에 따라 새로운 부서가 생성되는 경우도 있으며, 새로운 부서는 비즈니스 측면에서 이러한 시스템을 담당한다. 이 경우, 마이크로서비스 아키텍처는 조직에 직접적으로 영향을 준다고 주장할 수 있다. 예를 들어, IT 시스템에 의해 구현되는 새로운 인터넷 시장이 있을 수 있다. 이러한 시장이 성공적인 경우, 해당 시장에 대해 더 많은 개발을 담당하는 부서가 생길 수 있다. 이 부서는 도메인부터 비즈니스 측면까지 IT 시스템을 계속해서 개발할 것이다. 이 경우 시장이 먼저 개발되고 계속해서 부서가 생성된다. 따라서 시스템 구조는 조직의 부서 구조를 정의하게 된다.

13.7 재사용 가능한 코드

언뜻 보기에, 코드 재사용은 기술적인 문제다. 이미 8.3절에서 두 개의 마이크로서비스가 같은 라이브러리를 사용하는 경우 발생하는 문제에 대해 설명했다. 라이브러리의 새로운 출시가 마이크로서비스의 새로운 출시를 필요로 하는 것처럼, 마이크로서비스들이 라이브러리를 사용하는 경우에 대한 결과는 배포 의존성$^{deployment dependency}$이 된다. 이것은 마이크로서비스의 독립적인 배포를 위해 방지돼야 한다. 마이크로서비스를 담당하는 팀은 라이브러리에 대한 그들의 변경 사항을 조정해야 하기 때문에 추가적인 비용이 들어간다. 서로 다른 마이크로서비스를 위한 새로운 기능은 우선순위화돼 개발돼야 한다. 이것은 팀 사이에 피해야 하는 의존성도 의미한다.

클라이언트 라이브러리

마이크로서비스로부터의 호출을 캡슐화하는 클라이언트 라이브러리는 허용 가능하다. 마이크로서비스의 인터페이스가 하위 호환성을 가질 때, 마이크로서비스의 새로운 버전인 경우라면 클라이언트 라이브러리를 교체할 필요가 없다. 이 시나리오에서 호출되는 마이크로서비스의 새로운 배포는 클라이언트 라이브러리의 업데이트나 호출하는 마이크로서비스의 새로운 배포를 유도하지 않기 때문에 클라이언트 라이브러리는 문제의 원인이 되지 않는다.

그러나 클라이언트 라이브러리가 도메인 객체를 포함하는 경우에는 문제가 발생할 수 있다. 마이크로서비스가 도메인 모델을 변경하기 원하는 경우, 팀은 클라이언트 라이브러리의 다른 사용자들과 함께 이러한 변경 사항을 조정해야 한다. 따라서 마이크로서비스를 더이상 독립적으로 개발할 수 없다. 타당한 인터페이스의 단순한 사용 간 경계나 문제가 될 수 있는 로직, 그리고 다른 배포 의존성에 대해 공유된 구현이 명확하지 않게 된다. 이에 대한 한 가지 선택 사항은 공유 코드의 전체적인 금지다.

어떻게 재사용되는가

그러나 프로젝트에서 코드 재사용은 명백히 가능하다. 요즈음 모든 프로젝트는 어느 정도의 오픈소스 라이브러리 없이는 관리하기가 어렵다. 확실히 오픈소스 코드의 사용은 쉽고 작업을 용이하게 만든다. 마이크로서비스 사이의 코드 재사용과 관련해 발생할 것 같은 문제들은 (오픈소스 사용 시 다음과 같은) 다양한 이유로 발생하지 않는다.

- 일반적으로, 오픈소스 프로젝트는 높은 품질을 갖고 있다. 서로 다른 회사에서 작업하는 개발자들이 이 코드를 사용하고 오류를 발견한다. 때때로 이들은 오류를 제거하고, 이에 따라 품질이 영구적으로 좋아진다. 소스 코드를 게시하고 내부 사항에 대한 통찰력을 제공하는 것은 품질을 증가시키는 충분한 동기가 된다.
- 문서화는 개발자와의 직접적인 의사소통 없이도 코드를 바로 사용할 수 있게 해준다. 좋은 문서화 없이 개발을 시작하는 것은 너무 힘들기 때문에 문서화가 잘돼 있지 않은 오픈소스 프로젝트는 충분한 사용자나 추가 개발자를 발견할 수 없다.
- 버그 관리 도구와 외부 개발자에 의해 도입된 코드의 변경을 승인하는 프로세스를 사용하는 조율된 개발 방법이 있다. 따라서 오류와 오류의 수정은 추적 가능하다. 또한 외부로부터 변경 사항이 코드 베이스에 통합되는 방법이 명확하다.

- 더욱이 오픈소스 라이브러리에 대한 새로운 버전의 경우, 모든 사용자가 새로운 버전을 사용해야 할 필요는 없다. 라이브러리에 대한 의존성 때문에 배포 의존성이 뒤따르는지는 명확하지 않다.
- 마지막으로, 자신의 보완 사항이 오픈소스 라이브러리로 통합되는 방법에 대한 명확한 규칙이 있다.

오픈소스 프로젝트는 공유 라이브러리 사이의 차이를 비롯한 다양한 측면에서 더 높은 품질을 갖는다. 또한 조직적인 측면도 있다. 오픈소스 프로젝트를 담당하는 팀이 있는 것이다. 이 팀은 프로젝트를 총괄하고 오픈소스에 대한 개발을 지속한다. 이 팀이 모든 변경을 적용해야 할 필요는 없지만 조정은 해야 한다. 이상적으로 오픈소스를 담당하는 팀은 다양한 조직과 프로젝트에서 온 팀원을 포함하고 있으며, 여러 관점과 다양한 유스케이스의 맥락에서 프로젝트를 진행한다.

오픈소스 재사용

역할 모델로서 오픈소스 프로젝트는 마이크로서비스 프로젝트에서 재사용 가능한 코드에 대한 또 다른 선택 사항이다.

- 재사용 가능한 라이브러리와 관련 조직은 오픈소스 프로젝트처럼 구성된다. 지속되는 코드 개발, 요구 사항 정리, 그리고 다른 직원들의 변경 사항 통합을 담당하는 직원이 있다. 이상적으로, 모든 팀원은 다른 마이크로서비스 팀에서 온다.
- 재사용 가능한 코드가 실제 오픈소스 프로젝트로 바뀐다. 조직 외부의 개발자들은 프로젝트를 이용하고 확장할 수 있다.

현저하게 더 많은 노력이 품질과 문서화로 가야 하므로, 두 가지 결정의 결과로 인해 상당한 투자가 발생할 수 있다. 또한 프로젝트에서 일하는 직원들은 그들의 팀에서 오픈소스 프로젝트에 대한 충분한 자유를 얻어야 한다. 팀은 특정 작업을 위해서만 그들의 팀원을 활용할 수 있도록 함으로써 오픈소스 프로젝트에서 우선순위를 제어할 수 있다. 많은 투자와 우선순위화에 대한 잠재적인 문제로 인해, 오픈소스 프로젝트를 만드는 결정은 잘 고려돼야 한다. 이 아이디어 자체로는 새로운 것이 아니다(이러한 분야에서의 경험[8]은 상당한 시간

---

8 http://dirkriehle.com/2015/05/20/inner-source-in-platform-based-product-engineering/

동안 이미 수집돼 왔다).

투자가 매우 많은 경우, 이것은 현재 코드가 거의 재사용되지 않으며 현재 사용하는 코드의 상태가 상당한 노력을 발생시킨다는 것을 의미한다. 아마도 코드는 재사용하기 어려울 뿐 아니라 거의 사용되고 있지 않을 것이다. 문제는 왜 팀원들이 이러한 나쁜 코드 품질을 받아들이는가다. 코드 재사용이 가능하도록 품질에 대해 투자하는 것은 코드를 한 번만 재사용하는 것으로도 이미 충분한 비용을 지불했을 수 있다.

언뜻 보기에, 외부의 개발자들이 코드를 사용하도록 하는 것은 그다지 타당해 보이지 않는다. 이것은 오프소스 프로젝트 개발자를 직접 접촉하지 않아도 외부 개발자들이 코드를 사용할 수 있을 정도로 코드와 문서화에 대해 충분히 높은 수준의 품질을 요구한다. 이러한 방법은 무료로 좋은 코드를 얻기 때문에 오직 외부 개발자들만 혜택을 받는 것으로 보인다.

그러나 실제 오픈소스 프로젝트는 다양한 장점을 갖는다.

- 코드의 사용을 통해 외부 개발자들이 (코드상의) 약점을 찾을 수 있다. 그리고 이들은 다양한 프로젝트에 코드를 사용하기 때문에 코드가 더 일반화된다. 이것은 문서화는 물론 품질도 향상시킨다.
- 외부 개발자들이 코드 개발에 더 많은 공헌을 할 수 있다. 그러나 이것은 표준이 아닌 예외적인 사항이다. 버그 리포트나 새로운 기능에 대한 요청을 통해 외부 피드백을 갖는 것은 이미 상당한 장점을 의미할 수 있다.
- 오픈소스 프로젝트의 운영은 기술적인 능력에 대한 훌륭한 마케팅이 된다. 이것은 고객뿐 아니라 직원들을 끌어들이는 데 유용하다. 여기에서 중요한 점은 프로젝트의 범위다. 기존 오픈소스 프로젝트에 대한 간단한 보완 정도라면, 투자는 관리 가능하다. 완전히 새로운 오픈소스 프레임워크는 매우 어려운 주제다.

일례로, 청사진(특정 접근 방법에 대한 문서들)은 재사용이 상당히 쉬운 요소를 의미한다. 예를 들어, 로깅에 대한 올바른 방법을 자세히 문서화하는 것은 매크로 아키텍처의 요소가 될 수 있다. 마찬가지로 코드 스켈레톤, 빌드 스크립트, 지속적인 전달 파이프라인을 포함하는, 마이크로서비스에 필요한 모든 컴포넌트들을 포함하는 템플릿(들)이 있을 수 있다. 이러한 산출물은 빠르게 작성되고 바로 사용 가능하다.

시도 및 실험

 이미 당신은 프로젝트에 자신만의 기술 라이브러리를 사용하거나 그 일부를 개발했을 것이다. 이러한 라이브러리를 실제 오픈소스 라이브러리로 전환하기 위해 얼마나 많은 비용이 들어가는지 추정해보라. 좋은 코드 품질과는 별개로, 코드의 사용과 확장에 대한 문서가 필요하다. 그리고 버그 관리 시스템과 포럼도 있어야 한다. 프로젝트 내에서 재사용은 얼마나 쉬운가? 라이브러리의 품질은 얼마나 높아야 하는가?

13.8 조직에 대한 변경 없이도 마이크로서비스가 가능한가

마이크로서비스는 소프트웨어 아키텍처에 대한 접근 방법 이상이다. 마이크로서비스는 조직에 대해서도 상당한 영향을 미친다. 때때로, 조직의 변경은 매우 어렵다. 따라서 조직에 대한 변경 없이도 마이크로서비스를 구현 가능한지에 따라 문제가 발생한다.

조직에 대한 변경 없이도 마이크로서비스가 가능한가

마이크로서비스는 독립적인 팀을 가능하게 한다. 도메인에 중점을 두는 팀은 하나, 또는 여러 마이크로서비스에 대한 책임을 갖는다(이상적으로, 이것은 마이크로서비스의 개발뿐 아니라 운영도 포함한다). 이론적으로 개발자들을 도메인 중심의 팀들로 나누지 않고도 마이크로서비스를 구현 가능하다. 이 경우, 개발자들은 각 마이크로서비스를 수정할 수 있다(이것은 13.2절에 설명된 아이디어의 확장이다). 기술적인 것에 초점을 맞춘 팀들이 도메인 기반 기준에 따라 나눠진 마이크로서비스에 대해 작업할 수도 있다. 이 시나리오에서는 주문 처리나 등록 같은 도메인 마이크로서비스에 대해 작업하는 UI 팀, 중간 계층 팀, 데이터베이스 팀이 있을 것이다. 그러나 이 경우 마이크로서비스에 관련된 일반적이고 다양한 장점들은 더 이상 활용되지 않는다. 먼저 마이크로서비스를 통한 애자일 프로세스의 확장이 더 이상 가능하지 않다. 두 번째로, 모든 팀이 서로 다른 기술을 사용하는 경우에는 다른 마이크로서비스를 다루지 못하기 때문에 기술적인 자유를 제한해야 한다. 또한 각 팀은 각 마이크로서비스를 수정할 수 있다. 이것은 마이크로서비스의 독립적인 개발을 막는 의존성이 분산 시스템 통해 생성되는 위험을 수반한다. 팀은 여러 마이크로서비스를 함께 변경할 수 있으므로, 독립적인 마이크로서비스가 불필요해진다. 따라서 마이크로서비스가 갖는 많은 의존성을 처리할 수도 있다. 그러나 이러한 지속 가능한 개발 상태에서도 배포 단위가 더 작기 때문에 지속적인 전달을 통한 쉬운 시작, 개별 마이크로서비스의 독립적인 확장, 레거시 시스템의 간단한 처리는 여전히 구현할 수 있다.

평가

다음 사항을 명확히 해두자. 도메인에 중점을 둔 팀의 생성 없이 마이크로서비스를 도입하는 것은 마이크로서비스에서 나오는 주된 혜택을 유도하는 것을 의미하지 않는다. 서로 다른 부분 사이의 시너지가 전체 가치를 생성하므로 항상 특정 방법의 일부로 구현하는 것은 문제가 있으며, 도메인에 중점을 두는 팀 없이 마이크로서비스를 구현 가능하다(그렇다고 해도, 확실히 이 방법은 추천되지 않는다).

부서

이미 13.6절에서 논의된 바와 같이, 이상적으로 마이크로서비스 구조는 부서로 확장돼야 한다. 그러나 때때로 마이크로서비스 아키텍처는 부서의 조직 구조로부터 너무 많이 벗어나 있기 때문에, 마이크로서비스 구조가 조직 구조로 확장되는 것은 실제로 달성하기가 어렵다. 그리고 부서들의 조직 구조를 마이크로서비스의 분배에 맞출 것처럼 보이지는 않는다. 마이크로서비스로의 분배를 조절할 수 없는 경우, 각 제품의 책임자들은 다양한 마이크로서비스에 관련된 부서가 원하는 사항을 우선순위화하고 조정해야 한다. 이러한 방법으로 모든 요구 사항은 팀들에 대해 명확하게 우선순위화된다. 이것이 가능하지 않다면, 코드 공동 소유 방식(13.2절)은 문제를 제한할 수 있다. 이 경우, 제품 책임자와 (그/그녀의) 팀은 실제로 자신들의 영역에 속하지 않는 마이크로서비스를 수정할 수 있다. 이것은 팀에 걸친 조정에 비해 더 나은 대안이 될 수 있다(그러나 두 가지 해결책 모두 최적의 해결책은 아니다).

운영

많은 조직에는 운영을 위한 별도의 팀이 있다. 마이크로서비스를 담당하는 팀은 데브옵스 원칙에 따라 그들의 마이크로서비스에 대한 운영도 담당해야 한다. 그러나 13.5절에서 논의됐듯, 데브옵스를 마이크로서비스에 도입하는 것은 엄격한 요구 사항이 아니다. 운영과 개발 사이의 분리가 유지되는 것으로 가정되는 경우, 운영은 시스템의 원활할 운영을 보장하기 위해 매크로 아키텍처에서 마이크로서비스에 필요한 표준 사항을 정의해야 한다.

아키텍처

때때로, 아키텍처와 개발은 분리된 상태로 유지된다. 마이크로서비스 환경에서는 아키텍트가 모든 팀에 대해 전역적인 결정을 내리는 매크로 아키텍처 영역이 존재한다. 대안적으로, 아키텍트는 다양한 팀으로 분배될 수 있고 팀과 함께 작업할 수 있다. 또한 이들은 매크로 아키텍처에 대한 주제를 정의하는 중요한 위원회를 만들 수 있다. 이 경우 아키텍트들은 매크로 아키텍처 작업을 위한 시간을 가지며, 실제로 자신들 팀의 다른 작업으로 인해 바쁘지 않다는 것이 보장돼야 한다.

시도 및 실험

당신의 프로젝트 조직은 어떻게 구성되는가?
- 아키텍처를 담당하는 특별한 조직 단위가 있는가? 이들은 얼마나 마이크로서비스 기반 아키텍처에 적합한가?
- 운영 조직이 어떻게 구성됐는가? 운영 조직이 마이크로서비스를 가장 잘 지원하는 방법이 있는가?
- 얼마나 도메인 중심의 분할이 부서 구조에 적합한가? 최적화할 수 있는 방법이 있는가?
- 적합한 작업 영역을 갖는 제품 책임자를 각 팀에 할당할 수 있는가?

13.9 결론

마이크로서비스는 기술적인 결정과 배포(13.1절) 측면에서 팀의 독립성을 활성화한다. 이 것은 팀의 독립적인 요구 사항을 구현할 수 있게 해준다. 결국 이것은 대규모 프로젝트에서 수많은 소규모 팀이 함께 작업할 수 있도록 만든다. 또한 팀 사이의 의사소통에 대한 오버헤드를 감소시킨다. 팀들은 독립적인 배포가 가능하므로 프로젝트의 전반적인 위험이 감소된다.

이상적으로, 팀들은 다양한 도메인 측면에 대해 개별 작업을 할 수 있는 방법으로 함께 작업해야 한다. 이것이 불가능하거나 팀 사이의 너무 많은 조정을 요구하는 경우, 코드에 대한 공동 소유권은 하나의 대안이 될 수 있다(13.2절). 이 경우, 각 개발자는 모든 코드를 변경할 수 있다. 각 마이크로서비스에 대해서는 여전히 한 팀이 책임을 담당한다. 이러한 마이크로서비스에 대한 변경은 담당 팀과 함께 조정돼야 한다.

13.3절에서 마이크로서비스가 모든 마이크로서비스에 관련된 결정을 포함하는 매크로 아키텍처를 갖는다는 사실을 설명했다. 또한 각 마이크로서비스는 저마다 서로 다른 마이크로 아키텍처를 갖고 있다. 기술, 운영, 도메인 아키텍처, 테스트 분야에는 마이크로 아키텍처나 매크로 아키텍처의 속성이 될 수 있는 결정 사항들이 있다. 각 프로젝트는 각 팀에 선택을 위임하거나(마이크로 아키텍처), 중앙에서 정의해야 한다(매크로 아키텍처). 팀에게 위임하는 것은 높은 수준의 독립성을 이루기 위한 목표와 일치한다(그리고 때때로 이것은 더 나은 선택이 된다). 그리고 별도의 아키텍처 팀이 매크로 아키텍처를 정의할 수 있다(그렇지 않으면, 담당 팀은 서로 다른 마이크로서비스 팀의 멤버로 구성될 수 있다).

매크로 아키텍처에 대한 책임은 기술적인 리더십에 대한 개념과 밀접하게 연결된다(13.4절). 더 적은 매크로 아키텍처는 마이크로서비스 팀에 대한 더 많은 책임과 중심 아키텍처 팀의 더 적은 책임을 의미한다.

운영과 개발의 합병에서부터 데브옵스에 이르기까지 마이크로서비스는 혜택을 볼 수 있지만, 마이크로서비스에 데브옵스를 도입하는 것이 반드시 필요하지는 않다. 데브옵스가 불가능하거나 바람직하지 않은 경우, 운영은 마이크로서비스 기반 시스템의 원활한 운영을 보장하고 특정 측면을 통합하기 위해 매크로 아키텍처의 맥락에서 가이드라인을 정의할 수 있다.

마이크로서비스는 항상 자체적인 별도의 요구 사항을 구현해야 한다. 따라서 비즈니스 측면에서 각 마이크로서비스를 특정 부서에 할당하는 것이 가장 좋다(13.6절). 이것이 가능하지 않다면, 제품 책임자는 각 마이크로서비스가 명확하게 우선순위화된 요구 사항을 갖는 방법으로 다양한 부서에서 들어오는 요구 사항을 조정해야 한다. 코드에 대한 공동 소유권을 사용하는 경우, 제품 책임자와 (그/그녀의) 팀은 다른 팀의 마이크로서비스도 변경할 수 있다(이것은 의사소통의 오버헤드를 제한할 수 있다). 우선순위를 조정하는 대신, 팀은 스스로 새로운 기능에 필요한 변경을 도입하게 된다(심지어 이들은 다른 마이크로서비스에도 관여한다). 필요한 경우, 수정된 마이크로서비스를 담당하는 팀은 도입된 변경 사항을 검토하고 이들을 조정할 수 있다.

마이크로서비스 프로젝트에서 코드가 오픈소스 프로젝트처럼 다뤄지는 경우, 코드를 재사용 가능하다(13.7절). 내부 프로젝트는 내부 오픈소스 프로젝트처럼 다뤄질 수 있다(또는 실제로 외부에 공개된 오픈소스 프로젝트로 전환될 수 있다). 오픈소스 프로젝트를 위한 실제 노력은 상당한 수준으로 고려돼야 한다. 따라서 코드를 재사용하지 않는 것이 더 효율적일 수 있다. 또한 오픈소스 프로젝트의 개발자들은 오픈소스 프로젝트에 대한 변경 사항과 비교해 도메인 요구 사항을 우선순위화해야 하며, 이것은 항상 어려운 결정이 될 수 있다.

13.8절에서는 개발 수준에서 조직적인 구조를 변경하지 않는 마이크로서비스의 도입은 현실에서 작동하지 않는다는 사실을 설명했다. 다른 팀에 독립적으로 개발할 수 있는 특정 도메인에 중점을 두는 팀이 없는 경우, 다양한 기능을 동시에 개발하고 시장에 동시에 더 많은 기능을 적용하기는 실질적으로 불가능하다. 그러나 이러한 사항은 정확하게 마이크로서비스가 달성하기 원하는 것을 의미한다. 그러나 지속 가능한 개발, 지속적인 전달의 쉬운 도입, 개별 마이크로서비스의 독립적인 확장, 레거시 시스템의 간단한 처리는 여전히 가능하다. 운영과 아키텍처 팀은 매크로 아키텍처를 정의할 수 있으며, 따라서 이 영역에서의 조직적인 구조 변경이 반드시 필요하지는 않다. 이상적으로, 부서의 요구 사항은 항상 하나의 마이크로서비스에 의해 반영된다. 이것이 불가능하면, 제품 책임자는 요구되는 변경 사항을 조정하고 우선순위화해야 한다.

핵심 포인트

- 마이크로서비스는 조직에 대해 상당한 효과를 갖는다. 대규모 프로젝트에서 함께 작업하는 독립적인 작은 팀은 마이크로서비스의 중요한 장점이다.
- 아키텍처의 일부로 조직을 보는 것이 마이크로서비스의 기본적인 실체다.
- 데브옵스와 마이크로서비스의 조합은 장점을 갖지만 의무 사항은 아니다.

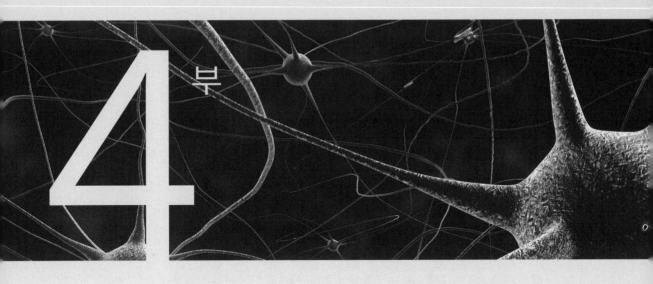

4부

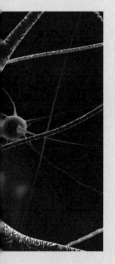

관련 기술

4부에서는 마이크로서비스를 구체적인 기술로 구현하는 방법을 살펴본다. 14장은 자바Java, 스프링Spring, 스프링 부트Spring Boot, 스프링 클라우드Spring Cloud, 넷플릭스 스택Netflix stack, 도커Docker에 기반한 마이크로서비스 아키텍처의 완전한 예제를 포함하고 있다. 이 예제는 독자의 자체적인 구현이나 실험을 위한 좋은 출발점이다. 3부에서 논의된 많은 기술적인 문제들은 빌드, 배포, 서비스 검색, 통신, 로드 밸런싱, 테스트 같은 구체적인 기술의 지원을 통해 이번 단원에서 해결된다.

마이크로서비스보다 더 작은 나노서비스Nanoservice는 15장에서 논의된다. 나노서비스는 특별한 기술과의 많은 타협이 필요하다. 따라서 15장에서는 아주 작은 서비스를 구현할 수 있는 기술들을 소개한다. 이러한 기술의 예로는 자바스크립트와 자바를 위한 아마존 람다Amazon Lamdba, 자바를 위한 OSGi, 자바 엔터프라이즈 버전Java EE, 자바 같은 언어를 지원하는 JVM상의 Vert.x, 스칼라Scala, 클로저Clojure, 그루비Groovy, 실론Ceylon, 자바스크립트JavaScript, 루비Ruby, 파이썬Python 등이 있다. 얼랭Erlang 같은 프로그래밍 언어는 아주 작은 서비스를 가능하게 하면서, 다양한 시스템의 통합도 가능하게 해준다. 세네카Seneca는 나노서비스의 구현에 특화된 자바스크립트 프레임워크다.

이 책의 마지막 장인 16장에서는 마이크로서비스로 어떤 것을 성취 가능한지 보여준다.

14장

마이크로서비스 기반
아키텍처 예제

이번 장에서는 마이크로서비스 기반 아키텍처에 대한 구현 예제를 제공한다. 이 예제의 목적은 실험을 위한 기반을 마련하는 구체적인 기술을 보여주는 것이다. 예제 애플리케이션은 일부의 타협점을 포함하는 매우 간단한 도메인 아키텍처를 갖고 있다. 14.1절에서는 이러한 주제를 상세히 다룬다.

실제 시스템은 제시된 예제 애플리케이션과 비교할 만큼 낮은 복잡도를 갖기 때문에 마이크로서비스를 사용하지 않는 방법이 더 나을 수도 있다. 그러나 낮은 복잡도는 예제 애플리케이션을 이해하기 쉽고 간단하게 확장 가능하도록 만든다. 보안, 문서화, 모니터링, 로깅 같은 마이크로서비스 환경의 일부 측면은 예제 애플리케이션에서 설명되지 않는다(그러나 이러한 측면들은 몇 가지 실험을 통해 상대적으로 쉽게 해결 가능하다).

14.2절에서는 예제 애플리케이션의 기술 스택을 설명한다. 빌드 도구는 14.3절에서 설명된다. 14.4절에서는 배포를 위한 기술로 도커^{Docker}를 다룬다. 도커는 리눅스 환경에서 실행해야 한다. 14.5절에서는 환경을 생성하기 위한 도구로서 Vagrant를 설명한다. 14.6절에서는 도커 환경의 생성을 위한 대안적인 도구로 도커 머신^{Docker Machine}을 소개한다. 도커 머신은 여러 개의 도커 컨테이너에 대한 조정을 위해 도커 컴포즈^{Docker Compose}(14.7절)와 함께 사용 가능하다. 14.8절에서는 서비스 검색의 구현에 대해 설명한다. 마이크로서비스 간의 통신과 사용자 인터페이스는 14.9절의 주된 주제다. 한 마이크로서비스가 실패하는 경우, 다른 마이크로서비스에 영향이 없다면 탄력성^{resilience}에 감사해야 한다. 예제 애플리케이션에서 탄력성은 Hystrix(14.10절)로 구현됐다. 로드 밸런싱(14.11절)은 부하를 마이크로서비

스의 여러 인스턴스로 분배할 수 있으며, 탄력성과도 밀접한 관계가 있다. 자바가 아닌 기술과 통합하는 방법은 14.12절에서 상세히 설명하며, 테스트는 14.13절에서 논의한다.

예제 애플리케이션의 코드는 https://github.com/ewolff/microservice에서 발견할 수 있다. 이 소스는 아파치 라이선스를 가지며, 이에 따라 모든 목적을 위해 자유롭게 사용 및 확장 가능하다.

14.1 도메인 아키텍처

예제 애플리케이션은 사용자들이 주문할 수 있는 간단한 웹 인터페이스를 갖는다. 여기에는 세 개의 마이크로서비스들이 있다(그림 69).

- Catalog 마이크로서비스는 제품에 대한 추적을 유지한다. 항목들이 추가되고 삭제될 수 있다.
- Customer 마이크로서비스는 고객에 대해 같은 작업을 수행한다. 새로운 고객을 등록하고 기존 고객을 삭제한다.
- Order 마이크로서비스는 주문을 보여줄 뿐 아니라 새로운 주문도 생성한다.

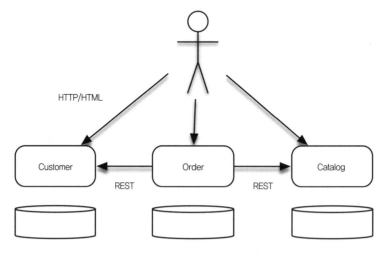

그림 69. 예제 애플리케이션의 아키텍처

주문을 위해 'Order' 마이크로서비스는 두 개의 다른 마이크로서비스('Customer'와 'Catalog')에 접근할 필요가 있다. 통신은 REST를 통해 이뤄진다. 그러나 이러한 인터페이스는 마이크로서비스 사이의 내부 통신만을 의미한다. 사용자는 HTML 인터페이스/HTTP 인터페이스를 통해 세 개의 마이크로서비스 모두와 상호작용 가능하다.

분리된 데이터 저장소

세 개의 마이크로서비스를 위한 데이터 저장소는 완전히 분리된다. 각각의 마이크로서비스만이 비즈니스 객체에 대한 정보를 알고 있다. 'Order' 마이크로서비스는 REST 인터페이스를 통한 접근이 필요한 항목과 고객에 대한 기본 키$^{primary key}$를 저장한다. 실제 시스템은 내부적인 기본 키로 인위적인 키를 사용한다. 이렇게 하지 않으면, 키가 외부에서 보이게 된다. 이러한 키는 숨겨야 하는 데이터 저장소의 내부적인 상세 사항이다. 기본 키를 노출하기 위해 마이크로서비스 내의 SpringRestDataConfig 클래스의 Spring Data REST를 적절하게 구성한다.

많은 통신

주문이 보일 때마다 'Customer' 마이크로서비스는 고객 데이터를 호출한다. 그리고 각 라인에 대응하는 항목의 가격을 결정하기 위해 'Catalog' 마이크로서비스를 호출한다. 다른 마이크로서비스들이 모든 요청에 대해 응답하기 전에 주문을 표시할 수 없으므로, 이것은 애플리케이션의 응답 시간에 대해 부정적인 영향을 갖는다. 다른 서비스에 대한 요청이 동기적으로, 그리고 계속해서 발생하는 경우에는 지연 시간이 늘어날 것이다. 이 문제는 비동기적 동시 요청$^{asynchronous parallel request}$을 이용해 해결할 수 있다.

또한 보내고 받는 데이터의 마샬링에 많은 컴퓨팅 파워가 필요하다. 이것은 작은 예제 애플리케이션의 경우 허용 가능하다. 이러한 애플리케이션이 생산 환경에서 수행되는 경우 대안을 고려해야 한다.

이 문제는 캐싱에 의해 해결할 수 있다. 고객 데이터는 빈번하게 변경되지 않기 때문에 이러한 처리는 상대적으로 쉽다. 항목은 더 자주 변경될 수 있다(그러나 여전히 매우 빠르게 변경되는 것은 아니므로 캐싱은 문제를 노출시킬 수 있다). 데이터의 양만이 캐싱을 방해할 수 있다. 마이크로서비스의 사용은 이러한 캐시가 마이크로서비스의 인터페이스나 HTTP 프로토콜에 사용되는 경우, HTTP 수준에서 상대적으로 간단하게 구현될 수 있는 장점을 갖는다. 웹사이트에서 사용하는 것처럼 HTTP 캐시는 프로그래밍에 대한 많은 노력 없이도 REST 서비스에 투명한 방법으로 추가될 수 있다.

제한 맥락

캐싱은 너무 긴 응답 시간에 대한 문제를 기술적으로 해결할 수 있다. 이와 같이 너무 긴 응답 시간은 기본적인 문제에 대한 신호가 될 수도 있다. 4.3절에서는 마이크로서비스가 제한 맥락Bounded Context을 포함해야 한다고 이야기했다. 특정 도메인 모델은 제한 맥락 내에서만 유효하다. 이 예제에서 마이크로서비스로의 모듈화는 이러한 아이디어를 반박한다. 주문을 위해 'Order' 마이크로서비스, 항목을 위해 'Catalog' 마이크로서비스, 그리고 고객을 위해 'Customer' 마이크로서비스가 시스템을 모듈화하는 도메인 모델이 사용된다. 원칙적으로, 이러한 엔티티의 데이터는 서로 다른 제한 맥락 내에서 모듈화돼야 한다.

낮은 도메인 복잡도에도 불구하고 설명한 모듈화는 세 개의 마이크로서비스로 구성된 시스템을 구현한다. 이러한 방법으로 예제 애플리케이션은 여러 개의 마이크로서비스를 가지는 반면, 쉽게 이해되며 마이크로서비스 사이의 통신을 보여준다. 실제 시스템에서 'Order' 마이크로서비스는 가격 같은 주문 처리에 관련된 항목 정보를 처리할 수 있다. 필요한 경우, 서비스는 데이터에 효율적으로 접근하기 위해 다른 마이크로서비스에서 자체적인 데이터베이스로 데이터를 복제할 수 있다. 이것은 앞서 언급한 캐싱의 대안이다. 도메인 모델이 서로 다른 제한 맥락인 'Order', 'Customer', 'Catalog'로 각각 모듈화되는 방법에 대한 다양한 방법들이 있다.

이러한 설계는 에러의 원인이 될 수 있다. 주문이 시스템으로 들어오고, 그 후에 상품의 가격이 변경되는 경우 주문의 가격도 변경된다(이런 상황이 발생해서는 안 된다). 항목이 삭제되는 경우, 주문을 표시하는 경우 에러가 발생한다. 원칙적으로, 항목과 고객에 관련된 정보는 주문의 일부가 돼야 한다. 이 경우, 고객과 항목 데이터를 포함하는 주문에 대한 이력 데이터는 'Order' 서비스로 전송돼야 한다.

데이터에 의해 마이크로서비스를 모듈화하면 안 된다!

도메인 모델에 따라 마이크로서비스의 아키텍처를 설정하는 데 내재된 문제를 이해하는 것은 중요하다. 때때로, 글로벌 아키텍처에 대한 작업은 오해를 받는다. 예를 들어, 팀이 고객, 주문, 항목 같은 인스턴스 객체를 포함하는 도메인 모델을 설계하는 경우를 생각해보자. 이러한 모델에 기반해 마이크로서비스들이 정의된다. 결과적으로, 이것은 예제 모델에서 엄청난 통신량을 발생시키는 마이크로서비스에 대한 모듈화 방법이다. 주문, 고객 등록, 제품 검색 같은 프로세스에 기반한 모듈화가 더 유리하다. 각각의 프로세스는 가장 중요한 도메인 객체를 위한 자체적인 도메인 모델을 갖는 제한 맥락이 될 수 있다. 검색 과정 동안에는 제품 검색에 대해 항목 카테고리가 가장 관련성이 있는 반면, 주문 과정에서는 무게와 크기 같은 데이터가 더 문제일 수 있다.

실제 시스템에서 데이터에 의한 모듈화는 장점이 될 수 있다. 'Order' 마이크로서비스가 고객 데이터 및 제품 데이터의 처리와 결합해 너무 커지는 경우, 데이터 처리를 모듈화하는 것이 합리적이다. 그리고 그 데이터는 다른 마이크로서비스에 의해 사용 가능하다. 시스템 아키텍처를 고안할 때, 시스템 아키텍처에 대한 하나의 올바른 경우만 있는 상황은 드물다. 가장 좋은 접근 방법은 시스템과 시스템이 가져야 하는 특성에 따라 달라진다.

14.2 기본 기술

예제 애플리케이션 내의 마이크로서비스들은 자바로 구현된다. 예제 애플리케이션의 기본 기능들은 스프링 프레임워크에 의해 제공된다. 스프링 프레임워크Spring Framework[1]는 의존성 주입Dependency Injection뿐 아니라 REST 기반 서비스들을 구현 가능하게 하는 웹 프레임워크도 제공한다.

HSQL 데이터베이스

HSQLDB 데이터베이스는 데이터를 처리하고 저장한다. HSQLDB는 인메모리 데이터베이스며 자바로 작성됐다. 데이터베이스는 RAM에만 데이터를 저장한다. 따라서 애플리케이

---

1 http://projects.spring.io/spring-framework/

션을 재시작하면 모든 데이터를 잃는다. 이 때문에 이 데이터베이스는 데이터를 하드디스크에 쓸 수 있다고 해도 실제 생산용으로 사용하기에는 적합하지 않다. 다른 한편으로, 예제 애플리케이션을 쉽게 유지하기 위해 추가적인 데이터베이스를 설치할 필요가 없다. 데이터베이스는 개별적인 자바 애플리케이션에서 실행된다.

Spring Data REST

마이크로서비스는 REST를 통해 적은 노력으로 도메인 객체를 제공하고, 데이터베이스에 이들을 쓰기^{write} 위해 Spring Data REST²를 사용한다. 객체를 직접 나눠주는 것은 내부 데이터 표현이 서비스 사이의 인터페이스로 유출되는 것을 의미한다. 데이터 구조의 변경은 클라이언트가 조정돼야 하기 때문에 매우 어렵다. 그러나 Spring Data REST는 특정 데이터 요소를 숨길 수 있으며 유연하게 구성할 수 있다. 따라서 필요한 경우에는 내부 모델 사이의 강력한 결합과 인터페이스가 분리될 수 있다.

스프링 부트

스프링 부트^{Spring Boot}³는 스프링을 더욱 사용하기 쉽게 만든다. 그리고 스프링 부트는 스프링 시스템의 생성을 매우 쉽게 만든다. 스프링 부트를 통해 초보자들은 특정 타입의 애플리케이션에 필요한 모든 사항을 포함하고 있는, 미리 정의된 패키지들을 사용할 수 있다. 스프링 부트는 자바 애플리케이션이나 웹 서버에 설치 가능한 WAR 파일을 생성할 수 있다. 또한 애플리케이션이나 웹 서버 없이도 애플리케이션을 실행 가능하다. 빌드의 결과가 JAR 파일인 경우, 자바 런타임 환경^{JRE}을 통해 실행할 수 있다. JAR 파일은 애플리케이션을 실행하기 위한 모든 사항을 포함하고 있다. 그리고 HTTP 요청을 처리하는 데 필요한 코드도 포함하고 있다. 이 방법은 애플리케이션 서버를 사용하는 경우보다 요구 사항이 훨씬 적고 간단하다(https://jaxenter.com/java-application-servers-dead-112186.html).

스프링 부트 애플리케이션의 간단한 예제가 리스트 1에 표시돼 있다. 주 프로그램 `main`은 스프링 부트로 통제권을 넘긴다. 클래스는 파라미터로 전달돼 애플리케이션이 호출될 수 있다. 애노테이션 `@SpringBootApplication`은 스프링 부트가 적절한 환경을 생성

---

2 http://projects.spring.io/spring-data-rest/

3 http://projects.spring.io/spring-boot/

하는 것을 보장한다. 예제에서 웹 서버가 시작되면 스프링 웹 애플리케이션에 대한 환경
이 생성되므로 애플리케이션은 웹 애플리케이션이 된다. @RestController로 인해 스프
링 프레임워크는 클래스를 초기화하고 REST 요청의 처리를 위한 메소드를 호출한다.
@RequestMapping은 어떤 요청을 어떠한 메소드가 처리하는지 보여준다. URL "/"의 요청
에 따라 hello() 메소드가 호출되면 HTTP 본체에 싸인 체인 "hello"가 결과로 반환된다.
@RequestMapping 애노테이션에서 "/customer/{id}" 같은 URL 템플릿이 이용될 수 있다.
따라서 "/customer/42" 같은 URL은 분리된 부분으로 나뉠 수 있고 42는 @PathVariable
로 애노테이션된 파라미터와 결합된다. 종속성으로 인해, 애플리케이션은 애플리케이션을
위해 필요한 모든 라이브러리(예를 들어, 웹 서버에서 스프링 프레임워크에 추가적으로 의존하는
클래스들 같은)를 가져오는 데 spring-boot-starter-web만 사용한다. 14.3절에서 이 주제
에 대해 더 상세히 설명한다.

리스트 1. 간단한 스프링 부트 REST 서비스

```
1  @RestController
2  @SpringBootApplication
3  public class ControllerAndMain {
4
5    @RequestMapping("/")
6    public String hello() {
7      return "hello";
8    }
9
10   public static void main(String[] args) {
11     SpringApplication.run(ControllerAndMain.class,
12     args);
13   }
14
15 }
```

스프링 클라우드

마지막으로, 예제 애플리케이션은 넷플릭스 스택에 더 쉽게 접근하기 위해 스프링 클라우드^{Spring Cloud}[4]를 이용한다. 그림 70은 전체적인 개요를 보여준다.

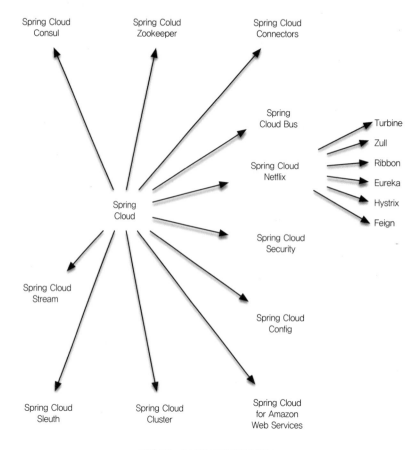

그림 70. 스프링 클라우드의 개요

스프링 클라우드는 스프링 클라우드 커넥터^{Spring Cloud Connectors}를 통해 PaaS^{Platform as a Service} 인 Heroku와 Cloud Foundry에 접근한다. 아마존웹서비스를 위한 스프링 클라우드^{Spring Cloud for Amazon Web Services}는 아마존 클라우드로부터 서비스에 대한 인터페이스를 제공한다. 스프링 클라우드의 이 부분은 프로젝트 이름을 담당하지만, 마이크로서비스의 구현에는 도움이 되지 않는다.

---

4 http://projects.spring.io/spring-cloud/

그러나 스프링 클라우드의 다른 서브 프로젝트는 마이크로서비스의 구현을 위한 아주 좋은 기반을 제공한다.

- Spring Cloud Security는 마이크로서비스 사이의 싱글 사인 온^{Single Sign On} 같은 마이크로서비스 환경에서 일반적으로 요구되는 보안 메커니즘의 구현을 지원한다. 이 방법으로 사용자는 매번 새롭게 로그인하지 않고도 각 마이크로서비스를 이용할 수 있다. 또한 모든 호출에 대해 이러한 호출이 올바른 사용자 권한을 갖고 작업하는지 보장하기 위해 다른 REST 서비스로 사용자 토큰을 자동으로 전송한다.

- Spring Cloud Config는 마이크로서비스의 구성을 중앙 집중적으로 관리하고, 동적으로 조정하기 위해 사용할 수 있다. 이미 12.4절에서는 배포 동안에 마이크로서비스를 구성하는 기술을 설명했다. 언제든지 서버의 상태를 재현할 수 있도록 구성이 변경되는 경우에 기존 서버에 대한 동적 조정 대신, 새로운 마이크로서비스 인스턴스를 가진 새로운 서버가 시작돼야 한다. 서버가 동적으로 조정되는 경우, 새로운 서버들은 다양한 방법을 통해 구성되므로 이들이 올바른 구성을 가지고 생성되는 것을 보장할 수 없다. 이러한 단점 때문에 예제 애플리케이션은 이 기술의 사용을 자제한다.

- Spring Cloud Bus는 Spring Cloud Config를 위한 동적 구성 변경 사항을 보낼 수 있다. 더욱이 마이크로서비스는 Spring Cloud Bus를 통해 통신 가능하다. 그러나 예제 애플리케이션은 Spring Cloud Config를 사용하지 않고 마이크로서비스들이 REST를 통해 통신하지 않기 때문에, 예제 애플리케이션에서는 이 기술을 사용하지 않는다.

- Spring Cloud Sleuth는 Zipkin이나 Htrace 같은 도구와 함께 분산 추적할 수 있다. 이것은 ELK를 통한 중앙 집중적 로그 저장소를 사용한다(12.2절을 참고하라).

- Spring Cloud Zookeeper는 Apache Zookeeper를 지원한다(8.8절을 참고하라). 이 기술은 분산 서비스를 조정하고 구성하는 데 사용할 수 있다.

- Spring Cloud Consult는 Consul을 이용한 서비스 검색을 용이하게 만든다(8.9절을 참고하라).

- Spring Cloud Cluster는 Zookeeper나 Consul 같은 기술을 이용해 리더 선정^{leader election}과 상태를 갖는 패턴^{stateful pattern}을 구현한다. 이것은 NoSQL 데이터스토어인

Redis나 Hazelcast 캐시를 사용할 수도 있다.

- 마지막으로, Spring Cloud Stream은 Redis, Rabbit, Kafka를 이용해 메시징을 지원한다.

Spring Cloud Netflix

Spring Cloud Netflix는 넷플릭스 스택에 대한 간단한 접근을 제공하며, 마이크로서비스의 구현을 위해 설계됐다. 다음 기술들은 이러한 스택의 일부다.

- Zuul은 다양한 서비스의 요청에 대한 라우팅을 구현할 수 있다.
- Ribbon은 로드 밸런서 역할을 한다.
- Hystrix는 마이크로서비스의 탄력성을 구현하는 데 도움이 된다.
- Turbine은 다양한 Hystrix 서버에서 오는 모니터링 데이터를 통합할 수 있다.
- Feign는 REST 클라이언트의 더 쉬운 구현을 위한 선택 사항이다. 이것은 마이크로서비스에 한정되지 않는다. Feign은 예제 애플리케이션에서는 사용되지 않는다.
- Eureka 서비스 검색을 위해 사용될 수 있다.

이러한 기술들은 예제 애플리케이션의 구현에 영향을 가장 많이 미치는 사항들이다.

시도 및 실험

스프링(Spring)을 도입하기 위해 https://spring.io/guides/에 있는 스프링 가이드를 확인하는 것은 가치 있는 일이다. 가이드는 스프링이 REST 서비스를 구현하거나 JMS를 통해 메시징 솔루션을 구현하기 위해 어떻게 사용되는지 상세하게 보여준다. https://spring.io/guides/gs/spring-boot/에서 스프링 부트(Spring Boot)에 대한 소개를 찾을 수 있다. 이번 장의 추가적인 예제를 이해하기 위해 이 가이드가 제공하는 필요한 노하우를 처음부터 끝까지 살펴보라.

14.3 빌드

예제 프로젝트는 메이븐Maven5으로 빌드된다. 이 도구를 설치하는 방법은 https://maven. apache.org/download.cgi에 설명돼 있다. microservice/ microservice-demo 디렉터리 내에서 `mvn package` 명령어는 인터넷에서 모든 종속 라이브러리를 다운로드하고 애플리케이션을 컴파일하는 데 사용될 수 있다.

메이븐을 위한 프로젝트 구성은 pom.xml이라는 이름의 파일에 저장된다. 예제 프로젝트는 microservice-demo 디렉터리에 Parent-POM을 갖는다. 이것은 모든 모듈의 공통적인 설정에 추가해 예제 프로젝트에 대한 모듈 리스트를 포함하고 있다. 각 마이크로서비스는 모듈이며, 일부 인프라스트럭처 서버 역시 모듈이다. 개별 모듈은 다른 정보들 중에서 모듈 이름을 포함하고 있는 자체적인 pom.xml을 갖는다. 또한 이들은 의존성(예를 들어 자신들이 사용하는 자바 라이브러리)을 포함하고 있다.

리스트 2. 의존성을 포함하는 pom.xml의 일부분

```
1 ...
2 <dependencies>
3
4   <dependency>
5     <groupId>org.springframework.cloud</groupId>
6     <artifactId>spring-cloud-starter-eureka</artifactId>
7   </dependency>
8
9   <dependency>
10     <groupId>org.springframework.boot</groupId>
11     <artifactId>
12       spring-boot-starter-data-jpa
13     </artifactId>
14   </dependency>
15 ...
16 </dependencies>
17 ...
```

---

5 http://maven.apache.org/

리스트 2는 모듈의 의존성 목록을 갖는 pom.xml의 일부를 보여준다. 프로젝트가 사용하는 스프링 클라우드^Spring Cloud 기능의 특성에 의존하며, pom.xml의 해당 부분에 groupId로 org.springframework.cloud를 갖고 추가 항목들이 더해진다.

결과적으로, 빌드 프로세스는 마이크로서비스마다 컴파일된 코드, 구성, 그리고 필요한 모든 라이브러리를 포함하는 하나의 JAR 파일을 생성한다. 자바는 이러한 JAR 파일을 시작시킬 수 있다. 마이크로서비스가 HTTP를 통해 접근할 수 있지만, 이들은 애플리케이션이나 웹 서버로 배포되지 않아도 상관없다. 이러한 인프라스트럭처 부분 또한 JAR 파일에 포함된다.

일반적으로, 프로젝트는 메이븐으로 빌드되지만, 더 많은 개발을 위해 대부분의 자바 통합 개발 환경^IDE으로 가져올 수 있다. IDE는 코드를 매우 간단히 변경할 수 있게 해준다.

시도 및 실험[6]

예제를 다운로드하고 컴파일하라

https://github.com/ewolff/microservice에서 제공하는 예제를 다운로드하라. https://maven.apache.org/download.cgi를 참고해 메이븐을 설치하라. microservices-demo의 하위 디렉터리에서 command mvn 패키지를 실행하라. 전체 프로젝트가 빌드될 것이다.

프로젝트에 대한 지속적인 통합 서버 생성

https://github.com/ewolff/user-registration은 지속적인 전달 프로젝트의 예제 프로젝트다. 이 프로젝트는 ci-setup 서브 디렉터리에 정적 코드 분석(Sonarqube)[6]과 바이너리 산출물의 처리를 위한 Artifactory 설정, 그리고 지속적인 통합 서버(Jenkins)에 대한 설정을 포함한다. 각각의 변경에 대해 새로운 빌드가 트리거되도록 마이크로서비스 프로젝트를 인프라스트럭처에 통합하라.

다음 절(14.4절)에서는 Vagrant가 더 자세하게 설명된다. 이 도구는 지속적인 통합 서버에서 사용된다. Vagrant는 테스트 환경의 생성을 매우 단순화시킨다.

---

6 http://www.sonarqube.org/ - 옮긴이

14.4 도커를 이용한 배포

마이크로서비스의 배포는 매우 쉽다.

- 자바가 서버에 설치돼 있어야 한다.
- 빌드 결과로 생성되는 JAR 파일이 서버로 복사돼야 한다.
- 분리된 구성 파일인 application.properties가 추가 구성을 위해 생성돼야 한다. 이 것은 스프링 부트Spring Boot에 의해 자동으로 판독되고 추가 구성에 사용될 수 있다. JAR 파일 내에 application.properties가 기본값을 포함한다.
- 마지막으로, 자바 프로세스가 JAR 파일 외부에서 애플리케이션을 시작한다.

각 마이크로서비스는 자체 도커 컨테이너Docker Container 내에서 시작된다. 12.6절에서 설명 했듯이, 도커는 리눅스 컨테이너를 사용한다. 이러한 방법으로 인해 마이크로서비스는 다 른 도커 컨테이너 내의 프로세스를 방해할 수 없다. 그리고 완전하게 독립된 파일시스템을 갖는다. 도커 이미지는 이러한 파일시스템의 기반이 된다. 그러나 모든 도커 컨테이너는 리눅스 커널을 공유하며, 이것은 자원을 절약한다. 운영체제 프로세스와 비교해 도커 컨테 이너는 실질적인 추가 오버헤드가 없다.

리스트 3. 예제 애플리케이션에서 사용되는 마이크로서비스에 대한 Dockerfile

```
1 FROM java
2 CMD /usr/bin/java -Xmx400m -Xms400m \
3   -jar /microservice-demo/microservice-demo-catalog\
4   /target/microservice-demo-catalog-0.0.1-SNAPSHOT.jar
5 EXPOSE 8080
```

Dockerfile이라 불리는 파일은 도커 컨테이너의 구성을 정의한다. 리스트 3은 예제 애플리 케이션에서 사용되는 마이크로서비스에 대한 Dockerfile을 보여준다.

- FROM은 도커 컨테이너에 의해 사용되는 기본 이미지를 결정한다. 예제 프로젝트에 서는 자바에 대한 이미지가 Dockerfile에 포함돼 있다. 이것은 설치된 JVM만 가진 최소한의 도커 이미지를 생성한다.
- CMD는 도커 컨테이너 시작 시 실행되는 명령을 정의한다. 예제의 경우, 간단한 명령 행이다. 이 라인은 빌드에 의해 생성된 JAR 파일의 자바 애플리케이션을 시작시킨다.

- 도커 컨테이너는 네트워크 포트를 통해 외부와 통신할 수 있다. EXPOSE는 외부에서 접근 가능한 포트를 결정한다. 예제 애플리케이션은 8080 포트를 통해 HTTP 요청을 받는다.

14.5 Vagrant

도커는 리눅스 컨테이너를 사용하므로 리눅스에서만 실행된다. 그러나 가상 리눅스 머신을 시작하고 도커의 사용을 가능하게 하는 다른 운영체제를 위한 솔루션들이 있다. 이러한 솔루션들은 대부분 사용 방법이 투명하기 때문에 실질적으로는 리눅스에서 사용하는 방법과 동일하다. 그러나 추가적으로 모든 도커 컨테이너에 내장돼 시작할 필요가 있다.

가능한 한 쉽게 도커를 설치하고 다루기 위해 예제 애플리케이션은 Vagrant를 사용한다. 그림 71은 Vagrant가 동작하는 방법을 보여준다.

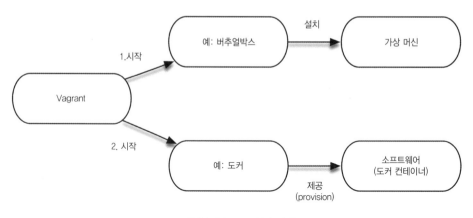

그림 71. Vagrant 동작 방법

Vagrant의 구성을 위해 Vagrantfile이라 불리는 파일 하나가 필요하다. 리스트 4는 예제 애플리케이션의 Vagrantfile을 보여준다.

리스트 4. 예제 애플리케이션의 Vagrantfile

```
1 Vagrant.configure("2") do |config|
2   config.vm.box = " ubuntu/trusty64"
3   config.vm.synced_folder "../microservice-demo",
4      "/microservice-demo", create: true
5    config.vm.network "forwarded_port",
6      guest: 8080, host: 18080
7    config.vm.network "forwarded_port",
8      guest: 8761, host: 18761
9    config.vm.network "forwarded_port",
10     guest: 8989, host: 18989
11
12   config.vm.provision "docker" do |d|
13     d.build_image "--tag=java /vagrant/java"
14     d.build_image "--tag=eureka /vagrant/eureka"
15     d.build_image
16       "--tag=customer-app /vagrant/customer-app"
17     d.build_image
18       "--tag=catalog-app /vagrant/catalog-app"
19     d.build_image "--tag=order-app /vagrant/order-app"
20     d.build_image "--tag=turbine /vagrant/turbine"
21     d.build_image "--tag=zuul /vagrant/zuul"
22   end
23   config.vm.provision "docker", run: "always" do |d|
24     d.run "eureka",
25       args: "-p 8761:8761"+
26         " -v /microservice-demo:/microservice-demo"
27     d.run "customer-app",
28       args: "-v /microservice-demo:/microservice-demo"+
29         " --link eureka:eureka"
30     d.run "catalog-app",
31       args: "-v /microservice-demo:/microservice-demo"+
32         " --link eureka:eureka"
33     d.run "order-app",
34       args: "-v /microservice-demo:/microservice-demo"+
35         " --link eureka:eureka"
36     d.run "zuul",
37       args: "-v /microservice-demo:/microservice-demo"+
```

```
38       " -p 8080:8080 --link eureka:eureka"
39     d.run "turbine",
40       args: "-v /microservice-demo:/microservice-demo"+
41       " --link eureka:eureka"
42   end
43
44 end
```

- config.vm.box는 기본 이미지를 선택한다. 이 경우에는 Ubuntu-14.04 Linux 설치 이미지(Trusty Tahr)다.
- config.vm.synced_folder는 메이븐의 빌드 결과를 포함하는 디렉터리를 가상 머신 으로 마운트한다. 이와 같은 방식으로, 도커 컨테이너는 빌드 결과를 직접 사용할 수 있다.
- 가상 머신의 포트는 가상 머신이 실행되는 컴퓨터의 포트에 링크 가능하다. config. vm.network 설정을 이를 위해 사용할 수 있다. 이와 같은 방법으로 Vagrant 가상 머 신 내의 애플리케이션들은 컴퓨터에서 직접 실행되는 것처럼 접근 가능해진다.
- config.vm.provision은 가상 머신 내에서 소프트웨어 프로비저닝을 처리하는 구성 의 일부분을 시작한다. 도커는 프로비저닝 도구로서의 역할을 하며, 자동으로 가상 머신 내에 설치된다.
- 마지막으로, d.build_image는 Dockerfile들을 이용해 도커 이미지를 생성한다. 먼 저, 자바 기본 이미지가 생성된다. 고객-앱, 카탈로그-앱, 주문-앱이라는 세 가지 마이크로서비스에 대한 이미지가 뒤이어 생성된다. 넷플릭스 기술 서버의 이미지들 (서비스 검색을 위한 Eureka, 모니터링을 위한 Turbine, 클라이언트 요청에 대한 라우팅을 위 한 Zuul)은 인프라스트럭처에 속한다.
- Vagrant는 d.run을 이용해 개별 이미지를 시작한다. 이 단계는 가상 머신을 프 로비저닝하는 경우에 수행되지만 시스템이 새롭게 시작하는 경우에도 수행된다 (run:"always"). 옵션 -v는 /microservice-demo 디렉터리를 도커 컨테이너가 직접 컴파일된 코드를 실행할 수 있도록 각 도커 컨테이너에 마운트한다. -p는 도커 컨테 이너의 포트를 가상 머신의 포트와 링크한다. 이 링크는 다른 도커 컨테이너 내에서 호스트 이름 eureka로 도커 컨테이너 유레카[Eureka]에 대한 접근을 허용한다.

Vagrant 설정에서, 애플리케이션 코드를 포함하는 JAR 파일은 도커 이미지에 포함되지 않는다. /microservice-demo 디렉터리는 도커 컨테이너에 속하지 않는다. 이 디렉터리는 도커 컨테이너(예를 들어, Vagrant VM)가 실행되는 호스트에 있다. 도커 이미지로 이러한 파일들을 복사 가능하다. 그런 다음, 생성된 이미지는 저장소 서버^{repository server}로 복사되고 그곳에서 다운로드할 수 있다. 그 후 도커 컨테이너는 마이크로서비스를 실행하는 데 필요한 모든 파일을 포함할 수 있다. 생산 환경에 배포한 다음에는 생산 서버에서 도커 이미지를 다시 시작하는 것만 필요하다. 이러한 접근 방법은 도커 머신 설정에 사용된다 (14.6절을 참조하라).

예제 애플리케이션에서의 네트워킹

그림 72는 예제 애플리케이션에서 개별 마이크로서비스가 네트워크를 통해 통신하는 방법을 보여준다. 모든 도커 컨테이너는 172.17.0.0/16 범위의 IP 주소를 통해 네트워크에서 접근 가능하다. 도커는 자동으로 이러한 네트워크를 생성하고 네트워크에 모든 도커 컨테이너를 연결한다. 네트워크에서는 EXPOSE를 이용해 Dockerfile에서 정의한 모든 포트에 접근 가능하다. Vagrant 가상 머신도 이 네트워크에 연결된다. 도커 링크(리스트 4를 참조하라.)를 통해 모든 도커 컨테이너는 유레카 컨테이너를 알고, eureka 호스트 이름을 통해 컨테이너에 접근할 수 있다. 다른 마이크로서비스들은 유레카를 통해 찾을 수 있어야 한다. 모든 추가적인 통신은 IP 주소를 통해 이뤄진다.

도커 컨테이너에 대한 d.run 항목에서 -p 옵션에 더해, 리스트 4에서는 Vagrant 가상 머신의 포트를 연결하고 있다. 이러한 컨테이너는 Vagrant 가상 머신의 이러한 포트를 통해 접근 가능하다. Vagrant 가상 머신이 실행되는 컴퓨터에서 이러한 포트에 도달하기 위해 로컬 컴퓨터에 포트를 연결시키는 포트 매핑이 있다. 이것은 Vagrantfile 내의 config.vm 네트워크 항목을 통해 가능하다. 도커 컨테이너의 포트 8080 "zuul"은 Vagrant 가상 머신의 포트 8080을 통해 접근할 수 있다. 이 포트는 18080 포트를 통해 로컬 컴퓨터에서 접근할 수 있다. 따라서 URL http://localhost:18080/은 이 도커 컨테이너에 접근한다.

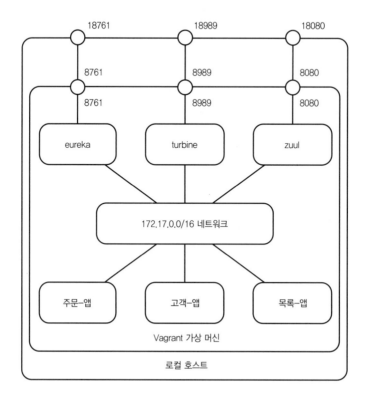

그림 72. 예제 애플리케이션의 네트워크와 포트

시도 및 실험

예제 애플리케이션 실행하기

예제 애플리케이션의 실행은 많은 노력을 필요로 하지 않는다. 예제 애플리케이션의 실행은 이번 장의 후반에 설명된 실습을 위한 기초에 달려 있다.

여기서 한 가지 중요 사항을 설명한다. Vagrantfile은 가상 머신들이 얼마나 많은 RAM과 CUP를 갖는지 정의한다. v.memory와 v.cpus 설정은 리스트에 보이지 않지만, 이러한 사항들을 다룬다. 사용되는 컴퓨터에 따라 많은 양의 RAM과 CPU가 있다면, 이 값들은 증가돼야 한다. 이러한 값들이 증가할 때마다 애플리케이션의 속도를 높이기 위해 이러한 값들은 평가돼야 한다.

Vagrant의 설치는 http://docs.vagrantup.com/v2/installation/index.html에 설명된다. Vagrant는 버추얼박스 같은 가상화 솔루션이 필요하다. 버추얼박스의 설치는 https://www.virtualbox.org/wiki/Downloads에 설명돼 있다. 두 가지 도구 모두 무료다.

예제는 컴파일을 마친 후에 시작할 수 있다. 코드를 컴파일하는 방법은 14.3절에 설명된 실습에서 찾을 수 있다. 그 이후 당신은 docker-vagrant 디렉터리를 변경할 수 있고, vagrant up 명령어를 이용해 데모 예제를 시작할 수 있다.

다른 도커 컨테이너와 상호작용하기 위해, vagrant ssh 명령어를 통해 가상 머신에 로그인해야 한다. 이 명령어는 docker-vagrant 서브 디렉터리 내에서 실행해야 한다. 이것이 가능하려면 ssh 클라이언트가 컴퓨터에 설치돼 있어야 한다. 일반적으로, 리눅스와 맥 OS X에는 ssh 클라이언트가 존재한다. 윈도우에서 Git 설치는 http://git-scm.com/download/win에 설명된 것처럼 ssh 클라이언트를 가져올 것이다. 그 이후, vagrant ssh가 동작해야 한다.

도커 컨테이너 조사하기

도커는 몇 가지 유용한 명령어를 포함한다.

- docker ps는 실행되는 도커 컨테이너의 전반적인 개요를 제공한다.
- docker log '도커 컨테이너의 이름' 명령어는 로그를 보여준다.
- docker log -f '도커 컨테이너의 이름'은 컨테이너에 대한 최신 로그를 계속해서 제공한다.
- docker kill '도커 컨테이너의 이름'은 도커 컨테이너를 종료한다.
- docker rm '도커 컨테이너의 이름'은 모든 데이터를 삭제한다. 이를 위해 모든 컨테이너들은 먼저 중지돼야 한다.

애플리케이션을 시작한 후, 개별 도커 컨테이너의 로그 파일을 살펴볼 수 있다.

도커 컨테이너 업데이트

도커 컨테이너는 종료 가능하며(docker kill), 컨테이너의 데이터는 삭제 가능하다(docker rm). 명령은 Vagrant 가상 머신에서 실행돼야 한다. vagrant provision은 누락된 도커 컨테이너를 다시 시작한다. 이 명령어는 Vagrant가 실행되는 호스트에서 실행돼야 한다. 도커 컨테이너의 변경을 원하는 경우, 단순히 도커 컨테이너를 삭제하고 코드를 다시 컴파일한 후 vagrant provision을 이용해 새로운 시스템을 생성하면 된다.

추가적인 Vagrant 명령은 다음과 같다.

- vagrant halt는 가상 머신을 종료한다.
- vagrant up은 가상 머신을 다시 시작한다.
- vagrant destroy는 가상 머신과 모든 저장 데이터를 삭제한다.

디스크에 데이터 저장

도커 컨테이너는 데이터를 바로 저장하지 않기 때문에 재시작하면 데이터를 잃는다. 사용되는 HSQLDB 데이터베이스는 파일에 데이터를 저장할 수 있다. 이를 위해 이용할 수 있는 적합한 HSQLDB URL은 http://hsqldb.org/doc/guide/dbpropertieschapt.html#dpc_connection_url을 참조하라. 스프링 부트(Spring Boot)는 application.properties 파일 없이 JDBC URL을 읽을 수 있으며, http://docs.spring.io/spring-boot/docs/current/reference/html/boot-features-sql.html#boot-features-connect-to-production-database를 참조하라. 이제 컨테이너는 데이터의 손실 없이 재시작 가능하다. 그러나 도커 컨테이너가 다시 생성돼야 하는 경우 어떻게 될까? 도커는 스스로 컨테이너 외부에 데이터를 저장할 수 있다. 이를 위해서는 https://docs.docker.com/userguide/dockervolumes/를 참조하라. 이러한 선택 사항들은 더 나은 실험을 위한 좋은 기반을 제공한다. HSQLDB 이외에 MySQL 같은 다른 데이터베이스도 사용 가능하다. 이러한 목적을 위해 데이터베이스를 포함하는 또 다른 도커 컨테이너가 설치돼야 한다. JDBC URL의 조정 외에 JDBC 드라이버가 프로젝트에 추가돼야 한다.

어떻게 자바 도커 이미지가 만들어지는가

Docker file은 여기에서 논의되는 것보다 훨씬 더 복잡하다. https://docs.docker.com/reference/builder/는 Dockerfile에서 이용 가능한 명령어를 보여준다. Dockerfile의 구조를 이해하기 위해 노력하라.

14.6 도커 머신

Vagrant는 개발자 노트북에 환경을 설정하는 역할을 한다. Vagrant는 배포를 위해 도커 외에 간단한 셸shell 스크립트를 사용할 수 있다. 그러나 생산 환경에서 이러한 솔루션은 적절하지 않다. 도커 머신Docker Machine7은 도커에 특화돼 있다. 도커 머신은 일부 클라우드 제공업체와 마찬가지로 더 많은 가상화 솔루션을 지원한다.

그림 73은 도커 머신이 도커 환경을 구축하는 방법을 보여준다. 먼저 버추얼박스VirtualBox 같은 가상화 솔루션을 이용해 가상 머신을 설치한다. 이 가상 머신은 도커 컨테이너를 위한 실행 환경처럼 경량 리눅스에 특별히 설계된 boot2docker를 기반으로 한다. 도커 머신에 현재 버전의 도커를 설치한다. 예를 들어 `docker-machine create-driver virtualbox dev` 같은 명령어는 버추얼박스 컴퓨터에서 실행되는 dev로 명명된 새로운 환경을 생성한다.

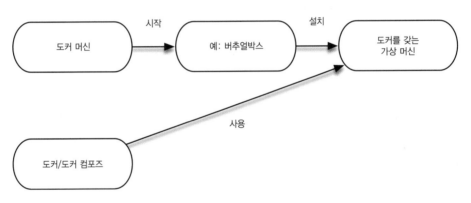

그림 73. 도커 머신

이제 도커 도구는 이 환경과 통신할 수 있다. 도커 명령행 도구Docker command line tool는 도커 서버와 통신하기 위해 REST 인터페이스를 사용한다. 따라서 명령행 도구는 적절한 방법으로 서버와 통신할 수 있도록 구성돼야 한다. 리눅스나 맥 OS X에서 명령어 `eval "$(docker-machine env dev)"`는 도커의 설정을 적절하게 구성한다. 윈도우 파워 셸을 위해서는 명령어 `docker-machine.exe env -shell powershell dev`가 반드시 사용돼야 하며, 윈도우에서는 `docker-machine.exe env -shell cmd dev` 명령어가 사용돼야 한다.

따라서 도커 머신은 하나 이상의 도커 환경을 매우 쉽게 설치할 수 있도록 해준다. 모든 환

7 https://docs.docker.com/machine/

경은 도커 머신에 의해 처리 가능하며, 도커 명령행 도구에 의해 접근할 수 있다. 도커 머신은 아마존 클라우드나 VMware vSphere 같은 기술을 지원하므로 생산 환경을 생성하는 데 사용할 수 있다.

시도 및 실험

예제 애플리케이션은 도커 머신에 의해 생성된 환경에서도 실행 가능하다.

도커 머신의 설치는 https://docs.docker.com/machine/#installation에 설명돼 있다. 도커 머신은 버추얼박스 같은 가상화 솔루션을 필요로 한다. 버추얼박스를 설치하는 방법은 https://www.virtualbox.org/wiki/Downloads에서 찾을 수 있다. 이제 docker-machine create –virtualbox-memory "4096" –driver virtualbox dev를 사용해 dev 로 불리는 도커 환경이 버추얼박스에 생성될 수 있다. 추가적인 구성 없이 스토리지는 1GB 로 설정되며, 이것은 많은 수의 자바 가상 머신에 대해서는 충분하지 않다.

파라미터를 갖지 않는 docker-machine 명령어는 도움말을 표시한다. 그리고 docker-machine create는 새로운 환경의 생성을 위한 옵션을 보여준다. https://docs.docker.com/ machine/get-started-cloud/는 클라우드상에서 도커 머신을 사용하는 방법을 보여준다. 이것은 예제 애플리케이션이 클라우드 환경에서 쉽게 시작 가능함을 의미한다.

실습의 마지막에서 docker-machine rm은 해당 환경을 제거한다.

14.7 도커 컴포즈

일반적으로, 마이크로서비스 기반 시스템은 여러 개의 도커 컨테이너로 구성된다. 이 컨테이너들은 함께 생성돼야 하며 생산 환경으로 동시에 적용돼야 한다.

이것은 도커 컴포즈Docker Compose[8]를 통해 달성 가능하다. 도커 컴포즈는 각각이 하나의 서비스를 제공하는 도커 컨테이너를 정의 가능하게 한다. YAML은 정의를 위한 형식을 제공한다.

---

8 http://docs.docker.com/compose/

리스트 5. 예제 애플리케이션을 위한 도커 컴포즈 구성

```
1 eureka:
2   build: ../microservice-demo/microservice-demo-eureka-server
3   ports:
4    - "8761:8761"
5 customer:
6   build: ../microservice-demo/microservice-demo-customer
7 links:
8    - eureka
9 catalog:
10   build: ../microservice-demo/microservice-demo-catalog
11   links:
12    - eureka
13 order:
14   build: ../microservice-demo/microservice-demo-order
15   links:
16    - eureka
17 zuul:
18   build: ../microservice-demo/microservice-demo-zuul-server
19   links:
20    - eureka
21   ports:
22    - "8080:8080"
23 turbine:
24   build: ../microservice-demo/microservice-demo-turbine-server
25   links:
26    - eureka
27   ports:
28    - "8989:8989"
```

리스트 5는 예제 애플리케이션의 구성을 보여준다. 애플리케이션은 여러 개의 서비스로 구성돼 있다. build는 Dockerfile을 포함하는 디렉터리를 참조한다. Dockerfile은 서비스에 대한 이미지를 생성하는 데 사용된다. links는 각 컨테이너가 접근해야 하는 추가적인 도커 컨테이너를 정의한다. 모든 컨테이너는 eureka라는 이름을 이용해 유레카 컨테이너에 접근할 수 있다. Vagrant의 구성과는 반대로, 자바의 설치를 포함하는 자바 기본 이미지는 없다. 실제로, 도커 컴포즈는 서비스만 제공하는 컨테이너를 지원하므로 이 기본 이미

지는 인터넷을 통해 다운로드해야 한다. 또한 도커 컴포즈 컨테이너의 경우, 마이크로서비스를 시작하기 위한 모든 내용이 이미지에 포함되도록 JAR 파일들은 도커 이미지로 복사된다.

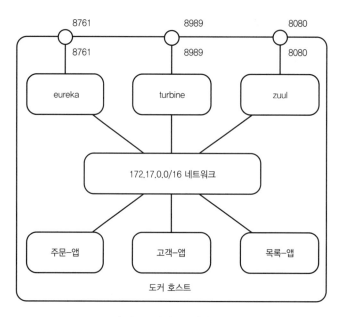

그림 74. 도커 컴포즈의 네트워크

생성된 시스템은 Vagrant 시스템과 매우 유사하다(그림 74). 도커 컨테이너는 자체적인 사설 네트워크를 통해 연결돼 있다. 외부에서는 요청 처리와 대시 보드에 관한 유레카의 처리를 위해 Zuul만 접근할 수 있다. 호스트에 직접 실행된 이후에는 외부로부터 접근 가능하다.

`docker-compose build`를 이용해 도커 컴포즈 구성을 기반으로 하는 시스템이 생성된다. 즉 적절한 이미지들이 생성된다. 생성 이후 `docker-compose up`은 시스템을 시작한다. 도커 컴포즈는 도커 명령행 도구처럼 설정을 이용한다. 따라서 도커 컴포즈는 도커 머신과 함께 작업 가능하다. 따라서 로컬 가상 머신이나 클라우드 내의 어느 곳에서 시스템이 생성됐는지 알기 쉽다.

시도 및 실험

도커 컴포즈를 이용해 예제를 실행하라

예제 애플리케이션은 적절한 도커 컴포즈 구성을 가지고 있다. 도커 머신과 환경의 생성에 따라 도커 컴포즈는 도커 컨테이너를 생성하는 데 이용할 수 있다. docker 디렉터리 내의 README.md는 필요한 절차를 설명한다.

애플리케이션 확장

docker-compose scale 명령어를 살펴보라. 이 명령어는 환경을 확장시킬 수 있다. 서비스가 다시 시작되고, 로그가 분석되며, 마지막으로 종료된다. 애플리케이션을 시작하면, 이러한 기능을 테스트할 수 있다.

도커를 위한 클러스터 환경

Mesos(http://mesos.apache.org/)는 Mesosphere(http://mesosphere.com/), Kubernetes(http://kubernetes.io/), CoreOS(http://coreos.com/)와 더불어 도커 컴포즈 및 도커 머신과 유사한 옵션을 제공한다. 그러나 이들은 서버와 서버 클러스터를 의미한다. 도커 컴포즈와 도커 머신의 구성은 이러한 플랫폼상에서 애플리케이션을 실행하기 위한 훌륭한 기반을 제공할 수 있다.

14.8 서비스 검색

8.9절에서는 서비스 검색의 일반적인 원칙을 소개했다. 예제 애플리케이션은 서비스 검색을 위해 유레카^{Eureka}를 사용한다.

유레카는 서비스가 스스로 등록할 수 있는 REST 기반 서버로, 네트워크에서 다른 서비스들이 등록된 위치를 요청할 수 있다. 본질적으로, 각 서비스는 서비스 이름을 URL로 등록할 수 있다. 다른 서비스들은 서비스 이름을 통해 URL을 발견할 수 있다.

유레카는 여러 서버에 대한 복제와 클라이언트에 대한 캐싱을 지원한다. 이것은 개별적인 유레카 서버의 실패에 대해 시스템을 안전하게 만든다. 그리고 요청에 대한 빠른 응답을 기대할 수 있게 해준다. 데이터의 변경은 모든 서버로 복제돼야 한다. 따라서 실제로 모든 서버가 업데이트되기까지는 어느 정도 시간이 걸릴 수 있다. 이 시간 동안에는 데이터가 일치하지 않는다. 각 서버는 데이터의 서로 다른 버전을 갖는다.

또한 넷플릭스가 그들의 환경에서 아마존웹서비스를 사용하기 때문에 유레카는 아마존웹서비스를 지원한다. 예를 들어 유레카는 아마존의 확장과 매우 쉽게 결합 가능하다.

유레카는 등록된 서버를 모니터링하고 유레카 서버가 더 이상 도달할 수 없는 경우, 서버 리스트에서 이들을 제거한다.

유레카는 넷플릭스 스택의 다른 많은 서비스와 스프링 클라우드를 위한 기반이다. 동일한 서비스 검색을 통해 라우팅 등의 다른 분야에서도 쉽게 구현될 수 있다.

유레카 클라이언트

스프링 부트^{Spring Boot} 애플리케이션이 유레카 서버에 등록되고 다른 마이크로서비스를 검색할 수 있으려면, 애플리케이션은 `@EnableDiscoveryClient`나 `@EnableEurekaClient` 애노테이션을 사용해야 한다. 또한 `spring-cloud-starter-eureka`로부터의 의존성이 pom.xml에 포함돼야 한다. 애플리케이션은 자동으로 유레카 서버에 등록되고 다른 마이크로서비스들에 접근할 수 있다. 예제 애플리케이션은 로드 밸런서를 통해 다른 마이크로서비스에 접근한다. 이것은 14.11절에 상세하게 설명된다.

구성

애플리케이션 구성은 사용돼야 하는 유레카 서버의 정의를 필요로 한다. application.properties 파일(리스트 6)이 이를 위해 사용된다. 스프링 부트는 애플리케이션을 구성하기 위해 자동으로 이 파일을 판독한다. 이 메커니즘은 자신의 코드를 구성하기 위해서도 사용할 수 있다. 예제 애플리케이션에서 각 값은 유레카 클라이언트를 구성하는 역할을 한다.

- 첫 번째 줄은 유레카 서버를 정의한다. 예제 애플리케이션은 "eureka"라는 호스트 이름의 유레카 서버를 제공하는 도커의 링크를 이용한다.

- `leaseRenewalIntervalInSeconds`는 클라이언트와 서버 사이에서 얼마나 자주 데이터가 업데이트될 것인지 결정한다. 데이터는 각 클라이언트의 캐시에서 로컬로

유지돼야 하므로, 새로운 서비스는 먼저 자체 캐시를 생성하고 캐시를 서버에 복제해야 한다. 그 이후 데이터가 클라이언트로 복제된다. 테스트 환경에서 시스템의 변경 사항을 신속하게 추석하는 것이 중요하다. 따라서 예제 애플리케이션은 미리 설정된 값인 30초 대신 5초를 이용한다. 많은 클라이언트를 갖는 생산 환경에서 이러한 설정 값은 증가돼야 한다. 그렇지 않으면, 정보의 업데이트는 본질적으로 정보가 변경되지 않더라도 많은 자원을 사용할 것이다.

- `spring.application.name`은 유레카에 등록하는 동안 서비스의 이름 역할을 한다. 그리고 등록 동안에 이름은 대문자로 변경된다. 따라서 이 서비스는 유레카가 "CUSTOMER"라는 이름으로 알 수 있다.

- 장애 조치와 로드 밸런싱을 위해 각 서비스마다 여러 개의 인스턴스가 있을 수 있다. 서비스의 각 인스턴스에 대해 `instanceId`는 고유해야 한다. 이 때문에 `instanceId`는 명확성^{unambiguousness}이 보장되는 무작위로 생성된 번호를 포함한다.

- `preferIpAddress`는 마이크로서비스가 호스트 이름이 아닌 IP 주소를 통해 등록되는 것을 보장한다. 불행하게도, 도커 환경에서는 호스트 이름을 다른 호스트가 쉽게 처리할 수 없다. 이 문제는 IP 주소의 사용을 통해 회피할 수 있다.

리스트 6. Eureka 구성을 갖는 application.properties의 일부분

```
1 eureka.client.serviceUrl.defaultZone=http://eureka:8761/eureka/
2 eureka.instance.leaseRenewalIntervalInSeconds=5
3 spring.application.name=catalog
4 eureka.instance.metadataMap.instanceId=catalog:${random.value}
5 eureka.instance.preferIpAddress=true
```

유레카 서버

유레카 서버(리스트 7)는 `@EnableEurekaServer` 애노테이션을 통해 유레카 서버로 전환되는 간단한 스프링 부트 애플리케이션이다. 추가로, 서버는 `springcloud-starter-eureka-server`에 대한 의존성이 필요하다.

리스트 7. Eureka 서버

```
1 @EnableEurekaServer
2 @EnableAutoConfiguration
3 public class EurekaApplication {
4  public static void main(String[] args) {
5      SpringApplication.run(EurekaApplication.class,
6      args);
7  }
8 }
```

유레카 서버는 등록된 서비스들을 보여주는 대시보드를 제공한다. 예제 애플리케이션에서는 대시보드를 http://localhost:18761/(Vagrant의 경우)나 도커 호스트의 8761 포트(도커 컴포즈의 경우)에서 발견할 수 있다. 그림 75는 예제 애플리케이션의 유레카 대시보드 화면을 보여준다. 세 개의 마이크로서비스와 다음 절에서 설명하는 Zuul-Proxy가 대시보드에 표시된다.

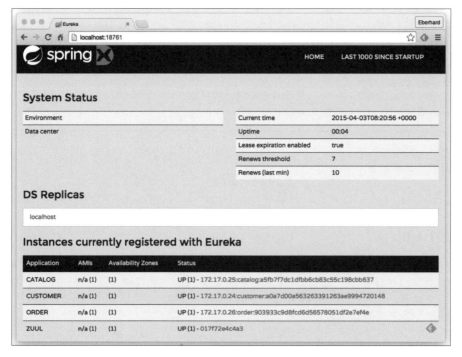

그림 75. Eureka 대시보드

14.9 통신

9장에서는 마이크로서비스가 어떻게 서로 통신하고 통합될 수 있는지 설명했다. 예제 애플리케이션은 내부 통신을 위해 REST를 사용한다. REST 엔드 포인트는 외부에서 접근할수 있다. 그러나 시스템이 제공하는 웹 인터페이스가 훨씬 더 중요하다. REST의 구현은 HATEOAS를 이용한다. 예를 들어, 모든 주문을 포함하는 리스트는 개별 주문에 대한 링크를 포함한다. 이것은 Spring Data REST를 통해 자동으로 구현된다. 그러나 고객과 주문 항목에 대한 링크는 없다.

HATEOAS의 사용은 더 성공적일 수 있다. JSON은 각 주문에 대한 HTML 문서의 링크를 포함할 수 있으며, 그 반대도 가능하다. 이러한 방법으로, JSON-REST 기반 서비스는 데이터를 표시하거나 수정하기 위한 HTML 페이지에 대한 링크를 생성할 수 있다. 이러한 HTML 코드는 주문 내의 항목 중 하나로 나타낼 수 있다. 목록을 담당하는 팀은 항목에 대한 HTML 코드를 제공하므로 목록 담당 팀은 (심지어 항목이 다른 모듈에 표현되는 경우라도) 자체적으로 표현에 대한 변경을 도입할 수 있다.

여기에는 REST도 유용하다. 실제로 HTML과 JSON은 URL에 의해 처리 가능한 동일한 자원에 대한 표현이다. 내용에 대한 협상을 통해, JSON이나 HTML로 올바른 자원의 표현이 선택될 수 있다(9.2절을 참고하라).

Zuul: 라우팅

Zuul[9] 프록시는 들어오는 요청을 개별 마이크로서비스로 전송한다. Zuul 프록시는 별도의 자바 프로세스다. 외부에는 단 하나의 URL이 보이지만, 호출은 내부적으로 다양한 마이크로서비스에 의해 처리된다. 이것은 시스템이 외부에 여전히 URL을 제공하는 반면, 내부적으로 마이크로서비스의 구조를 변경 가능하게 해준다. 또한 Zuul은 웹 자원을 제공할 수 있다. 예제에서 Zuul은 사용자가 본 첫 번째 HTML 페이지를 제공한다.

---

9 https://github.com/Netflix/zuul

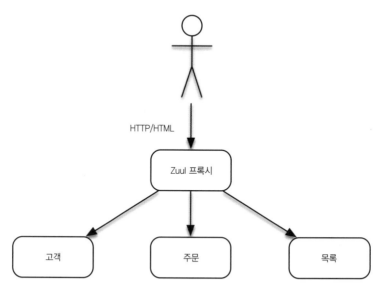

그림 76. 예제 애플리케이션 내의 Zuul 프록시

Zuul은 요청이 어떤 마이크로서비스로 전송돼야 하는지 알고 있어야 한다. 추가적인 구성 없이, 유레카는 '/customer'로 시작하는 URL을 가진 요청을 CUSTOMER라 불리는 마이크로서비스로 전달할 것이다. 이것은 내부적인 마이크로서비스 이름을 외부에 보이도록 만든다. 그러나 라우팅은 다르게 구성할 수 있다. 더욱이 Zuul 필터는 시스템 내의 일반적인 측면을 구현하기 위해 요청을 변경할 수 있다. 예를 들어, 보안 토큰을 마이크로서비스로 전달하기 위한 Spring Cloud Security와의 통합이 있다. 이러한 필터는 특정 서버에 대한 특정 요청을 전달하는 데 사용할 수 있다. 이것은 오류 상태를 조사하기 위해 추가적인 분석 옵션을 갖는 서버에 대한 요청을 전달할 수 있게 해준다. 추가적으로, 마이크로서비스 기능의 일부는 또 다른 마이크로서비스에 의해 대체 가능하다.

스프링 클라우드Spring Cloud와 더불어 Zuul 프록시를 구현하는 것은 매우 간단하며, 리스트 7에 나타나는 것처럼 유레카 서버와 유사하다. @EnableEurekaServer 대신, @EnableZuulProxy 가 Zuul 프록시를 활성화시킨다. 추가적인 의존성 때문에 spring-cloud-starter-zuul은 추가적인 애플리케이션을 가져야 한다. 예를 들어, 메이븐Maven 빌드 구성 내에 남아있는 Zuul에 대한 의존성을 애플리케이션에 통합한다. Zuul 서버는 Zuul 프록시에 대한 대안을 의미한다. 이것은 내장된 라우팅을 갖지 않지만, 그 대신에 필터를 사용한다. Zuul 서버는 @EnableZuulServer에 의해 활성화된다.

시도 및 실험

고객과 항목에 대한 링크 추가

주문에 고객과 항목들에 대한 링크를 포함하고 HATEOAS를 더 잘 구현하도록 애플리케이션을 확장하라. 양식에 대한 링크를 통해 고객, 항목, 주문을 위한 JSON 문서를 보완하라.

주문 항목을 보기 위한 카탈로그 서비스의 이용

카탈로그 서비스에서 HTML이 항목에 대해 사용되도록 주문 표현을 변경하라. 이를 위해서는 주문 컴포넌트에 카탈로그로부터 HTML 코드를 로드하는 적절한 자바스크립트 코드를 삽입해야 한다.

Zuul 필터 구현

자신만의 Zuul 필터를 구현하라(https://github.com/Netflix/zuul/wiki/Writing-Filters를 참조하라). 예를 들어 필터는 요청만 해제할 수 있다. 외부 URL에 대한 추가 라우팅을 도입하라. 인스턴스 /google은 http://google.com으로 리다이렉션될 수 있다. 스프링 클라우드 문서[10]와 비교해보라.

인증과 권한 부여

Spring Cloud Security를 통해 인증과 권한 부여 기능을 추가하라. http://cloud.spring.io/spring-cloud-security/를 참조하라.

---

10 http://projects.spring.io/spring-cloud/docs/1.0.3/spring-cloud.html

14.10 탄력성

탄력성resilience은 마이크로서비스가 다른 마이크로서비스의 실패를 처리할 수 있음을 의미한다. 호출되는 마이크로서비스를 사용할 수 없는 경우에도 마이크로서비스는 여전히 동작한다. 10.5절에서 이러한 주제에 대해 설명했다.

예제 애플리케이션은 Hystrix로 탄력성을 구현한다. 이 라이브러리는 시스템이 실패하는 경우에도 아무런 문제가 없도록 호출을 보호한다. Hystrix에 의해 호출이 보호되는 경우, 호출은 자체적으로 실행되기보다 다른 스레드로 실행된다. 이 스레드는 별개의 스레드 풀에서 가져온다. 이것은 비교적 쉽게 호출 동안의 타임아웃을 구현할 수 있도록 만든다.

회로 차단기

또한 Hystrix[11]는 회로 차단기Circuit Breaker를 구현한다. 호출이 에러의 원인이 되는 경우, 특정 개수의 오류가 발생한 후 회로 차단기가 열린다. 이 경우에 해당 시점 이후의 호출은 더 이상 호출되는 시스템으로 가지 않지만, 에러는 즉시 생성된다. 슬립 구간sleep window이 지난 후, 호출이 실제 시스템으로 다시 가도록 회로 차단기가 닫힌다. 회로 차단기의 정확한 동작은 구성 가능하다.[12] 구성에서는 에러의 임계치에 대한 백분율을 결정할 수 있다. 이것은 일정 시간time window 동안 회로 차단기를 열리게 하는 에러의 원인이 되는 호출의 비율이다. 또한 회로 차단기가 열리고 시스템에 호출을 보내지 않는 슬립 구간도 정의될 수 있다.

애노테이션과 Hystrix

스프링 클라우드는 Hystrix의 구성을 위한 hystrix-javanica 프로젝트에서 자바 애노테이션을 사용한다. 이 프로젝트는 hystrix-contrib[13]의 일부다. 애노테이션된 메소드는 애노테이션 설정에 따라 보호된다. 이러한 방법 없이도, Hystrix 명령들은 기록될 수 있다. 이것은 자바 메소드에 일부 애노테이션을 추가하는 것보다 더 많은 노력을 요한다.

---

11 https://github.com/Netflix/Hystrix/
12 https://github.com/Netflix/Hystrix/wiki/Configuration
13 https://github.com/Netflix/Hystrix/tree/master/hystrix-contrib

스프링 클라우드 애플리케이션 내에서 Hystrix를 사용 가능하려면, 애플리케이션은 `@EnableCircuitBreaker`별로 `@EnableHystrix`로 애노테이션돼야 한다. 또한 프로젝트는 `spring-cloud-starter-hystrix`에 대한 의존성을 포함해야 한다.

리스트 8은 예제 애플리케이션에서 Order 마이크로서비스에 있는 `CatalogClient` 클래스의 일부를 보여준다. `findAll()` 메소드는 `@HystrixCommand` 애노테이션을 갖는다. 이것은 다른 스레드에서의 처리와 회로 차단기를 활성화시킨다. 회로 차단기는 설정 가능하다(예제에서 회로 차단기를 열기 위해 에러를 일으키는 호출의 개수는 2다). 또한 예제에서는 `fallbackMethod`를 정의한다. Hystrix는 원래의 메소드가 오류를 생성하는 경우, 이 메소드를 호출한다. `findAll()` 내의 로직은 실제 시스템을 호출하지 않고 `fallbackMethod`에 의해 반환되는 마지막 결과를 캐시에 저장한다. 이러한 방법으로 응답은 호출되는 마이크로서비스가 실패하는 경우에도 여전히 반환될 수 있다. 그러나 이러한 응답은 더 이상 최신 응답이 아니다.

리스트 8. Hystrix에 의해 보호되는 메소드의 예

```
1 @HystrixCommand(
2   fallbackMethod = "getItemsCache",
3   commandProperties = {
4   @HystrixProperty(
5     name = "circuitBreaker.requestVolumeThreshold",
6     value = "2") })
7 public Collection<Item> findAll() {
8   this.itemsCache = ...
9   ...
10   return pagedResources.getContent();
11 }
12
13 private Collection<Item> getItemsCache() {
14   return itemsCache;
15 }
```

Hystrix 대시보드와 모니터링

회로 차단기가 현재 열린 상태인지 닫힌 상태인지에 상관없이, 시스템이 얼마나 잘 실행되고 있는지 보여주는 표시자가 주어진다. Hystrix는 이를 모니터링하기 위한 데이터를 제공한다. Hystrix 시스템은 HTTP를 통해 JSON 문서의 스트림으로 이와 같은 데이터를 제공한다. Hystrix 대시보드는 웹 인터페이스에서 데이터를 시각화할 수 있다.

대시보드는 요청 개수에 따라 모든 회로 차단기와 이들의 상태(열림/닫힘)를 표시한다(그림 77). 또한 대시보드는 스레드 풀의 상태도 표시한다.

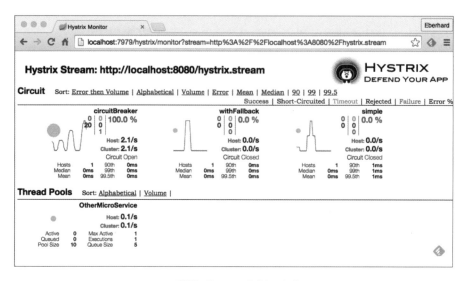

그림 77. Hystrix 대시보드의 예

스프링 부트 애플리케이션이 Hystrix 대시보드를 표시하기 위해서는 `@EnableHystrixDashboard` 애노테이션과 `spring-cloud-starter-hystrix-dashboard`에 대한 의존성을 가져야 한다. 이 방법으로 모든 스프링 부트 애플리케이션은 Hystrix 대시보드에 표시되거나 대시보드를 애플리케이션 내에 자체적으로 구현할 수 있다.

Turbine

복잡한 마이크로서비스 환경에서, 마이크로서비스의 각 인스턴스는 Hystrix 회로 차단기의 상태와 관련된 정보의 시각화에 유용하지 않다. 전체 시스템에서 모든 회로 차단기의 상태는 하나의 대시보드로 요약돼야 한다. 하나의 대시보드로 다양한 Hystrix 시스템의 데이터를 시각화하기 위한 Turbine 프로젝트가 있다. 그림 78은 Turbine이 수행되는 방식을 설명한다. Hystrix의 다양한 스트림들은 http://⟨host:port⟩/hystrix.stream과 같은 URL에서 마이크로서비스들을 제공할 수 있게 해준다. Turbine 서버는 http://⟨host:port⟩/turbine.stream URL에서 통합하는 방법으로 이들을 요청하고 제공한다. 이 URL은 다양한 마이크로서비스 인스턴스에 대한 모든 회로 차단기의 정보를 표시하기 위해 대시보드에서 이용할 수 있다.

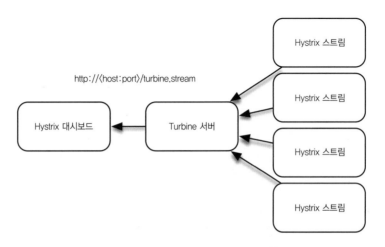

그림 78. Turbine은 Hystrix 모니터링 데이터를 통합한다.

Turbine은 별도의 프로세스로 실행된다. 스프링 부트와 더불어 Turbine 서버는 @EnableTurbine과 @EnableEurekaClient로 애노테이션된 간단한 애플리케이션이다. 예제 애플리케이션에서는 Hystrix 대시보드에서도 표시되도록 추가적인 애노테이션인 @EnableHystrixDashboard를 갖는다. 또한 spring-cloud-starter-turbine에 대한 의존성도 필요하다.

어떤 데이터가 Turbine 서버에 의해 통합되는지 여부는 애플리케이션의 구성에 의해 결정된다. 리스트 9는 예제 프로젝트에서 Turbine 서버의 구성을 보여준다. 이것은 application.properties 파일처럼 스프링 부트 애플리케이션의 구성 역할을 하지만 YAML로 작성됐다. 구성은 turbine.aggregator.clusterConfig에 대한 "ORDER" 값을 설정한다. 유레카에서 이것은 turbine.aggregator.appConfig에서의 애플리케이션 이름이며, Turbine 서버에서는 데이터 스트림의 이름이다. Hystrix 대시보드에서 http://172.17.0.10:8989/turbine.stream?cluster=ORDER와 같은 URL은 데이터 스트림의 시각화에 사용돼야 한다. URL의 일부는 Turbine 서버의 IP 주소며, 유레카 대시보드에서 확인할 수 있다. 대시보드는 도커 컨테이너 사이의 네트워크를 통해 Turbine 서버에 접근한다.

리스트 9. application.yml 구성 파일

```
1 turbine:
2   aggregator:
3     clusterConfig: ORDER
4   appConfig: order
```

시도 및 실험

마이크로서비스 종료

예제 애플리케이션을 이용해 많은 주문을 생성하라. docker ps를 이용해 Catalog 도커 컨테이너의 이름을 찾아라. docker kill을 이용해 Catalog 도커 컨테이너를 중지하라. 이러한 사용은 Hystrix에 의해 보호된다. 어떤 일이 발생하는가?

Customer 도커 컨테이너가 종료되는 경우 어떤 일이 발생하는가? 해당 마이크로서비스의 사용은 Hystrix에 의해 보호되지 않는다.

Customer 마이크로서비스에 Hystrix 추가

Customer 도커 컨테이너의 사용을 Hystrix로 보호하라. 이를 위해 Order 프로젝트에서 CustomerClient 클래스를 변경하라. CatalogClient는 템플릿 역할을 할 수 있다.

Hystrix 구성 변경

Catalog 마이크로서비스에 대한 Hystrix의 구성을 변경하라. 여기에는 다양한 구성 옵션이 있다.[14] 리스트 8(Order 프로젝트에서 CatalogClient)에서는 Hystrix 애노테이션을 사용하는 것을 보여준다. 예를 들어, 회로 차단기의 개방과 폐쇄를 위해 서로 다른 시간 간격으로 변경 가능하다.

---

14 https://github.com/Netflix/Hystrix/wiki/Configuration

14.11 로드 밸런싱

로드 밸런싱을 위해 예제 애플리케이션은 Ribbon[15]을 사용한다. 많은 로드 밸런서들은 프록시 기반proxy-based이다. 이 모델에서 클라이언트는 모든 호출을 로드 밸런서로 보낸다. 로드 밸런서는 별개의 서버로 실행되며 요청을 웹 서버로 전달한다(때때로, 웹 서버들의 현재 부하에 따라 전달 대상이 달라진다).

Ribbon은 클라이언트 측면 로드 밸런싱Client Side Load Balancing이라 불리는 다른 모델을 구현한다. 클라이언트는 적합한 서버와 통신하기 위한 모든 정보를 갖고 있다. 클라이언트는 서버를 직접 호출하고, 스스로 다른 서버로 부하를 분산시킨다. 아키텍처에는 모든 호출이 거쳐야 하는 중앙 서버가 없기 때문에 병목 지점이 없다. 이와 관련해 유레카 Ribbon에 의한 데이터 복제는 매우 탄력적이다. 클라이언트가 실행되는 동안에 요청을 보낼 수 있고, 프록시 로드 밸런서의 실패는 서버에 대한 모든 호출을 중단시킬 수 있다.

이 시스템 내에서 동적 확장은 매우 간단하다. 새로운 인스턴스가 시작되면, 새로운 인스턴스는 스스로 유레카에 등록된다. 그다음, Ribbon 클라이언트는 인스턴스에 대한 부하를 리다이렉션한다.

유레카를 다루는 절(14.8절)에서 이미 설명했듯이, 데이터는 여러 서버에 걸쳐 일관되지 않을 수 있다. 데이터가 최신이 아니므로, 실제로 연결될 수 있는 서버들은 로드 밸런싱에 의해 배제돼야 한다.

스프링 클라우드와 Ribbon

스프링 클라우드는 Ribbon의 사용을 단순화한다. 애플리케이션은 @RibbonClient로 애노테이션돼야 한다. 이렇게 하는 동안, 애플리케이션에 대한 이름을 정의할 수 있다. 또한 애플리케이션은 spring-cloud-starter-ribbon에 대한 의존성을 가져야 한다. 이 경우, 마이크로서비스에 대한 인스턴스는 리스트 10에서와 같은 코드를 이용해 접근 가능하다. 이러한 목적을 위해 해당 코드는 유레카를 마이크로서비스 이름으로 사용한다.

---

15 https://github.com/Netflix/ribbon/wiki

리스트 10. Ribbon 로드 밸런싱을 통한 서버의 결정

```
1 ServiceInstance instance
2   = loadBalancer.choose("CATALOG");
3 String url = "http://" +
4   instance.getHost() + ":" +
5   instance.getPort() +
6   "/catalog/";
```

또한 이러한 사용은 굉장히 명확하다. 이를 설명하기 위해 리스트 11은 Ribbon과 더불어 RestTemplate의 사용 방법을 보여준다. 이것은 REST 서비스들을 호출하는 데 사용할 수 있는 스프링Spring 클래스다. 리스트에서 스프링에 대한 RestTemplate은 @Autowired로 애노테이션된 객체로 주입된다. callMicroservice() 내의 호출은 "stores"라 불리는 서버와 연결되는 것처럼 보인다. 실제로, 이 이름은 유레카에서 서버를 찾는 데 사용된다. 그리고 이 서버로 REST 호출이 보내진다. 이것은 Ribbon을 통해 수행되므로, 부하가 이용 가능한 서버들에 분산된다.

리스트 11. RestTemplate을 통한 Ribbon 사용

```
1 @RibbonClient(name = "ribbonApp")
2 ... // 다른 스프링 클라우드를 무시한다 /부트 애노테이션
3 public class RibbonApp {
4
5 @Autowired
6   private RestTemplate restTemplate;
7
8   public void callMicroservice() {
9     Store store = restTemplate.
10       getForObject("http://stores/store/1", Store.class);
11   }
12
13 }
```

시도 및 실험

추가적인 서비스 인스턴스에 대한 로드 밸런싱

Order 마이크로서비스는 부하를 Customer 마이크로서비스와 Catalog 마이크로서비스의 여러 인스턴스로 (여러 개의 인스턴스가 존재하는 경우) 분산한다. 그리고 더 많은 조치 없이, 오직 하나의 인스턴스만 시작된다. 로그에서 Order 마이크로서비스는 Catalog 또는 Customer 마이크로서비스와 연결되는 것을 보여준다. 주문을 시작하고 어떤 서비스들이 연결되는지 관찰하라.

그 이후에 추가적인 Catalog 마이크로서비스를 시작한다. 다음 명령어를 이용해 이를 수행할 수 있다. Vagrant에서 docker run -v /microservice-demo:/microservice-demo -link eureka:eureka catalogapp을 실행한다. 도커 컴포즈에서는 docker-compose scale catalog=2로 충분하다. 컨테이너가 실행되는지 확인하고 로그의 출력을 관찰하라.

참고로, 14.4절의 시도 및 실험에서는 도커 사용을 위한 주요 명령어를 알려준다. 14.7절은 도커 컴포즈를 사용하는 방법을 보여준다.

데이터의 생성

새로운 항목을 가진 새로운 데이터 세트를 생성하라. 아이템의 선택 부분에 해당 항목이 항상 표시되는가? (힌트: 마이크로서비스의 프로세스 내에서 데이터베이스가 실행된다. 예를 들어, 각 마이크로서비스 인스턴스는 자체 데이터베이스를 갖는다.)

14.12 다른 기술들과 통합하기

스프링 클라우드Spring Cloud와 전체 넷플릭스 스택Netflix Stack은 자바를 기반으로 한다. 따라서 이러한 인프라스트럭처에서 다른 프로그래밍 언어와 플랫폼을 사용하는 것은 불가능해 보인다. 그러나 해결책이 있다. 애플리케이션은 사이드카와 함께 제공될 수 있다. 사이드카는 자바로 작성됐으며, 넷플릭스 기반 인프라스트럭처와 통합하기 위해 자바 라이브러리를 사용한다. 예를 들어, 사이드카는 등록을 담당하고 유레카에서 다른 마이크로서비스를 발견한다. 이러한 목적을 위해 넷플릭스는 Prana 프로젝트[16]를 제공한다. 스프링 클라우드

---

16 http://githib.com/Netflix/Prana/

솔루션은 문서로 설명돼 있다.[17] 사이드카는 별개의 프로세스로 실행되며 마이크로서비스와 마이크로서비스 인프라스트럭처 사이에서 인터페이스 역할을 한다. 이러한 방법으로, 다른 프로그래밍 언어와 플랫폼이 넷플릭스나 스프링 클라우드 환경으로 쉽게 통합된다.

14.13 테스트

예제 애플리케이션은 마이크로서비스 개발자를 위한 테스트 애플리케이션을 포함한다. 이들은 생산 시스템과 대조적으로, 마이크로서비스 인프라스트럭처나 추가적인 마이크로서비스를 필요로 하지 않는다. 이것은 개발자들이 복잡한 인프라스트럭처 없이도 각 마이크로서비스를 실행할 수 있도록 만든다.

Order 프로젝트 내의 OrderTestApp 클래스는 이러한 테스트 애플리케이션을 포함한다. 애플리케이션들은 /src/test/resources 디렉터리 내에 특정 설정을 가진 자체적인 application-test.properties 구성 파일을 포함한다. 설정은 애플리케이션이 유레카 서비스 검색에 등록되는 것을 방지한다. 또한 이들은 종속된 마이크로서비스를 위해 다른 URL을 포함한다. 이러한 구성은 'test'라 불리는 스프링 프로파일을 사용하기 때문에 테스트 애플리케이션에 의해 자동으로 사용된다. 모든 JUnit 테스트는 이러한 설정을 사용한다. 따라서 종속적인 서비스 없이도 실행 가능하다.

스텁

테스트 애플리케이션에서 종속적인 마이크로서비스들과 JUnit 테스트는 스텁[Stub]을 나타낸다. 이들은 단순화된 마이크로서비스로 일부 기능만 제공한다. 이들은 실제 마이크로서비스나 JUnit 테스트처럼 동일한 자바 프로세스 내에서 실행된다. 따라서 자바로 개발하는 일반적인 방법과 유사하게 마이크로서비스의 개발을 위해서는 오직 하나의 자바 프로세스가 시작돼야 한다. 스텁은 다양한 방법으로 구현 가능하다. 예를 들어, 다른 프로그래밍 언어나 테스트 데이터를 의미하는 특정 정적 문서를 반환하는 웹 서버를 사용할 수 있다. 이러한 방법은 실제 애플리케이션에 더 적합할 수도 있다.

---

17 http://projects.spring.io/spring-cloud/docs/1.0.3/spring-cloud.html#_polyglot_support_with_sidecar

스텁은 개발을 용이하게 만든다. 각 개발자가 개발 동안에 모든 마이크로서비스를 포함하는 완전한 환경을 사용해야 하는 경우, 엄청난 양의 하드웨어 자원과 환경을 최신으로 유지하려면 많은 노력이 필요하다. 스텁은 개발하는 동안에 종속적인 마이크로서비스가 더 이상 필요하지 않도록 이 문제를 회피시킨다. 스텁으로 인해, 마이크로서비스를 시작하는 노력은 일반 자바 애플리케이션을 시작하는 노력보다 크지 않다.

실제 프로젝트에서 팀은 마이크로서비스와 더불어 스텁을 함께 구현할 수 있다. 고객 팀은 실제 서비스에 추가적으로 개발하기 위해 다른 마이크로서비스에 의해 사용되는 Customer 마이크로서비스를 위한 스텁을 구현할 수 있다. 이것은 스텁이 마이크로서비스와 거의 유사하고 원래 서비스가 변경되는 경우 업데이트되는 것을 보장한다. 스텁은 다른 팀이 사용할 수 있는 다른 메이븐 프로젝트에서 다룰 수 있다.

소비자 주도 계약 테스트

스텁이 마이크로서비스를 시뮬레이션하는 것처럼 동작함이 보장돼야 한다. 또한 마이크로서비스는 다른 마이크로서비스의 인터페이스에 대한 기대치를 정의해야 한다. 이것은 소비자 주도 계약 테스트^{Consumer-driven Contract Test}에 의해 이뤄진다(11.7절을 참고하라). 이러한 테스트들은 마이크로서비스를 사용하는 팀에 의해 작성된다. 예제에서 이러한 팀은 Order 마이크로서비스를 담당하는 팀이 된다. Order 마이크로서비스에서 소비자 주도 계약 테스트들은 `CatalogConsumerDrivenContractTest` 클래스와 `CustomerConsumerDrivenContractTest` 클래스에서 발견된다. 이들은 정확성을 위해 Customer 마이크로서비스와 Catalog 마이크로서비스의 스텁을 테스트하고자 실행된다.

스텁이 올바르게 기능하는 것보다 마이크로서비스가 올바르게 기능하는 것이 더 중요하다. 이러한 이유로, Customer 프로젝트와 Catalog 프로젝트에 소비자 주도 계약 테스트들이 포함된다. 그곳에서 이들은 구현된 마이크로서비스에 대해 실행된다. 이것은 마이크로서비스는 물론 스텁이 명세에 일치함을 보장한다. 인터페이스가 변경될 것으로 예상되는 경우, 이러한 테스트들은 변경 사항이 호출되는 마이크로서비스를 망가뜨리지 않음을 보장하기 위해 사용될 수 있다. 이러한 테스트의 준수는 사용되는 마이크로서비스(예제에서는 Customer 마이크로서비스와 Catalog 마이크로서비스)에 달려 있다. 이러한 방법으로, Customer 마이크로서비스와 Catalog 마이크로서비스에 대한 Order 마이크로서비스의 요구 사항은 정형적으로 정의되고 테스트될 수 있다. 결국, 소비자 주도 계약 테스트는 합의된 인터페이스의 정형적인 정의 역할을 한다.

예제 애플리케이션에서, 소비자 주도 계약 테스트들은 인터페이스가 올바르게 구현됐는지 검사하는 Customer 프로젝트와 Catalog 프로젝트의 일부다. 또한 이들은 스텁이 올바르게 기능하는지 검사하는 Order 프로젝트의 일부다. 실제 프로젝트에서 테스트의 복사는 방지돼야 한다. 소비자 주도 계약 테스트들은 한 프로젝트 내에서 테스트되는 마이크로서비스들과 함께 위치할 수 있다. 그러면 모든 팀들이 테스트를 수정 가능하도록 마이크로서비스 프로젝트에 대해 접근할 필요가 있다. 그렇지 않으면, 이들은 마이크로서비스를 사용하는 다양한 팀의 프로젝트 내에 위치한다. 이 경우 시험되는 마이크로서비스는 다른 프로젝트에서 테스트를 수집하고, 이들을 실행해야 한다.

실제 프로젝트에서는 소비자 주도 계약 테스트에 의한 스텁의 보호가 실제로 필요하지 않다. 특히 스텁의 목표는 실제 마이크로서비스보다 더 쉬운 구현을 제공하는 것이다. 따라서 기능이 다르며 소비자 주도 계약 테스트와 충돌한다.

시도 및 실험

Catalog 데이터나 Customer 데이터에 필드를 추가하라. 시스템이 여전히 작동하는가? 이유는 무엇인가?

Catalog나 Customer에 대한 서버의 구현에서 필드를 삭제하라. 어디에서 문제가 발견되는가? 이유는 무엇인가?

11.6절의 도구를 사용해 스텁을 자체적으로 만든 스텁으로 교체하라.

11.7절의 도구를 사용해 소비자 주도 계약 테스트를 교체하라.

기고문 | 아마존 클라우드의 JVM 기반 마이크로서비스에 대한 경험

샤샤 묄러링(Sascha Möllering) / 자노스(zanox) AG

지난 몇 달 동안 자노스는 여러 개의 AWS 리전region을 실행하는 아마존웹서비스AWS에서 경량 마이크로서비스 아키텍처를 구현했다. 리전은 US-East나 EU-West 같은 구역으로 아마존 클라우드를 나눴으며, 각 리전은 자체 데이터센터를 가지고 있었다. 이들은 서로에게 완전히 독립적으로 작동했으며 어떤 데이터도 직접 교환하지 않는다. 이러한 유형의 애플리케이션은 지연 시간latency이 매우 중요하며, 지연 시간 기반의 라우팅에 의해 지연 시간이 최소화되므로 다양한 AWS 리전이 사용되고 있다. 또한 이벤트 기반 접근 방법으로 아키텍처를 설계하는 것이 기본 목표였다. 더욱이, 개별 서비스는 직접 통신을 하지 않도록 의도됐을 뿐 아니라 메시지 큐에 의해 분리됐다. 아파치 카프카 클러스터Apache Kafka cluster는 자노스 데이터센터 내의 메시지 버스로, 서로 다른 리전을 위한 동기화의 중심 역할을 한다. 각 서비스는 상태를 저장하지 않는 애플리케이션으로 구현됐다. 상태는 버스 시스템, (NoSQL 데이터베이스 Redis에 기반한) 아마존 ElastiCache, 아마존 Kinesis 데이터 스트림 처리 기술, NoSQL 데이터베이스 아마존 DynamoDB 같은 외부 시스템에 저장된다. JVM은 개별 서비스의 구현을 위한 기반 역할을 한다. 우리는 Vert.x와 프레임워크로서 임베디드 웹 서버 Jetty를 선택했다. 우리는 독립적인 서비스로 모든 애플리케이션을 개발했다. 따라서 빌드 과정의 마지막에는 java -jar로 쉽게 시작할 수 있는 Fat JAR가 생성됐다.

어떠한 추가적인 컴포넌트나 애플리케이션 서버도 설치할 필요가 없었다. Vert.x는 아키텍처의 HTTP 부분에 대한 기본 프레임워크 역할을 하며, 애플리케이션의 높은 성능을 달성하기 위해 거의 완전하게 비동기적으로 작업이 수행된다. 나머지 구성 요소를 위해 우리는 프레임워크로 Jetty를 사용한다. 이것은 Kafka/Kinesis 소비자로 동작하거나 HTTP 계층의 Redis 캐시를 업데이트한다. 호출되는 모든 애플리케이션은 도커 컨테이너로 전달된

다. 이것은 사용되는 기술에 독립적이며, 동일 배포 메커니즘을 사용 가능하게 한다. 독립적으로, 서비스를 다른 리전에 전달 가능하도록 개별 도커 레지스트리는 각 리전에서 구현된 도커 이미지를 S3 버킷에 저장한다. S3는 아마존 서버에 대용량 파일을 저장할 수 있게 해주는 서비스다.

클라우드 서비스를 사용하려면 클라우드 공급자가 관리하는 서비스를 사용할지, 아니면 스스로 인프라스트럭처를 실행할지 결정해야 한다. 독점적인 인프라스트럭처 모듈의 구축과 관리는 어떤 비즈니스 가치도 제공하지 않으므로, 자노스는 클라우드 공급자의 관리 서비스를 사용하기로 결정했다. 아마존의 EC2[18] 컴퓨터들은 순수한 인프라스트럭처다. 반면, IAM은 포괄적인 보안 메커니즘을 제공한다. 배포되는 서비스에서 명시적인 인증 정보를 사용하지 않고 AWS의 관리 서비스에 접근 가능한 애플리케이션을 생성하기 위해, EC2를 위한 IAM의 역할과 조합을 허용하는 AWS 자바 SDK가 사용된다. 초기 부트스트랩핑 동안, 필요한 권한을 포함하는 IAM 역할이 EC2 인스턴스에 할당된다. 메타데이터 서비스[Metadata Service][19]를 통해 AWS SDK에 필요한 권한 정보가 주어진다. 이것은 역할에 정의된 관리 서비스에 대해 애플리케이션이 접근할 수 있게 해준다. 따라서 애플리케이션과 함께 명시적인 자격 증명을 갖지 않고 모니터링 시스템인 Amazon Cloud Watch와 이벤트에 대한 데이터 처리 솔루션인 Amazon Kinesis에 메트릭을 보내는 애플리케이션을 구현할 수 있다.

모든 애플리케이션은 하트비트[heartbeat]와 상태 검사[healthcheck]를 위해 REST 인터페이스를 갖는다. 따라서 애플리케이션의 가용성을 위해 애플리케이션뿐 아니라 인프라스트럭처도 항상 모니터링될 수 있어야 한다. 각 애플리케이션은 사용하는 인프라스트럭처 컴포넌트를 모니터링하기 위해 상태 검사를 사용한다. 구체적인 부하 상태에 따라 애플리케이션의 일정한 성능을 달성하기 위해, 애플리케이션의 확장은 Elastic Load Balancing[ELB]과 오토 스케일링[20]을 통해 구현된다. 필요한 경우 오토 스케일링은 추가적인 EC2 인스턴스를 시작한다. ELB는 인스턴스 사이의 부하를 분산시킨다. AWS ELB 서비스는 HTTP 프로토콜로 작동하는 웹 애플리케이션뿐 아니라 모든 유형의 애플리케이션에도 적합하다. 상태 검사는 HTTP 없이 TCP 프로토콜을 기반으로 구현될 수 있다. 이것은 HTTP 상태 검사보다 더

---

18 https://docs.aws.amazon.com/AWSEC2/latest/UserGuide/iam-roles-for-amazon-ec2.html
19 https://docs.aws.amazon.com/AWSEC2/latest/UserGuide/ec2-instance-metadata.html
20 https://docs.aws.amazon.com/AutoScaling/latest/DeveloperGuide/as-add-elb-healthcheck.html

간단하다.

개발 팀은 이들 모두가 완전히 동일하게 동작하고, 구현 로직을 독립시키고, 같은 프레임워크와 언어의 사용을 이루기 위해 모든 서비스에 대해 HTTP를 통한 ELB 상태 점검을 구현하기로 결정했다. 이것은 미래에는 AWS에 애플리케이션(JVM을 실행하지 않고 프로그래밍 언어로 Go나 파이썬을 이용하는 것)을 배포할 수도 있다.

ELB 상태 검사를 위해 자노스는 애플리케이션 상태 검사 URL을 이용한다. 그 결과, 트래픽은 개별 애플리케이션으로만 유도된다. 잠재적으로, 필요한 인프라스트럭처 확장 작업은 애플리케이션이 적절하게 수행되고 상태 검사가 성공적으로 모니터링되면 EC2 인스턴스에서 한 번만 수행된다.

애플리케이션 모니터링을 위해 CloudWatch 알람은 오토 스케일링 정책에 대한 확장 이벤트를 정의하는 데 사용 가능하므로 Amazon CloudWatch는 훌륭한 선택이다. 일례로, 인프라스트럭처는 메트릭에 기반해 자동으로 확장된다. 이러한 목적으로, CPU 같은 EC2 기반 메트릭이 사용될 수 있다. 그렇지 않으면, 사용자 정의 메트릭을 CloudWatch로 보낼 수도 있다. 이러한 목적을 위해 예제 프로젝트는 jmxtrans-agent[21]를 포크fork해 사용한다. jmxtrans-agent는 모니터링 시스템으로 JMX 메트릭을 보내기 위해 CloudWatch API를 사용한다. JMX^Java Management Extension는 자바 분야에서 모니터링과 메트릭에 대한 표준이다. 또한 애플리케이션 내에서 메트릭들은 Coda Hale Metrics[22] 라이브러리와 Blacklocus[23]를 통해 CloudWatch 통합을 수행하는 모듈을 이용해 전송된다.

로깅을 위해서는 약간 다른 방법이 선택됐다. 클라우드 환경에서 서버 인스턴스의 갑작스러운 종료를 배제하기는 불가능하다. 이것은 때때로 서버에 저장돼 있던 데이터가 갑작스럽게 손실되는 원인이 된다. 로그 파일이 이러한 예다. 이와 같은 이유로, logstash-forwarder는 우리의 자체적인 데이터센터에서 실행되는 ELK 서비스에 로그 항목을 보내기 위해 서버의 핵심 애플리케이션에서 병렬로 실행된다. 이 스택은 저장을 위한 Elasticsearch, 로그 데이터 파싱을 위한 Logstash, UI 기반 분석을 위한 Kibana로 구성된다. ELK는 Elasticsearch, Logstash, Kibana의 약자다. 또한 UUID는 각 요청에 대해 개별

---

21 https://github.com/SaschaMoellering/jmxtrans-agent
22 https://dropwizard.github.io/metrics/
23 https://github.com/blacklocus/metrics-cloudwatch

적으로 계산된다. EC2 인스턴스가 종료한 후에도 각 이벤트가 존재할 수 있도록, HTTP 계층에서 로그 항목을 이벤트에 할당할 수 있다.

결론

마이크로서비스 아키텍처의 패턴은 아키텍처가 잘 설계되고 구현된다면 아마존 클라우드의 동적 접근 방법에 잘 맞는다. 당신의 자체적인 데이터센터를 구현하는 것보다 명확한 장점이 있다면 바로 인프라스트럭처의 유연성이다. 아마존 클라우드는 거의 끝없이 확장 가능하고, 추가적으로 매우 비용 효율적인 아키텍처를 구현 가능하게 해준다.

14.14 결론

예제에서 사용된 기술은 자바로 마이크로서비스 아키텍처를 구현하는 매우 좋은 기반을 제공한다. 특히 예제는 대규모 웹사이트 중 하나에서 수년 동안 그 효과를 보여준 넷플릭스 스택^{Netflix Stack}을 기반으로 하고 있다.

예제는 마이크로서비스 테스트를 위한 방법은 물론, 도커 컨테이너에서 마이크로서비스를 실행하기 위한 서비스 검색, 로드 밸런싱, 그리고 탄력성을 위한 다양한 기술의 상호작용을 보여준다. 예제를 생산 환경에서 직접 사용할 수는 없지만, 설정과 실행이 매우 용이하도록 설계됐다. 이것은 많은 (기술적인) 타협을 수반한다. 그러나 예제는 더 많은 실험과 아이디어 테스트를 위한 훌륭한 기반 역할을 한다.

또한 예제는 마이크로서비스를 위한 훌륭한 기반인 도커 기반 애플리케이션의 배포도 보여준다.

핵심 포인트

- 스프링, 스프링 부트, 스프링 클라우드, 넷플릭스 스택은 자바 기반 마이크로서비스를 위한 잘 통합된 스택을 제공한다. 이러한 기술들은 마이크로서비스의 개발 동안에 노출되는 모든 일반적인 문제를 해결한다.
- 도커 기반 배포는 구현하기가 매우 쉽다. 그리고 도커 머신^{Docker Machine}은 도커 컴포즈^{Docker Compose}와 함께 클라우드에서 배포하기 위해 사용 가능하다.
- 예제 애플리케이션은 특별한 도구 없이 소비자 주도 계약 테스트와 스텁을 이용해 마이크로서비스를 테스트하는 방법을 보여준다. 그러나 실제 프로젝트에서는 (테스트) 도구가 더 유용할 수 있다.

시도 및 실험

로그 분석 기능 추가

모든 로그 파일에 대한 로그 분석은 마이크로서비스 시스템의 운영을 위해 중요하다. https://github.com/ewolff/user-registration에 예제 프로젝트가 제공된다. log-analysis 서브 디렉터리는 ELK(Elasticsearch, Logstash, Kibana) 스택 기반의 로그 분석을 위한 설정을 포함하고 있다. 이러한 방법을 이용해 마이크로서비스 예제에 로그 분석을 추가할 수 있다.

모니터링 기능 추가

또한 지속적인 전달의 예제 프로젝트는 모니터링을 위한 Graphite를 설치하고자 graphite 서브 디렉터리를 포함하고 있다. 마이크로서비스 예제를 위해 이와 같은 설치 사항을 적용해 보라.

서비스 재작성

다른 프로그래밍 언어로 서비스 중 하나를 다시 작성하라. 구현 사항을 검사하기 위해 소비자 주도 계약 테스트(14.13절과 11.7절을 참조하라.)를 이용하라. 기술 스택으로의 통합을 위해 사이드카를 이용하라(14.12절을 참조하라).

15장

나노서비스 기술

15.1절에서는 나노서비스^{Nanoservice}의 장점과 함께 왜 나노서비스가 유용한지 설명한다. 15.2절에서는 나노서비스를 정의하고, 마이크로서비스와 나노서비스를 구별한다. 15.3절은 파이썬, 자바스크립트, 자바와 함께 사용할 수 있는 클라우드 기술인 아마존 람다^{Amazon Lambda}에 초점을 맞춘다. 아마존 람다에서 각각의 함수 호출^{function call}은 가상 머신이나 애플리케이션 서버를 임대하는 대신에 비용이 청구된다. OSGi(15.4절)는 자바 애플리케이션을 모듈화하고 서비스를 제공한다. 제대로만 사용된다면, 나노서비스를 위한 또 다른 자바 기술로 자바 EE(15.5절)를 꼽을 수 있다. Vert.x(15.6절)는 JVM에서 실행되며, 자바 이외에 광범위하고 다양한 프로그래밍 언어를 지원하는 또 다른 선택 사항이다. 15.7절은 상당히 오래된 프로그래밍 언어인 얼랭^{Erlang}에 중점을 둔다. 얼랭의 아키텍처는 나노서비스를 구현 가능하게 해준다. 세네카^{Seneca}(15.8절)는 얼랭과 비슷하지만, 자바스크립트를 기반으로 한다. 그리고 특별히 나노서비스를 위해 고안됐다.

마이크로서비스^{Microservice}라는 용어는 한마디로 정의되지 않는다. 일부 사람들은 마이크로서비스가 극도로 작은 서비스(예를 들어, 10~100줄의 코드를 갖는)가 돼야 한다고 믿는다. 이 책에서는 이러한 서비스를 나노서비스라 부른다. 마이크로서비스와 나노서비스 간의 구별이 이번 장의 주된 내용이다. 적절한 기술은 작은 서비스를 구현하는 기본적인 전제 조건이다. 예를 들어 여러 서비스를 하나의 운영체제 프로세스로 결합하는 기술의 경우, 서비스마다 자원 활용을 감소시킬 수 있고 생산 환경으로 서비스를 출시하기가 쉬워진다. 이러한 서비스당 비용의 감소는 많은 수의 작은 나노서비스를 지원 가능하게 해준다.

15.1 왜 나노서비스인가

나노서비스는 이미 논의된 마이크로서비스의 크기 제한에 잘 맞춰져 있다. 나노서비스의 크기는 4.1절에서 정의된 최대 크기 이하이며, 팀원 수에 의존한다. 또한 마이크로서비스는 개발자가 이해할 수 있을 정도로 충분히 작아야 한다. 적절한 기술을 통해 4.1절에서 설명 됐던 마이크로서비스의 최소 크기에 대한 기술적 제한이 더 줄어들 수 있다.

매우 작은 모듈은 더 이해하기가 쉽다. 따라서 유지와 변경이 더 쉽다. 더욱이 더 작은 마이크로서비스는 새로운 구현이나 재작성rewrite을 통해 더 쉽게 교체 가능하다. 따라서 최소한의 크기를 갖는 나노서비스로 이뤄진 시스템은 더 쉽게 개발할 수 있다.

나노서비스를 성공적으로 사용하는 시스템들이 있다. 실제로, 너무 큰 모듈은 문제의 원인이며, 시스템의 성공적인 개발을 방해한다. 각 기능은 자체적인 마이크로서비스로 구현 가능하다(각 클래스나 기능은 개별적인 마이크로서비스가 될 수 있다). 10.2절의 CQRS는 특정 타입의 데이터만 읽는 마이크로서비스로 구현하는 것이 적절할 수 있다는 사실을 보여준다. 동일한 데이터 타입의 작성은 또 다른 마이크로서비스로 구현될 수 있다. 따라서 마이크로서비스는 실제로 아주 작은 구현 범위를 가질 수 있다.

마이크로서비스의 최소 크기는 제한된다

아주 작은 마이크로서비스가 타당한 이유는 무엇인가? 4.1절에서 마이크로서비스를 특정 크기보다 작게 만드는 것은 실용적이지 않다는 사실을 확인했다.

- 인프라스트럭처 비용이 증가한다. 각 마이크로서비스는 분리된 프로세스며 애플리케이션 서버와 모니터링 같은 인프라스트럭처가 필요한 경우, 수백 또는 수천 개의 마이크로서비스를 실행하는 데 필요한 비용은 엄청나게 커진다. 따라서 나노서비스는 개별 마이크로서비스마다 인프라스트럭처에 대한 비용을 가능한 한 작게 유지하는 기술이 필요하다. 추가로, 자원을 적게 활용하는 것이 바람직하다. 개별 서비스는 가능한 한 작은 메모리와 CPU를 사용해야 한다.
- 아주 작은 서비스인 경우에는 네트워크를 통한 많은 양의 통신을 필요로 한다. 이것은 시스템의 성능에 부정적인 영향을 준다. 결과적으로, 서비스 사이에서 나노서비스 통신은 네트워크를 통해 발생해서는 안 된다. 이것은 결과적으로 기술적인 자유

도를 더 낮게 만들 수 있다. 일반적으로 모든 나노서비스가 단일 프로세스에서 수행되는 경우, 동일한 기술을 사용해야 한다. 이러한 방법은 시스템의 안정성에도 영향을 미친다. 일부 서비스들이 같은 프로세스에서 수행되는 경우, 이들을 분리하는 것은 더 어렵다. 나노서비스는 다른 나노서비스가 오류 없이 작동하도록 많은 자원을 사용 가능하다. 두 나노서비스가 같은 프로세스에서 수행되는 경우, 운영체제는 이러한 상황에 개입할 수 없다. 또한 나노서비스의 실패는 추가적인 나노서비스의 실패로 이어질 수 있다. 프로세스가 실패하는 경우, 이것은 같은 프로세스에서 수행되는 모든 나노서비스에 영향을 미친다.

기술적인 타협은 나노서비스의 특성에 부정적인 영향을 미칠 수 있다. 어떤 경우든, 마이크로서비스의 기본적인 특성은 유지돼야 한다(즉 개별 서비스를 독립적으로 배포 가능해야 한다).

타협

결국 주된 작업은 나노서비스당 오버헤드를 최소화하고, 동시에 가능한 한 많은 마이크로서비스의 장점을 유지하는 기술을 식별하는 것이다. 구체적으로, 다음과 같은 사항을 달성한다.

- 모니터링과 배포 같은 인프라스트럭처 관련 비용을 낮게 유지해야 한다. 많은 노력 없이, 새로운 나노서비스를 생산 환경에 적용하고 바로 모니터링 가능해야 한다.
- 예를 들어, 적은 하드웨어를 가지고 많은 수의 나노서비스를 실행 가능하도록 메모리에 대한 자원 활용은 가능한 한 낮아야 한다. 이것은 생산 환경을 더욱 저렴하게 만들고 테스트 환경의 생성을 용이하게 만든다.
- 가능하다면 네트워크를 거치지 않고 통신해야 한다. 네트워크 실패에 영향을 받지 않으므로 대기 시간과 성능을 개선하고 나노서비스 간 통신에 대한 신뢰성을 향상시킬 수 있다.
- 분리와 관련해 타협이 없다. 한 나노서비스가 다른 나노서비스를 실패하게 만드는 원인이 되지 않도록 나노서비스는 서로 분리돼야 한다. 그렇지 않으면, 한 나노서비스는 전체 시스템 실패의 원인이 될 수 있다. 그러나 완벽한 분리의 달성은 인프라스트럭처에 대한 낮은 비용, 낮은 자원 활용, 그리고 다른 나노서비스의 장점보다 덜 중요하다.

- 나노서비스의 사용은 프로그래밍 언어, 플랫폼, 프레임워크의 선택을 제한할 수 있다. 다른 한편으로, 마이크로서비스는 원칙저으로 기술을 자유롭게 선택할 수 있게 해준다.

데스크톱 애플리케이션

나노서비스는 마이크로서비스를 거의 자체적으로 사용할 수 없는 분야에서 마이크로서비스에 대한 접근 방법을 사용 가능하게 만든다. 이에 대한 한 가지 예는 나노서비스에서 데스크톱 애플리케이션을 분할하는 방법이다. 예를 들어, OSGi(15.4절)는 데스크톱과 임베디드 애플리케이션에서도 사용된다. 다른 한편으로, 마이크로서비스로 구성되는 데스크톱 애플리케이션은 데스크톱 애플리케이션을 위해 배포하기가 실제로 너무 어려울 수 있다. 각 마이크로서비스는 자체적으로 배포될 수 있어야 하며, 많은 수의 데스크톱에 대해서는 거의 불가능하다(심지어 일부 마이크로서비스는 다른 회사에 위치하고 있을 수도 있다). 더욱이 일관된 애플리케이션으로 여러 마이크로서비스를 통합하는 것은 (특히 마이크로서비스들이 완전히 분리된 프로세스로 구현되는 경우에) 어렵다.

15.2 나노서비스: 정의

나노서비스Nanoservice는 마이크로서비스와 다르다. 나노서비스는 특정 부분에 대해 타협한다. 이러한 부분 중 하나는 고립isolation이다. 여러 나노서비스가 단일 가상 머신이나 단일 프로세스에서 실행된다. 또 다른 타협 부분은 기술적인 자유다. 나노서비스는 공유된 플랫폼이나 프로그래밍 언어를 사용한다. 이러한 제한만이 나노서비스를 사용 가능하게 만든다. 훨씬 더 많은 수의 서비스를 가능하게 만들기 때문에 인프라스트럭처는 효율적이 된다. 이것은 개별 서비스를 더 작게 만들 수 있도록 해준다. 나노서비스는 몇 줄의 코드로도 구성 가능하다.

독립적인 배포는 마이크로서비스뿐 아니라 나노서비스의 중심적인 특성이지만, 관련 기술은 나노서비스의 공동 배포를 요구하지 않을 수도 있다. 독립적인 배포는 마이크로서비스의 본질적인 장점에 대한 기반을 구성한다. 팀은 강력한 모듈화와 지속 가능한 개발의 결과로 독립적으로 작업할 수 있다. 따라서 나노서비스는 다음과 같이 정의될 수 있다.

- 나노서비스는 고립과 기술적인 자유 같은 마이크로서비스의 일부 특성에 대해 타협한다. 그러나 나노서비스는 여전히 독립적으로 배포 가능해야 한다.
- 이러한 타협은 많은 수의 서비스를 지원 가능하게 하며, 이에 따라 더 작은 크기의 서비스가 고려될 수 있다. 나노서비스는 단지 몇 줄의 코드만 포함할 수도 있다.
- 이를 위해 나노서비스는 매우 효율적인 실행 환경을 사용한다. 이것은 더 많으면서도 작은 서비스가 구현 가능하도록 나노서비스에 대한 제한을 활용한다.

따라서 나노서비스는 사용하는 기술에 많이 의존한다. 이 기술은 나노서비스에서 임의의 사항에 대해 타협 가능하게 하며, 이에 따라 나노서비스가 특정 크기를 가질 수 있게 해준다. 따라서 이번 장은 나노서비스의 다양한 가능성을 설명하는 다양한 기술에 중점을 둔다.

나노서비스의 목적은 마이크로서비스의 많은 장점을 강화하는 것이다. 더 작은 배포 단위는 배포 위험을 감소시키고, 배포를 더욱 용이하게 만든다. 그리고 서비스를 더 쉽게 이해하고 교체 가능하도록 만든다. 또한 도메인 아키텍처도 변경된다. 하나, 또는 소수의 마이크로서비스로 구성되는 제한 맥락은 아주 좁게 정의된 기능을 구현하는 다수의 나노서비스를 포함한다.

마이크로서비스와 나노서비스 간의 차이는 엄격하게 정의되지 않는다. 두 마이크로서비스가 같은 가상 머신에 배포되는 경우, 효율성은 증가하고 고립성은 손상된다. 이제 두 마이크로서비스는 운영체제 인스턴스와 가상 머신을 공유한다. 마이크로서비스 중 하나가 가상 머신의 자원을 사용하는 경우, 동일한 가상 머신에서 실행되는 다른 마이크로서비스는 실패할 것이다. 이것은 고립성 측면에서의 타협이다. 어떤 의미에서 마이크로서비스는 이미 나노서비스다.

그러나 '나노서비스'란 용어는 많이 사용되지 않는다. 이 책에서 '나노서비스'라는 용어는 마이크로서비스와 비슷하게 모듈화되지만, 더 작은 서비스가 가능하면서 세부적으로는 마이크로서비스와 다르다는 것을 의미한다. '실제' 마이크로서비스와 타협하는 이러한 기술을 명확하게 구별하기 위해서는 '나노서비스'라는 용어가 유용하다.

15.3 아마존 람다

아마존 람다^{Amazon Lambda1}는 아마존 클라우드에 있는 서비스다.

아마존 람다는 모든 아마존 컴퓨팅 센터에서 전 세계적으로 사용 가능하다. 아마존 람다는 파이썬, Node.js와 자바스크립트, 또는 OpenJDK와 자바 8으로 작성된 개별 기능을 실행할 수 있다. 이러한 기능에 대한 코드는 아마존 람다에 대한 의존성을 갖지 않는다. 아마존 람다는 운영체제에 대해 접근할 수도 있다. 코드를 실행하는 컴퓨터들은 이미지 처리를 위해 ImageMagick은 물론 아마존웹서비스 SDK를 포함한다. 이러한 기능은 아마존 람다 애플리케이션에서 사용할 수 있다. 또한 추가적인 라이브러리를 설치할 수도 있다.

아마존 람다 기능은 각각의 요청에 대해 시작해야 하는 경우가 발생할 수 있으므로 빠르게 시작돼야 한다. 따라서 기능은 상태를 유지하지 말아야 한다. 즉 기능의 실행을 발생시키는 요청이 없는 경우에는 비용이 들지 않는다. 각각의 요청은 개별적으로 비용이 청구된다. 현재 처음 100만 개의 요청은 무료며, 추가 100만 개의 요청에 대한 비용은 0.20달러다.

람다 기능 호출

람다 기능^{Lambda function}은 명령행 도구를 통해 직접 호출할 수 있다. 처리는 비동기적으로 일어난다. 람다 기능은 다양한 아마존의 기능을 통해 결과를 반환할 수 있다. 이러한 목적을 위해 아마존 클라우드는 SNS^{Simple Notification Service}나 SQS^{Simple Queuing Service} 같은 메시징 솔루션을 포함한다. 다음과 같은 이벤트들이 람다 기능의 호출을 트리거할 수 있다.

- S3^{Simple Storage Service}에 대규모 파일들을 저장하고 다운로드할 수 있다. 이러한 동작은 아마존 람다에 반응할 수 있는 이벤트를 트리거한다.
- 아마존 키네시스^{Amazon Kinesis}는 데이터 스트림을 관리하고 분배하는 데 사용된다. 이 기술은 실시간으로 대규모 데이터를 처리하기 위한 것이다. 람다는 이와 같은 스트림에서 새로운 데이터에 대한 반응으로 호출될 수 있다.
- 아마존 코그니토^{Amazon Cognito}를 통해 모바일 애플리케이션을 위한 간단한 백엔드를 제공하고자 아마존 람다가 사용될 수 있다.

---

1 http://aws.amazon.com/lambda

- API 게이트웨이는 아마존 람다를 이용해 REST API를 구현하는 방법을 제공한다.
- 또한 아마존 람다 기능은 일정한 간격으로 호출 가능하다.
- SNS에서 통보^{notification}에 대한 반응으로 아마존 람다 기능이 실행될 수 있다. 이러한 통보 기능을 제공할 수 있는 많은 서비스가 있으며, 이 덕분에 많은 시나리오에서 아마존 람다가 유용해진다.
- DynamoDB는 아마존 클라우드 내의 데이터베이스다. 데이터베이스에 대한 변경이 발생하는 경우 람다 기능을 호출할 수 있다. 따라서 람다 기능은 기본적으로 데이터베이스 트리거가 된다.

나노서비스에 대한 평가

아마존 람다는 아무런 문제없이 독립적이고 다양한 기능을 배포 가능하게 한다. 또한 이러한 기능들은 자체적인 라이브러리를 가질 수 있다.

이와 같은 기술을 사용하는 경우, 인프라스트럭처에 대한 기술 비용은 최소가 된다. 아마존 람다 기능의 새로운 버전은 명령행 도구로 쉽게 배포할 수 있다. 모니터링도 쉽다. 기능들은 곧바로 클라우드 와치^{Cloud Watch}에 통합된다. 클라우드 와치는 클라우드 애플리케이션에 대한 메트릭을 생성하기 위해 아마존에 의해 제공되며, 로그 파일을 통합하고 모니터링한다. 그리고 이러한 데이터에 기반해 SMS나 이메일로 전달 가능한 알람이 정의될 수 있다. 모든 아마존 서비스는 API를 통해 접근 가능하므로 모니터링이나 배포는 자동화되고 자체적인 인프라스트럭처로 통합될 수 있다.

아마존 람다는 S3, 키네시스, DynamoDB 같은 다양한 아마존 서비스와 통합할 수 있다. 또한 API 게이트웨이를 이용하는 REST를 통해 아마존 람다의 기능에 쉽게 접근할 수 있다. 그러나 아마존 람다는 Node.js나 파이썬 또는 자바의 사용을 필요로 한다. 이것은 근본적으로 기술적인 자유를 제한한다.

아마존 람다는 뛰어난 기능의 고립성을 제공한다. 다양하고 많은 사용자들에 의해 플랫폼이 사용되므로, 이와 같은 기능이 필요하다. 람다 기능을 사용하는 한 사용자가 다른 사용자에게 부정적인 영향을 미치는 것은 허용되지 않는다.

결론

아마존 람다는 매우 작은 서비스들을 구현 가능하게 한다. 개별 서비스에 대한 오버헤드는 매우 작다. 독립적인 배포도 쉽게 가능하다. 파이썬, 자바스크립트, 자바 기능들은 아마존 람다에 의해 지원되는 가장 작은 배포 단위다(이들을 더 작게 만드는 것은 거의 불가능하다). 파이썬, 자바, 자바스크립트 기능이 다수로 있다고 해도 배포에 대한 비용은 상대적으로 낮게 유지된다.

아마존 람다는 아마존 생태계의 일부다. 따라서 Amazon Elastic Beanstalk 같은 기술에 의해 보완될 수 있다. 여기에서 마이크로서비스들은 더 큰 규모로 실행될 수 있으며, 다른 언어로도 작성 가능하다. 또한 EC2$^{Elastic\ Computing\ Cloud}$와 결합할 수도 있다. EC2는 모든 소프트웨어가 설치될 수 있는 가상 머신을 제공한다. 또한 약간의 추가적인 노력으로 사용할 수 있는 데이터베이스와 다른 서비스에 대해 선택의 폭이 넓다. 아마존 람다는 자체적으로 이러한 툴킷에 대한 보충재로 정의된다. 결국, 아마존 클라우드의 중요한 장점 중 하나는 거의 모든 인프라스트럭처에서 사용 가능하며 쉽게 사용할 수 있다는 것이다. 따라서 개발자는 대부분의 표준 컴포넌트를 빌려 쓰면서 특정 기능의 개발에 집중할 수 있다.

시도 및 실험

아마존 람다의 사용 방법을 보여주는 포괄적인 튜토리얼[2]이 있다. 이것은 아마존 시스템에서 간단한 시나리오를 보여줄 뿐 아니라 다양한 Node.js 라이브러리, REST 서비스 구현, 그리고 다양한 이벤트에 대한 반응 방법 같은 복잡한 메커니즘을 사용하는 방법도 보여준다. 대부분의 서비스에 대해 아마존은 새로운 고객에게 무료 할당량을 제공한다. 람다의 경우, 처음에는 각 고객이 테스트를 수행하고 해당 기술을 완전히 파악하는 데 충분할 정도의 많은 무료 할당량을 받는다. 또한 한 달 동안 처음 100만 번의 호출은 무료라는 사실도 알아야 한다. 그러나 현재의 가격체계[3]도 확인해두는 것이 좋다.

---

2 http://aws.amazon.com/lambda/getting-started/

3 https://aws.amazon.com/lambda/pricing/

15.4 OSGi

OSGi[4]는 다양한 구현 방법[5]을 갖는 표준이다. 임베디드 시스템은 때때로 OSGI를 사용한다. 개발 환경인 이클립스^{Eclipse}는 OSGI를 기반으로 하며, 많은 자바 데스크톱 애플리케이션은 이클립스 프레임워크를 사용한다. OSGi는 자바 가상 머신^{JVM} 내에서 모듈화를 정의한다. 자바가 클래스나 패키지로 코드를 분할할 수 있다고 해도, 대규모 단위에 대한 모듈 개념은 없다.

OSGi 모듈 시스템

OSGi는 모듈 시스템으로 자바를 보완한다. 이를 위해 OSGI는 자바 부분에 번들^{bundle}을 도입한다. 번들은 다양한 클래스 코드를 포함하는 자바 JAR 파일을 기반으로 한다. 번들은 각 JAR 파일이 포함해야 하는 META-INF/MANIFEST.MF 파일 내에 많은 추가 항목을 갖는다. 이러한 항목은 번들이 내보내는^{export} 클래스와 인터페이스를 정의한다. 다른 번들은 이러한 클래스와 인터페이스를 가져올^{import} 수 있다. 따라서 OSGi는 완전히 새로운 개념을 고안하지 않으며, 상당히 정교한 모듈 개념으로 자바를 확장한다.

리스트 12. OSGi MANIFEST.MF

```
1 Bundle-Name: A service
2 Bundle-SymbolicName: com.ewolff.service
3 Bundle-Description: A small service
4 Bundle-ManifestVersion: 2
5 Bundle-Version: 1.0.0
6 Bundle-Acltivator: com.ewolff.service.Activator
7 Export-Package: com.ewolff.service.interfaces;version="1.0.0"
8 Import-Package: com.ewolff.otherservice.interfaces;version="1.3.0"
```

리스트 12는 MANIFEST.MF 파일의 예를 보여준다. 이 파일은 설명과 번들의 이름, 그리고 번들 액티베이터$^{bundle activator}$를 포함하고 있다. 이 자바 클래스는 번들을 시작할 때 실행된다. 그리고 번들을 초기화한다. Export-Package는 번들에 의해 제공되는 자바 패키지들을 표시한다. 이러한 패키지의 모든 클래스와 인터페이스는 다른 번들에서 사용 가능하다.

---

4 http://www.osgi.org/

5 http://en.wikipedia.org/wiki/OSGi#Current_framework_implementations

`Import-Package`는 다른 번들에서 패키지를 가져오는 역할을 한다. 패키지들은 버전을 가질 수 있다.

인터페이스와 클래스 외에, 번들은 서비스도 내보낼 수 있다. 그러나 MANIFEST.MF 항목은 이를 위해 충분하지 않으며 코드로 작성돼야 한다. 서비스들은 결국 자바 객체로, 다른 번들을 가져올 수 있으며 서비스를 사용할 수도 있다. 서비스의 호출도 코드에서 발생한다.

번들은 실행 환경에서 설치, 시작, 중지, 제거될 수 있다. 따라서 번들은 쉽게 업데이트 가능하다(이전 버전을 멈추고 삭제한 후 새로운 버전을 설치하고 시작한다). 그러나 번들이 클래스나 인터페이스를 내보내고 다른 번들이 그것을 사용하는 경우, 업데이트는 더 이상 간단하지 않다. 이전 번들의 클래스나 인터페이스를 사용하는 모든 번들과 이제 새롭게 설치된 번들을 이용하기 원하는 모든 번들은 다시 시작해야 한다.

실제로 번들 다루기

마이크로서비스에서 코드의 공유는 서비스의 사용만큼 중요하지 않다. 그럼에도 불구하고, 최소한 다른 번들에 대한 서비스 인터페이스가 제공돼야 한다.

실제로, 번들이 클래스와 자바 인터페이스로 서비스의 인터페이스 코드를 내보는 경우, 프로시저가 만들어진다. 또 다른 번들은 서비스의 구현을 포함한다. 구현 클래스들은 내보낼 수 없다. 서비스의 구현은 OSGi 서비스로 내보내진다. 서비스를 사용하기 위해 번들은 인터페이스 코드를 한 번들에서 가져오고, 서비스를 다른 번들에서 가져와야 한다(그림 79를 참고하라).

OSGi는 서비스를 다시 시작할 수 있다. 설명한 방법으로, 다른 번들의 재시작 없이 서비스 구현을 교체할 수 있다. 이러한 번들은 자바 인터페이스와 인터페이스 코드의 클래스들만 가져온다. 이 코드는 새로운 서비스의 구현을 위해 변경되지 않는다. 따라서 재시작은 더 이상 필요하지 않다. 실제로, 이와 같은 서비스에 대한 접근은 서비스의 새로운 버전이 사용되는 방법으로 구현될 수 있다.

OSGI 서비스 모델을 통하지 않고, OSGi blueprints[6]나 OSGi declarative services[7]의 도움을 통해 세부 사항을 추출할 수 있다. 이것은 OSGi의 처리를 용이하게 만든다. 이러한 기술은 서비스가 재시작하거나 번들이 재시작하는 동안 일시적인 실패를 훨씬 더 처리하기 쉽게 만든다.

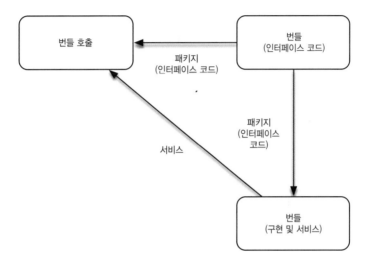

그림 79. OSGi 서비스, 구현, 인터페이스 코드

서비스는 독립적으로 배포할 수 있다. 그러나 인터페이스 코드와 서비스 구현은 다양한 번들을 포함해야 하므로 어려운 작업이다. 이 모델은 구현에 대해서만 변경을 허용한다. 인터페이스 코드의 수정은 더 복잡하다. 인터페이스 코드를 수정하는 경우, 서비스를 사용하는 번들은 인터페이스를 다시 로딩해야 하므로 재시작해야 한다.

실제로 OSGi 시스템은 때때로 개별 번들의 수정 때문이 아닌, 이와 같은 이유로 완전히 다시 설치된다. 예를 들어 이클립스의 업데이트는 재시작을 수반한다. 완전한 재설치는 환경의 재생reproduction을 용이하게 한다. OSGi 시스템이 동적으로 변경되는 경우, 임의의 시점에는 아무것도 재현할 수 없는 상태가 된다. 그러나 개별 번들의 수정은 OSGi를 통한 나노서비스 접근 방법을 구현하기 위한 본질적인 전제 조건이다. 독립적인 배포는 나노서비스의 필수적인 속성이다. 따라서 OSGi는 이 필수 속성을 포함하고 있다.

6　http://wiki.osgi.org/wiki/Blueprint

7　http://wiki.osgi.org/wiki/Declarative_Services

나노서비스의 평가

OSGi는 아키텍처 측면에서 자바 프로젝트에 긍정적인 영향을 미친다. 일반적으로, 번들의 크기는 상대적으로 작기 때문에 개별 번들은 이해하기가 쉽다. 또한 번들의 분할은 개발자와 아키텍트가 번들 사이의 관계에 대해 생각하고, 번들의 구성을 정의하도록 한다. 시스템 내에서 번들 사이의 또 다른 의존성은 불가능하다. 이것은 일반적으로 매우 명확하고 깔끔한 아키텍처와 의도적인 의존성을 유도한다.

그러나 OSGi는 기술적인 자유를 제공하지 않는다. OSGi는 JVM을 기반으로 하므로, 자바나 자바 기반 언어만 사용할 수 있다. 예를 들어, 일반적인 데이터베이스는 자바로 작성되지 않기 때문에, OSGi 번들이 자체적인 데이터베이스를 갖는 것은 거의 불가능하다. 이 경우, OSGi 인프라스트럭처와 더불어 추가적인 솔루션을 찾아야 한다. 일부 자바 기술의 경우, 자바 클래스 로딩은 OSGi와 다르게 동작하기 때문에 OSGi와 통합하기가 어렵다.

더욱이, 많은 인기 있는 자바 애플리케이션 서버들은 배포된 애플리케이션을 위한 OSGI를 지원하지 않는다. 따라서 이러한 환경에서 실행되는 동안 코드 변경은 지원되지 않는다. 인프라스트럭처는 OSGi에 더 적합해야 한다.

또한 번들은 완전하게 격리되지 않는다. 번들이 CPU를 많이 사용하거나 JVM의 고장 원인이 되는 경우, 동일 JVM의 다른 번들이 영향받게 된다. 예를 들어, 메모리 누수는 오류로 인해 시스템이 고장 날 때까지 더 많은 메모리가 할당되는 원인이 될 수 있다. 이러한 오류는 (시스템의) 실패로 인해 쉽게 발생할 수 있다.

다른 한편으로, 번들은 OSGI로 인해 지역적인 통신을 할 수 있다. 분산 통신은 다른 프로토콜을 통해서도 가능하다. 게다가 JVM을 공유하는 번들은 메모리 활용률을 감소시킨다.

마찬가지로, 모니터링을 위한 솔루션들이 다양한 OSGi 구현물로 존재한다.

결론

무엇보다도, OSGi는 기술적인 자유에 대한 제한을 유도한다. OSGi는 프로젝트를 자바 기술로 제한한다. 실제로, 번들의 독립적인 배포는 대부분 구현하기가 어렵다. 특히 인터페이스의 변경은 거의 지원되지 않는다. 또한 번들은 다른 번들로부터 잘 분리되지 않는다. 다른 한편으로, 번들은 로컬 호출을 통해 쉽게 상호작용할 수 있다.

시도 및 실험

- 튜토리얼[8]을 통해 OSGi에 익숙해져라.

- 당신이 알고 있는 시스템의 일부에 대해 번들과 서비스의 배포 개념을 만들어라.
- 당신이 OSGi로 시스템을 구현한 경우, 어떤 추가적인 기술(예를 들어, 데이터베이스)
  을 사용하고 싶은가? 어떻게 이러한 사항을 처리할 것인가?

15.5 자바 EE

자바 EE[9]는 자바 분야의 표준이다. 자바 EE는 JS$^{Java\ ServerFaces}$, 웹 애플리케이션을 위한 서블릿^{Servlet}과 JSP$^{Java\ Server\ Pages}$, 영속성을 위한 JPA$^{Java\ Persistence\ API}$나 트랜잭션을 위한 JTA 같은 다양한 API를 포함한다. 또한 자바 EE는 배포 모델을 정의한다. 웹 애플리케이션은 엔터프라이즈 자바빈즈^{EJBs} 같은 로직 컴포넌트를 포함할 수 있는 WAR$^{Web\ ARchive}$ 파일, JAR$^{Java\ ARchive}$ 파일로 패키징될 수 있다. 그리고 EAR$^{Enterprise\ ARchives}$은 JAR와 WAR의 집합을 포함할 수 있다. 이러한 모든 컴포넌트는 하나의 애플리케이션 서버에서 배포된다. 애플리케이션 서버는 자바 EE API로 구현되고 HTTP, 스레드, 네트워크 연결을 지원한다. 또한 데이터베이스의 접근도 지원된다.

이번 절에서는 WAR와 자바 EE 애플리케이션 서버의 배포 모델을 다룬다. 이미 14장에서 애플리케이션 서버를 필요로 하지 않는 자바 시스템의 세부 사항을 설명했다. 자바 EE는 자바 가상 머신상의 자바 애플리케이션을 바로 시작한다. 애플리케이션은 JAR 파일로 패키징되며, 전체 인프라스트럭처를 포함한다. 이러한 배포는 애플리케이션이 전체 인프라스트럭처를 하나의 JAR에 포함하므로, Fat JAR 배포로 불린다. 14장의 예제에서는 REST를 위해 JAX-RS 같은 많은 자바 EE API를 지원하는 스프링 부트$^{Spring\ Boot}$를 사용한다.

---

8 http://www.vogella.com/tutorials/OSGi/article.html

9 http://www.oracle.com/technetwork/java/javaee/overview/index.html

Dropwizard[10]는 이와 같은 JAR 모델을 지원한다. 실제로, 이것은 JAX RSbased REST 웹 서비스에 중점을 둔다. 그러나 이것은 다른 애플리케이션도 지원한다. Wildfly Swarm[11]은 자바 EE 서버인 Wildfly의 변형이며 같은 배포 모델을 지원한다.

자바 EE와 나노서비스

Fat JAR 배포는 나노서비스를 위해 너무 많은 자원을 사용한다. 자바 EE 애플리케이션 서버에서는 여러 WAR가 배포될 수 있으므로 자원을 절약할 수 있다. 각각의 WAR는 자체적인 URL을 통해 접근 가능하다. 더욱이, 각 WAR는 개별적으로 배포할 수 있다. 이것은 각나노서비스의 독립적인 생산 환경을 적용할 수 있게 해준다.

그러나 WAR 사이의 분리가 최적은 아니다.

- 메모리와 CPU는 모든 나노서비스에 의해 전체적으로 사용된다. 나노서비스가 많은 CPU나 메모리를 사용하는 경우, 이것은 다른 나노서비스를 방해할 수 있다. 한 나노서비스의 고장은 다른 모든 나노서비스로 전파된다.

- 실제로, 메모리에서 전체 애플리케이션을 제거할 수 없는 경우, WAR의 재배포는 메모리 누수의 원인이 된다. 따라서 개별 나노서비스의 독립적인 배포는 실제로 달성하기 어렵다.

- OSGi와는 반대로, WAR의 ClassLoader들은 완전히 분리된다. 따라서 다른 나노서비스가 코드에 접근할 가능성은 없다.

- 코드의 분리로 인해 WAR는 HTTP나 REST를 통해서만 통신 가능하다. 로컬 메소드의 호출은 불가능하다.

여러 나노서비스가 애플리케이션 서버와 JVM을 공유하므로, 이 솔루션은 14장에서 설명한 것처럼 자체적인 JVM에서 이뤄지는 개별 마이크로서비스의 Fat JAR 배포보다 더 효율적이다. 나노서비스는 공유 힙shared heap을 사용한다. 따라서 더 적은 메모리를 사용한다. 그러나 나노서비스의 확장은 더 많은 애플리케이션 서버를 시작함으로써만 가능하다. 각 애플리케이션 서버는 모든 나노서비스를 포함하고 있다. 모든 나노서비스는 전체적으로 확

---

10 https://dropwizard.github.io/dropwizard/

11 http://github.com/wildfly-swarm/

장돼야 한다. 개별 나노서비스의 확장은 불가능하다.

기술 선택은 JVM 기술로 제한된다. 또한 Vert.x(15.6절)나 Play처럼 서블릿servlet 모델로 작동되지 않는 기술은 모두 제외된다.

자바 EE와 마이크로서비스?

마이크로서비스에 대해 자바 EE는 선택 사항 중 하나가 될 수 있다. 이론적으로, 각 마이크로서비스는 자체적인 애플리케이션 서버에서 실행 가능하다. 이 경우, 애플리케이션에 더해 애플리케이션 서버가 설치되고 설정돼야 한다. 애플리케이션 서버의 버전과 서버의 구성은 애플리케이션의 버전과 맞아야 한다. Fat JAR 배포를 위해 애플리케이션 서버의 특별한 구성은 필요하지 않다. 애플리케이션 서버는 Fat JAR의 일부며 애플리케이션처럼 구성되기 때문이다. 이러한 애플리케이션 서버로 인한 추가적인 복잡도는 어떠한 장점으로도 상쇄시킬 수 없다. 애플리케이션 서버의 배포와 모니터링은 자바 애플리케이션에 대해서만 동작하기 때문에 이러한 기능은 기술 선택이 자바 기술로 제한되는 마이크로서비스 기반 아키텍처에서만 사용 가능하다. 일반적으로, 애플리케이션 서버는 (특히 마이크로서비스에 대해서는) 거의 장점을 가지지 않는다.[12]

예제

14장의 예제는 자바 EE 배포 모델[13]을 사용할 수 있다. 그림 80은 예제에 대한 개요를 제공한다. 주문order, 고객customer, 목록catalog으로 구성된 세 개의 WAR가 있으며, 이들은 REST를 통해 서로 통신한다. 주문은 단일 고객 인스턴스와 통신하기 때문에 고객이 실패하면 주문도 호스트 서버에서 실패할 것이다. 더 나은 가용성을 달성하기 위해 접근은 다른 고객 인스턴스로 다시 라우팅돼야 한다. 고객은 HTML/HTTP를 통해 외부에서 나노서비스의 UI를 사용할 수 있다. 코드는 14장의 솔루션과 비교해 아주 작은 변경만 포함한다. 넷플릭스 라이브러리는 제거됐다. 다른 한편으로, 애플리케이션은 서블릿 컨테이너를 지원하기 위해 확장됐다.

---

12 http://jaxenter.com/java-application-servers-dead-1-111928.html
13 https://github.com/ewolff/javaee-example/

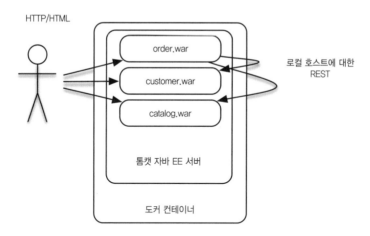

HTTP/HTML

order.war

customer.war

catalog.war

로컬 호스트에 대한
REST

톰캣 자바 EE 서버

도커 컨테이너

그림 80. 자바 EE 나노서비스와 예제 애플리케이션

시도 및 실험

자바 EE 나노서비스의 애플리케이션은 깃허브^{GitHub14}에서 발견할 수 있다. 해당 애플리케이션은 넷플릭스 기술을 사용하지 않는다.

Hystrix는 탄력성을 제공한다(14.10절을 참조하라).

- 애플리케이션에 Hystrix를 통합하는 것이 타당한가?
- 나노서비스들은 서로 얼마나 격리돼 있는가?
- Hystrix는 항상 도움이 되는가?
- 안정성과 탄력성에 대해 10.5절과 비교하라. 이 애플리케이션에서 이러한 패턴들은 어떻게 구현되겠는가?

- 유레카(Eureka)는 서비스 검색에 도움이 된다. 이것은 자바 EE 나노서비스와 얼마나 잘 어울리는가?
- 어떻게 다른 서비스 검색 기술과 통합될 수 있는가? (8.9절과 비교하라.)

---

14 https://github.com/ewolff/javaee-example/

· 마찬가지로, REST 서비스 간의 로드 밸런싱을 위해 Ribbon도 통합할 수 있다. 어떤 장점이 있는가? 유레카 없이도 Ribbon을 사용할 수 있는가?

15.6 Vert.x

Vert.x[15]는 다양하고 흥미로운 접근 방법을 포함하는 프레임워크다. 비록 자바 가상 머신에서 실행되지만, Vert.x는 다양하고 많은 프로그래밍 언어들을 지원한다(자바스크립트, 루비, 파이썬은 물론, 자바, 스칼라, 클로저, 그루비, 실론도 지원한다). Vert.x 시스템은 버티클[16]로 만들어진다. 버티클은 이벤트를 받아 메시지를 반환할 수 있다.

리스트 13은 들어오는 메시지만 반환하는 간단한 Vert.x 버티클을 보여준다. 코드는 서버를 생성한다. 클라이언트가 서버에 연결되는 경우, 콜백callback이 호출되고 서버에서 펌프pump가 생성된다. 펌프는 소스에서 대상으로 데이터를 전송하는 역할을 한다. 예제에서는 소스와 대상이 동일하다.

애플리케이션은 클라이언트가 연결되고 콜백이 호출되는 경우에만 활성화된다. 마찬가지로, 펌프는 새로운 데이터를 클라이언트로부터 사용 가능한 경우에만 활성화된다. 이러한 이벤트들은 버티클을 호출하는 이벤트 루프에 의해 처리된다. 버티클은 이벤트를 처리해야 한다. 이벤트 루프는 스레드다. 일반적으로, CPU 코어마다 하나의 이벤트 루프가 시작된다. 따라서 이벤트 루프들은 동시에 처리된다. 그리고 각 이벤트 루프는 스레드다. CPU 코어는 임의의 개수에 대한 네트워크 연결을 지원할 수 있다. 모든 연결의 이벤트들은 단일 이벤트 루프에서 처리 가능하다. 따라서 Vert.x는 많은 수의 네트워크 연결을 처리해야 하는 애플리케이션에도 적합하다.

리스트 13. 간단한 자바 Vert.x 에코 버티클

```
1 public class EchoServer extends Verticle {
2
3   public void start() {
```

15 http://vertx.io/
16 Vert.x에서는 하나의 배포 단위를 버티클(verticle)이라 부른다. - 옮긴이

```
4      vertx.createNetServer().connectHandler(new Handler<NetSocket>() {
5        public void handle(final NetSocket socket) {
6          Pump.createPump(socket, socket).start();
7        }
8      }).listen(1234);
9    }
10 }
```

설명했다시피, Vert.x는 다양한 프로그래밍 언어를 지원한다. 리스트 14는 자바스크립트에서의 동일한 에코 버티클을 보여준다. 코드는 자바스크립트 규칙을 준수하며 콜백을 위해 자바스크립트 함수를 사용한다. Vert.x는 각 프로그래밍 언어에 대한 네이티브 라이브러리처럼 보이는 각 프로그래밍 언어에 대한 계층을 가지며, 이러한 방법으로 기본 기능을 적용한다.

리스트 14. 간단한 자바스크립트 Vert.x Echo 버티클

```
1 var vertx = require('vertx')
2
3 vertx.createNetServer().connectHandler(function(sock) {
4   new vertx.Pump(sock, sock).start();
5 }).listen(1234);
```

Vert.x 모듈은 다양한 언어로 여러 버티클을 포함할 수 있다. 버티클과 모듈은 이벤트 버스 event bus를 통해 서로 통신 가능하다. 이벤트 버스상의 메시지들은 JSON을 데이터 형식으로 사용한다. 이벤트 버스는 여러 서버로 배포될 수 있다. 이러한 방법으로, Vert.x는 배포를 지원하고 다른 서버의 모듈을 시작하며 가용성을 구현할 수 있다. 또한 버티클과 모듈은 메시지만 교환하기 때문에 느슨하게 결합된다. Vert.x는 다른 메시징 시스템에 대한 지원을 제공하며 HTTP 및 REST와 통신 가능하다. 따라서 Vert.x 시스템은 마이크로서비스 기반 시스템과 상대적으로 통합하기가 쉽다.

모듈은 개별적으로 배포될 수 있으며 다시 제거할 수도 있다. 모듈은 이벤트를 통해 서로 통신하기 때문에 실행 시 새로운 모듈로 쉽게 교체 가능하다. 이들은 단지 같은 메시지를 처리해야 한다. 모듈은 나노서비스를 구현할 수 있다. 모듈은 새로운 노드로 시작 가능하다. 따라서 JVM의 실패는 보상할 수 있다.

Vert.x는 애플리케이션이 필요한 모든 라이브러리를 갖는 경우 Fat JAR을 지원한다. 이것은 애플리케이션이 모든 의존성을 가지고 있으며 배포가 쉽기 때문에 마이크로서비스에 유용하다. 이 방법은 너무 많은 자원을 소모하므로 나노서비스에 대해서는 유용하지 않다. 하나의 JVM에 여러 Vert.x 모듈을 배포하는 것은 나노서비스에 대해 더 좋은 선택 사항이다.

결론

독립적인 모듈 배포와 이벤트 버스를 이용한 느슨한 결합을 통해 Vert.x는 JVM 내에서 다양한 나노서비스를 지원한다. 그러나 JVM의 충돌, 메모리 누수, 이벤트 루프의 차단은 JVM 내의 모든 모듈과 버티클에 영향을 줄 수 있다. Vert.x는 JVM의 제한에도 불구하고 다양한 프로그래밍 언어를 지원한다. 이것은 이론적인 선택 사항이다. 실제로, Vert.x는 지원되는 모든 언어에서 쉽게 사용되는 것을 목표로 한다. Vert.x는 전체 애플리케이션이 비 차단 방식non blocking manner으로 작성된다고 가정한다. 그러나 워커 버티클Worker Verticle에서는 차단 작업이 실행될 가능성이 있다. 이들은 별도의 스레드 풀을 이용한다. 따라서 워커 버티클은 비 차단 버티클에 영향을 주지 않는다. Vert.x를 지원하지 않는 코드라도, 여전히 Vert.x 시스템에서는 비 차단 접근 방법을 사용할 수 있다. 이것은 더 큰 기술적 자유를 제공한다.

시도 및 실험

Vert.x 홈페이지[17]는 Vert.x로 쉽게 개발을 시작하는 방법을 제공한다. 홈페이지에서는 웹 서버를 구현할 수 있는 방법과 다양한 프로그래밍 언어를 실행하는 방법을 보여준다. 예제에서 모듈은 자바와 메이븐[18]을 사용하며, 다른 프로그래밍 언어[19]를 사용하는 복잡한 예제도 있다.

---

17 http://vertx.io/

18 http://vertx.io/maven_dev.html

19 https://github.com/vert-x/vertx-examples

15.7 얼랭

얼랭[Erlang20]은 함수형 프로그래밍 언어로, OTP[Open Telecom Platform](개발형 통신 플랫폼) 프레임 워크와 함께 사용된다. 본래, 얼랭은 통신을 위해 개발됐다. 통신 분야의 애플리케이션은 높은 신뢰성을 갖춰야 하지만, 한편으로 얼랭의 강점에서 오는 혜택은 모든 분야에 적용된다. 얼랭은 자바의 가상 머신과 유사한 BEAM[Bogdan/Björn's Erlang Abstract Machine]으로 불리는 런타임 환경을 사용한다.

무엇보다도, 얼랭이 지닌 강점은 실패에 대한 탄력성과 시스템을 수년 동안 실행할 수 있는 가능성이다. 이것은 동적 소프트웨어 업데이트를 통해서만 가능하다. 동시에, 얼랭은 병렬 컴퓨팅에 대한 경량 개념을 갖는다. 얼랭은 병렬 컴퓨팅에 대한 처리 개념을 사용한다. 이것은 운영체제 프로세스에 관련되지 않는 프로세스로, 운영체제 스레드보다 더 경량이다. 얼랭 시스템에서는 수백만 개의 프로세스가 모두 분리돼 실행 가능하다.

분리에 기여하는 또 다른 요소는 비동기 통신이다. 얼랭 시스템에서 프로세스는 메시지를 통해 서로 통신한다. 메시지는 프로세스에 대한 메일함으로 보내진다(그림 81을 참조하라). 한 프로세스에서 특정 시점에는 오직 하나의 메시지만 처리된다. 이것은 병렬 처리를 용이하게 만든다. 많은 메시지들이 동시에 처리될 수 있으므로, 이것은 병렬 실행이다. 그러나 각 프로세스는 한 번에 하나의 메시지만 처리한다. 여러 프로세스들이 있기 때문에 병렬 처리가 이뤄진다. 상태를 유지하지 않고 진행을 시도하는 언어의 기능적인 접근 방법은 이 모델과 잘 맞는다. 이 접근 방법은 Vert.x의 버티클과 이벤트 버스를 통한 버티클의 통신에도 관련된다.

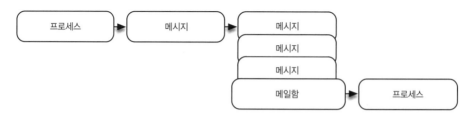

그림 81. 얼랭 프로세스 간의 통신

---

20 http://www.erlang.org/

리스트 15는 수신된 메시지를 반환하는 간단한 얼랭 서버를 보여준다. 이것은 자체 모듈에 정의돼 있다. 모듈은 어떠한 파라미터도 갖지 않는 함수 loop를 내보낸다. 함수는 메시지 Msg를 노드 From로부터 받는다. 그리고 동일한 메시지를 이 노드로 반환한다. '!' 연산자는 해당 메시지를 전송하는 역할을 한다. 그 이후 함수가 다시 호출되고, 그다음 메시지를 기다린다. 네트워크를 통해 또 다른 컴퓨터를 호출하기 위해 정확히 같은 코드가 사용될 수 있다. 로컬 메시지와 네트워크를 통한 메시지들은 동일한 메커니즘에 의해 처리된다.

리스트 15. 얼랭 에코 서버

```
1 -module(server).
2 -export([loop/0]).
3 loop() ->
4   receive
5     {From, Msg} ->
6       From ! Msg,
7       loop()
8 end.
```

메시지의 전송 때문에 얼랭 시스템은 특히 견고하다. 얼랭은 '망가지게 놔두자^{Let It Crash}.'를 이용한다. 문제가 발생하는 경우, 개별 프로세스는 바로 재시작한다. 이것은 감독 프로세스^{supervisor}의 책임이다. 특별하게, 감독 프로세스는 다른 프로세스에 대한 모니터링을 전담하는 프로세스가 필요한 경우, 다른 프로세스를 재시작시킨다. 감독 프로세스는 자체적으로 모니터링되며, 문제가 있는 경우 재시작된다. 따라서 얼랭에서 생성된 트리는 프로세스가 실패하는 경우에 대한 시스템을 준비하게 된다(그림 82를 참조하라).

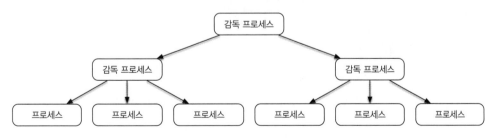

그림 82. 얼랭 시스템에서의 모니터링

얼랭 프로세스 모델은 경량이므로 프로세스의 재시작은 빠르게 수행된다. 다른 컴포넌트에 상태가 저장되는 경우, 정보는 절대 손실되지 않는다. 시스템의 나머지 부분은 해당 프로세스의 실패에 영향을 받지 않는다. 통신은 비동기적이므로 다른 프로세스들은 재시작으로 인한 높은 지연 시간을 해결할 수 있다. 실제로, 이와 같은 방법은 매우 신뢰성 있는 것으로 증명됐다. 여전히 얼랭 시스템은 매우 견고하며 개발하기 쉽다.

이 방법은 액터 모델actor model[21]을 기반으로 한다. 액터는 비동기 메시지를 통해 서로 통신한다. 이들은 응답으로 자신에게 메시지를 보내고 새로운 액터를 시작하거나 다음 메시지를 위해 동작을 변경한다. 얼랭의 프로세스는 액터에 해당한다.

추가적으로, 얼랭 시스템을 모니터링하는 쉬운 방법들이 있다. 얼랭은 메모리 활용이나 메일함의 상태를 모니터링할 수 있는 내장 기능을 갖는다. 이러한 목적을 위해 OTP는 운영 및 유지 보수 지원OAM, Operations and Maintenance Support을 제공한다. 이것은 SNMP 시스템에 통합 가능하다.

얼랭은 탄력성 같은 마이크로서비스의 구현에서 발생하는 전형적인 문제를 해결하기 때문에 마이크로서비스[22]의 구현도 상당히 잘 지원할 수 있다. 이 경우에 마이크로서비스는 얼랭으로 작성된 시스템이며, 내부적으로는 여러 프로세스들로 구성된다.

그러나 서비스는 더 작아질 수 있다. 얼랭 시스템에서 각 프로세스는 나노서비스로 생각될 수 있다. 나노서비스는 런타임 동안에도 서로에 독립적으로 배포 가능하다. 더욱이, 얼랭은 운영체제 프로세스를 지원한다. 이 경우, 프로세스들은 감독자 계층으로 통합될 수 있으며, 문제가 있는 경우 다시 시작된다. 이것은 임의의 언어로 작성된 모든 운영체제 프로세스는 얼랭 시스템과 얼랭 시스템 아키텍처의 일부가 될 수 있음을 의미한다.

나노서비스에 대한 평가

논의된 바와 같이, 얼랭에서 개별 프로세스는 나노서비스로 볼 수 있다. 이 경우, 인프라스트럭처를 위한 비용은 상대적으로 낮다. 모니터링은 내장된 얼랭의 기능으로도 수행 가능하다. 배포에 대해서도 마찬가지다. 프로세스들은 BEAM 인스턴스를 공유하기 때문에 단

---

21 http://en.wikipedia.org/wiki/Actor_model
22 https://www.innoq.com/en/talks/2015/01/talk-microservices-erlang-otp/

일 프로세스에 대한 오버헤드가 아주 높지는 않다. 또한 프로세스들은 네트워크를 통한 통신 없이도 메시지를 교환 가능하다. 따라서 오버헤드는 작으며 프로세스 간의 분리도 구현할 수 있다.

마지막으로, 다른 언어의 프로세스도 얼랭 시스템에 추가 가능하다. 이러한 목적을 위해, 운영체제 프로세스는 임의의 언어를 얼랭의 통제하에 두도록 구현할 수 있다. 운영체제 프로세스는 '망가지게 놔두자.'에 의해 보호된다. 이것은 실질적으로 모든 기술을 얼랭으로 통합 가능하게 해준다(심지어 이들이 분리된 프로세스로 실행된다 하더라도 통합 가능하다).

다른 한편으로, 얼랭은 매우 일반적이지 않다. 따라서 기능적 접근의 결과에 익숙해져야 한다. 마지막으로, 얼랭 구문은 많은 개발자들에게 그다지 직관적이지 않다.

시도 및 실험

이번 절에서는 코드에 기반한 매우 간단한 예제[23]를 소개하고 노드 간의 통신이 어떻게 가능한지 살펴봤다. 얼랭에 대한 기본적인 이해를 얻기 위해 이 예제를 이용할 수 있다.

배포와 운영을 다루는 데 아주 좋은 얼랭에 대한 튜토리얼[24]이 있다. 이 튜토리얼 정보의 도움으로, 예제[25]는 슈퍼바이저에 의해 보완될 수 있다.

얼랭 에코시스템 외의 대안적인 언어는 Elixir[26]다. Elixir는 다른 문법을 갖지만, OTP의 개념 차원에서 장점을 갖는다. Elixir는 얼랭보다 배우기가 쉬우므로 처음 시작하기에 적합하다.

---

23 https://github.com/ewolff/erlang-example/
24 http://learnyousomeerlang.com/
25 https://github.com/ewolff/erlang-example/
26 http://elixir-lang.org/

액터 모델[27]에 대한 다양하고 많은 구현물들이 있다. 이러한 기술들이 마이크로서비스나 나노서비스의 구현과 관련해 유용한지 여부와 장점을 파악하기 전에 더욱 상세히 살펴보는 것은 가치 있는 일이다. 스칼라/자바에서 Akka는 이러한 부분에 관심을 갖는다.

15.8 세네카

세네카[Seneca28]는 Node.js를 기반으로 한다. 따라서 서버에서 자바스크립트를 사용한다. Node.js는 하나의 운영체제 프로세스에서 많은 작업을 동시에 처리하는 프로그래밍 모델을 갖는다.

이를 위해 이벤트를 처리하는 이벤트 루프가 있다. 네트워크 연결을 통해 시스템으로 메시지가 들어오는 경우, 시스템은 먼저 이벤트 루프가 자유[free] 상태가 될 때까지 기다린다. 그러면 이벤트 루프는 메시지를 처리한다. 처리 동안에 루프가 차단되기 때문에 메시지의 처리는 빨라야 한다. 그렇지 않으면, 결과적으로 모든 다른 메시지에 대한 대기 시간이 길어진다. 이와 같은 이유로, 다른 서버의 응답은 어떠한 경우에도 이벤트 루프에서 대기하지 않는다. 그러나 이것은 시스템을 상당히 오랫동안 차단할 가능성이 있다. 다른 시스템과의 상호작용은 상호작용의 시작만 구현하는 방법으로 처리될 수 있다. 그러면 이벤트 루프는 다른 이벤트를 처리하기 위해 자유 상태가 된다. 다른 시스템의 응답이 도착하는 경우에만 이벤트 루프에 의해 처리되며, 이후 이벤트 루프는 상호작용의 개시를 위해 등록된 콜백[callback]을 호출한다. 이 모델은 Vert.x나 얼랭에서 사용된 방법과 유사하다.

세네카는 프로세스 명령의 처리를 허용하는 Node.js의 메커니즘을 도입한다. 명령어 패턴은 임의의 코드를 실행시켜야 되는 이유로 정의된다.

이와 같이 명령어를 통한 통신은 네트워크를 통해 수행하기가 쉽다. 리스트 16은 `seneca.add()`를 호출하는 서버를 보여준다. 따라서 새로운 패턴과 이러한 패턴을 통해 이벤트를 처리하는 코드가 정의돼 있다. 컴포넌트에 `cmd: "echo"`로 명령하면 함수가 반응한다. 이것은 명령으로부터 값을 판독하고 `callback` 함수의 `value` 파라미터에 넣는다. 그러면

27 http://en.wikipedia.org/wiki/Actor_model
28 http://senecajs.org/

callback 함수가 호출된다. seneca.listen()과 더불어 서버가 시작되고, 네트워크에서 명령어를 수신한다.

리스트 16. 세네카 서버

```
1 var seneca = require("seneca")()
2
3 seneca.add( {cmd: "echo"}, function(args,callback){
4   callback(null,{value:args.value})
5 })
6
7 seneca.listen()
```

리스트 17에서 클라이언트는 네트워크를 통해 로컬로 처리할 수 없는 모든 명령어를 서버로 보낸다. seneca.client().seneca.act()는 서버로 전송되는 명령어를 생성한다. 이것은 cmd: "echo"를 포함한다(따라서 리스트 16의 서버 기능이 호출된다). "echo this"는 값으로 사용된다. 서버는 이 문자열을 콜백으로 전달된 함수에 반환한다(그리고 이와 같은 방법으로 마지막으로 콘솔에 출력한다). 예제 코드는 깃허브[29]에서 찾을 수 있다.

리스트 17. 세네카 클라이언트

```
1 var seneca=require("seneca")()
2
3 seneca.client()
4
5 seneca.act('cmd: "echo",value:"echo this", function(err,result){
6   console.log( result.value )
7 })
```

세네카를 통한 분산 시스템의 구현은 매우 쉽다. 그러나 서비스는 통신을 위해 REST 같은 표준 프로토콜을 사용하지 않는다. 그럼에도 불구하고, REST 시스템은 세네카로 구현될 수 있다. 또한 세네카 프로토콜은 JSON을 기반으로 하며, 다른 언어에서 사용될 수 있다.

나노서비스는 네트워크에서 호출되는 세네카에 반응할 수 있다(그리고 이 기능은 아주 작을 수 있다). 이미 설명했다시피, 함수가 이벤트 루프를 차단하는 경우 세네카로 구현된 Node.

29 https://github.com/ewolff/seneca-example/

js 시스템은 망가질 수 있다. 따라서 기능의 분리는 그다지 좋지 않다.

세네카 애플리케이션의 모니터링을 위해 최소한의 간단한 모니터링 기능을 세공하는 관리 콘솔이 있다. 그러나 각각의 경우, 하나의 Node.js 프로세스를 위해서만 이용할 수 있다. 모든 서버에 걸친 모니터링은 다른 방법으로 이뤄져야 한다.

단일 세네카 기능은 세네카 기능에 대한 단일 Node.js 프로세스가 있는 경우에만 독립적으로 배포할 수 있다. Node.js 프로세스의 비용은 단일 자바스크립트 기능에 대해서는 거의 허용하기 어려우므로, 이것은 독립적인 배포에 대한 상당한 제한을 의미한다. 또한 세네카 시스템으로 다른 기술들을 통합하는 것은 쉽지 않다. 결국 전체 세네카 시스템은 자바스크립트로 구현돼야 한다.

나노서비스에 대한 평가

세네카는 자바스크립트로 마이크로서비스를 구현하기 위해 개발됐다. 실제로, 세네카는 네트워크를 통해 접근 가능한 서비스를 아주 간단하게 구현할 수 있다. 기본적인 아키텍처는 얼랭과 유사하다. 두 방법 모두에서 서비스는 서로에게 반응하는 명령 메시지를 보낸다. 개별 서비스의 독립적인 배포, 상호 간의 서비스 분리, 다른 기술의 통합 관점에서 명백하게 얼랭이 우수하다. 또한 얼랭은 더 오랜 역사를 가지고 있다. 또한 다양하고 매우 까다로운 애플리케이션에서 오랫동안 사용돼왔다.

시도 및 실험

 예제 코드[30]는 세네카와 익숙해지기 위한 첫 번째 단계가 될 수 있다. 또한 기본 튜토리얼[31]을 이용할 수도 있다. 추가로, 다른 예제[32]를 살펴보는 것도 가치가 있다. 나노서비스 예제는 포괄적인 애플리케이션으로 확장될 수 있으며, 또는 더 큰 규모의 Node.js 프로세스로 분산될 수 있다.

---

30 https://github.com/ewolff/seneca-example/

31 http://senecajs.org/getting-started.html

32 https://github.com/rjrodger/seneca-examples/

15.9 결론

이번 장에 소개된 기술들은 마이크로서비스가 매우 다양한 방법으로 구현될 수 있음을 의미한다. (기술들 사이의) 격차가 매우 크기 때문에 분리된 용어로 '나노서비스'의 사용이 정당화된다. 나노서비스는 독립적인 프로세스를 필요로 하며, 이러한 프로세스는 네트워크를 통해서만 연결 가능하다. 그러나 하나의 프로세스에서 함께 실행 가능하며, 서로 통신하기 위해 로컬 커뮤니케이션 메커니즘을 사용한다. 따라서 극단적으로 작은 서비스를 사용 가능할 뿐 아니라 임베디드나 데스크톱 애플리케이션 같은 분야에서도 마이크로서비스의 접근 방법을 적용할 수 있다.

나노서비스에 대한 다양한 기술의 장단점을 전반적으로 설명한 개요가 표 3에서 제공된다. 얼랭은 다른 기술에 대한 통합을 허용하고, 각각을 개별 나노서비스로 상당히 잘 분리할 수 있으므로 가장 흥미로운 기술이다. 그리고 한 나노서비스 내의 문제는 다른 서비스의 실패를 유발하지 않는다. 또한 얼랭은 이미 오랫동안 다양한 중요 시스템의 기반이 돼왔다. 따라서 이 기술은 의심할 필요 없이 신뢰성이 증명됐다.

세네카는 유사한 접근 방법을 따르지만, 분리와 자바스크립트가 아닌 다른 기술들의 통합 관점에서 다른 기술과 경쟁할 수 없다. Vert.x는 JVM에 대해 유사한 접근 방법을 갖는다. 그리고 다양한 언어를 지원한다. 그러나 Vert.x는 얼랭처럼 나노서비스를 분리하지 않는다. 자바 EE는 네트워크 없이 통신할 수 없다. 그리고 자바 EE에서는 개별적인 배포가 어렵다. 실제로, 메모리 누수가 WAR의 배포 동안에 빈번하게 발생한다. 따라서 일반적인 애플리케이션 서버는 메모리 누수를 방지하기 위해 배포 동안에 재시작한다. 그러면 모든 나노서비스는 일정 시간 동안 이용할 수 없다. 따라서 나노서비스는 다른 나노서비스에 영향을 주지 않고 배포할 수 없다. OSGi는 자바 EE와는 반대로 나노서비스 간의 코드 사용을 공유한다. 또한 OSGi는 서비스 간의 통신을 위해 메소드 호출을 사용한다. 그리고 얼랭과 세네카처럼 메시지 같은 개별 명령을 사용하지는 않는다. 명령이나 메시지는 더 유연하다는 장점을 갖는다. 특정 서비스가 이해하지 못하는 메시지의 일부는 무시가 가능하므로 문제가 되지 않는다.

표 3. 나노서비스 기술 평가

	람다	OSGi	자바 EE	Vert.x	얼랭	세네카
서비스별 인프라스트럭처를 위한 노력	++	+	+	+	++	++
자원 소비	++	++	++	++	++	++
네트워크와 통신	–	++	—	+	++	–
서비스의 분리	++	– –	– –	–	++	–
어려운 기술의 사용	–	– –	– –	+	+	– –

아마존 람다Amazon Lambda는 아마존 생태계에 통합돼 있으므로 더 흥미롭다. 아마존 람다는 인프라스트럭처를 매우 쉽게 다루도록 만든다. 작은 나노서비스의 경우, 많은 서비스 개수로 인해 더 많은 환경이 필요하므로 인프라스트럭처에 대해 도전적인 문제로 다가올 수 있다. 데이터베이스 서버는 아마존을 통한 API 호출이나 클릭 한 번으로 처리할 수 있다(그렇지 않으면, API는 서버 대신 데이터를 저장하기 위해 사용 가능하다). 서버들은 데이터 저장을 위해 보이지 않게 된다(그리고 아마존 람다의 경우도 코드의 실행을 위해서는 마찬가지다). 개별 서비스를 위한 인프라스트럭처는 없다. 또한 다른 서비스에 의해 실행되고 사용 가능한 코드도 없다. 그리고 준비된 인프라스트럭처로 인해 모니터링은 더 이상 문제가 아니다.

핵심 포인트

- 나노서비스는 시스템을 더 작은 서비스로 나눈다. 이를 위해 나노서비스는 기술의 자유나 분리 같은 특정 분야에 대해 타협한다.
- 나노서비스는 많은 수의 작은 나노서비스를 처리할 수 있는 효율적인 인프라스트럭처를 필요로 한다.

16장

마이크로서비스를 어떻게 시작하는가

이번 장은 이 책의 결론 부분으로, 마이크로서비스를 시작하는 방법을 알려준다. 16.1절에서는 마이크로서비스의 도입과 관련해, (하나가 아닌) 여러 가지 이유가 있음을 설명하기 위해 마이크로서비스의 다양한 장점을 다시 한 번 나열한다. 16.2절에서는 마이크로서비스를 도입하는 다양한 방법을 설명한다. 이러한 방법들은 사용 컨텍스트와 예상되는 장점에 의존한다. 마지막으로, 16.3절에서는 마이크로서비스가 단지 과장된 것인지 묻는 질문에 답한다.

16.1 왜 마이크로서비스인가

마이크로서비스는 다음과 같은 다양한 장점을 갖고 있다(5장과 비교해보라).

- 팀이 독립적으로 작업할 수 있기 때문에 마이크로서비스는 대규모 프로젝트에 대한 기민성agility을 더욱 구현하기 쉽게 만든다.
- 마이크로서비스는 레거시 애플리케이션의 단계적인 보완과 교체에 도움이 된다.
- 마이크로서비스 기반 아키텍처는 아키텍처 쇠퇴architecture decay에 덜 민감하며, 개별 마이크로서비스를 쉽게 교체할 수 있으므로 지속 가능한 개발sustainable development을 가능하게 해준다. 마이크로서비스는 장기적인 관점에서 시스템의 유지 보수성maintainability을 증가시킨다.

- 또한 견고성^{robustness1}과 확장성^{scalability} 같은 마이크로서비스의 기술적인 이유들도 있다.

마이크로서비스 기반 아키텍처의 적용을 고려할 때, 이러한 장점들과 더불어 5장에서 언급한 추가적인 장점들을 우선순위화하는 것이 첫 번째 단계가 돼야 한다. 마찬가지로, 6장에서 논의된 문제들도 평가돼야 하며, 필요한 경우 이러한 문제들을 다루기 위한 전략들이 고안돼야 한다.

지속적인 전달^{Continuous Delivery}과 인프라스트럭처^{Infrastructure}는 이러한 맥락에서 눈에 띄는 역할을 한다. 개발 프로세스가 여전히 수동^{manual}에 의한 것이라면, 많은 수의 마이크로서비스를 운영하는 비용이 상당히 높기 때문에 마이크로서비스를 도입하기가 거의 불가능해진다. 불행하게도, 많은 조직들은 지속적인 전달과 인프라스트럭처 영역에서 여전히 상당한 약점을 갖고 있다. 이 경우, 지속적인 전달이 마이크로서비스와 함께 도입돼야 한다. 마이크로서비스는 배포 모놀리스보다 훨씬 작으므로 마이크로서비스와 함께라면 지속적인 전달이 더 쉬워진다. 따라서 두 접근 방식은 시너지를 갖는다.

또한 조직적인 수준(13장)도 고려돼야 한다. 애자일 프로세스의 확장성이 마이크로서비스를 도입하는 중요한 이유가 되는 경우, 애자일 프로세스는 이미 잘 구축돼 있어야 한다. 예를 들어, 애자일 계획뿐 아니라 모든 기능에 대해 결정하는 제품 책임자^{Product Owner}가 팀마다 있어야 한다. 또한 팀들은 상당히 자립^{self-reliant}적인 상태여야 한다(그렇지 않으면, 결국 마이크로서비스가 제공하는 독립성을 활용하지 못할 것이다).

마이크로서비스를 도입하면 하나 이상의 문제를 해결할 수 있다. 마이크로서비스에 대한 구체적인 동기는 프로젝트마다 다를 것이다. 다양한 장점들이 자체적으로 마이크로서비스를 도입하는 훌륭한 이유가 될 수 있다. 결국 특정 프로젝트 환경에 마이크로서비스를 도입하기 위한 전략은 가장 중요한 장점들을 적용하는 데 있다.

---

1 '강건성'으로도 불린다. – 옮긴이

16.2 마이크로서비스를 향한 길

마이크로서비스를 도입하기 위한 상황을 조성하는 다양한 방법이 있다.

- 가장 일반적인 시나리오는 모놀리스를 단계적으로 다수의 마이크로서비스로 전환하기 시작하는 것이다. 일반적으로, 서로 다른 기능이 한 번에 하나씩 마이크로서비스로 전환된다. 때때로 이러한 변환을 이끌어내는 힘은 바로 더 쉬운 배포에 대한 바람^{wish}이다. 그러나 독립적인 확장과 더욱 지속 가능한 아키텍처를 성취하는 것도 중요한 이유가 될 수 있다.

- 그러나 모놀리스에서 마이크로서비스로 전환하는 방법은 다양하다. 예를 들어, 탄력성이 마이크로서비스로 전환하는 주된 이유인 경우라면 먼저 모놀리스에 Hystrix[2] 같은 기술을 추가하는 것으로 전환을 시작할 수 있다. 그 이후, 시스템을 마이크로서비스로 분할할 수 있다.

- 처음부터 마이크로서비스 기반 시스템으로 시작하는 것은 지금까지 드문 시나리오였다. 이 경우에도 프로젝트는 먼저 모놀리스를 구축하는 것으로 시작할 수 있다. 그러나 먼저 첫 번째 마이크로서비스를 유도하는 대략적인 도메인 아키텍처를 고안하는 것이 더 합리적이다. 이렇게 함으로써 하나 이상의 마이크로서비스를 지원하는 인프라스트럭처가 생성된다. 또한 이 방법은 팀이 기능에 대해 독립적으로 작업할 수 있게 해준다. 그러나 마이크로서비스는 나중에 다시 개정돼야 하기 때문에 시작부터 마이크로서비스를 이용해 여러 부분으로 잘 분할하는 것이 좋다. 이미 존재하는 마이크로서비스 아키텍처에 필요한 커다란 변화를 도입하는 것은 상당히 복잡한 작업이 될 수 있다.

마이크로서비스와 기존 시스템의 결합은 쉽기 때문에 마이크로서비스의 도입은 용이하다. 기존 배포 모놀리스에 대한 보완으로 작은 마이크로서비스가 빠르게 작성된다. 문제가 발생하면, 이러한 마이크로서비스는 시스템에서 빠르게 제거할 수도 있다. 그다음에는 다른 기술적인 요소들이 단계적으로 도입될 수 있다.

마이크로서비스의 도입은 상당히 단순하면서도 즉시 이점이 발생한다. 이에 대한 기본적인 근거는 레거시 시스템과 마이크로서비스의 쉬운 조합에 있다.

2　넷플릭스에서 2013년 공개한 분산 환경을 위한 장애 대응(Fault Tolerance) 라이브러리다. - 옮긴이

16.3 마이크로서비스: 과대광고, 또는 현실

의심의 여지없이, 마이크로서비스는 지금 관심의 초점이 되고 있는 방법이다. 이것이 반드시 나쁜 것은 아니다(그러나 때때로 유행하는 차선책은 실제로 어떤 문제도 해결하지 못한다).

그러나 마이크로서비스에 대한 관심은 유행이나 과대광고 그 이상이다.

- 이 책의 '소개'(2장)에서 설명한 것처럼, 아마존은 수년 동안 마이크로서비스를 사용해오고 있다. 마찬가지로, 많은 인터넷 회사들이 오랜 기간 동안 마이크로서비스 접근 방법을 따르고 있다. 따라서 마이크로서비스는 새로운 유행이 아니며, 유행하기 전부터 오랜 시간 동안 무대 뒤의 많은 회사들에서 이미 사용돼왔다.

- 마이크로서비스에 대한 개척자들의 경우 마이크로서비스와 관련된 장점들이 엄청나게 많으므로, 이들은 아직 존재하지 않지만 필요한 인프라스트럭처에 기꺼이 많은 돈을 투자할 의지가 있었다. 현재 이러한 인프라스트럭처는 오픈소스이므로 무료로 사용 가능하다(넷플릭스는 가장 눈에 띄는 사례다). 따라서 지금은 마이크로서비스를 도입하는 것이 훨씬 더 쉽다.

- 기민성^{agility}과 클라우드 인프라스트럭처를 향한 추세는 마이크로서비스 기반 아키텍처에 의해 적절히 보완된다. 마이크로서비스는 기민성을 확장 가능하게 하며, 견고성과 확장성 측면에서 클라우드의 요구를 충족시킨다.

- 작은 배포 단위처럼 마이크로서비스는 소프트웨어의 품질을 증가시키고, 생산 환경에 소프트웨어를 더욱 빠르게 적용하기 위해 많은 기업에서 사용되고 있는 지속적인 전달을 지원한다.

- 마이크로서비스를 사용하는 많은 이유들이 있다. 따라서 마이크로서비스는 많은 영역에 대한 개선을 의미한다. 마이크로서비스를 도입하는 이유는 하나가 아닌 다수이므로 결국 다양한 프로젝트들도 마이크로서비스로의 전환에서 실질적인 혜택을 누릴 가능성이 더 높다.

짐작하건대, 모든 사람들은 이미 대규모의 복잡한 시스템을 경험했을 것이다. 어쩌면 지금은 더 작은 시스템을 개발하며 이와 관련된 장점에서 혜택을 얻기 위한 시기다. 어떤 경우에는 낮은 기술적 복잡도 이외에도 모놀리스에 동조하는 몇 가지 이유가 있을 수 있다.

16.4 결론

마이크로서비스의 도입이 합리적인 다양한 이유들이 있다.

- 장점이 다양하다(16.1절과 5장에서 설명했다).

- 마이크로서비스의 접근 방법은 진화적이다. 따라서 처음부터 전체 시스템에 마이크로서비스를 적용하며 시작할 필요가 없다. 실제로는 이것과 상당히 대조적이며, 단계적인 전환이 일반적인 방법(16.2절)이다. 마이크로서비스가 제공하는 장점에서 가능한 한 빠르게 혜택을 얻기 위해 다양한 접근 방법들이 선택될 수 있다.

- 시작은 가역적이다. 마이크로서비스가 특정 프로젝트에 적합하지 않다고 증명되는 경우 마이크로서비스들은 쉽게, 그리고 또 다시 교체될 수 있다.

- 마이크로서비스는 분명히 과대광고 이상이다(16.3절). 단지 과대광고라고 하기에는 마이크로서비스가 너무 오랫동안 사용돼왔으며, 매우 광범위하게 적용되고 있다. 따라서 최소한 마이크로서비스에 대한 실험을 해봐야 한다(그리고 이 책은 마이크로서비스를 실험하기 위한 많은 장소로 독자를 초대하고 있다).

시도 및 실험

독자가 익숙한 아키텍처/시스템에 대한 다음의 질문에 답하라.
- 이 환경에서 가장 중요한 마이크로서비스의 장점들은 무엇인가?
- 마이크로서비스로의 전환을 어떻게 달성할 수 있는가? (가능한 방법들)
  - 마이크로서비스에서 새로운 기능의 구현
  - 적절한 기술을 통한 특정 속성의 활성화(예를 들어, 견고성이나 빠른 배포)
- 어떻게 하면 가능한 한 적은 비용으로 프로젝트에서 마이크로서비스의 도입을 테스트할 수 있는가?
  - 어떤 경우에 프로젝트가 성공적이며, 마이크로서비스의 도입이 합리적인가?

찾아보기

ㄱ

가용성 204
값 객체 70
강력한 모듈화 97, 156
개발자 아나키 352
견고성의 원리 240
경량 가상화 319
계층적 아키텍처 223
고립성 58
공유 라이브러리 148
공유 통합 테스트 283
관대한 독자 240
교차 기능 팀 66, 357
교체 가능성 58, 159
구성 파라미터 180
권한 부여 196
글로벌 아키텍처 161
기능 토글 205
기밀성 203, 204
기술 기반 207
기술 다원주의 104
기술 동물원 351
기술 스택 177
기술 아키텍처 264

ㄴ

나노서비스 422, 424
내구성 59
내구성 시험 276
내재 198

ㄷ

단위 테스트 274
단일 페이지 앱 79, 210, 241
단일화 104

더 많은 모듈화 60
데브옵스 15, 44, 351, 353
데이터 보안 204
데이터 복제 235
데이터 웨어하우스 235
데이터 일관성 59
데이터 최소화 202
도메인 아키텍처 22, 134, 245, 350
도메인의 기능 112
도메인 주도 설계 68, 247
도커 327
도커 레지스트리 330
도커 머신 393
도커 명령행 도구 393
도커 컨테이너 329
도커 컴포즈 394
독립적인 배포 61, 318
독립적인 작업 61
동기 모델 149
동일 기원 정책 213, 217
동일성 212
동적 확장 192

ㄹ

로깅 303
로드 밸런서 186
로드 밸런싱 178, 186, 409
롤백 321
롤 포워드 321
리눅스 컨테이너 327
리액티브 265
리액티브 애플리케이션 263
리치 클라이언트 220
리팩토링 56, 106, 147

ㅁ

마이크로서비스 15, 53, 124
마이크로서비스 기반 시스템 27
마이크로서비스 기반 시스템 아키텍
처 133
마이크로서비스의 교환 가능성 48
마이크로서비스의 명료성 153
마이크로서비스의 장점들 18
마이크로 아키텍처 302, 344
매크로 아키텍처 302, 344, 346, 347, 367
메시지 라우터 166
메시지 번역기 167
메시지 주도 266
메시지 필터 166
메시징 기술 232
모놀리스 160
모니터링 108, 310, 313
모듈화 16, 54
모바일 클라이언트 220
모의 객체 274
무결성 203

ㅂ

바이너리 프로토콜 227
반복하지 말라 152
반응성 266
방화벽 202
배포 모놀리스 17, 206
배포 의존성 361
배포 자동화 318
배포 전략 321
버전 관리 108, 115
벌크헤드 260
보상 트랜잭션 60

에이콘출판의 기틀을 마련하신 故 정완재 선생님 (1935-2004)

마이크로서비스
유연하고 확장 가능한 소프트웨어 아키텍처

인 쇄 | 2016년 8월 22일
발 행 | 2016년 8월 30일

지은이 | 에버하르트 볼프
옮긴이 | 김 영 기

펴낸이 | 권 성 준
편집장 | 황 영 주
편 집 | 오 원 영
        나 수 지
디자인 | 이 승 미

에이콘출판주식회사
서울특별시 양천구 국회대로 287 (목동 802-7) 2층 (07967)
전화 02-2653-7600, 팩스 02-2653-0433
www.acornpub.co.kr / editor@acornpub.co.kr

한국어판 ⓒ 에이콘출판주식회사, 2016, Printed in Korea.
ISBN 978-89-6077-898-6
ISBN 978-89-6077-114-7 (세트)
http://www.acornpub.co.kr/book/microservices

이 도서의 국립중앙도서관 출판시도서목록(CIP)은 서지정보유통지원시스템 홈페이지(http://seoji.nl.go.kr)와
국가자료공동목록시스템(http://www.nl.go.kr/kolisnet)에서 이용하실 수 있습니다.(CIP제어번호: CIP2016020263)

책값은 뒤표지에 있습니다.